차용범 기자 글쓰기 40년　　　　　　　　　　　　mediazoom

# 기자답게
# 선비처럼

차용범 지음

# 기자답게 선비처럼

차용범 지음

프롤로그

# 나는 일찍이 기자를 꿈꾸었고,
# 그 꿈을 성취해 행복했다

저널리스트(Journalist)는 내 평생의 '로망'이다. 그건 나의 삶을 영위한 일생의 직업 차원을 넘어, 청년기부터 오늘까지 나의 일상을 추동한 꿈의 영역이다. 나는 일찍이 기자를 꿈꾸다 그 꿈을 성취했고, 원했던 일을 직업으로 가져 행복했다. 나는 사회 진출기에 한 안온할 것 같은 직업을 가질 기회를 갖고도, 각고의 노력과 피치 못할 가시밭길을 각오하며 언론계로 진출했다. 그건 온전한 나의 선택이었다. 지금까지, 언론계의 숱한 고난과 오욕을 체험하고 언론인의 위상저하 현상을 보면서도, 나는 그 선택을 단 한 번도 후회한 적이 없다.

저널리스트, 언론영역에서 취재·보도 및 편집·논평을 맡은 사람이다. 곧 저널리즘 영역의 글을 쓰는 직분이다. 그러나, 그 글을 쓴다는 것은 얼마나 어렵고도 두려울 것인가. 고 선우휘 선생의 표현마냥, '글이란 뼈를 깎고 살을 에는 비상한 노력과 정성의 산물'이다. 특히 남이나 사회를 감시하고 비평하며 글을 쓴다는 것은 아찔하리만큼 두려운 일이기도 하다. 그런 글, 저널리즘 영역의 글을 쓰는 것은 언론의 책무이자 언론인의 숙명이다. 나는 그 책무와 숙명에 따라 취재보도를 하고 시사칼럼을 썼다. 이른바, 저널리즘의 길이다.

**일간지 기자에서 편집국장까지, 사설·칼럼 집필도**

나는 얼추 저널리스트로 살아왔다. 일간신문 기자로 출발, 사회부 기자 외길에, 사회부장, 논설위원, 편집국장을 지냈다. 취재기자로서의 일상 외에, 주요 공공사안에 대한 견해나 주장을 제시하는 사설을 썼고, 시대현상을 논평하며 여론형성에 기여할 시사칼럼을 집필했다. 부산의 인물 현대사를 구성할 인물 발굴·비평 작업을 펼쳐왔다. 나의 청·장년기를 온전히 쏟은 저널리즘 영역의 역정이다.

내가 부산 언론계에서 활동한 것은 1980년 초부터 1998년 말까지, 대략 19년여 기간이다. 부산일보 편집국 기자로 언론계에 입문, 절반 여를 '사건기자'로 보냈다. 나머지 절반 여는 부산시정 출입과 사회부장, 논설위원, 편집국장을 지낸 세월이다. 나의 초기 기자생활은 사건기자를 '편집국의 꽃'으로 부르던 때였다. 사건기자야말로 기자의 기본을 체험하며 회사의 장래를 짊어지고 있다고, 두루 믿던 때였다. 이제 저마다 정치, 경제, 문화 영역의 '전문기자'를 지향하는 경향도 강하다고 하지만, 사회부 기자야말로 누구보다 치열한 경쟁 속에 사는 것은 분명하다.

**사건기자로 '80년대' 경험… 도시문제 천착·동구개혁 취재**

나 역시, 숱한 사건현장을 두 발로 뛰며, 크게는 1980년대 권위주의 시대와 1987년의 정치변혁 같은 시대흐름을 경험하고, 작게는 기자가 숙명으로 삼아야 할 본분을 다하려 숨 가쁜 나날을 보냈다. 사건기자의 영역에서 '6월 항쟁'의 부산지역 현장을 오롯이 지켜보며 기록했고, '5·3 부산 동의대(東義

大) 사태' 같은 대형 사건현장을 단독 취재한 대형특종도 경험했다.

'한국 탐사보도의 전형'이라는 호평을 받으며 '한국언론 100대 특종'에 뽑힌 〈부산 북부서(北部署) 강주영(姜周英) 양 유괴살해사건 고문조작수사 추적보도〉 같은 탐사보도 역시 잊을 수 없는 자긍이다. 사건기자로서 대형 특종들을 취재·보도하며 느끼는 그 짜릿함, 통쾌함은 사건기자가 가질 수 있는 특권임이 확실하다.

부산에서 「부산일보」를 거쳐 「부산매일」 기자로 뛴 나는, 내가 기사를 쓸 수 있고, 특집을 기획할 수 있는 한, 부산문제를 끈질기게 천착했다. 소속신문의 제작지표(지방시대의 Local Paper)와 나의 가치관이 맞닿은 결실이다. 「부산매일」은 창간특집으로 〈대해부 부산 7난-'양의 도시'에서 '질의 도시'로〉 기획 시리즈를 게재했다.

이 시리즈는 〈거대도시 부산, 이제 달라져야 한다〉, 또 〈부산사람 부산시대〉같은 대형기획으로 꾸준하게 이어진다. 기획특집 〈낙동강 살아나는 가〉 역시, 영남권 주민들의 생명줄과도 같은 낙동강의 보전과 회생의 필요성을 명백하게 제시한 대형기획이다. 이 많은 시리즈를 끈질기게 주도하며 쉼 없이 글을 썼으니, 그 역시 '지역언론'의 역할에 자긍심을 느낄 부분이다.

동구개혁 현장을 단독 취재한, 그 위험하고 험난했던 여정 역시 잊을 수 없는 경험이다. 1989년 동구권의 개혁·개방 열풍은 동서 냉전체제의 종언을 고한 역사적 대변혁이었다. '동서 냉전의 상징' 베를린장벽이 무너지고 '사회주의의 보루' 체코, 루마니아, 유고에서 공산권 붕괴의 도미노현상을 불러온 '20세기의 대혁명'이다. 그 역사적 대변혁의 현장에 내가 있었다는 것, 기자 경력의 대단한 행운이라 할만하다.

나는 취재현장을 넘어, 사회부장을 맡으면서 시사칼럼을 썼다. 내가 시사칼럼을 쓴 것은 1994부터 2014년까지, 대략 20년 여 동안이다. 「부산매일」

사회부장 때부터, 논설위원과 편집국 부국장, 편집국장을 지내면서 칼럼 집필에 꾸준히 참여했다. 그때의 중요 관심사에 대한 논평 형식으로, 나의 의견이나 감상을 제시한 것이다.

### 사회부장 격무 속 칼럼쓰기 시작, 20여 년 집필

나는 사회부장 때 한 주도 쉬지 않고 '데스크 칼럼'을 집필했다. 당시의 우리 사회상을 나름대로 압축, 정리하는 뜻에서다. 낡은 설명일 터이지만, 일간지 사회부장의 직무는 참으로 무겁고 험난하다. 사회부장은 늘 조간신문의 기나긴 작업시간과 마감시간의 압박감, 상대지와의 경쟁 및 독자의 요구에 직면하고 있다. 그런 한편 사회부장의 직무를 수행하며 이 사회에서 일어나는 많은 일들을 처음 접하는 것과 같은 흥분이나 감동은 다른 어느 직업이나 직책에서 찾기 힘들 것이다.

그만큼 나는 시사칼럼을 쓰며 스스로 최선을 다했다. 그 격무 속에서 월요일마다 한 편씩을 썼으니 어느 한 주인들 심신이 가벼운 적이 있었겠나. 미국 연수시절 익혀온 골프 역시 사회부장 재임 2년 6개월 중엔 손도 대지 못했다. 이후 논설위원 또는 편집국장 때 집필 간격을 2주에 한 번으로 늘려, 비로소 약간의 숨 쉴 여유를 가질 수 있었던 것이다.

### 편집국장 일상에, 칼럼 집필하며 부산 문제 염두에

편집국장의 일상 역시 겉으로는 선망의 대상이되, 속으로는 남모를 고뇌와 가혹한 혹사의 연속이다. 날마다 신문 제작의 전반을 통할하며 신문의 개성과 품격까지 책임져야 하는, 그래서 한 인간의 온 신경을 순간의 판단에 집중시켜야 하는 고도의 정신노동에 시달리는 것이다. 그러나 신문 제작의 사령탑으로서 당시의 사회적 초점을 나름의 시각으로 정리하고 평가한다는 것, 이 역시 가볍거나 의미 적은 일은 아닐 터임이 분명하다.

그 시절에도 나는 언론인의 책임에 따라 쉼 없이 시사칼럼을 썼다. 나름대로 지난 한 주 동안의 사회적 초점들을 정리, 그 주의 '톱 뉴스'를 칼럼의 주제로 삼아 온 것이다. 따라서 이 칼럼들은 적어도 나의 판단으로는 그 주의 사회적 톱 이슈 내지 부산사회의 당면 현안들을 반영하고 있다.

기자의 본분?, 언론인의 책임? 나는 이런 표현을 쓰며, 무엇보다 미국의 '언론인 신조(Journalist's Creed)'를 되새긴다. 미국 미주리주립대 언론대학원장 월터 윌리엄스(Walter Williams)가 지은, 미국 언론인의 정신적 지주다. "나는 믿는다, 공공의 언론은 공공의 신뢰 그 자체이며 공공에 대한 봉사보다 가벼운 대상에의 봉사는 이러한 신뢰에 대한 배신임을." '언론인 신조'의 일부다.

나는 언론인으로서 국가·사회에 가장 잘 봉사하는 길은 사회현상을 정확하게 감시하고 공평하게 비판하는 것이라는 전통을 기억했다. 또 지역 언론인으로서 삶의 텃밭 부산의 오늘과 내일을 늘 염두에 두어야 한다는 과제를 잊지 않았다. 덧붙이자면, 나는, 언론은 현대 민주국가에 꼭 필요한 사회체제라는 믿음과 함께, 당대의 정치 지도자나 권력을 가진 기관에 절대적인 신뢰를 보낸 적이, 결코 없다.

**부산시 매체제작 책임… 칼럼 쓰고 부산인물 평전 열정**

부산광역시 미디어센터장 재직 때도 나는 계속 시사칼럼을 집필했다. 월간 「부산이야기」의 권말칼럼이다. 고백하자면, 내가 일간신문 편집국장을 지낸 뒤 부산광역시 미디어센터장(당시 「부산시보」 편집실장)을 맡은 이유는 분명했다. '말하고 글 쓰는 공간'을 갖기 위한 것이다. 더러는 그곳의 직위나 처우를 들어 나의 '부산광역시 행'을 말리기도 했지만, 나는 그곳에서의 직무를 가늠하곤 '글 쓸 공간'의 가능성에 결정적으로 꽂혀 후회 없을 결단을 내린 것이다.

　부산광역시 소속, 나는 이곳에서 칼럼을 집필할 때, 주제를 선정하고 논점을 제기하며 의견을 말하는 데 아무런 제한을 받지 않았다. 매체의 성격을 감안, 일간지의 칼럼니스트처럼 그 '정치적 평론의 자유'에 맘껏 접근할 생각은 하지 않았지만, 그저 '부산', 또는 '부산사람'이란 키워드를 놓치지 않으며, 넉넉한 '논평의 자유'를 누린 것이다. 그래서 나에게, 그곳에 일터를 가진 것은 큰 행운이요, 시사칼럼을 꾸려가는 것은 숨은 즐거움이었다.

　그뿐인가. 그 미디어센터장의 직무 역시 늘 저널리즘 영역의 글쓰기였다. 여러 매체에 주요 기사를 쓰고, 부산 현대인물의 삶을 평하는 인물평전 시리즈를 끌어왔다. 이 저널리즘 글쓰기는 언론영역 외의 생활, 공공기관 임원 재직 때도 일상적이었다. 여러 매체의 편집위원, 필진으로 쉼 없이 시사형 글을 썼다. 돌이켜 보면, 나는 청·장년기 언론생활 때 사회문제를 비판하는 '파수꾼'으로서의 글을 주로 썼고, 연륜을 쌓아가며 보편적 인간상에 관한 '사람 이야기'도 즐겨 쓰곤 한 것이다.

　나는 지금도 언론 글을 쓰고 있다. 경성대에서, 젊은 언론학도들과 언론을 얘기하고, 좋은 인터넷매체 「시빅 뉴스(Civic News)」에서 기사들을 취재, 편집하며, '차용범 칼럼'을 집필하고 있다. 언론계에 입문한 이래, 올해로 40년째, 참 행복한 나날인가?

### '글은 위대한 선물'… 나의 생각·역정 정리 꿈

　'글은 인류의 위대한 선물이다'-내가 평소 공감해온 명제이다. 전설의 여기자 오리아나 팔라치(Oriana Fallaci)의 '글' 가치론도 있다. '문자로 남는 글은 폭탄 이상으로 사람의 정신과 행동에 영향을 줄 수 있다'는 믿음이다. 그 글의 여러 유형 속에서, 나는 온전히 저널리즘 영역의 글을 써온 것이다. 사회 속의 사실(Fact)에 바탕을 둔 실체 있는 글들이다. 이 글들을 쓰기 위해 만난 많은 사람 역시 존재의 의미가 분명했다.

나는 몇 년 전부터 작은 꿈을 키워왔다. 저널리스트로서의 나에게 초점을 맞추어, 저널리즘에 대한 나의 생각과 역정을 정리하고 싶다는 것이다. 이 꿈은 나름 치열한 나날을 살아온 나에게, 삶을 추스르며 내일을 준비하는 힘찬 에너지로 작용했다.

마침 우리 사회에선 자서전 쓰기가 인기다. 자서전, 무엇보다 지금껏 살아온 삶을 정리할 수 있고, 자기 자신이 누구인지 확실하게 인식할 수 있는 기회다. 일본 언론인 다치바나 다카시(立花隆)는 말한다, "개인의 역사는 곧 세계사"라고. 자기 자신의 희로애락이 담긴 '개인사' 서술을 넘어 개인이 살아온 '시대의 역사'를 반영한, 즉 역사적 사건에 눈을 돌려 함께 투영해보는 진중한 작업의 가치다. 그렇다, 역사는 살아있는 사람들의 기억이고, 사람들은 기록을 통해 기억하며, 그 기억은 역사가 되는 것이다.

## '시대 역사' 반영한 글감 숙성, '삶의 역사' 준비

그럼, 나도 자기 역사를 쓸 수 있겠는가? 이 부분, 내가 보다 용기를 낼 수 있는 이유가 있다. '시대의 역사'를 반영한 쓸 거리를 차근차근 저장, 그 글을 효율적으로 써내려갈 단락을 정해가며 숙성시켜 왔기 때문이다. '인생 60이면 자기 역사에 관심을 갖게 된다'고 하지 않나. 한국 인문학계의 쟁쟁한 고수 한형조 교수도 일찍이 나에게 일러준 바 있다. 고은 시인의 시 〈그 꽃〉 구절을 들어 인문학의 가치를 설명할 때다.

"내려올 때 보았네 / 올라갈 때 못 본 / 그 꽃"

우리 인생도 나이 50, 60에 들어서면 꺾어진다, 내려갈 때 보면 그동안 올라갈 때 봤던 것과는 또 다른 가치, 또 다른 풍경들이 눈에 들어온다. 그동안 소홀히 한 것들이 눈에 들어오면서 삶의 또 다른 가치를 만나는 것이다. 우리가 놓친 삶의 진실들을 바라보게 하는 것, 그게 인문학의 가치다. 이런 얘기였다. 그런 면에서, 인생 60에, 길든 짧든 자신의 삶의 역사를, 그 시대의 역사적 사건과 함께 정리해본다는 것은 나름 뜻 있는 일이다.

**보도·기획 기사에 칼럼, 사설, 인물평론… 현대적 의미 찾기**

나는 저널리스트로 살았더라도, 세계를 깜짝 놀라게 할 특종으로 세상을 뒤흔들거나 고담준론으로 세간의 이목을 사로잡은 적은 없다. 그러나, 민망스럽지만 나에게도 〈나의 기사, 나의 글〉처럼, 몇 편이라도 골라서 그 이유와 함께 현재 시점의 평가를 덧붙일 보도기사와 칼럼, 사설, 기획, 특집 기사가 있다. '그때 그 순간: 특종·오보·후회·보람'을 골라 당시의 사회적 파장과 현재적 평가를 기록할 수도 있다. 〈내가 만난 사람들〉처럼 기자생활 중 기억에 남는 인물을 선정, 당대 인물사의 디테일을 살려낼 수도 있다.

나는 저널리스트로 잘 살아왔는가, 나는 역사의 현장을 얼마나 잘 지켰나, 이런 자기물음은 또 얼마나 도발적인가? 결국 나의 사회생활에서 '언론'이란 두 글자를 빼놓을 수 없다. 언론생활은 나를 부산사회에 뿌리내릴 수 있도록, 또 '언론인 출신'으로 활동할 수 있도록 키워준 바탕이다. 나는 나대로, 언론인, 언론인 출신답게 행동하려 늘 경계했다. 나이 들어가며 때 묻지 않은 당당한 인간으로 살아가려, 진실과 논리를 추구했던 시절을 기억했고 언론의 자력 안에서 강직함·청악(淸樂)함을 잊지 않으려 애썼다.

사실 이 같은 책자 기획은 수년 전, 서울에서 출발했다. 여러 언론인이 이 기획의 주인공으로 등장, 당대의 중요한 현상과 역사적인 '비하인드 스토리'를 기록하곤 했다. 이 기획의 한계는 분명했다. 대상 인물은 오직 '서울 언론인'이었던 것이다. 나는 이 한계를 극복하려 했다. 스스로 이런 기획을 구성해봄으로써, 부산언론의 선순환에 기여하리라는 기대도 있다. 결국 이 자전기는 나의 버킷 리스트(Bucket List)의 하나였다. 나는 이 꿈을 주변에 얘기하며 나의 의지를 되새기고 보다 나은 결실을 준비했다. 그리고, 나는 드디어, 그 꿈을 성취한 것이다.

**자전적 비평기는 '버킷 리스트'… 부산언론 선순환 기대**

'기자답게 선비처럼 - 차용범 기자 글쓰기 40년', 책 제목이다. 역시, 어느 시대이든 기자는 조선의 선비처럼 꼿꼿한 지조·강인한 기개와 함께, 항상 권력 감시에의 깨어있는 근성을 가져야 한다는 당위를 전제로, 기자의 길과 글의 궤를 잘 지켜왔는지를 자성하려는 것이다. 조선시대 선비는 늘 절의(節義)를 지키며 권위에의 도전을 두려워 않았고, 많은 선비가 임금의 잘못을 논쟁하다 목숨을 잃었다. 그 선비정신을 탐구하는 기사에는 "권력 앞에서도 대놓고 바른 말… 왕도 껄끄러워 한 선비"라는 제목이 있다. 우리 언론인에게 조선시대 선비들의 그런 결기가 있는지, 언론이 제 역할을 못하면 국민이 지고 권력이 이긴다는 비장함으로 글을 쓰는지를 묻고 싶은 것이다.

이제, 그 경구를 되짚으며 삶의 한 단계를 정리한다. 저널리스트의 글쓰기는 가끔은 가족에게도 스트레스였다. 아들의 기자생활을 남에게 지지 않을 자랑으로 여기시며 아들 곁을 지켜주셨던 어머니, 남편의 일을 최고의 가치로 알며 그 오갈 데 없는 스트레스 풀이를 가없는 사랑으로 받아온 아내, 아버지를 '인정받는 언론인'으로 기억해주는 아들·딸이 새삼 귀하고 고맙다. 그 동안 나를 끌고 밀며 성원해준 「부산일보」및 「부산매일」의 선배, 동료, 여러 고마운 분께 이 책을 바친다.

글을 읽고

# '차 기자'에게 글쓰기는 천직이요 숙명일 터
# 한국언론 120년 다지는 데 '한 몫' 높이 평가

김민남 (동아대 명예교수·언론학)

차용범 기자, 그에게는 글 쓰는 것이 천직이고 숙명이다. '기자답게 선비처럼' - 40년에 걸쳐 쓰고 가르친 글들을 모아 귀한 책을 낸다니, 참으로 대단한 열정이요 그야말로 결 곧은 선비정신이다. 기자와 선비는 끊임없이 글을 쓰고 익히며 깨우치는 사람 아닌가.

차용범 기자, 그는 기자생활을 하며 참 많은 글을 썼다. 사회부 기자에서 편집국장까지, '한국 탐사보도의 전형'이라 할 빼어난 탐사보도를, 역사적 사건의 현장을 홀로 취재하는 대형사건 특종을 기록했다. 주요 공공사안에 대한 견해나 주장을 제시하는 사설을 썼고, 시대현상을 논평하며 여론 형성에 기여할 시사칼럼을 집필했다. 소속 신문의 제작지표와 자신의 가치관에 따라 '부산문제'도 내내, 끈질기게 천착했다.

그의 글쓰기 40년에 아쉬움은 없지 않다. 그가 글을 쓸 더 넓은 무대와, 더 많은 공적인 기회를 가졌더라면, 우리는 더 빛나는 글을 한껏 접하는 행복을 가졌을 것이라는 점이다. 그럼에도 그는 더 큰 무대나 기회에 매달리지 않고 쉬임없이 자기 길을 개척하고 넓혀왔다. 오히려 나의 글이 그의 문집에 누가 되지 않았으면 좋겠다.

우리는 주변 강대국에 끊임없이 시달리면서도 고비마다 우리 스스로를 지키고 바로 세운 자랑스러운 역사를 갖고 있다. 그 바탕에는 민들레처럼 밟혀도 다시 일어서는 민초(民草)와 선비정신이 있다. 어느 시대이든, 조선의 선비처럼 꼿꼿한 지조·강인한 기개와 함께, 항상 깨어 있는 근성을 갖는다는 것은, 기자에게 얼마나 어렵고도 아름다운 일인가.

「독립신문」을 효시로 한 우리 언론 120년사에도 굴곡이 없을 수는 없겠지만, 특히 비슷한 시기에 비슷한 경험을 한 국가들에 비하면 우리 근·현대 언론 120년은 자랑스러운 역사의 한 축이다. 그 자랑스러운 역사, 선비 같은 기자들의 결기와 근성에 힘입었을 터이다. 이 역사의 한 축을 만드는 데 '차 기자'도 한 몫을 한 것으로, 나는 높이 평가한다.

이 책이 그런 몫을 더 크게 감당할 수 있기를 바란다. 더 오래 건필을 기대하며, 감히 격려한다.

## 차례

| | | |
|---|---|---|
| 프롤로그 | 나는 일찍이 기자를 꿈꾸었고,<br>그 꿈을 성취해 행복했다 | 5 |
| 글을 읽고 | '차 기자'에게 글쓰기는 천직이요 숙명일 터<br>한국언론 120년 다지는 데 '한 몫' 높이 평가<br>김민남 (동아대 명예교수·언론학) | 14 |

### 제1부 나의 저널리즘
### 실패한 대학신문에의 한(恨)에서
### 성공한 언론인에의 원(願)까지…

**1장. 대학신문 시절**     25
대학시절 '언론'과 인연… 출교처분·강제입영 경험
기자=자유인·전문인, 그 언론직에의 강력한 매력

**2장. 부산일보 시절**     34
5공 시대 언론계 입문… 1980년대 질풍·노도 가슴 새겨
'영원한 친정'「부산일보」사회부… 그 시절, 큰 자랑·보람

**3장. 부산매일 전직**     65
「부산매일」, 나의 기자인생 꽃피운 '제2 고향'
부산권 최초 조간에서 지역현안 각별히 천착

**4장. IVLP 초청과 Journalism School 연수**     100
'잊지 못할 행운' 미 국무성 초청 IVLP와
'선택받은 기자'의 Journalism School 연수

### 1) 미 국무성 초청 IVP 참여
정말 탁월·유익한 프로그램…
미주리주립대 연수로 이어가다

### 2) 미주리주립대(MU) Journalism School 연수
세계적 명성 MU J-School에서 '꿈같은 세월' 즐기다

## 5장. 부산매일 사회부장·편집국장 시절　　　　　　134
사회부장, 막강한 팀워크로 신문 성가 높이며 새 전통 쌓기
편집국장, 변혁기 속 개혁 주도… 아쉬움 속 '기자'생활 마감

# 제2부　나의 기사, 나의 글
## 보도·비평의 숙명적 언론 글쓰기
## 뼈 깎는 노력에, 정말 어렵고 두려웠다

## 1장. 탐사보도·사건기사　　　　　　　　　　　　　　167

### 1) 사건 특종: '5·3 동의대 사태' 특종보도
현장감각 바탕한 정확한 원인분석… 팩트·사진 해외언론 보도까지 '지원'
전개방향 읽는 '눈'·작전 확인한 '사람'… '완벽한 대특종' 일궜다

### 2) 탐사보도: 부산 북부서 강주영 양 유괴살해사건 고문조작수사 추적보도
권력은 진실 앞에 결코 강할 수 없고
언론은 진실 앞에 결코 약할 수 없다

### 3) 비화: 박종철 군 고문치사사건과 6월 항쟁
실리지 못한 '눈물의 추모 타종' 사진과 현장일기

## 2장. 기획특집     237

### 1) 환경특집: 낙동강 살아나는가
죽어가는 '영남의 젖줄' 회생처방 급구
생태계 파괴 추적, 탐욕 규제할 교훈 마련

### 2) 창간특집: 대해부 부산 7난 - '양의 도시'에서 '질의 도시'로
'Local Paper' 지표 따라 부산문제 천착한 도시문제 연작 기획
'생각은 세계적·행동은 지방적' 현실 인식 맞닿은 언론활동 자부

### 3) 「부산일보」 창간특집: 교통지옥 부산
부산 교통사정, '전쟁' 단계 지나 '지옥' 단계 혼란
당면 교통문제 원인 규명·대안 제시한 심층기획

## 3장. 해외취재     261

### 동구권 개혁현장 취재
동서 냉전체제 종언 고한 역사적 현장 단독취재

## 4장. 칼럼·사설     286

### 1) 칼럼: '언론의 책무 언론인의 숙명' 칼럼 쓰기 20년
### 2) 사설: 적극적·주관적 의견 제시… 윤리적 원칙 중요한 글

## 5장. 인물평전: 차용범이 만난 부산사람     322
멋있거나 걸출한 품격 있는 부산사람을 그리며
- **인물평전**: 동양고전 전문가 한형조 교수에게 인문학의 길을 묻다     328

**제3부**    내가 만난 사람들
**나를 다듬고 키워온 선배·스승·지우(知遇)**

### 1장. '위대한 선배' 이인형    355
명석한 두뇌에 탁월한 판단, 호방한 풍모에 결 곧은 기질
지금도 일찍 간 그가 참 그립다…

### 2장. '영원한 스승' 장원호    363
세계 언론학계 석학에 한국 연구·연수자 '대부' 역할
나의 MU 연수 끌고 밀며, 한결같은 정 베푼 큰 형님

### 3장. '의리 있고 정 많은 거인' 안상영    373
부산시장-취재기자로 처음 만난, 참 좋았던 인간관계
민선시장-참모 때도 '넓은 귀'로 한계 없는 진언 수용

### 4장. '지우·오언의 신뢰' 허남식    383
마음 터놓고 얼굴 맞대며 진정 나눈 돈독한 신뢰관계
호감 바탕한 이상적 참모에 속마음 공유한 분남 사임

### 5장. '외로운 Pioneer' 김우중    392
'세계 넓고 할 일 많다' 속 신생 「부산매일」 지원
IMF 때 '대우' 해체… '세계경영' 역사 '침묵 속으로'

**에필로그**    오래 키워온 단 하나 버킷 리스트 '나의 역사' 쓰기    402
마침내 성취… 이제 버킷 리스트 없는 삶 즐길 터

## 제1부
# 나의 저널리즘

1장. 대학신문 시절
2장. 부산일보 시절
3장. 부산매일 전직
4장. IVLP 초청과 Journalism School 연수
5장. 부산매일 사회부장 · 편집국장 시절

# 실패한 대학신문에의 한(恨)에서
# 성공한 언론인에의 원(願)까지…

우리는 예의 자유인·전문인으로서의 기자에 대한 기대와 성원을 접을 순 없다. 언론은 분명 현대 민주사회에 필수불가결한 사회제도이며, 미국 언론인 제임스 레스턴이 말했듯, '오늘의 일을 어제의 결과와 내일의 꿈에 연결시키는 방법을 가르쳐주는', 그 기대할 만한 저널리스트는 늘 우리 곁에 있어야 할 것이기 때문이다.

## 나는 왜 저널리스트가 되고자 했나

저널리스트, 언론영역에서 취재·보도 및 편집·논평을 맡은 사람이다. 영어 표현으론 취재·보도 담당자를 리포터(Reporter), 편집·논평 담당자를 에디터(Editor)로 구분하나, 통틀어 저널리스트다. 그 기자, 전문인·자유인이라고들 한다. 직업생리상 지위·권력으로부터 자유로운 '자유인'이요, 직무 성격상 독특한 윤리·역량을 필요로 하는 '전문인'이라는 것이다.

기자의 자유(자율)성, 그 낭만적 매력은 크다. 무엇에 얽매이지 않는 리버럴(Liberal)함 속에서 행동하는 지식인, 정론(正論)을 통한 사회 환경의 감시자라는 이미지가 그것이다. 기자의 전문성, 그 가치 역시 가볍지 않다. 기자는 (단순히 '봉급의 대가'로 일하는 것이 아니라) '사회에 무엇인가 기여하는 직종'인 만큼 전문직이며, 그런 의미에서 진정한 의미의 전문인(True Professional)이 되도록 노력해야 한다는 것이다.

기자의 전문적 특성? 사회적 요구·기대에 부응할 전문적 기술·능력, 윤리적으로 정당한 행위를 회의(懷疑)할 도덕적 반성력, 언론활동에 대한 외부적 억압·제약이 있을 때 대처·저항할 용기다. 이런 특성을 바탕으로, 사회를 비판적으로 보며 개선의지를 갖는 정의감, 상대적 자유 속에서 개인적 소신을 펼칠 수 있는 지사(志士)적 행동…. 참 갖추기 쉽지 않은 요소들이지만, 정말 외면 못할 매력 아닌가.

나는 대학시절 대학신문 기자를 거치며, 여러 사회현상 속에서 신문의 정치적 영향력을 실감했다. 법학을 전공하면서도 전공에의 관심 못지않게 언론에의 흥미가 컸고, 기자의 직업적 특성을 눈여겨보며 사회정의를 실현할 자유인·전문인을 꿈꿨다.

물론, 오늘 기자의 직업정체성을 위협할 위기적 상황은 많다. 무엇보다, 권력지향적 언론인의 양산, 기업적 요구에 함몰하는 기자의 역할을 때때로 본다. 오늘의 언론환경 속에서 기자집단의 사회적 위상이 나날이 추락하고 있음을 실감한다. 그러나, 우리는 예의 자유인·전문인으로서의 기자에 대한 기대와 성원을 접을 순 없다. 언론은 분명 현대 민주사회에 필수불가결한 사회제도이며, 미국 언론인 제임스 레스턴(James Barrett Reston)이 말했듯, '오늘의 일을 어제의 결과와 내일의 꿈에 연결시키는 방법을 가르쳐주는', 그 기대할만한 저널리스트는 늘 우리 곁에 있어야 할 것이기 때문이다.

# 1장. 대학신문 시절

대학시절 '언론'과 인연… 출교처분·강제입영 경험
기자=자유인·전문인, 그 언론직에의 강력한 매력

나는 참 혹독한 대학시절을 보냈다. 대학 3학년 때 캠퍼스 추방형(?)을, 대학 4학년 때 퇴학(강제징집) 처분을 겪은 것이다. 나의 범상치 못한 대학생활은 그만큼 험난했다. 그 '범상치 못함'은 두루, '언론과의 인연'으로 입은 일종의 화(禍)였다. 당시 유신체제 속의 학원 분위기를 감안하더라도, 나의 행동에 따른 대가는 내가 예상했던 그 이상이었다.

「동아일보」 백지광고 사태를 보며 대학신문 기자가 협찬광고 게재를 주도했다고 해서, '캠퍼스 추방' 처분을 내릴 수가 있는가. 대학신문이 캠퍼스 안의 군사문화를 비꼬았다고 해서, 대학신문 편집국장을 퇴학시킬 수 있나. 그야말로 상상 이상의 대응 아닌가.

**그 길고도 어두웠던 유신체제**

돌이켜 보면 지난 1970년대, 그 시절은 우리 사회 자체가 연속적 혼란을 겪던 험하고도 고달팠던 시절이었다. 어느 시대를 막론하고 세대 간의 간극

이 심하면 심할수록 그 사회는 문제 많은 사회이다. 세계사적으로 보면 아마도 기성세대와 청년학생의 갈등이 가장 깊고 넓었던 때는 1960년대 후반이었던 듯하다. 이 시기 세계 곳곳에서 정부와 학생 간의 물리적 충돌이 일어났다. 미국 같은 곳에서도 경찰이 켄트대학을 침범, 발포하여 학생을 살상한 사례가 있고, 일본 적군파의 난동은 극렬 끝에 동경대 야스다강당 방화사건까지 남긴 바 있다.

우리의 1960, 70년대 역시 예외가 아니었다. 아니, 우리 1970년대를 지배했던 대표적 상징어, 그 길고도 어두웠던 '유신체제'를 생각해보라. 그래서 이 1970년대는 봄이면 봄마다, 가을이면 가을마다 유신 반대다 독재 반대다 하는 시국 관련 데모와 학원민주화를 요구하는 학내 시위가 그칠 날이 없던 시기였다. 그래서 정말이지 '공부'를 하고 싶어도 하기가 어려웠고, 정신적 갈등을 털어내기도 참 쉽지 않았다.

**「동아일보」 격려광고, 그리고 출교 처분**

이때 내가 선택한 탈출구 또는 내가 침몰했던 도피처는 곧 '동아대학보사'였다. 지금 생각하면 참 부끄러운 자부일 터이지만 '착실한 법학도'의 길을 우회하여 '대학언론의 기수'로 진출한 것이다. 그러나 그 길 역시 결코 평탄하지만은 않았다. 솔직히 말하면 그 시절의 나는 엄청난 광기에 휩싸여 있었거나, 어떤 보이지 않는 계시에 따르는 '신들린 인간'이었다. 살아가는 방식도 그저 범상하질 못했다. 같은 길도 두어 계단쯤 껑충껑충 뛰어오르려고 했고, 재미와 충격이 없는 일에는 아예 관심도 두지 않으려 했다. 그 결과, 나는 출교(黜校)처분-중징계-강제징집으로 치닫는 예상 밖의 행로를 걸어야만 했다.

돌아보면 내가 대학에 입학했던 1970년대는 정치권력과 언론이 상호감시의 균형을 잃고 언론이 강력한 정치권력의 영향권 속에 예속당한 언론의 암흑시대였다. 언론은 정치권력을 감시하는 본래적 책임을 다하지 못하고 '권력의 시녀'로 전락한 채 무기력한 상태를 벗어나지 못했던 것이 사실이다.

1975년 봄의 일이다. 당시 유신정권의 언론탄압-「동아일보」기자들의 조직적 저항-동아노조의 태동 및 주동기자의 해직-「동아일보」광고탄압사태가 숨 가쁘게 잇달았다. 사태의 추이를 지켜보던 나는 이미 절감했다. 언론의 자유는 언론이 쟁취해야 할 궁극적 목표가 아니라, 국민이 부여한 임무를 수행하는 데 필요한 필수조건이라고. 지금의 언론과 권력과의 관계는 극히 비정상이라고. 우리는 그 와중에서 우리의 '전설적 존재' 김민남 선배가 「동아일보」에서 해직당했다는 소식을 들었고 이내 분기충천, 선배를 격려할 겸 「동아일보」를 돕자는 뜻에서 격려광고를 내기로 했다.

뚜렷한 목표를 갖고 대단한 의지로 모아온 학보 광고수입을 광고대금으로 쓰기로 했다. 이에 앞서 한 선배는 후배들을 위해 한 학기 등록금을 써버렸고, 그는 1년여 미등록 상태였다. 그 선배를 재등록시킬 요량으로 모아온 그 광고수입이다. 다행히(?) 그 선배까지 등록금용 재원을 광고비로 전용하는 데 동조하고 나섰다. 광고 게재를 연락하고 광고 문안을 쓰는 일들은 내가 맡았다.

東亞事態의 圓滿한 解決을 기다리며…
바람이 일고 동녘에 해가 뜨면 그 날은 온다.
- 東亞大學報社 記者일동 -

그해 3월 20일자에 문제의 광고가 실렸다. 그 후유증은 상상 밖이었다. 당시 서슬이 시퍼랬던 중앙정보부가 '바람이 일고 동녘에 해가 뜨면 그 날은 온다'는 구절에 주목, 비밀결사단체가 모종의 반정부 행사를 계획하는 것으로

민감하게 반응했던 것이다. 일주일여의 조사 끝에 '불순한 행사'는 없다는 결론이 났다. 그러나 나는 이 사건의 주모자로서 "학교 주변엔 얼씬거리지 말고 고향에 가 있을 것"이라는 희한한 처분을 받아야만 했다. 물론 입사동기들도 모두, 학보사를 물러났다.

## '화려한 복귀', 그리고 강제 입영

동아대학보사 생활은 이 정도의 '추억'으로 끝나지 않았다. 낙향생활을 하던 나는 집으로 오는 학보를 구독하다, 학보사가 주최하는 창간기념 현상공모에 응모한 것이다. 그리고, 나는 논문부에서 '당위적 측면에서 본 대학문화의 형성'이라는 논문으로, 내 동기는 '꿈을 켜는 철금(鐵琴)'이란 콩트로 각각 최고상을 챙기기에 이르렀다. 이런저런 사연 끝에, 나는 3학년 2학기 개학과 함께 학교로, 또 학보사 편집국장으로 복귀했다. 고락을 함께했던 동기 몇몇도 합류했다. 우리는 함께 '화려한 복귀'를 자축했다.

그러나 그 '화려한 복귀'는 그리 오래 가지 않았다. 새봄 들어 학보 기획연재물에서 필화사건이 터졌던 것이다. 학보는 배포 금지 및 회수 조치를 당하고, 편집국장 책임을 맡았던 나는 퇴학 처분을 받았다. 그리고, 곧 징집영장도 나왔다. 내가 입대한 뒤, 학교 측에선 "군대생활 무사히 마치라"며 퇴학 처분을 무기정학으로 바꿔주었다. 제대 뒤 복학할 곳이 있어야 군대생활을 잘할 수 있으리라는 울지도 웃지도 못할 배려였다. 결국 난, 징계의 단계적 완화 조치 결과, 제대와 함께 무리 없이 복학했다.

당시 나의 은사들은 나의 복학과 함께 나에게 대학원 진학 준비와 함께 한 은사의 강의 조교를 주선했다. 시대상황을 감안할 때, 내가 제대로 취업하기 어려울 것으로 걱정한 것이었다. 나는 조교생활을 하며 교수요원의 길을 걷기로 결심했다.

## 한풀이 삼아 기성 언론 도전… 당당하게 '언론' 입문

그 시절을 살면서, 나는 한편 비분강개의 시기를 보내며, 한편 운 좋은(?) 결말에 다행스러워 했다. 나는 캠퍼스 추방령을 딛고 끝내 캠퍼스로 귀환했고, 강제징집 역시 견뎌내며 끝내 복학하고 졸업했으니. 그 속에서, 나는 실패(?)한 대학언론에의 한(恨)에, 성공한 기성 언론의 원(願)을 쟁이기 시작했다. 언론의 중차대한 사회적 기능과 책무를 인식했고, 기자의 전문성과 낭만성을 눈여겨봤으니, 언론직의 강한 매력에 끌리지 않을 수 있었겠나.

나는 한풀이 삼아 기성 언론에 도전했고, 얼떨결에 입문했다. 그 '뜻밖의 성공'에 한동안 신문사와 대학원 사이에서 방황했고, 끝내 언론에의 매력을 뿌리치지 못해 스승의 기대를 배신하는 선택을 했다.

결국, 나는 「동아대학보」 기자일 때 캠퍼스 추방령을 받았다가, 「동아대학보」 주최 전국대학생 논문현상 모집에 최고상을 거머쥐곤 「동아대학보」로 복귀했다. 또 「동아대학보」 편집국장 때 강제징집을 당했다가 다시 복학, 당당하게 언론계로 진출했다. 그 질기기만 한 '언론'과의 인연 속에서, 난, 그 인연들에 늘 감사할 뿐 작은 후회도 없다.*

---

* 이 부분은 「동아대학보」 창간 50주년 기념문집 『난, 널 버릴 수 없다』(1999. 6)에 게재한 글쓴이의 글 <참 좋았던 그 시절, 그 사람들(~70년대 중반)>과, 동아대학보 창간 70주년 기념 동문문집 『우리는 왜, 그때 그 시절을 기억하는가』(2018. 6)에 게재한 글쓴이의 글 <'동아'에의 애증 앞에 '동아 전통' 되물었다>에서 일부 옮겨 싣는 글이다.

## 대학신문 시절

동아대학보 편집국장석에서(1975. 11).

대학신문 기자로서 당시 정재환 총장을 밀착 취재한 글쓴이(왼쪽 두 번째)(1974. 10).

학보사 동기들과 (왼쪽에서부터 편도철, 글쓴이, 전명수, 김영진, 박희태)(1974).

대학신문 초년기자 시절 꿈 많았던 한때(1973).

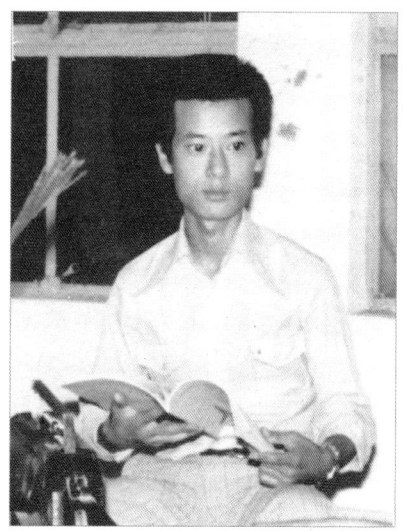
대학신문 시절, 기획좌담의 사회를 맡아(1974. 5).

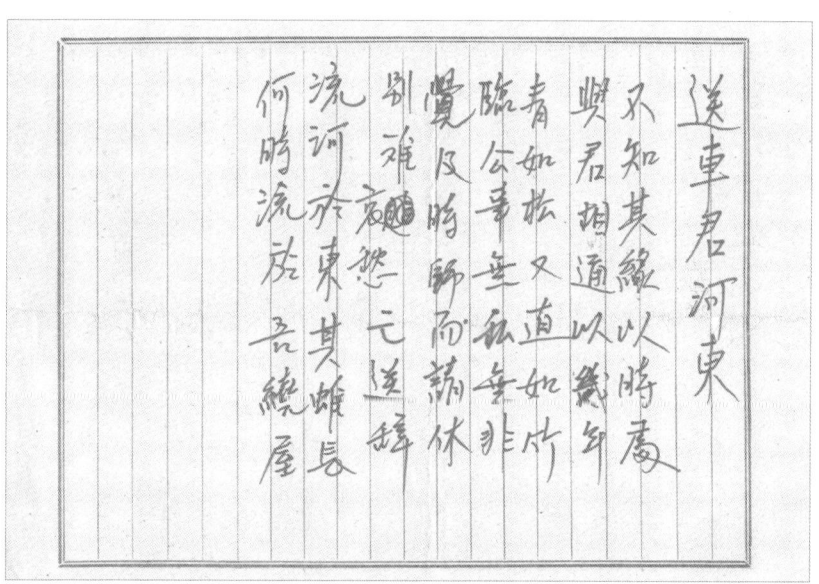
동아일보 백지광고사태 당시 후원광고를 실었다가 '학교 퇴출' 조치를 받아 낙향할 때 이상룡 선배가 지어준 송별시 메모(1975. 4).

## 군 복무 시절

뜻밖의 입대 후, 논산훈련소 훈련병으로(1976. 9).

군부대 근무차량 앞에서 한 선임과(1978. 9).

미728헌병대대 근무 때 본부근무 미군 동료와(1978. 5).

주한미군 소속 KATUSA 배구대회에 출전한 부대 동료들과 함께(가운데, 근무복 입은 글쓴이) (1978. 4).

## 나의 캐리커처·컴퓨터 촬영

(상단 왼쪽부터 시계방향으로)

한국기자협회 주관 서구 5개국 출장길, 프랑스 파리의 몽마르트르 언덕에서(1986. 6).

미 국무성 초청 IVLP 방문길, 미국 보스턴에서(1991. 11).

한국언론연구원 주관 기자연수 길, 서울 남산타워에서(1982. 10).

「동아대학보」에 청탁원고를 게재하며 인물사진을 전해주지 않았을 때, 만화만평 담당자가 그려 게재한 캐리커처(1983. 6).

## 2장. 부산일보 시절

5공 시대 언론계 입문… 1980년대 질풍·노도 가슴 새겨
'영원한 친정' 「부산일보」 사회부… 그 시절, 큰 자랑·보람

나는 「부산일보」 수습기자 공채 24기이다. 1980년 3월 2일 입사 기수인 것이다. 역사에서 나타나는 대로, 이 시기, '전두환 정권기'이다. 민주화를 열망하는 사회적 요구를 무력으로 억압하고, 언론에 대해서도 유례를 찾기 힘들 만큼 폭압적 탄압을 자행한 시기이다. 당장 1980년, 언론인 강제해직과 언론 통폐합이 있었다. 언론계 역시 정치권력의 강력한 통제와 회유에 점차 순응하면서 체제 속으로 편입되던 암울한 시기이다.

내가 특별한 사연과 포부 끝에 언론계 입문을 꿈 꿀 때도 이 같은 언론에의 폭압적 탄압은 상상하지 못했다. 입사 당시는 사회 각계에서 '1980년 봄'을 노래할 정도였으니, 역시 사회 민주화와 언론 활성화를 한창 기대할 뿐이었다. 그 애매한 시절, 나는 그래도 언론에의 원(願)과 한(恨)을 품고, 언론계 입문을 꿈꾸며 그 길을 찾고 있었던 것이다.

당시는 '언론고시'라는 말 자체가 없던 시절, 언론사 입사시험에 누가, 어떤 준비를 거쳐 응시하는지 몰랐고, 출제 경향 같은 건 더욱 '깜깜이'였다. 나는

그 계통의 경쟁 수준을 가늠하지 못한 채, 그저 최선의 준비만을 다하고 있었던 것이다. 당시 언론사 수습기자 시험과목은 국어, 영어, 상식, 논문. 국어는 현대문, 고문에 한문, 일본어까지, 상식은 일반상식 참고서에 10개월여 신문 읽기로 준비했다. 특히 논문 과목에 대비, 신문사설을 읽고, 구조를 뜯어보며 나만의 논문 쓰기 기법을 익혔다. 영어? 독해 아니면 작문일 것으로 알고, 보수동 헌책방에서 「타임(TIME)」, 「뉴스위크(News Week)」 같은 영자 주간지를 구해 텍스트로 삼는 정도.

## 수습기자 필기 첫 시간 '행운' 예감

1980년 2월, 참 추웠던 어느 겨울날. 부산 중구 동광동 용두산공원 아래 동광초등학교에서 1차 필기시험을 치렀다. 첫 시간 국어 과목부터 뜻밖의 '행운'을 만났다. 도저히 풀지 못해 끙끙거리던 문제를 시험감독이 은근히 도와줘 푸는 일이 생긴 것이다. 그 시험에서 끝까지 나를 괴롭힌 문제는 일본어 1점짜리 5문제 중 하나. 일본말 '요오지', 정답란엔 네모 칸 4개가 줄지어 있었다. 4음절짜리 단어라는 뜻이었다. 일본어를 배우지 못한 나로서는 다행히 '시아게(뒷마무리)' 같은 단어의 뜻은 겨우 쓸 수 있었으나, 정작 이 단어는 도저히 풀 수 없었다.

나는 상상력을 동원하려 골머리를 썩이다 어쩔 수 없이 손을 들어 시험감독을 불렀다. "보시다시피 다른 문제는 맞든 틀리든 다 썼고요. 이 문제 때문에 답안지를 내질 못하겠네요. 도대체 어디서 주로 쓰는 말인가요?" 시험감독은 내 답안지를 쓰윽 훑어보곤 나름대로 쓰기는 썼고 가능성(?)도 엿보였던지 교탁 쪽으로 돌아가며 한마디 툭 던졌다. "식당 같은 데서 많이 안 쓰나?" 아, 그랬다. 답은 네모 칸 4개에 꼭 맞게 '이쑤시개'였던 것이다. 참, 날아갈 듯한 기분이었다.

당시 시험감독으로 들어와 한 문제를 풀 결정적 힌트를 주신 분은 노영환(盧泳煥) 선배(당시 정경부 차장). 내가 입사 첫날 편집국에 들어서자 한 선배가 기다렸다는 듯 농담을 걸어왔다. "아니, 당신 '요오지'도 모르면서 어떻게 합격했어?" 그 선배가 곧 시험감독 그분이었다. 옆의 다른 선배 역시 격려성 농담을 덧붙였다. "요오지도 모르고 합격했다니, 다른 과목은 뛰어났던 모양이지?" 그분은 이기술(李基述) 선배(당시 제2사회부 차장)였다.

**대학 때부터 「부산일보」 입사 권유 받으며**

사실 내가 「부산일보」에 지원한 것은 이기술 선배의 권유 및 격려 덕분이다. 내가 대학신문 편집국장을 할 때 이 선배가 사회부 교위 출입을 한 인연이다. 이 선배는 사회면 주간 고정면인 '대학가'면을 꾸미며 급할 때면 나에게 원고를 청해왔고, 또 원고료 대신으로 광복동 입구 돼지족발집에서 족발도 자주 사 주신 분이다. 이 선배는 그때부터 "어이, 차 국장, 나중 졸업하면 부산일보 들어와!"라는 유인성 발언을 자주 하셨던 것이다.

그 인연은 참 정확했다. 당시 부산에서 「부산일보」, 「국제신문」이 함께 수습기자를 뽑을 때 나는 피치 못할 사정으로 「부산일보」 필기시험밖에 치를 수 없었다. 당시 '국제'는 토요일, '부산'은 일요일 필기시험을 치렀으며, 기자 지원생은 당연히 두 군데 다 응시를 했던 터. '인연'의 작용 탓이었을까? 졸업 전 잠시 일하고 있던 어느 언론사에서 나의 응시계획을 알아내고는 한사코 토요일 오후 근무를 시키고 선배들과 술자리까지 만들며 '국제'의 도전 길을 막아섰던 것이다. 그러나 일요일은 '법정 공휴일', 나는 그 회사의 손아귀를 벗어나 겨우 '부산' 필기시험에 응시할 수 있었다.

### 논문 제목=예상문제, 면접 때 합격 확신

첫 시간부터 '운수 좋아 만점 받는' 기분에 빠진 나는 영어-상식-논문의 3과목까지 내내 의기양양한 기분에서 시험을 치렀다. 특히 논문에선 예상문제로 찍었던 논제까지 나왔으니, 내심 얼마나 기세등등했겠나. 준비한 예상문제 7~8개 중 하나, '언론의 자유와 책임'은 전공과도 밀접한 관계가 있고, 논문 대비용 가상문제로 뽑아 몇 차례 답안을 작성해본 주제였다. 뒤에 들은 「국제신문」 논술주제 '아, 1980년'보다야 얼마나 구체적이며, 논술하기에 알맞은 논제인가.

나는 논문 성적이 탁월하리라는 것을 최종 면접장에서 눈치 챘다. 면접관은 왕학수(王學洙) 사장, 권오현(權五賢) 전무, 김태룡(金泰龍) 논설주간, 정한상(鄭漢祥) 편집국장까지 네 분. 내가 면접을 받고 있을 때 시험 서류를 들여다보던 왕학수 사장이 불쑥 한마디를 던졌다. "이 친구, 논문 성적이 좀 이상하네? 맞게 나온 건가?" 옆자리에 있던 정한상 편집국장이 함께 그 서류를 들여다보며 대답했다. "논설위원 세 사람이 채점해서 평균을 구한 것이니 맞을 겁니다." 논문 성적 얘기가 나오니 김태룡 전무가 다시 시험서류를 확인하며 덧붙였다. "아, 논문 성적이 출중한 친구가 하나 있었어요." 나는 세 분의 대화를 들으며, 대략 합격선상에 올랐음을 확신했다.

### 언론계 입문에, 선친 경계 "강직하게 살라"

나는 그 시험에서 '우수한 성적'으로 합격했다. 발표 당일 누님이 먼저 신문사에 전화를 걸어 확인했다. 총무국 담당 간부를 찾아 "수습기자 합격 여부를 알고 싶은데요, '차-용-범' 합격했습니까?" 그 간부는 너털웃음을 터뜨리며 대답하더란다. "수험번호를 대지 않고 이름 대는 걸 보니 자신 있으신 모양이죠?" 그러고는 알려주더란다. "예, 당당히 합격했습니다. 성적도 좋습니다." 나는 당장 가판신문 발매시간을 기다려 그날 신문을 샀다. 1면에 수습기자 합격 사고가 실렸고, 내 이름을 바로 찾아냈다. 나는 '부산일보 기자'로, '저널리스트' 세계에 입문했다. 청년기의 꿈을 성취한 것이다. 나의 언론계 입문 결정을 들은 선친께선 딱 한마디, 경계 말씀을 주셨다. "강직하게 살아야 한다."

우리 입사 동기들은 3월 2일 수습기자 사령장을 받고, 관례에 따라 6개월짜리 수습생활에 들어갔다. 내 첫 수습부서는 정경부. 황윤식(黃潤植) 부장, 노영환(盧泳煥) 차장, 최창호(崔暲鎬), 강호일(姜鎬逸), 김종열(金鍾烈), 박중환(朴重煥) 등 쟁쟁한 선배들이 포진한, 규모는 작아도 막강한 부서였다. 배치 첫날 최창호 선배를 따라 수습에 나섰다. 당시 최 선배의 출입처였던 부산상의는 중앙동 부산시청 옆에 자리 잡고 있었으며(현 롯데백화점 신축지), 기자실은 그런대로 햇볕도 잘 들고 널찍한 방이었다.

'수습'이란 한마디로 선배를 모델 삼아 기자의 행동양식을 배우는 전형적인 도제식 교육훈련이다. 나에겐 스스로를 통제할 결정권이 없었다. 그 관행에 따라 최 선배가 나에게 내린 지시는 "일단 기자실에 앉아 드나드는 선배들을 지켜보며 분위기를 익히라"는 것이었다. 사흘 정도를 기자실 소파에 앉아 시간을 죽이며 지냈다.

그 '기자실 지킴이' 생활도 오래 가진 않았다. 나의 '철없음' 때문이었다. 그때 편집국장은 수습 지휘를 맡은 부장을 통해 '일일 리포트'를 제출할 것을 지시했다. 부장이 읽고 국장에게 전달하는 방식이었다. '주제는 무제한'이라는 단서가 붙었다. 그들은 그들 방식대로 수습기자들의 사고방식이나 문장능력을 파악하겠다는 의도였다. 부산상의 기자실을 사나흘 지켜봤을까? 어느 날 나는 리포트 주제로 '부산상의 기자실 풍속도'로 잡았다. 내내 기자실에 죽치고 앉아 있으면서 나름 본 부분이고, 다른 주제를 찾기도 마땅찮았던 것이다.

### 수습 리포트, '본 대로' 썼다 엉뚱한 후환

나는 별 생각 없이 기자실 풍속도를 묘사했다. 기자 선배들의 고스톱 관전기였다. 선배들은 고스톱을 참 즐긴다는 것, 즐기는 데는 그런대로 이유가 있으리라는 것, 지켜보니 사나이의 모험심을 약간의 돈으로 상쇄한다는 것은 매력 있을 듯하다는 것, 나도 고스톱을 더 익혀야겠다는 것…. 나름대로 문장 멋을 내겠다고 생각해서 마지막 문장은 극적 요소를 덧붙였다. "오늘도 최 선배는 힘차게 쌍권총을 치켜든다, 투 고오…."

귀사하자마자 구상했던 대로 리포트를 작성해서 떳떳하게 제출했다. 그 다음 일은 생각도 하지 않았다. 부 관행대로 선배들을 따라 남포동으로, 광복동으로 술을 마시러 다녔다. 뒷날 아침 정경부 말석에 앉아 있으려니 왠지 부 분위기가 이상했다. 국장이 부장을 부르고, 부장이 최 선배를 부르고, 최 선배가 벌겋게 달아오른 얼굴로 나를 노려보고…. 최 선배가 "차 기자, 나가자!"며 나를 데리고 여느 때처럼 편집국을 빠져 나왔다. 그러곤 물었다. "어제 무슨 리포트 제출했느냐?"고.

알고 보니 그랬다. 내 리포트를 읽은 편집국장이 정경부장을 불러 "기자 관리 잘하라!"고 나무라고, 부장은 부장대로 최 선배를 불러 "후배에게 보여줄 게 그렇게 없느냐?"는 꾸중 겸 핀잔을 퍼부은 것이다. 최 선배는 한탄스러운 듯 나를 원망했다. "그래도 대학신문도 만들어봤고, 뭐 철이 좀 든 줄 알았더니…."

### '좋은 후배 키우기' 선배 애정 속 '병아리' 생활

그 많았던 사연은 대강 줄이고, 결국 나는 박중환 선배를 따라 다니며 정경부 수습을 마쳐야 했다. 박 선배는 정말이지 '좋은 후배'를 키우려는 노력을 다해 주었다. 기자의 일상을 얘기하며, 좋은 기삿거리를 찾는 요령을, 때로는 쓴 기사를 다듬는 수고까지 아끼지 않았던 것이다. 3월 한 달을 그렇게, 낮에는 어수선한 속에서 회사 분위기와 기자생활 요령을 익히고 밤이면 정경부 '기자'인 양 선배들 따라 술집을 순례하며 보냈다.

이때부턴 문제의 '일일 리포트'도 후환(?)이 없을 적당한 주제를 골라 썼다. 언론환경·신문제작 같은 수습 중의 정칙(正則)보다는 술, 고스톱, 개인감정 같은 '변칙(일과 후 동향)'을 묘사해 가면서.*

### 일일 리포트 1    술(酒)

세상에서 희한한 것 하나를 우선 꼽으라면 단연 술(酒)일 게다. 사람을 기쁘게도, 슬프게도, 어떤 때는 미치게도 만드는 요물(要物) 중의 요물(妖物). 기분이 좋아도 한 잔, 나빠도 한 잔이니 인간의 감정세계를 지배하는 묘약임이 틀림없다. 우리가 술을 통칭 '약주(藥酒)'라 하는 것이 그러고 보면 그럴싸하다. 약은 약이로되 마시기에 따라 즉효약도, 사약도 되니 그 긴장감이 사뭇 짜릿하다. ▶'처음엔 사람이 술을 먹고, 다음엔 술이 술을, 끝내는 술이 사람을 먹어 치운다'고들 한다. 그러니 사람이 마실 때는 '약주', 술이 마실 때는 '요수(妖水)', 술에 사람이 먹힐 때는 '광수(狂水)'로 둔갑하는 게 술이란 얘기다. 우리나라 주당들은 이 술을 지난 한 해 동안 1조 원어치나 마셨단다. 말이 쉬워 1조 원인가. 지난해 우리나라 예산이 5조 2천억 원이었으니, 한 해 나라살림의 1/5에 해당하는 값만큼 술을 마셔댄 것이다. 어쩐지 어지러워진다. 마시지도 않고 취하는 기분이다. ▶'마시자, 한 잔의 술!' 후배의 애교 있는 유혹도, 선배의 자신 있는 선동도 결국은 합일점을 갖는다. '알리바바의 석문'을 여는 주문쯤 될까? ▶그들에게 전쟁은 없다. 그들에게 불확실한 그 무엇이 남을 수 있는가. 다만 '사랑스런 후배'와

---

* 이 '일일 리포트'는 나의 첫 수습, 곧 정경부 수습 때 제출했던 '비공식 보고서(지시받은 연구주제가 아닌)'들이다. 당시 황윤식 정경부장(고인)이 이 보고서를 읽은 뒤, 서랍 속에 보관해왔던 모양이다. 그가 정경부장에 이어 사회부장을 지내고 편집부국장으로 승진했던 1984년 6월 4일 저녁, 그는 나를 불러 이 리포트 뭉치를 건네줬다. "니(너) 철들 만하면 주려고 내가 4년을 보관했다, 이제 가져가라"고 즐거운 표정을 지으면서. 지금 이 리포트들을 읽어보면 그때의 나는 정말 얼마나 '철부지'였던지, 그저 얼굴이 화끈거릴 따름이다. 그러나, 내가 수습 첫 달부터 이런 멋진 상사, 위대한 선배를 만난 것은 또 얼마나 큰 행운이었던가, 그들이 준 사랑은 또 얼마나 큰 것이었던가를 생각하면 참 가슴 먹먹하고 숙연하기까지 하다.

'존경스런 선배'는 오늘을 저울질하며 내일을 기약한다. 낭비도 없다. 누가 그들이 정'경(經)'부 기자임을 잊을 것인가. 오직 확실한 투자만 있을 뿐이다. 결국 퇴근 후의 '무조건' 한 잔은 '무조건' 진취적인 행동을 자극하는 묘약일 뿐. ▶그들의 술에는 회한도 없다. 항상 넘치는 가슴뿐이다. 그들의 술에는 광수(狂水)도 없다. 오직 만병통치성 약수만 있을 뿐이다. 정경부 군상의 한 잔=약주. 오늘도 그들은 잊지 않으리라, 그들의 '약주 한 잔'을!

### 일일 리포트 2    언론검열 현장을 가다

그만의 독특한 임무에 유능을 과시한 검열관은 한편 나름의 유식도 드러내고 있다. "젊은 사람들, 특히 대학신문 제작자들의 문제의식에 혹 당신이 우려하는 점이 있었는가?" 지나치는 듯한 나의 물음에 그는 갑자기 진지한 표정을 짓곤 그의 현실관을 말한다.

"지금 보도하지 않는다고 해서 별 해가 될 것 없는 내용을 굳이 게재하려는 대학신문 기자들과의 설전은 그저 피곤할 따름이다. 나 역시 군인 이전의 국민이다", "나에게도 나라를 걱정할 권리가 있다", "군인이라고 해서 너무 무식하다고 생각 말라. 우리가 하는 일은 결국 그들을 위하고 나라를 위하는…" 한마디도 망설임이 없다. 그에게도 나름의 논리가 있다는 듯하다. 미리 교육받은 대사 같지는 않은데도 말이다.

발상법의 차이. 문제는 어떠한 노력이-그들의 노력이든, 주위의 노력이든-그들의 의식구조를 개방적·진취적 방향으로 끌어갈 것인가, 아니 오히려 같은 젊은 층으로서 동질성을 확보할 수 있겠는가에 있을 듯하다. 이 시대, 우리 사회에 내재하는 갈등관계나 무모한 대결을 피할 최선의 해결책은 서로 말하고 싶은 바를 말하고 토론하게 하는, 곧 강력한 언론활동의 존재임을 우리는 알아야 한다.

따라서 그들도, 우선은 성보의 흐름에 대한 징애물은 제거해기야 한다는 이치를 깨우처 갔으면 좋겠다. 이쯤이면 언론검열 담당관들이 그들의 업무를 원만히 성취하기 위해 맡아야 할 역할이 보다 명백해질 터이다.

### 일일 리포트 3    정경부 수습을 마치면서

수습 한 달. '정숙보행' 속의 '숨 가쁜 하루'들이었다. '세련된 고답(高踏)파' 황 부장님과 상호신뢰의 바탕에서 인격적 관계를 유지하던 자랑스러운 선배들-한 달여 동행에서 선배들의 멋을 파악했노라고 자부할 생각은 없다. 다만 자신 있게 말할 수 있는 것은 선배들 간 전인격적으로 쌍방통행 하는 밀접한 신뢰관계가 있더라는 것-의 취재편력에서 '끈질긴 집념이 남긴 영광'을 보았고, 그 회고담에서 '좋았던 시절'의 전설을 듣기도 했다. 선배들의 체험담에서 불가능을 거부하는 뚜렷한 논리를 발견한 것은 그저 우연득지(偶然得志)였을까.

수습 한 달. 언론계의 말석을 노리는 수습기자의 위치에서 가능한 한 오늘의 언론 상황에 실망하지 않으려 했다. 나의 둔한 감각 때문이었을까? 아니, 오히려 주어진 한계상황을 수용, 인식하면서 상황이 남기는 문제점은 젊은 기자의 양식 있는 도전으로 차근차근 극복할 수 있는 가능성을 믿었기 때문일 터이다.

나의 한 달에는 초조함도 없었다. 그저 모든 일에는 그 과정이 있는 것, 서두르지 않고 하나하나 계단을 거쳐 나가리라 생각하는 것이다. 이미 나에게 또 다른 기회나 탈출구가 없음도 자각하려 한다. 그러나 이러한 판단들이 순전한 자기합리화의 연장임은 명백하다. 시야의 확장을 꾀하던 한 달 동안 줄곧 스스로의 무능을 탓하곤 했다.

실력 위의 행동은 패기일 수 있으되 실력 없는 행동은 오만에 불과할 것, 무능·무자질을 한탄하는 주제에 패기는 기대 밖의 이상이었다. 반대 감정의 심각한 병존상태, 그 과정 뒤에 하나의 굳은 마디가 맺어질 수 있었음을 크게 다행스러워 한다. 또 다가올 내일의 확실한 수습생활을 위해서라도.

## 문화부 수습 때 '작은' 시리즈 구성, 그 감격

다음 수습은 문화부. 부장은 정말 점잖기만 한 최봉경(崔鳳卿) 선배였다. 문화부엔 박정인(朴政仁), 김순(金珣), 문영진(文玲珍) 선배도 있었다. 문화부에서, 나는 뜻밖에도 작은 시리즈물 하나를 맡아 '기자'로 데뷔했다. 4월 교육주간을 맞아 기획특집 하나를 구성할 기회를 갖곤, 이내 5월 5일 부산 어린이날 행사에 대비한 시리즈를 맡은 것이다. 당시 「부산일보」가 주최하는 사업의 하나, 그 행사에 출연할 군악대, 의장대, 경찰 사이카팀, 대학 무용팀을 찾아다니며 준비 상황과 함께, '볼 것'으로서의 흥미를 자극하는 연재물이었다. '부산일보 차용범 기자'로 자기소개를 하며 취재하고, 쓴 기사는 연일 지면에 실리고…. 그때의 주체 못할 감격이라니.

## 사회부 수습을 시작으로 사건기자 길 입문

1980년 5월, 비상계엄으로 온 사회가 얼어붙던 그 뜨거웠던 봄, 나는 편집부 수습을 하며, 세칭 '보도지침'에 항거하는 선배들의 분노와 행동을 목격했다. 광주에 특별취재반을 보내고도 제대로 보도하지 못하는 현실, '보도지침'으로 언론을 통제하려 드는 신군부에의 저항이다. 그 어수선한 편집부 수습을 마치고, 나는 사회부 수습에 들어갔다. 나의 기자생활 대부분을 보낸 사회부와의 상봉이다.

사회부, 사건·사고와 함께, 시민생활과 접한 부분을 드넓게 담당하는 부서다. 야근·특근은 일상적이며, 경쟁지와의 특종경쟁 속에서 '적을 마주보고 있는 야전군'이다. 그만큼 기자의 기초훈련을 시키기에 적합한 부서이다. 당시만 해도 사회부 사건기자를 '편집국의 꽃'으로 보던 시절이다. 그 과정에서 기자의 기본을 체험하며 회사의 장래를 짊어질 역량을 기른다고 믿던 시절이다. 그 시절, 나는 사건기자, 곧 '사스마와리' 생활을 시작했다.

사스마와리(察廻, さつまわり), '경찰서를 도는 기자' 정도의 일본식 용어다. 이 땅에 신문·방송이 등장한 이래, 사건기자가 검찰·경찰관서를 드나들며 보도해온 일본식 사건취재 방식이다. 당시 부산에선 사회부 소속 '사스마와리'를 풀어, 부산 경찰청과 12개 경찰서를 커버했다. 관내 구청과 대학, 병원, 기업체의 사건·사고에 재야단체, 주요인사의 움직임 하나하나까지 점검했다. 경쟁지와의 박 터지는 경쟁체제 속에서 '사스마와리'는 그만큼 불안하고 고달픈 직종이다.

나는 부산시경을 출입하던 '시경 캡' 안기호(安淇鎬) 선배를 멘토로, '영도'

지역을 가(假)출입하며 취재·보도 및 기사쓰기 방식을 익혀야 했다. '기상→경찰서·병원 점검→데스크 오전 보고→대학 및 주요인사 체크→기사 송고→(점심)→행정관서 및 생활기사 취재→오후 보고→귀사→야간 패트롤(순찰)….' 그 골병드는 나날을 보내다, 나는 그대로 사회부에 주저앉기에 이르렀다. 다른 부서의 순환수습을 않고, 내처 사회부 수습만 계속했고, 수습을 마치며 바로 사회부 기자로 발령받은 것이다. 당시 정한상(鄭漢祥) 편집국장, 이인형(李仁珩) 사회부장 같은 선배들은 어린 나에게서 기대할 그 무엇을 찾았던 것일까?

## '기자' 발령 때까지 몇 차례 좌절할 고비도 겪고

되새기자면, 내가 수습을 마치고 기자로 발령받기까지, 그 과정도 그리 순탄한 것은 아니었다. 1980년 5·17 비상계엄 확대에 이은 언론계 숙정 과정에서 여러 차례 본의 아닌 사직서를 내야만 했고, 언론검열관과 육탄대결을 벌였다가 회사에 누를 끼치며 또 사표를 써야 할 아슬아슬한 순간을 맞기도 했다.

먼저, 언론계 숙정 과정의 사직서 제출에 얽힌 소동. 어느 더운 여름날 외근을 하다 귀사, 사회부장으로부터 "전부 사표를 내라"는 지시를 받았다. 그때는 매주 토요일이면 편집국 계단에 '숙정자 명단'이 나붙던 살벌한 시기였다. 나는 사직서를 쓰며, "위 본인은 부장의 지시에 따라 사직서를 제출합니다"라는 글귀로 구성했다. 이틀쯤 뒤, 사회부장은 귀사하는 나를 부르더니 심각한 표정으로 얘기를 건넸다. "너, 사표를 왜 그렇게 썼나? 너 때문에 회사가 크게 어수선했다. 내가 부르는 대로 사직서를 다시 써라…."

당시 언론계 숙정을 맡은 기관은 보안부대. 우리의 일제사표를 받은 보안부대 요원은 부대로 들어가 사표를 정리하다 나의 '불순한' 사표를 보곤 바로

'사표 수리'대상으로 분류했더란다. 편집국장은 '사표수리' 대상 명단을 받곤 왜 나를 포함시켰는지를 물었고, 보안부대 요원은 "매우 불순한 성향인 듯하다"는 평가와 함께 예의 그 사표를 보여주더라는 것이다. 편집국장은 이 상황에 적극 대응, 이제 기자 시작한 지 몇 달여, '부패' 해당자도, '시국상황' 해당자도 아닌 점을 들어, "잘 교육시키겠다"는 약속과 함께 재고를 요구했던 것이다.

다음, 언론검열 과정에서 검열관과 격투를 벌인 사연. 당시 모든 언론은 보도검열을 받아야 했다. 「부산일보」의 경우, 활판편집 상태의 대판 교열지를 제출, 꼼꼼한 확인 과정을 거쳐 '검열 필' 날인을 받아야 했던 것이다. 부산계엄보도처는 부산시청 2층 소회의실에 있었다. 처장은 육군대령, 회사별 검열관은 소령이었다. 회사는 사회부 기자를 최종검열 당번으로 배치했다.

어느 날, 담당 검열관과 언쟁 끝에 심한 격투를 벌였다. 굳이 문제 삼지 않아도 좋을 기사를 '꼼꼼히' 들여다보며 시간을 끄는 통에 나도 쌓여 있던 울화가 폭발한 것이었다. "왜 그 기사 손대나?" "아, 국가를 위해 굳이 보도하지 않아도 괜찮을 기사라면…." "당신만 국가와 민족을 걱정하나?" 둘은 끝내 멱살을 잡았고 주먹이 오갔으며 회의실 바닥을 함께 굴렀다. 계엄보도처장이 뛰어나와 둘을 떼어놓기는 했지만, 그 후폭풍은 만만하지 않았다. 무엇보다, 가판경쟁시대에, 우리 신문의 최종교정 확인을 늦추는 앙갚음에 걸려 판매실적에 직접적인 타격을 주었던 것이다.

다시 편집국장이 나섰다. 나를 불러 앉히고선, 책망 대신 수습책을 제시했다. "아무래도 자네가 먼저 사과의 손을 내밀어야겠다. 회사 입장도 생각해야지…." 그는 나에게, 어떻게 쑥스러움을 이겨내고 김 소령에게 사과할 것인지, 점심식사 때 어떤 대화를 나누며 감정을 풀어줄 것인지, 앞으로 그들과 어떻게 어울려 이 고비를 이겨내야 할 것인지를 나긋나긋 일러주었다.

그날, 나와 검열팀은 자갈치시장에서 소주잔을 기울이며 화끈하게 화해했다. 그것도, 편집국장이 미리 계엄보도처장과 통(?)하며 귀띔을 해둔 덕분이었다.

**80년대 사회부 기자로⋯ 첫 해외여행 추억**

회사선배들의 배려 덕분에, 나는 영도·동부·해운대·해운대·관광·해운대·남부·서부·사하를 거쳐 보사·교통(부산시정 2진), 곧 종합관서 출입까지, 사회부 기자로서 다양한 경험을 축적했다. 사회부에 이처럼 오래 머물며, 다양한 출입처를 오간 것도 그리 흔한 예는 아니다. 나 역시, 사회부장 다섯 분을 모시며 나름 열정껏 일했다.

내가 모신 사회부장들은 겉으론 뚜렷한 개성·확고한 카리스마를 가졌으되, 속으론 참 후배들을 아끼고 챙기는 '좋은 선배'들이었다. 어린 후배(부하)가 언론계의 속사정에 익숙지 못해 사직을 마음먹었을 때 주말 한식집에서 고스톱을 치고 술을 마시며 버텨낼 용기를 준 선배도, "결혼 상대를 만나면 미리 나에게 보이라"며 후배의 데이트 상대를 대면 점검하는 '큰형님' 같은 선배도 있었다.

1983년인가, 해외여행 자유화 이전의 일이다. 일본으로 첫 해외출장을 가선, 출장 기간과 장소를 넘어 "동경을 보고 귀국하겠다"고 떼쓰는 후배의 도발(?)을 "허, 참!" 한마디로 수용해준 선배도 있었다. 내가 일본 후쿠오카의 부산관광전 취재 출장을 나설 때는, 후쿠오카 시장의 항공·숙박 요금 부담 확인서를 곁들인 초청장을 받아 여권과 비자를 발급받던 시절이다. 김해공항에서 비행기를 타고 후쿠오카까지 198마일, 짧은 거리지만 하늘에서 도시와 현해탄을 내려다보는 그 감회는 그저 예사로웠겠나. 후쿠오카의 그 선진형 도시시설에서 받은 충격은 어느 정도였겠나. 더 큰 도시, 수도 도쿄에 대한 호기심은 또 얼마나 컸겠나.

후쿠오카에서 4박 5일을 보낸 나는 그냥 귀국할 수 없었다. 어떻게 나온 외국인데, 온 김에 도쿄라도 보고 가야지. 젊은 기자의 첫 해외여행을 따뜻하게 챙겨주던 노년의 관광협회장과 의논했다. 그도 적극 찬성했다, 회사 일에 지장 없다면 도쿄, 오사카라도 꼭 보고 귀국하는 게 좋겠다. 엄청난 카리스마의 사회부장께 국제전화를 걸었다. 부장의 질책을 듣더라도 전화 속 꾸중은 이겨내리라 생각했다. "접니다." "어, 오늘 오나?" "아닙니다. 한 사나흘 더 걸릴 것 같습니다" "왜, 무슨 소리냐?" "예, 후쿠오카 출장은 오늘 끝나는데요. 나온 김에 도쿄라도 꼭 보고 가고 싶습니다…." "… 허, 참!" 나는 바로 도쿄행 항공권을 끊었고, 3박 4일을 주유한 뒤, 당당하게 귀국했다.

**주요 취재 자주 참여… 질풍·노도 시대 가슴 새겨**

「연합뉴스」 부활 전에는 부산 이외 지역에서 대형사건이 터지면 자주 현지 출장을 다녔고, 주요 선거와 국정감사, 88 올림픽 같은 주요 취재거리가 있을 땐 빠짐없이, '특별취재반'의 일원으로 참여했다. 고 박종철 군 고문치사 사건에 이은 시국시위들과 6월 항쟁 같은 질풍·노도의 시대도 현장에서 보고 느끼고 기록하며, 시대의 흐름과 정신을 가슴에 새겼다.

「부산일보」 시절 한국기자협회 활동에 참여한 것도 기억할만한 일이다. 당시 5공 독재정권의 엄혹한 언론통제 아래서 한국기협 활동도 크게 위축당한 나머지, 부산에선 「부산일보」만이 '한국기자협회 부산시지부'라는 이름으로 기협 활동을 근근이 이어나가던 시절이다. 부산시 지부장을 맡은 김철우 차장(고인), 안기호 차장 두 선배의 지명에 따라, 대를 이어 '한국기협 부산시지부 총무간사' 역할을 수행했다.

그 기협 활동이 그저 유명무실했던 것만은 아니었다. 정기적으로 운영회의를 갖고 언론현안을 점검했으며, 이런 회의만으로 정보기관은 긴장하곤 했다. (정보)기관원이 편집국을 들락거리며 편집국장석 옆에 좌정하여 언론계 동정을 살피던 시절, 그 '부산시지부'의 결의에 따라 편집국 입구에 '기관원 출입금지' 표지를 게시한 적이 있다. 그 표지의 위력은 없지 않았다. 뒷날부터 기관원의 편집국 출입이 뜸해졌고, 출입하더라도 '당당한 기세' 대신 '눈치껏' 오가곤 했던 것이다.

1986년 5월에는 한국기자협회 지부장단 일행(10명)의 서구 선진 5개국 현장시찰에 참여, 프랑스, 이탈리아, 스페인, 스위스, 독일을 둘러보는 귀한 기회도 가졌다. 해외여행 자유화 조치 이전의 해외출장마저 쉽지 않았던 시절, '부산시 지부장' 몫을 '어린 간사'에게 넘겨주신 선배들의 배려 덕분이다. 선진 5개국의 선진도시들을 돌아보며 그 현대적 면모에서 참 많은 것을 보고 느끼고, 적잖은 문화충격을 받기도 했다. 시찰단을 대신하여「한국기자협회보」(1986년 7월 16일자)에 〈'소모언론'에 영양분 섭취〉라는 제목의 시찰기를 게재했다.「부산일보 사보」(1986년 11월호)에는 〈살아 숨 쉬는 도시의 광장들〉이라는 제목으로 구미 제국에서 얻은 바, 광장의 중요성을 기고했다.

### 부산일보 사보 | 살아 숨 쉬는 도시의 광장들

도시는 '만남의 장소'다. 사업을 위하여, 인간관계를 도탑게 하기 위하여, 문화욕구를 충족시키기 위하여 사람-사람이, 사람-인공시설이, 사람-사회제도가 서로 만나고 있다. 따라서 이런 만남들을 위하여 도시의 공간구조가 어느 정도의 틈을 허용하고 있는가가 도시민의 큰 관심사이기도 하다. 만남에는 '시간'은 물론 '공간'도 꼭 필요하기 때문이다.

글쓴이는 지난여름 서구 다섯 나라를 돌아보며 선진도시들은 도시민의 '만남'을 위하여 어떻게 기능, 작용하고 있는지를 관심 있게 관찰했다. 결론 삼아 말하자면 우수한 도시들은 그 구조 자체가 사람을 위주로 발달하고 있으며, 특히 도시마다 '만남'을 위한 공간으로서 특징 있는 광장들을 넉넉하게 포용하고 있다. 더불어 우리 도시들은 도시의 주인이어야 할 시민에게는 크게 소홀한 채 '길'은 자동차 위주요, '땅'은 건물 중심으로 발달해왔음을 충격 반 깨우침 반으로 실감했다.

광장은 글자 그대로 '넓은 마당'이다. 마당은 공동체의, 공동체에 의한, 공동체를 위한 공간이다. 그 표현은 다소 다르더라도, 광장은 '도시'라는 공동체의 생활 내지 역사와 뗄 수 없는 관계를 가진다. 영미의 스퀘어(Square), 프랑스의 플라스(Place), 독일의 플라츠(Platz), 이탈리아의 피아짜(Piazza), 스페인의 소칼로(Zoccalo), 모두 같은 범주에 속한 도시의 '마당'을 말한다. 아테네의 아크로폴리스에서 뉴욕의 타임즈 스퀘어에 이르기까지 광장은 도시생활과 도시정신의 표현이다.

▶지난 6월 20일 밤 10시께 파리 중심부 센 강변 콩코드광장에서 일어난 사건(?)이다. 파리 시민들이 드넓은 광장을 뒤덮듯 넘실대고 청·백·적의 프랑스 3색기(旗)가 요란스레 펄럭이는 가운데, 들리는 소리라곤 거대한 합창처럼 계속되는 '라 마르세즈(국가, 國歌)'와 밴드들의 축하 음악, 그리고 시민들의 환희를 대변하는 자동차 경적뿐. 이날 밤 멕시코 월드컵 축구에서 프랑스가 강적 브라질을 누르자 기쁨과 흥분을 가누지 못한 시민들이 개선문과 샹젤리제 거리를 휩쓸며 이 광장까지 밀려든 것이었다.

이날의 콩코드(화합, 和合)광장은 프랑스 국민의 감격을 한데 모아 분출시키는 '화합의 마당' 바로 그것이었다. 이 광장은 1757년 루이 15세에게 헌납됐다가 프랑스 대혁명 때 '혁명광장'으로 명명되면서 국왕 루이 16세와 왕비 마리 앙트와네트 등 3,400명이 단두대의 이슬로 사라진 곳이다. 1795년 국민적 단합을 꾀한다는 뜻에서 '콩코드'라는 이름을 얻었다.

지금은 이집트 오벨리스크(전승탑)를 중심으로 넓은 시민 산책터에, 팔각형 광장의 모퉁이마다 프랑스 8대 도시를 상징하는 여인상이 앉아있기도 하다. 1860년 '원(原)파리'라는 도시를 형성할 때부터 시민들의 사랑을 받아온 드골, 방돔시오 등 많은 광장들은 지금도 산책터로, 사색터로, 토론터로 그 기능을 발휘하고 있다.

스페인의 수도 마드리드에도 광장이 많기는 마찬가지. 이 중 '스페인 광장'은 스페인에서 가장 번화한 그란치아 가(街)와 맞붙어 있으면서도 '스페인의 꿈'이라는 세르반테스의 석상과 돈키호테의 동상을 중심으로 숲과 벤치를 넉넉하게 갖춰 시민들의 밤낮 없는 휴식처 구실을 하고 있다.

많은 광장들이 저마다 독특한 얼굴을 자랑하고 있는 곳으로 로마 또한 빼놓을 수 없다. 로마는 고대도시 형성기부터 요소요소에 광장을 세워온 곳. 그중 '공화국 광장'은 요즘 값싼 포

도주를 마시며 밤 세워 이탈리아 칸초네를 들을 수 있는 일종의 문화공간으로, '시민광장'은 시민들의 항의·건의가 있을 때 모여드는 민의 수렴의 마당으로 큰 가치를 인정받고 있다. 특히 놀랄만한 사실은 1900여 년 전(AD 79년) 화산재에 뒤덮인 '참극의 도시' 폼페이에도 시민들의 토론·사색장소로 쓰인 중앙광장이 있었다는 사실이다.

이 같은 유명 광장들은 모두가 공간 속에 조각품과 숲과 벤치를 적절하게 배치하고 있음은 물론이다. 곧 단순하게 넓은 터만 갖춘 것이 아니라 쉬며 생각하고 토론하는 분위기를 마련하고 있는 것이다.

▶우리에게 있어서는 도시사회의 형성이 늦었던 만큼 광장의 역사가 짧은 것은 당연하다. 역사가 짧은 만큼 우리의 도시광장 중 제대로 '마당' 역할을 하는 곳도 거의 없다. '광장'이라는 이름을 가진 곳은 대부분 자동차 교통을 위한 로터리 또는 교차로 노릇밖에 못하는 실정이다. 이 같은 교통광장은 시민들을 위한 만남의 광장이라기보다는 그저 스쳐 통과하도록 돕는 도구라는 점에서 진정한 '마당'이라 할 수 없다.

부산시 광장 조사에 다르면, 부산에도 50개의 광장이 있다. 그러나 시민이 접근, 이용할 수 있는 '마당'은 부산역 앞(제1호 광장) 등 역 광장 정도이고, 나머지는 좌천삼거리(2호), 문현사거리(3호) 등 모두 로터리 또는 도로교차점일 뿐이다. 그나마 부산역 광장마저 그 '마당'적 효용은 미미하다고 볼 수밖에 없다.

수도 서울도 사정은 마찬가지. '한국의 중심축'으로 불리고 있는 '여의도 광장'은 너무 넓고 형체가 없어 차라리 연병장이라 해야 마땅할 정도다. 한 시대의 얼굴이요, 시민생활의 구심점이어야 할 중심광장이 생기기 전 '마당'은커녕 그저 막막한 벌판인 셈이다. 히틀러의 건축가 슈페어가 각종 나치 군중대회를 열기 위해 만들었던 체펠린펠트(Zeppelinfeld)도 그 수용규모는 10만 명 정도. 100만 인파를 가볍게 수용하는 여의도 광장과는 비교가 되지 않는다. 서울시청 앞 '광장' 등도 시민의 접근이 쉽지 않은 도로교차점일 뿐이다.

결국 '광장'이라는 외부공간이 도시민에게 소중한 것은 그곳에서 쉬고 얘기하며 생각할 수 있기 때문이다. 그러나 안타깝게도 우리의 광장들은 그 기능을 크게 무시하고 있는 셈이다. 앞으로 도시환경이 열악해지면 질수록 참된 의미의 '광장'에 대한 요구가 커질 것은 뻔하다. 도시 속의 공원과 마찬가지인 광장은 혼잡한 도시환경과 범람하는 자동차 교통에서 벗어나 인간의 여유를 되찾을 수 있는 오아시스가 될 것이기 때문이다.

'광장'의 가치를 노자(老子)의 말을 빌려 새삼 강조한다. "흙을 이겨서 기물을 만들되 기물의 텅 빈 곳에 바로 기물의 쓸모가 있다. 문이나 창을 뚫어 방을 만들지만 방의 공간이 바로 쓰이는 곳이다. 고로 유(有)의 물건이 이롭게 쓰이는 까닭도 결국은 공허한 무(無)가 활용되기 때문이다…"

### '「부산일보」 기자'의 자랑·보람 딛고 신생지로 전직

나는 「부산일보」에서, 사회부 기자로 취재일선에서 젊은 시절의 열정을 쏟는 것을 큰 자랑이요 보람으로 여겼다. 누가 뭐래도 기자는 매력 있는 직업임을 나날이 실감했고, 혹이라도 다른 직업을 갖는다는 생각은 아예 꿈도 꾸지 않았다. 전두환 정권기의 그 엄혹했던 시절, 1980년 7, 8월 언론인 대량 해직 사태와, 그해 11월 언론계 통폐합 조치를 보면서도, 나는 오직 그 기자 직분에 매달리며 그 시절과 시대정신을 기억하려 했을 뿐이다. 1987년 노태우 씨의 6·29 민주화선언 속 언론 자율화 조치를 보고, 언론계의 해빙과 르네상스를 한껏 기대했다.

그럼에도 나는, 「부산일보」를 평생직장으로 삼으리라던 맹세를 나 스스로 깨고 말았다. 내 발로 「부산일보」를 나서서 신생 「부산매일」로 옮겨간 것이다. 1988년 6월 민주항쟁의 결실, 그 '6·29 민주화선언'에 힘입어 부산에서 신생 언론 창간의 움직임이 있어도, 나는 내 스스로 「부산일보」를 떠나는 일이 있으리라고는 상상도 하지 못했다. 사회부에서 함께 일하던 몇몇 선배가 신생 언론 창간요원으로 옮겨 한 석 달여를 매일같이 술 사주며 유혹할 때도 눈도 꿈적하지 않았다. 그때까지만 해도, 6월 부산항쟁에 이어 88 올림픽이며 국정감사 취재며 창간특집 구성까지, 나날이 산더미 같은 일거리에 눌려 잡념을 가질 여유도 없었다.

아니, 나는 스스로 「부산일보」에 손톱만 한 아쉬움이나 서운함도 없었고, 「부산일보」의 서까래 하나 몫은 하리라 다짐할 만큼 애사심도 튼튼했기 때문이다. 그럼에도, 사람 일은 참 장담하기 어려운 것인가. 10월 어느 날 밤, 계속 나의 이직을 유혹하던 한 선배가 만취상태에서 나의 차를 타고 도시고속도로를 지나다, "나는 죽어도 옮길 수 없다"는 나의 통첩을 듣고는 "그럼 함께 죽자"며 질주하는 차중에서 광란을 피운 것이다. 다행히 대형 사고를 면한 나는 밤새 뒤척이다 결심했다, "옮겨보자, 죽기야 하겠나" 하는 자포자기 겸 결단에 이른 것이다. 마음을 다잡고 전직을 준비했다. 신생 언론에서 함께 일할 사회부 후배 셋을 더 유혹(?), 10월 21일 저녁 사직서를 제출했다.

**'영원한 친정'「부산일보」… 그 시절, 작은 후회도 없다**

다음 날 오전, 박정인 사회부장, 이기술 부국장, 정추회 편집국장, 정한상 전무이사, 송정제 사장…, 여러 '마음속 선배'들의 만류와 설득을 딛고 결단을 고수했다. 그날 오후 회사를 나와 '새 회사'에 들러 인사를 나누곤, 함께 사직한 후배 셋을 차에 태워 지리산으로 잠적했다. 한 일주일 지리산 생활을 하고 온 끝에「부산일보」도 우리를 포기했고, 그래서 변변한 환송연도 없었다.

그러나 창간 42주년 특별기획으로 연재하던 전면특집 '교통-지옥' 시리즈가 문제였다. 그 시리즈, 내가 몇 년 동안 '교통' 분야를 출입하며 연구동향을 추적하고 전문성을 다진 끝에, 부산 교통현실을 과학적·정책적으로 심층 분석하는 방식이어서 당장 시리즈를 끌어갈 '대타'를 찾기 어려웠던 것이다. 결국 내가 완성시켜야 할 시리즈였다. 박정인 선배의 권유도 그랬고, 나 역시 나의 책임과 도리를 다하자는 생각이었다. 나는 '타사 기자'로, 그 시리즈를 두 달여 더 계속, 그해 12월 27일자에 '에필로그'를 게재했다. 나는 내 할 일을 다하려 최선을 다했던 것이다.

"나는 내 할 일을 다하고 있는가"-그 시절 부산일보 가족들은 기억할 것이다. 1980년대 초반, 사장을 맡으셨던 권오현 대선배의 경구다. 그는 중앙동

사옥 중앙계단 벽에 이 글귀를 새긴 대형현판을 붙여 두고, 사무실을 오르내리는 직원들이 그 뜻을 두루 새기도록 했다. 그가 나의 결혼식 주례를 맡아 주었을 때, 나는 조심스레 그의 뜻을 물은 적이 있다. 그는, 대답했다, 모든 사원에게, 스스로 책무에 걸맞은 '밥값'이며, '이름값'이며, '자리값'을 다하는지 준엄하게 되묻고 싶었다고.

나는 부산일보를 떠나며, 이 경구는 꼭 잊지 않을 것을 다짐했다. 나의 삶의 좌표로 삼을 것을 다짐했고, 틈틈이 그 경구를 기억했다. 그래서, 그런 만큼, 「부산일보」는 오늘까지 나의 '영원한 친정'이자 '정신적 고향'으로 건재하고 있다. 나는 오늘도 「부산일보」 기자였음을 일생의 영광으로 생각하고 있고, 그 시절을 한 순간조차 후회해본 적이 없다.

| 그때 그 시절 ① |

# 별명 '독일병정'에 얽힌 불편한 사연

「부산일보」 사건기자 시절, 나의 별명은 '독일병정'이었다. 독일병정, 사전적으론 '아주 강직하고 올곧은 성품의 소유자'를 비유하는 말이다. 나에겐 우선, 평소 '배운 그대로' 원칙을 잊지 않는 자세를 괜찮게 본 부분도 있긴 할 것이나, 다른 한편으론, 기자세계 표현으로 '한번 봐 달라'는 부탁을 잘 들어주지 않는 옹고집을 빗댄 말일 듯하다.

하기야, 나는 수습기자 시절 '작은 기사' 한 건을 둘러싼 갈등 끝에, 사직서를 제출할 치기를 보이기도 했으니, 선배들은 좋은 뜻이든, 나쁜 뜻이든 그런 별명을 떠올릴 만했다. 그만큼, 나는 내 기사에 '목숨을 걸 듯' 달려들며 주변의 작은 부탁도 용납하지 않으려 속 좁은(?) 저항을 하곤 했던 것이다.

일화 하나. 1981년 11월 출입처를 '해운대'로 막 옮겼을 때의 일이다. 그때만 해도 해운대 해변은 그저 썰렁했고, 해운대경찰서가 있는 재송동엔 정말 벌판 속에 경찰서 건물만 덩그러니 자리 잡고 있었다. 해운대 출입 사흘쯤의 일일까. 아직 지역담당 형사간부조차 제대로 구분하지 못할 즈음, 회사로부터 연락을 받았다. "그, 동상동에 강도사건 난 것 있나? 경찰에 신고해도 형사 누구도 나와 보지 않는다는데…."

나는 전화를 끊곤 바로 형사계장에게 '동상동 강도사건'을 물었다. 그는 "그런 일 없다"고 대수롭지 않은 듯 대꾸했다. 다시 수사과장(당시 수사과장은 형사+수사 기능을 통할했다)에게 같은 내용을 물었다. 그 역시 "보고받은 바 없다"고 잘라 대답했다. 나는 별 긴장감 없이 그들을 설득했다. "나, 여기 나온 지 사흘째다. 강도사건 한 건 빠트려도 회사 질책 안 받는다. 대략 팩트 밝히고 넘어가자." 그래도 그 간부들은 "전혀 그런 일 없다"고 딱 잡아뗐다. 내가 다시, "만일 그 팩트 있다면, 그때부터 우린 앞으로 친구 사이, 그런 거 없다. 그래도 괜찮나?"고 윽박질러도, 그들의 반응은 그대로였다.

### 경찰의 사건 숨기기에 '근성 보여주기' 다짐

이제, 나는 이 일을 그냥 넘길 순 없었다. 독자가 신문사에 직접 전화를 걸어 하소연을 한 만큼, '팩트' 자체가 없을 순 없는 일이었다. 나는 다짐했다. '이 친구들이 실정 모르는 기자라고 속이려 드네, 그럼 내 근성도 함 보여주지.' 그때만 해도 '먹고살기' 위한 강·절도 사건이 적잖았고, 해운대경찰서의 관할지역 역시 넓어서 동상동 지역(지금의 금정구 서동, 금사동)의 치안은 참 허술할 때였다. 이튿날 아침, 나는 잠시 경찰서에 들렀다 바로 동상동으로 갔다. 일선 파출소를 뒤져 신고 내용 한 건씩을 확인할 생각이었다. 나는 미리 보안과장에게 "새 출입처의 관내 파출소를 돌아볼 것"이라며 현황자료를 부탁, 파출소 위치며 치안수요, 사건발생 경향을 받아든 터였다.

자가용도 없고 택시도 귀하던 시절, 나는 시내버스 편으로 동상동 어귀에 내린 뒤, 관내지도에 따라 걷고 걸어 파출소 네 곳을 찾아다녔다. 파출소에선 소장과 인사를 나눈 뒤, 사건발생 경향을 묻고, 사건 신고 처리절차를 확인했다. 그러면서, 사건 신고 처리부에 그 강도사건이 있는지를 확인하려 한 것이다. 오전 중 동상 1, 2파출소를 돌고, 오후 국수 한 그릇을 사 먹은 뒤 3파출소에 들렀을 때, 나는 신고 처리부에서 마침내 전화제보 비슷한 신고 한 건을 찾아냈다. 소장에게 무심한 듯 물었다, "이 사건, 형사들은 다녀갔나?" 바로 그 사건이었다. 역시 무심한 듯 그 주소를 머릿속에 저장하곤 파출소를 빠져나왔고, 묻고 물어 그 집을 찾아갔다.

강도사건을 신고한 뒤, 「부산일보」에 하소연한 그 집이었다. 사건내용을 파악하곤 사건처리 소홀에 대한 불안·불만도 들었다. 짧은 겨울해가 질 무렵, 피해자 가족들을 위로하고 그 집을 빠져나오는 순간, 나는 해운대경찰서 형사계장, 주임, 형사들과 맞닥뜨렸다. 그들은 내가 점심시간에도 코빼기를 보이지 않자 행방을 수소문하다, 비로소 동상동 파출소를 순회하는 사실을 알았던 것이다. 그러곤, 강도사건 신고를 받은 뒤 이틀 만에 첫 출동을 하는 길이었다. 계장이 깜짝 놀라며 말을 걸었다, "아이구, 차 기자, 여기까지 어떻게 왔소? 온다고 얘기했으면 우리가 차를 태워 안내했을 텐데…." 나는 화를 억누르며 대꾸했다, "당신들과 내가 무슨 관계인데, 내 취재 다니는데 차를 태워 주노? 우리, 무슨 사이인데?"

**발로 뛴 현장 확인… 육체적 피로 속 정신적 희열**

나는 엄청난 육체적 피로 속에서도 역시 엄청난 정신적 열정에 휩싸였다. 걷고 걸어 동상동을 빠져나와 시내버스를 탔으니 귀사 시간도 상당히 늦었다. 나는 사회부장에게 핵심부터 보고했다. 어제 그 전화신고 사건, 경찰 여럿 중징계 받을 사안이고, 사회면 머리기사로 다룰 만하다고.

경찰 중징계? 그때 전국적으로 강력사건이 워낙 많고 사건처리 소홀에 따른 민원이 잇따르자, 남덕우 국무총리는 '강력사건=신고 후 30분 이내 출동, 일반사건=신고 후 2시간 이내 출동' 원칙을 지시한다. 이 원칙을 어길 경우 직급별로 중징계를 하겠다는 방침까지 '총리 특별지시'를 통해 하달한다. 나는 이 특별지시 공문을 경찰 결재단계에서 보곤, 습관 삼아 그 요지를 취재수첩에 기록해둔 터였다. 나는 기자사회 말로 '똘똘 말아서', '이 친구들 함 죽어봐라'는 심정으로 기사를 작성했다. 나는 그들에게, 그런 메시지를 보내야 했다.

### '경찰 혼낼 기사'는 계속 실리지 않고…

그러나, 뒷날 그 기사는 실리지 않았다. 귀사와 함께, 부장에게 조심스레 확인한 결과, "그 사건 한 건으로 출동지연을 일반화하기는 무리"라는 뜻을 읽었다. 나는 뒷날 다시 동상동 일원을 휘젓고 다녔다. 눈에 띄는 강력사건의 파출소 신고 시간과 형사 출동시간을 대조했다. 하루 종일 발품을 판 결과를 보완, 보다 알찬 '일반화' 기사를 제출했다. 뒷날도 그 기사는 실리지 않았다.

용기를 내어 부장께 다시 기사처리 방향을 물었다. 부장은 그때야 사연을 설명했다. "그 해운대경찰서 수사과장, 내 챙기지 않을 수 없는 친구다. 기사대로라면, 그 친구 중징계 받겠던데, 너 같으면 친구 목이 걸린 기사, 그대로 싣겠나…" 나는 '목을 걸고' 대답했다, "가르쳐준 대로, 현장 확인하고 필요한 코멘트 받고, 최선 다한 기사 썼습니다. 저 같으면, 친구가 징계를 받더라도 부하기자가 쓴 기사 그대로 싣겠습니다."

편집국 분위기가 싸늘한 정적 속으로 빠져들 무렵, 방문객 세 명이 사회부를 찾아왔다. 해운대 경찰서장과 수사과장, 형사계장이었다. 부장과 수사과장은 서로 이름을 부르며 한껏 반가워했고, 경찰서장은 내 옆으로 와 "정말 미안하다"고 사과했다. 이쯤이면 괜찮을 수 있었다. 수사과장이 나를 내 자리로 밀고 가더니, "사회부에 차 한 잔씩이라도 돌려야지"라면서 봉투 하나를 들이밀었다. 1만 원짜리 지폐 100장 정도였다.

순간, 나는, 제정신을 잃고 말았다. 그 돈다발을 허공에 집어던지며 미친 듯 고함을 지른 것이다. "야, 이 작자들아, 돈이면 다 되는 줄 아나?" 나는 그때, 나를 키워가는 내 부장선배에게, 내가 출입하는 기관 간부에게, 정말 내가 지켜야 할 최소한의 예의는커녕 조그마한 배려도 하지 못한 채, 기사 한 건에 '죽자고 달려들며' 그저 미쳐버린 것이다.

## 기사 게재 둘러싼 갈등… 출근 않고 사표 만지작

뒷날 나는 출근을 않고 잠만 잤다. 경찰서에 가서 그들을 볼 근성도, 회사에서 부장을 뵐 용기도 없었다. 간밤의 폭음에서 깨어나 생각해도, "이렇게까지 자신을 망가뜨려가며 이 생활을 해야 하나" 하는 회의가 엄습했다. 귀사 시간 무렵, 부장이 전화를 걸어왔다. "와? 회사 안 나오나?" "예, 많이 아파서 회사 가기 어렵습니다." "아프면 병원엘 가야지, 병원에 갔다 왔나?" "제가 가슴이 너무 아파서 병원에 가봐야 소용이 없습니다." "….."

이어 술 좋아하는 한 선배가 전화를 걸어왔다. "우리, 오늘 ○○에 술 먹으러 갈 건데, 니 안 올래? 가자, 신나게 술 한 잔 먹고 나면 니 아픈 거 다 낫는다." 나는 자리를 털고 일어났다. 그 술자리의 어둠에 힘입어 부장께 사죄하고, 부장은 또 민망한 듯 나를 격려하고.

약간의 세월, 이런저런 사연을 듣고, 서로를 안 뒤, 수사과장과 나는 정말 친구 이상의 끈끈한 인간관계를 맺었다. 그는 그 사건 때 정말 보고를 받지 못했고, 또 그는 지리산 기슭 산골 출신 그대로, 참 신뢰를 중시하는 참한 사람이었다. 그 며칠 뒤, 동상동에서 20대 여자 피살사건이 발생했을 땐, 서장이 먼저 나를 찾아 사건을 신고(?)했고, 서장 차를 타고 함께 현장으로 출동했다.

그 뒤로도 난, 참 속 좁은 '독일병정' 노릇을 많이 했다. 회사를 찾아와 "기사를 봐 달라(쓰지 말아 달라)"고 부탁하는 건축과장 일행에게, 왜 기사를 써야 하는지, 구청은 무엇을 놓쳤는지를 정직하게 설명하다 결국, 그들에게 납치당해 서면 어느 술집 별실에 갇혀 밤샘 술을 마신 적이 있다. 여름 해운대 해수욕장 관리부실 기사를 써대다 관리책임을 맡은 위생과장의 꾐에 빠져 백사장 끝 텐트로 들어갔고, 끝내 "기사 쓰기를 줄이겠다"는 약속을 하지 않다 밤바다로 끌려들어가 바닷물을 엄청 마시곤 "살려 달라"고 사죄(?)한 끝에 물으로 나온 기억도 있다. 그때 그 정충홍, 이종영 님 같은 관료들은 자기 일에 그토록 열심이었던가.

독일병정, 그 뒤로도 오랫동안 나를 따라다닌 별명이다. 내가 졸저『부산 부산사람 부산시대』를 출판하고 그 축하모임을 가졌을 때, 존경하는 정추회 대선배께서 초청인 대표 인사를 하며 이 별명을 되짚을 정도였다. "차 국장에 대해서는 참 할 말이 많다. 우선 시시비비를 대쪽같이 가리는 사람으로, 내 마음속에 남아있다. '독일병정'이라는 별호는 부산 언론계에 몸담은 사람치고 모르는 이가 없을 정도다. 그만큼 기자정신이 투철한 사람이다. 불의와 영합하지 않는 사람이다…."

한때는 그 누가 나를 예우하느라 그랬던지, '독일군 장교'라는 별명도 따라 붙었다. 그러나, 나는 이 별명이 썩 달갑지만은 않다. 말 그대로, '좋은 의미' 만이었으면 감사히 받들 별명이지만, 한편, 나의 옹고집식 독선을 은근히 깨우쳐주는 회한 때문이다. 자부와 회한이 교차하는 참 이중적인 별명, 잊지도, 버리지도 못할 젊은 시절 별명이다.

| 그때 그 시절 ② |

# 사진기자에게 취재 당한 사건기자

　기자들은 현장취재 때 필요한 대로 사진기자의 출동을 청한다. 현장에선 한 팀이다. 그 속에서, 나는 가끔, '동료' 사진기자의 사진취재를 당하곤 했다. 그 중 「부산일보」 기자 때 에피소드를 함께한 몇 컷.

　이 책에 싣지 못한 컷 중엔, 근무 중인 경찰간부들과 고스톱을 치던 장면이 있다. 1981년, 부산 동부경찰서 출입 당시 '부산판 지미의 세계' 사건을 취재할 때다. 경찰의 수사결과 발표에 앞서, 수사과장과의 약속에 따라 일요일 오후 수사과장실을 찾았다. 마침 이 모 수사과장(후일 경찰청 차장 역임)은 그날 상황실장이어서 경찰 전투복에, 상황실장 완장을 차고 있던 상황.

　전날의 분(?)이 덜 풀린 탓이었을까? "수사결과 보고가 올라올 때까지 고스톱 한 판 치자"는 말이 나왔다. 그땐, 수사과장 야전침대에 화투를 상시 비치해(?) 둘 때다. 출근했던 보안과장도 합석했다. 한창 고스톱에 열을 올리고 있을 때 사진부 김탁돈 기자가, 나와의 약속에 따라 수사과장실로 들어섰다. 우린, 사진기자를 별로 의식하지 않았다. 어차피, 우린 '동료'이니.

　며칠 뒤, 편집국 복도에 이 장면을 촬영한 사진 몇 컷이 나붙었다. 분명, 나에게 시위를 하기 위한 시도였을 터. 나는 김 기자에게 달려가 "초량시장에서 돼지갈비를 사겠다"고 약속 겸 읍소했다. 게시한 사진을 떼어내고, 앞으로도 더 이상 인화를 않는 조건이다. 경찰서 수사과장실에서, '상황실장' 완장을 찬 경찰간부, 고스톱판의 전개…, 이런 장면을 외부에 보일 수는 없는 일이니.

　생각해보면, 김탁돈 기자는 자주, 취재기자를 사진 취재하곤 했다. 그 사진들, 편집국 복도에 내걸어두면, '기자의 일상'을 주제로 한 며칠 동안의 얘깃거리였다. 호텔 객실 문을 등지고 얕은 잠에 든 뻗치기, 방독면을 쓴 시위 취재, 수사과장 책상 위에 걸터앉은 전화통화…, '그때 그 시절'이 참 그립기도 하다.

① 사회부 기자 시절 '뻗치기' 현장. 1985년 6월 부산 아리랑호텔 607호, 경기 광주 사슴농장 인질강도 사건의 성인인질 최 모 여인 방 앞이다. 당시 동행 취재 중이던 사진부 김탁돈 기자가 촬영했다.
'뻗치기'는 취재 대상을 무작정 기다리는 전통적 취재기법(언론계 은어)이다. 엄청난 지구력·인내력이 필요한 비효율적 취재방식이지만, 언론계에서 뻗치기를 기사의 핵심, 그 팩트 확인을 위한 중요한 취재 과정으로 보고 있다.

② 1987년 6월 항쟁 당시, 부산시청 앞 교차로에서 방독면을 쓴 채 시위현장을 취재할 때.

③ 부산 해운대경찰서 수사과장실에서. 당시는 기자실이 없던 시절, 기자들은 주로 수사과장과 동거하듯 생활했다. 어느 여름 반소매 셔츠에 슬리퍼 차림으로 과장 책상 위에 걸터앉아 전화를 받는 순간, 사진부 김탁돈 기자가 "여기가 너네 안방이냐?"며 한 컷.

## 부산일보 재직 시절

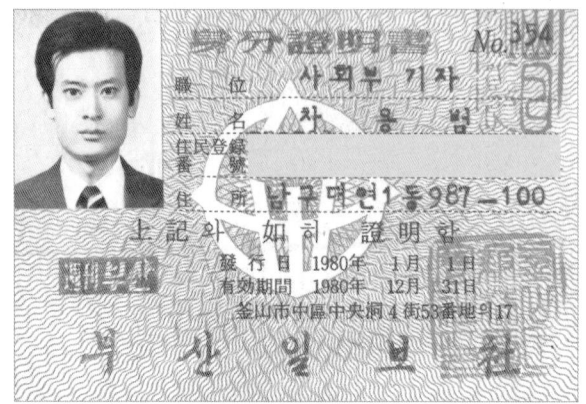

「부산일보」 기자 신분증 (1980.3).

첫 해외 출장(나들이) 일본 후쿠오카에서 열린 부산관광전에 동행. 당시 부산시 대표단장 박성달 부산시 기획관리실장(가운데), 김경희 부산관광협회장(왼쪽)과 함께(1983. 10).

첫 해외여행의 충격을 넘어, 후쿠오카에서 도쿄를 둘러보러 후쿠오카 공항에서 대기 중인 글쓴이.

「부산일보」 사회부의 야유회 때 하동 광평 송림에서. (뒷줄 왼쪽부터) 글쓴이, 이우봉, 황윤식(사회부장), 조영동, 안기호, 박중환, 이문섭, 신영겸, 하병식, 정치득. (앞줄 왼쪽부터) 이상해, 황동규, 김종열 선배 (1983. 4).

「부산일보」 사회부 합천 야유회 때. 앞쪽 가운데 글쓴이, 왼쪽부터 황동규, 김종열, 이우봉, 김태홍, 박중환 선배.

「부산일보」 사회부 송년특집 기획회의. 가운데 하얀 와이셔츠 차림이 박정인 사회부장, 그 오른쪽이 안기호 차장, 부장 왼쪽이 글쓴이 등이다.

## 부산일보 관련 자료

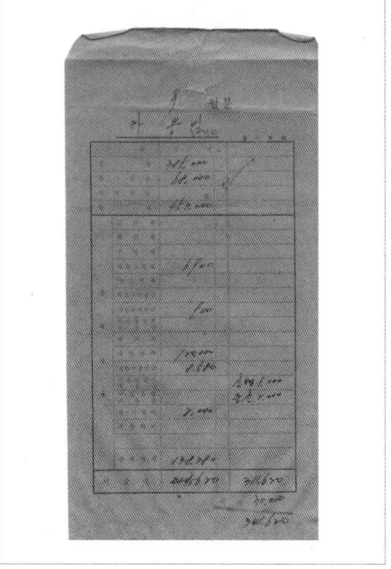

「부산일보」 사회부 기자 사령장. 6개월의 수습을 마친 뒤 첫 발령을 받은 것이다(1980. 9).

정규 기자의 첫 월급봉투(1980. 9).

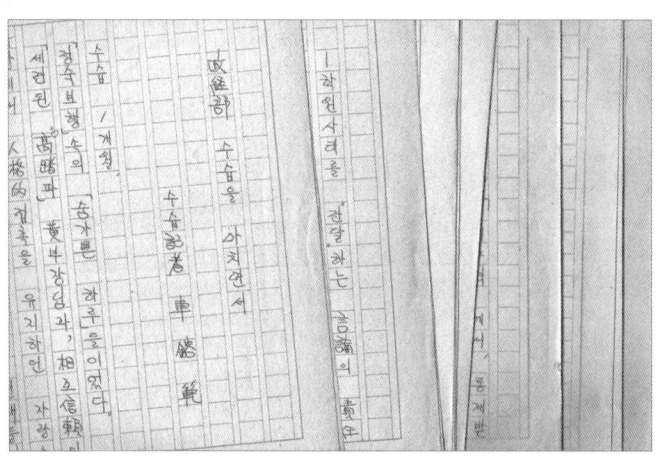

정경부 수습 때 제출한 일일 리포트 일부(1980. 4).

## 3장. 부산매일 전직

「부산매일」, 나의 기자인생 꽃피운 '제2 고향'
부산권 최초 조간에서 지역현안 각별한 천착

「부산매일」은 내 기자인생을 꽃피운 '제2의 고향'이다. 나는 그곳에서 내 기자생활의 절반을 보냈으며, 사회부장, 논설위원, 편집국장을 지냈다. 당연히, 나는 여기서 '나'를 상징 지을 많은 기사를 썼다. 소속 신문의 위상을 드높일 주요 기사의 보도 과정을 관장했다. 내가 언론생활 중 '잊지 못할 행운'으로 기억하는 미 국무성 초청 IVLP(International Visitors Leadership Program) 참여며, 미주리주립대 저널리즘 스쿨로의 해외연수도 이 시절의 일이다. 그야말로, 뜨거운 열정, 풍부한 상상력, 강인한 의지를 쏟아 부어 직업에의 자긍을 한껏 추구한, 정말 행복했던 시절이다.

**한국사회 민주화·언론자유 확대 속 신생사 전직**

내가 「부산일보」를 떠나 신생사 창간요원으로 옮겨간 것은 1988년 11월 1일. 1987년 '6월 항쟁'으로 한국사회 전반의 민주화 열기가 뜨겁고, 언론분야에서도 언론자유의 확대와 시장경쟁체제의 도래 같은, 정말 천지개벽

같은 대변혁의 흐름이 거셀 때였다. 부산에서도 신문의 창·복간 붐이 일어, 일간지만도「부산일보」독점시대가 끝나고「항도일보」(「부산매일」전신) 창간,「국제신문」복간으로 '3사 경쟁체제'가 열렸다. 방송구조 개편에 따라 지역민방과 종교, 교통방송이 잇따라 생겨났다. TV방송 분야에서 KBS-MBC의 양 방송 과점체제가 무너지고 지역민방이 출범했다.

이 중「항도일보」는 6월 항쟁 이후 부산에서 태동한 '제3의 신문'이다. 양대 신문체제 지속-1개 일간지 독점시대 속에서, 언론의 다양성에 대한 사회적 욕구가 높아진 데 따른 움직임이다.「항도일보」는 "부산에서도 제3의 신문이 필요하다"는 요구에 힘입어, 1988년 7월 29일 문공부 등록절차를 마쳤다. 서울에선「한겨레신문」,「국민일보」,「세계일보」등이 태동하고 창간할 때다.

나는 부산에서 신생지 창간의 움직임이 있다는 얘기는 듣고 있었다. 그건 부산 언론환경으로선 피치 못할 과제라고 이해했다. 지난날 독재권력 언론정책의 외면 못할 폐해는 국회 언론청문회 과정에서 속속들이 드러났다. 국내 각 언론사 역시 불행했던 과거에 뼈를 깎는 자성과 참회의 메시지를 보내며 언론 본연의 자세를 되찾을 것을 다짐하고 있었다. 당연히, 언론통폐합정책에 따라 강제 폐간당한「국제신문」은 복간을 꿈꿀 터였다.

**발 빠른 신생지 창간 움직임… 그 덫에 걸리다**

그러나, 신생지 창간의 움직임은 그 복간 움직임보다 훨씬 빨랐다. 부산에도 역사적 전환기에 부응하며 새 경쟁체제를 열 '신문다운 신문'이 빨리 나와야 한다는 열망 역시 뜨거웠기 때문이다. 8월 들어「부산일보」에서 함께 일하던 편집국장이며 사회부 선·후배 몇몇이 신생지 쪽으로 달려갔다. 나에게도 신생지 합류의 끈질긴 제의가 있었지만,「부산일보」선배들의 '단속' 역시 그 못잖았다. 나 역시 '그 쪽' 얘기를 흘려 넘기며,「부산일보」의 발 빠른 신뢰

회복과 군건한 위상 정립을 기원할 뿐이었다.

그러나, 사람 일은 참 모르는 것이었다. 그건 운명의 영역일지도 모를 일이었다. 그 쪽으로 옮겨간 한 선배와의 '오라-못 간다'는 석 달여의 줄다리기 끝에, 결국 '무조건 항복'을 하고 만 것이다. 나는 그 회사에서 어떤 예우를 받고, 급여는 어느 정도 받을 것인지, 이런 얘기는 아예 나눈 적도 없다. 그저, '함께 일할 똑똑한 후배'를 찾고 설득하여, 근무 조건 같은 얘기는 귀띔도 하지 못한 채, 함께 「부산일보」에 사표를 내기에 이른 것이다. 참 쉽지 않을 결단 앞에, 우리는, 그저 그랬던 것이다.

**「부산일보」 인맥 주축… '신문다운 신문' 추구**

옮겨가 보니, 신생지 창간 준비 작업은 대단한 열정에 굉장한 속도로 진행 중이었다. 열흘에 한 번꼴로 PR판을 발행, 독자와의 소통을 계속하며 제작역량을 점검하고 있었다. 그해 12월 20일자(PR판 14호)에선 김영삼 민주당 총재의 단독 인터뷰 결과를 "부산에 순수민자 정론지 탄생 시급" "'신문다운 신문' 빨리 나와야" 같은 제목으로 대서특필했다. 창간을 앞둔 인터뷰에서 김 총재는 특히 제5공의 언론말살정책에 희생당한 해직언론인 보상대책과 다양한 지역발전 정책을 약속하며, "정론직필 언론사 탄생이 절실하다"는 뜻을 강조했다.

알고 보니, 그 신생지의 사장(발행인), 편집국장은 물론, 창간 준비에 나선 주력은 「부산일보」 인맥들이었다. 그 즈음 PR판은 신임 최주식 사장의 창간 포부를 밝히는 기사를 게재했다. 그의 30년 언론경력에서 우러나온 이상적 신문관, 곧 '인간을 담는 신문'을 추구할 뜻을 널리 알린 것이다. 그는 부산에서 기자생활을 시작, 「부산일보」에서 16년 동안 편집국장 네 차례와 이사, 논설실장, 기획실장 등을 번갈아 맡아온 원로 신문인.

'자유언론시대'를 맞아 그가 새 신문의 최고경영자를 맡는 사실은 지역사회에서 큰 상징적 의미를 갖는 것이었다. 그는 부산의 귀한 '곧은 신문인'이요, 신문제작 이론에서도 독보적 식견을 가진 정통 신문인이기 때문이다. 역사적 전환기를 맞은 우리 언론은 가치관부터 서둘러 정립해야 한다, 신문들은 이제부터 해바라기성 제작태도를 과감하게 탈피, 권언유착의 과거를 씻어가며 '인간 중심'의 철학을 다져가야 한다….새 시대 새 언론이 지향해야 할 그의 언론철학이다.

신생지는 또 「부산일보」 직전 편집국장 이인형 씨를 편집국장으로 영입, 신생지 제작의 사령탑을 맡기고 있었다. 신생지는 1988년 12월 25일 PR지에 〈신년 초 창간 독자 여러분을 뵙겠습니다〉라는 제목의 기사를 게재, 창간에 따른 산고(産苦)의 진통을 잘 극복하고 새해에는 선명한 논조에, 참신하고 정확한 신문을 창간할 것을 약속했다.

**개인적 감회 담은 해닫이 기사… 수습기자 조련 열정**

창간작업에 합류한 나는 이 PR판에 해닫이 기명기사를 게재했다. 〈'민주화의 원년' 88년이 저문다〉는 제목 아래, 더러 나의 회고와 포부를 담은 듯한 글이다.


무진(戊辰)년 한 해가 저물어간다. 우리의 역사가 늘 그러했듯, 보람과 회한, 밝음과 어두움이 엇갈렸던 한 해가 조용히 저물어가고 있다. 돌이켜보면 올 1988년은 가히 5천 년 우리 민족사에 있어 새로운 포부를 여는 기념비적 한 해라 할 만큼 큰 변화와 활기찬 격동을 거듭한 한 해였다.

1988년 격동의 초점은 단연 한국사회의 민주화 과정. 우리는 64%의 비판적 감시(대통령 선거)에 이어, 헌정 최초의 여소야대 정국(국회의원 선거)을 선택, 정치의 향방을 '민주화' 쪽으로 채근해왔다. 이 한 해는 사회 전반의 민주화를 '돌이킬 수 없는 역사'로 정향(定向)시켰다는 점에서 '민주화의 원년'이라고 기록함직하다.(…)

　세월은 덧없고 무상한 것, 그 한 해도 또 저물어간다. 그 모든 희망도 꿈도 회한도 과거와 망각 속으로 파묻혀간다. 우리는 지금 못 다한 일들의 아쉬움과 안타까움을 안은 채 무진(戊辰)년을 곱게 전송해야 한다. 아듀, 1988년….

　그 즈음, 나는 그곳 사회부에 배속,「부산일보」출신 후배 다섯과 함께 수습기자 조련에 열정을 쏟아야 했다. 신생지는 수습기자 45명을 선발, 그중 12명을 사회부에 배치한 상태였다. 나는 어차피 '시경 캡(캡틴)' 요원으로 점 찍힌 터, 서둘러 수습기자들을 키워 사건기자 대열에 합류시켜야 했다. 언론문장 쓰기에, 뉴스밸류 측정, 취재보도 요령까지, 아직 '현장'을 갖지 못한 상태에서 현장적응 역량을 끌어올려야 했던 것이다. 다행히, 이들은 수습 1기 중 '에이스'들이었다. 바른 언론에의 열망이 뜨거웠으며 몇몇은 대학신문 편집국장 경험도 있었다. 그들은 선배들의 조련에 뜨겁게 호응해주었으며, 이내, 탄탄한 팀워크의 일원으로 자라나기 시작했다.

### 1989년 1월 25일 창간… "왜 태어났나" 준엄한 자문

　1989년 1월 25일. 신생「항도일보」가 태어났다. 본지 12면·특집 24면, 총 36면의 창간특집을 발행했다. 창간 준비 6개월여 만에, '신문다운 신문'을 끌어갈 정론직필의 제작진용, '선명한 지면'을 시간당 10만 부 인쇄할 인쇄시설, 독자들과 어울릴 광고·보급체계를 완비하고 신생지를 창간한 것이다.

　〈왜 항도일보가 태어나야 하는가〉. 1면 머리, 창간사 제목이다. 새 신문을 창간하며 이상을 내어걸고 사명을 다짐하기에 앞서, 왜「항도일보」가 한국땅 부산에서 태어나야 하는가를 깊이 생각한다는 것이다. 창간사의 논조는 준엄했다. 지난날 우리 언론은 역사와 시대, 지역이 부여한 공적 책임을 다했는가? 그 대답은 '만족스럽지 못하다'는 것이다. 변혁의 시대정신을 올바로 통찰하지 못했거나, 자기 보전·영달에 안주한 나머지 국민의 욕구와 소망을 감연히 옹호하는 일에 게을리 하는 어리석음을 저질렀다는 것이다.

창간사는 지난 4반세기 정부의 강압적 통제정책을 들며, 그 속에서 일부 언론이 보인 관제언론, 제도언론, 권력의 시녀 같은 불명예와 국민의 불신을 사온 점을 직시했다. 기존 언론의 허물을 탓하고 흠집을 들추자는 게 아니라, 그들의 허물을 신생 「항도일보」의 것으로 깊이 새겨 그 전철을 다시 밟지 않겠다는 다짐의 바탕으로 삼겠다는 것이다. 지난 4반세기를 '한국언론의 암흑기'로 규정하며, 1989년을 '한국 자유언론의 원년'으로 이름 짓고자 하는 것이다. 이 역사의 필연, 시대의 소명에서 「항도일보」 창간의 1차적 당위성을 찾은 것이다.

### 제도언론 풍토 타파·부산권 각별한 애착 선언

창간사는 자의건 타의건 기존 한국언론이 안주한 제도언론의 풍토를 단호히 거부할 것을 선언했다. 국민 위에 군림하는 권위주의의 배격, 민주주의를 용훼하는 모든 세력·작태와의 투쟁, 사회적 병리현상 및 모순적 체제·구조의 타파 등이 그것이다. 창간사는 또 「항도일보」가 부산에서 태어난 필연성도 강조했다. 무엇보다 세계화·지방화의 전 지구적 흐름 속에서, 지방의 차별과 '1도 1사 원칙'에 따른 자유언론 억압의 병폐를 타파하겠다는 것이다. 부산을 축으로 하는 경남북 지역발전에 유별난 사랑과 애착을 갖겠다는 것, 이 지역주민에 의한, 이 지역주민을 위한, 이 지역주민의 신문을 지향하겠다는 다짐이다.

창간호는 창간이념을 과시하듯 결 곧은 기개와 불같은 열정으로 빛났다. 1면에 〈'5공 비리 핵심인물' 장세동 씨 구속방침〉 기사를, 2면에는 박준규 민정·김대중 평민·김영삼 민주·김종필 공화 등 4당 대표의 창간 축사·휘호를 게재했다. 당시 김영삼 민주당 총재는 특유의 '대도무문(大道無門)', 김종필 공화당 총재는 '항도무궁(港都無窮)'이라는 휘호로,「항도일보」가 정의로운 목소리로 시대적 사명을 다할 것을 축원했다.

그 시대 신문의 읽을거리였던 연재소설로는 김성종 작·안창홍 그림의 〈어느 암살자의 고백〉과 김홍신 작·손창복 그림의 〈도시에 갇힌 새〉를 동시 연재했다. 당대 최고의 작가·화가가 나서 부산을 배경으로 한 작품을 구성, 독자들의 읽는 묘미와 즐거움을 추구한 것이다.

창간기획으로는 우선 〈추적 부산·경남 5공 비리〉를 시작했다. 이 지역사회, 경제·행정 질서에 큰 해악을 빚어온 권력형 부정부패 및 권력형 부조리의 형성 과정과 현재 상황을 파헤쳐 잘못된 과거를 바로잡고 밝은 내일의 기틀을 마련하려는 시도였다. 또 창간특집으로, △북방교역시대 개막; 부산항, 세계 5대 무역항 도약·남북대결 청산 민족공존 추구 신기류 △부산기업 부침의 사회사·권력의 특혜·강압으로 빚은 도약·몰락의 이면 △대하실록; 이념 갈등의 희생양들·반세기 망각 속에 묻힌 부산 경남의 참상 재조명 △한국 도공(陶工)의 얼을 찾아서 등을 구성했다.

### 창간특집 '대해부 부산 7난' 기획·집중 연재

나 역시, 창간특집으로 전면컬러 기획시리즈를 연재하기 시작했다. 〈대해부 부산 7난·'양의 도시'에서 '질의 도시'로〉가 그것이다. 내가 지역신문(Local Paper)의 기자로서, 기사를 쓸 수 있는 한 끈질기게 천착했던 '부산 문제(도시문제)'의 종합기획 시리즈다.

부산은 살만한 도시인가? 한국의 관문이자 국토동남권의 중추도시, 국내 제2의 도시이자 인구 360만의 거대도시, 그 부산은 과연 제 명성에 걸맞을 만큼 균형 있게 성장하고 있으며, 현대도시로서의 편익·안전·쾌적성을 잘 갖추고 있는가? 도시의 특성은 '정주(定住)인구의 거대성'이다(루이스 멈포드). 인구집중은 도시형성의 제1 지표로서, 어느 도시나 촌락-읍(Town)-시(City)-주요 도시(Metropolitan)-거대도시(Megalopolice)의 단계를 걸어왔거나 걷고 있다. 이 같은 인구집중은 필연적으로 도시기능을 저해하는 부작용을 수반한다. 교통지옥, 주택난, 환경오염, 범죄다발… 인구집중 현상이 가속화하는 만큼 도시기능을 마비시키는 병리현상 역시 깊을 수밖에 없다. 대도시의 인간홍수에 관한 한 부산 역시 예외가 아니다.(…)

나는 이 시리즈에서 부산을 '위기의 도시'로 규정했다. 인구집중의 가속화 흐름은 대도시 평균밀도의 17배에 이르는 만큼, 교통, 주택, 물사정 등 전국 최악의 도시병리에 시달리고 있다는 것이다. 따라서 이제껏 '양의 도시'로 팽창해온 부산의 병리를 치유, 쾌적한 환경을 가진 '질의 도시'를 지향토록 해야 한다는 제안이다. 나는 이 시리즈를 주 2회·전면 형식으로, 35회를 집중 연재하는 저력을 과시했다. 경찰청을 출입하는 '사건 캡'의 격무 속에, 200자 27매짜리 대형기획을 주 2회씩 집필한다는 것, 그 집념과 열정이 그저 예사로웠겠나.

이 시리즈는 〈거대도시 부산, 이제 달라져야 한다〉(1991년), 〈부산 2001년〉(1992년), 〈부산사람 부산시대〉(1993년) 같은 주제의 신년특집 대형기획으로 꾸준하게 이어진다. 부산의 도시문제와 발전전략을 주제 삼은 신년특집 시리즈를 기획, 매주 1편씩 8개월여를 집중한다는 것, 지역언론 또는 지역언론인의 역할에 나름 자부심을 느낄만한 부분이다.

「항도일보」는 '고급지(Quality Paper)' 지향의 제작지침에 따라 지령 4호부터 '해외칼럼'과 '해외논단'을 게재하기 시작했다. 사설과 칼럼의 중요성을 그

만큼 크게 인식한 결과다. 당시 경영진이 논설실을 구성하며, 종래의 부장급 기자 경력의 위원 구성방식을 탈피, 원로 또는 정치·경제학계의 신예들을 과감하게 배치한 것도 돋보이는 부분이다. 법철학계의 원로이자 빼어난 수필가였던 고 김병규 박사(동아대 부총장 역임), 경제학계의 신예 김대래 박사(후일 신라대 부총장 역임), 김태경 박사(후일 부산테크노파크 원장 역임) 등이 그들이다. 그들은 나름 권위 있는 사설, 칼럼, 단평 글로 신생지의 권위를 한껏 드높인 것이다.

**창간 초기부터 정부정책·부산시정 날카로운 비판**

1면 또는 사회면 톱기사로, 〈긴급 경영안정자금 부산 300억 대구 천억 차등-상공부·비중 무시 특정지 편중 배정〉, 〈정부, 제2도시고속도 공사비 50% 지원 백지화-부산은 '미운 오리새끼'인가〉, 〈문화, 서울에만 있어야 하나-문예진흥기금 운용계획을 보고〉 등에, 〈부산에 새 국제공항 세워야… 김해, 활주로 균열·안개 이착륙 지장〉 같은 큰 그림까지 제시, '지역지'의 성향을 뚜렷하게 드러냈다.

지령 6호는 창간 축하 리셉션 소식을 다뤘다. 안상영 부산시장, 최일홍 경남지사, 조민식 부산시 교육감, 김정웅 부산시 경찰국장, 최정환 부산상의 회장, 서주실 부산대 총장, 송정제 부산일보 사장, 최식림 국제신문 사장(복간 전) 등 부산·경남지역 주요 인사 5백여 명이 참석했다.

이 자리에서 최주식 「항도일보」 사장은 "독점 언론의 암흑시대를 청산하고 자유언론의 밝은 시대가 열려야 한다는 것은 역사의 필연·시대의 소명"이라고 전제, "항도일보는 정론직필로 모든 갈등을 극복하는 데 최선을 다할 것"을 다짐했다. 안상영 부산시장은 "항도일보가 '새 시대 새 신문'을 다짐하며 출범한 것은 전 지역민의 경사요 지역언론사의 획기적 전기"라고 환영하며, "항도일보는 엄정하고 올바른 감시자의 역할을 다함으로써 항상 독자들의 신뢰를 받는 자랑스러운 향토지가 되어줄 것"을 부탁했다.

「항도일보」는 창간 초기부터 정부정책과 부산시정도 날카롭게 감시하며 보도영역을 한껏 확장했다. 그해 3월 10일자 1면 톱기사로 〈21C 부산 청사진 신중 기해야〉라는 제목 아래, 부산지역 대학교수들의 정책 반대 건의사실을 기사화했다. 당시 안상영 부산시장의 부산남항 인공섬 건설계획 등과 관련 △남북항 매립 앞서 해수오염 대책 수립 △녹산 가덕도 개발 청정해역 훼손 우려 △도시빈민 밀어내기 땐 큰 저항 초래 같은 내용들을 묵직하게 다룬 것이다.

4월 5일자에는 제33회 신문의 날을 맞아 〈한국언론의 현 주소〉 전면특집을 마련, 일주일간 계속 연재했다. △언론자유화 이후 일간 30, 주간 70종 창간, '전국(戰國)' 연출 △'통제유령' 사라졌을까… 불신의 늪 현존 △지방지, '1도 1사' 걸림돌 돌파 총력 △광고시장 공략 방어 사활 건 혈전 △독점 통신료에 신생사들 허덕 △자율정화 명 들이는 '사이비기자' 같은 현안이다.

### 부산 신문 3사 체제 속 경쟁화력 사회부 집중

「항도일보」 창간에 이어 「국제신문」이 복간, 1980년 언론통폐합 이래 신문 3사 경쟁체제를 열었다. 우리 사회부는 만만찮은 진용을 구축, 경쟁체제에 빈틈없이 대응했다. 사회부는 「부산일보」 출신 부장, 차장, 수석기자에, 나를 중심으로 한 경찰팀에도 「부산일보」 출신 후배 4명이 가세했다. 그리고 수습 1기 12명을 일선 현장에 분산 배치했다. 사실상 3사 경쟁의 화력을 사회부에 집중시킨 것이다. 경쟁지 2곳 역시 '초초맹장(楚楚猛將)'의 시경 캡을 배치, 사건경쟁에 대응했다.

그 즈음 나는 겪어보지 못한 긴장 속에서, 참 바쁜 나날을 보냈다. 무엇보다 신생 신문의 위상을 다져가야 할 시절, 나의 영역에서부터 허술한 지면은 용납 못할 일이었다. 캡을 중심으로 일사불란한 팀워크를 형성한 후배, 특히 그 수습 1기에게 캡의 태만이나 패배는 상상도 못할 재앙일 터였다. 나는 출입처에 일찍 출근하고 늦게 퇴청하며, 그야말로 구석구석 취재루트를 뚫어 갔다. 「부산일보」시절 들락거렸던 곳 경찰국, 사람 사귀기에도 누구보다 각별했다. 그래서 나는, 아침마다 경찰국장이 첫 보고를 받는 그 '일일 상황보고'를 미리 읽을 수 있었고, 퇴청 전엔 정보부서에서 관내 주요동향을, 적어도 제목만이라도 점검할 수 있었다.

### 창간 석 달여, '5·3 동의대 사태' 역사적 특종

우리 사회부는 참 빨리도 사건특종을 수확했다. '5·3 동의대 사태'다. 1989년 5월 3일 부산 동의대 도서관에서, 경찰-학생의 대치 끝에 경찰관 7명이 질식·추락해 숨진 사건이다. 동의대 학생 76명을 구속 수감하는 단일사건 구속 최다 기록에, '폭력추방 비상조치 발동검토'라는 대통령 특별담화가 나온 '국가적 재난'이며, 전대협의 '폭력시위 중단선언'을 끌어낸 시대적 변곡점이다. 그 역사적 사건을 온 언론사 중 유일하게 현장취재에 성공, 그야말로 거대한 특종을 낚은 것이다. 창간 석 달여(지령 83호) 만의 쾌거였다.

오직 우리가, 이 엄청난 파장을 낳은 사건현장을, 온전하게 취재하고 정확하게 기록했다? 그건 일련의 사건전개를 주목하며 그 전개방향을 날카롭게 예측한 저력, 현장 챙기기를 잠시도 놓치지 않은 끈질긴 근성, 그리고 취재현장에서 늘 맞닥뜨리는 '사람'의 힘 때문이다. 우리는 창간 과정에서 다져온 그 탄탄한 팀워크 아래, 현장의 작전개시부터 경관 사망, 학생 연행-현장 수습까지, 모든 현장을 속속들이 취재하며 정확한 보도를 했던 것이다. 그 사건, 사건기자로 성장한 나의 기자 역정에서, 또 신생지를 짊어질 수습

1기 후배들에게 더할 수 없는 자긍으로 남아 있다.

### 시경에서 탄탄한 팀워크 구축… 1년 만에 부산시 출입

첫 출입처 부산시경에서, 배수진을 친 심정으로 온 열정을 쏟아 부은 결과, 우리는 짧은 기간에 탄탄한 사건취재 체제를 구축할 수 있었다. 우리는 정말 겁 없는 기개로 여러 특종을 발굴했으되, 기억할만한 낙종사례는 별달리 없었다. 기자사회의 3대 강박이라는 낙종강박-마감강박-오보강박에서 별다른 압박을 받지 않았다는 것, 역시 사회부 동료들의 탄탄한 팀워크에 바탕한 저력 덕분이었으며, 그 끈끈한 팀워크와 잇따르는 우수보도들은 우리들의 사기를 한껏 드높이며 정신건강에 참 긍정적으로 작용했다.

동서 냉전체제의 종언을 고한 동구권의 개혁·개방 열풍, 그 역사적 대변혁의 현장에는 단독취재를 다녀왔다. 창간 첫해, 개인적으로도 참 큰 격동 속에 살았던 그해 겨울이었다. '동서 냉전의 상징' 베를린장벽이 무너지고 '사회주의의 보루' 체코, 루마니아, 유고에서 공산권 붕괴의 도미노현상을 불러온 '20세기의 대혁명', 그 현장을 단신으로 취재한다는 것이 그저 쉽기만 했겠나.

'위대한 선배' 이인형 편집국장의 위대한 예측과 결단에 따라, 나는 미지의 세계였던 동구권 4개국 순회에 나섰던 것이다. 혹 경쟁사에 이 시기의 동구권 특별취재 사실을 들킬세라, 그야말로 '처음 걷는 길'을 더듬는 식의 조심스런 준비와 요양휴가로 포장한 장기출장이었다. 이 출장 결과는 1990년 신년특집으로 출발, 전면 컬러판으로 연재하며 그해 상반기 지면의 성가를 톡톡히 올릴 수 있었다.

그리고, 창간 1주년을 맞으며 나는 출입처를 부산시청으로 옮긴다. 부산시청을 출입하던 선배가 사회부 데스크로 옮기면서, 가장 크고 중요한 출입처를 내가 이어받아야 했던 것이다. 이에 앞서, 창간기념 리셉션을 준비하며 사장·전무이사가 안상영 부산시장을 예방했다. 이 자리에서 안 시장은 나를 쳐다보며 "부산에서 가장 정확하고 예리한 기사를 쓰는 기자"라고 덕담했다. 그러곤 리셉션 자리에선 사장·전무이사에게 "차 기자 저 친구 정말 멋있는 친구다. 저 친구, 잘 키울 겸 부산시청으로 내보내달라"고 짐짓 채근하더란다. 그러나, 그런 사연에 관계없이, 회사에선 일찍이 나의 출입처 이동을 결정해둔 상태였다. 회사의 도약 과정에서 진정한 '지역지(Local Paper)'를 자임하며, 부산시정 중심의 지역기사를 중점 발굴해야 했던 까닭이다.

### 창간 1년여 조간 전환 함께 제호 「부산매일」로

신생지 「항도일보」는 창간 1년을 계기로 새로운 도약을 시도한다. 기존의 석간 발행을 조간체제로 전환하며, 제호를 「부산매일신문」으로 바꾼 것이다. 신생지는 창간 이래 민주화·개방화·지방화 시대를 선도하는 지역지로, 부산·경남북 주민의 뜨거운 관심과 따뜻한 애호 속에 착실한 성장을 거듭하던 터였다. 그러나 당시 신문 발행의 세계적 흐름은 조간, 곧 '아침 신문 열독-저녁 TV 시청'이었다. 「항도일보」 역시 독자의 알 권리를 제대로 충족시킬 혁신방안을 찾아야 했다.

「항도일보」는 정보화 사회의 가속화 추세에 부응, 전국 뉴스의 지역화로 지방화시대를 선도하겠다는 대담한 변혁을 앞서 추구했다. 「뉴욕 타임스(New York Times)」, 「워싱턴 포스트(The Washington Post)」, 「아사히」, 「프라우다(Pravda)」, 「인민일보」 같은 세계 유수 일간지가 거의 조간이던 시대, 지방지는 뉴스공급원과 제작 측면의 여러 난관에 걸려 석간에만 머물던 시대, 오직 독자를 위해 신선한 지방조간지 시대를 열어갔다. 비록 더 많은 투자와 비용이 필요하더라도 이를 감수, '새 아침 새 소식을 전하는 내 고장 아침신문'을 자임한 것이다.

「항도일보」의 제호 역시 지역적 한계성 내지 상징적 포괄성에 밀려 대외적 인식을 드높이는 데 한계가 있었던 것 또한 사실이다. 보다 발전 지향적이고 부르기 쉬우며 활기찬 제호로 변경, 제2 창간의 자세를 가다듬는다는 뜻에서 제호를 바꾼 것이다. 「매일신문」은 조선 말기 민중의 대변 기관임을 자임하며 언문일치 문장을 창조한 우리나라 최초의 일간신문. 이 신문의 역사적 업적을 기리며, 부산에서 쉼 없이 발행할 신문임을 다지려는 뜻에서 택한 이름 「부산매일신문」이다.

이 시기, 「부산매일」은 급증하는 발행부수를 감당하기 위해 미국 고스사(社)의 고속 컬러 오프셋 윤전기를 도입, 가동했다. 대판 28페이지를 동시 인쇄할 수 있는 최신형으로, 세계적 정평이 있는 윤전기. 이와 함께 같은 회사의 우브나이트형 초고속 컬러 오프셋 윤전기 2대를 발주, 기기 제작에 들어갔다. 새 윤전기는 전 과정 자동화 시스템을 채택, 인쇄 작업이 쉽고 특히 컬러 인쇄의 색조가 뛰어나며 작업요원들의 안전보호 장치까지 완비한 기종이다.

**제작지표 '민주화·지방화' 구현에 열정, 성장**

「부산매일」은 이로부터, '민주화·지방화'의 제작지표를 적극 구현하려는 열정과 함께 힘찬 성장을 거듭한다. 실제 우리 사회의 발전 과정을 고찰할 때 우리의 민주화는 결코 양보할 수 없는 당위적 과제이며, 지방자치제의 궁극적 본질을 감안할 때 우리의 지방화 역시 지역발전을 앞당길 획기적 전기일 것이기 때문이다. 민주화·지방화는 이 시대를 지탱하는 두 거대한 흐름이기도 했다.

「부산매일」은 지면구성이나 제작관행에서 중앙지 또는 전국지의 모방방식을 탈피했다. 나아가, 언제나 지역사회 문제를 철저하게 진단하고 지역주민의 여론을 성실하게 반영하며 지역소식을 자세하게 보도, 부산권 지역사회를 보다 살기 좋은 곳으로 바꾸려 노력했다.

「부산매일」은 내 고장의 아침신문인 만큼 이 지역의 생활환경이나 교육여건을 감시하고 각종 불법·비리를 폭로·고발하며 항상 지역주민의 애환을 함께 나누려 노력했다. 이 과정에서 환경특집 〈낙동강 살아나는가〉가 제3회 봉생문화상(언론 부문)을 수상하고 한국기자협회가 주관하는 '이달의 기자상'까지 잇따라 수상했음은 어쩌면 당연한 결과이기도 했다.

**부산문제 끈질긴 진단… 해결방안 수렴·발전방안 제시**

당시, 「부산매일」의 제작지표들을 구현한 보도기사들을 대략 훑어보면 우선 지역문제를 끈질기게 진단하며 합리적 해결방안을 수렴, 부산권의 청사진 내지 발전방향을 제시하려 애써왔다. 「부산매일」의 지역문제 진단이나 지역개발 방안에 따른 특유의 관심은 그동안 창간 또는 창간기념 특집에서 그대로 드러났다.

곧 창간특집으로 〈대해부 부산 7난-'양의 도시'에서 '질의 도시'로〉 제하의 기획 시리즈를 보도, 부산의 구조적·고질적 도시문제들을 차근차근 해부하며 도시의 양적 팽창 대신 질적 정비를 촉구했다. 교통난과 상수도, 공해, 주택난, 마약범죄 등을 부산의 7대 난제로 규정, 매주 2회씩 총 43회에 걸쳐 연재한 본격적 도시문제 분석 기획물이다.

또 창간 1주년 특집으로 〈거대도시 부산, 이제 달라져야 한다〉 시리즈와, 창간 3주년 특집으로 〈2천년대 부산 청사진을 다시 그리자〉 제하의 도시개발 시리즈를 기획, 역시 부산의 과제들을 분석하며 21세기 부산의 발전방향을 제시했다. 창간 4주년 차 신년특집으로 기획, 연재한 대형기획물 〈부산사람 부산시대〉 역시 부산사람 모두 부산의 뿌리를 알고, 부산의 취약성을 깨우치며 부산의 희망을 찾도록 하는 지역사회 현실분석 및 발전방향 모색 시리즈. 이 시리즈는 부산의 장래 도시발전 전략이라 할 환태평양시대의 교역중심도시 및 국토동남권의 중추관리도시로의 성장을 위해 우선 대외적 국제화 및 대내적 지방화를 서둘러야 한다고 지적, 그 이행방향과 세부수단을 모색했다.

**김해공항 확충 촉구에, 수영비행장 이전도 첫 제기**

이와 함께 부산지하철 2호선 건설, 김해국제공항 확충 같은 대형사업 시행에 따른 정부지원이 빈약함을 지적, 〈정부, 부산 푸대접 심하다〉, 〈부산 지하철 지원책 실속 없다〉, 〈대통령 약속도 헛공약〉 같은 기사를 통해 정부의 각성을 촉구했다. 1993년 초 김영삼 대통령의 부산순방을 맞아 부산시의 '정부 관련 현안사업' 9가지를 앞서 제기, 정부의 정책적·재정적 지원을 촉구한 뒤, 대통령의 '제2 도시에 걸맞은 대접' 약속까지 이끌어낸 것도 같은 맥락.

부산 수영비행장의 이전폐쇄 및 시민공원 개발방안을 처음 제기한 것도 역시 「부산매일」이다. 우선 1990년 12월, 수영비행장 자체가 관련법상 군사시설이나 비행장이 아니며, 따라서 군당국의 수영비행장 주변 고도규제조치는 근거 없는 월권행위임을 고발했다. 이와 함께 수영비행장의 실태를 해부하며 시민공간으로 개발해야 할 당위성을 제시했다. 그러나 당시 국방부는 1991년 1월 이곳 일원 256만 평을 군사시설보호구역으로 전격 설정, 부산사회의 큰 반발을 사며 민-군 간 신뢰관계까지 저해했다.

「부산매일」은 이때, 지역사회의 반발 의견과 함께 보호구역 지정조치의 부당성, 정치권의 정책적 찬단 필요론 등을 연일 보도, 끝내 국방부장관으로부터 "우선 규제조치를 3개 조건에 따라 완화하되, 부산시 요청에 따라 이전,

폐쇄도 전향적으로 검토한다"는 대답을 받아내기에 이른다.

### '부산, 살만한가?' 물으며 환경문제 끈질긴 관심

「부산매일」의 일상적 관심은 항상 '부산은 과연 살만한 도시인가?'였다. 부산은 급속한 팽창추세에도 도시기반시설을 제대로 확충하지 못해 숱한 도시문제를 양산하고 있었으며, 특히 부산의 환경오염은 각 부문에서 '전국 최악'을 기록하고 있었기 때문이다. 이에 따라 「부산매일」은 크게는 지역사회의 물과 공기를 지키려는 시도부터, 작게는 마을 단위의 공해를 추방하려는 노력까지, 환경보전을 위한 취재보도를 한시도 게을리 하지 않았다. 그 대표적 사례가 〈낙동강 살아나는가〉 기획시리즈다.

사실 「부산매일」은 창간 이후 부산권의 상수원 문제, 나아가 환경보전문제를 나름 끈질기게 추적했다. 창간특집 〈대해부 부산 7난-'양의 도시'에서 '질의 도시'로〉에서, 또 창간 1주년 특집 〈거대도시 부산, 이제 달라져야 한다〉, 이 두 시리즈에서 부산권 상수원 문제를 집중추적, 그 실상을 분석하며 개선책을 제시했음은 물론이다. 이 과정에서 취재기자들은 부산의 상수원 문제, 나아가 부산의 환경문제를 현실성 있게 해부하기 위해선 낙동강 그 자체를 심층취재, 실상을 점검하며 회생방안을 모색해야 한다는 결론에 공감한다. 적어도 부산권 상수원 문제와 낙동강 회생문제만은 부산권 자체만의 노력으로 해결할 수 없으며, 장래의 긍정적 전망도 찾기 어려웠기 때문이다.

「부산매일」은 이후에도 낙동강 수질보전이나 부산·경남권 원수개선방안에 따른 현실고발 및 정책제시 기사를 꾸준하게 보도, 부산권 상수원 문제의 해결방향을 선도했다고 자부한다. 또 도심 속 사상공단지역의 생활공해 실상을 고발, 〈사상주민 공해 감방살이, 매연·악취… 찜통더위에 창문 못 열어〉 등을 연속기사로 보도했다. 〈주택가에 발암분진공장〉 기사로 부산연산동에 '죽음의 먼지공포'를 일으키는 석면 공장이 숨어있음을 고발, 행정당국의 대처의지를 촉구했다. 이와 함께 부산·경남지역 주택가의 석면공장 산재실태도 추적, 환경청의 허술한 관리 규제를 고발했다.

**주민여론 형성·지역문제 쟁점화 각별한 노력**

「부산매일」은 지역주민의 여론을 형성하고 지역문제를 쟁점화, 주민들의 애환을 함께 나누며 공동체의식을 키우는 데 각별한 노력을 다해왔다. 내 이웃의 얘기, 곧 나의 불편과 우리의 희망을 큰 관심사로 취급함으로써 신문의 위상을 다지고 무한경쟁추세에도 대처한 것이다. 당시 지역주민의 불편과 희망을 잘 반영한 좋은 예가 〈강서구민 서럽다〉 시리즈. 부산 강서지역은 지난 1989년 부산시 편입 이후 직할시에 대한 '장밋빛 희망' 대신 각종 개발규제의 희생양으로 몰려 '도시 속의 오지'로 전락하고 있었으며, 주민 역시 부산시민의 혜택을 거의 받지 못하고 있던 곳.

특히 지난 1973년 개발제한구역(그린벨트)으로 묶이는 바람에 일상생활상 불편과 경제적 손실도 엄청나 상대적 빈곤감과 박탈감을 느껴왔다. 「부산매일」은 13회에 걸친 긴급기획을 통해 강서지역의 실상을 분야별로 조명, 주민들로부터 "답답했던 가슴이 확 뚫리는 듯하다"는 찬사를 받았다. 결국 정부는 강서지역 그린벨트 내 주민생활불편 해소 차원에서 행위제한 완화방침을 결정했다.

「부산매일」은 창간 초기부터 지역사회의 현안을 꾸준하게 진단하며, 사건·사고를 신속·정확하게 보도하는 저력 있는 취재역량을 과시했다. 대형특종·대형르포로 각종 언론부문 상을 쉼 없이 수상하며 신생지의 성가(聲價)를 한껏 높여갔음을 물론이다.

「부산매일」이 창간특집으로 기획, 무려 14개월 동안 연재한 대하실록 〈부산·경남 이념과 갈등의 희생양들〉은 숨겨진 현대사를 발굴하는 데 큰 업적을 남긴 귀한 시리즈. 이 연재실록은 치밀한 취재와 철저한 고증으로 우리 지방사람들의 큰 관심을 불러일으켰고, 이에 따라 국회는 '거창 양민희생자에 대한 명예회복' 입법을 추진했다. 실록 〈남도부를 찾아서(지리산 누빈 항일 빨치산 일대기)〉는 1990년 4월부터 18개월 동안 장기 연재한 기획물. 이 시리즈 역시 자칫 잊힐 수 있는 항일무장투쟁사와 6·25전쟁, 그리고 남한유격투쟁사의 큰 자리를 차지한 한 인간을 조명, 한국 현대사를 올바로 정리하려 한다는 호평을 받았다.

**한국기협 분회 창립… 분회장·부산시 지부장 열정**

「부산매일」이 순탄하게 뿌리를 내리면서, 나는 제작 외의 기자활동에도 열정을 쏟기 시작했다. 우선 1990년, '한국기자협회 부산매일 분회'를 창립했다. 나는 「부산일보」에 재직하며 한국기자협회 부산시지부 총무간사로 4년여 활동했다. 나는 기자협회 활동에 대한 기본적 이해가 있었던 데다, 「부산매일」역시 기자단위의 공감대를 넓힐 조직이 필요하다고 판단했던 것이다.

초대 분회장을 맡았다. '부산매일 가족'의 역량 향상과 일체감 다지기를 우선과제로 추진했다. 기자협회 연수회를 정례화하고, 언론윤리를 깨우칠 전문 강좌와 지면 쇄신 노력을 점검하기 위한 공개토론회, 회원 친목·단합을 다질 등반대회·체육대회를 마련했다. 회원 여론조사 결과 나타난 희망사항을 성격별·시기별로 구분, 사업기본계획을 만들어 추진한 것이다.

분회 소식지「부산매일 광장」을 창간, 회사를 향한 요구사항이나 회원의 작은 목소리도 두루 수렴하여 애썼다. 제2호 1면 머리 '주장'란의 〈신문은 '사람'이 만든다-편집국 인력난 더 이상 외면 말라〉, 4면 '허튼소리'난의 〈경영 선전 일색… 사원연수가 '사원(死願)' 연수〉 같은 제목을 보라. 자체 공정보도위원회를 가동, 지면 평가 결과도 소식지에 게재, 경영진을 향한, 혹은 기자 스스로를 위한 '쓴소리'들을 가감 없이 공유했다.

나는 한국기자협회 부산시 지부장도 맡았다. 부산지역 소속사들의 무투표 선임에 따른 것이다. 나는 이 직분 역시 허투루 넘기지 않았다. 부산지역 언론가족의 친목·화합을 다질 초청강좌와 축구·배구 대회, 연말 '부산 기자의 밤'을 개최했다. 활동영역을 확장, 경남지부와의 공동 행사도 마련했다. 눈앞의 지방자치시대 개막에 부응, '지방자치와 지역언론'을 주제로 대형 토론회를 주최했다.

기협 활동과 함께 1991년 제35회 신문의 날 기념표어에 당선, 당시 한국신문협회장 김병관 동아일보 회장으로부터 시상을 받은 기억도 있다. 당시 내가 응모한 표어는 '언론은 윤리를 사회는 도덕을'. 그만큼 당시 언론계 상황 자체가 백가쟁명 시대 속의 윤리상실 상태가 심각했으며, 민주화 열풍 속의 도덕 추락 현상 역시 만만찮음을 걱정한 표어이다.

### 창간 4주년, 24면 증면에 '로컬 페이퍼' 제작체계

「부산매일」은 창간 4주년을 맞으면서 새삼 성큼 도약한다. 지면을 24면으로 증면하며 전면적인 지면개편을 단행, 본격적인 지방언론·지역신문(Local Paper)을 자임한 것이다. 그동안, 뚜렷한 제작지표와 시대에 걸맞은 제작체계, 역량 있는 취재체계와 지역사회와의 끈끈한 소통으로 신문의 위상을 한껏 드높여온 결실이다. 지면개편의 키워드는 '과감한 지방화' 선언. 이제까지 1면에는 중앙정치 뉴스를 보도하는 한국신문의 획일적 관행으로는 더 이상 급변하는 정보화·지방화 추세를 따라잡을 수 없으며, 이 같은 도식적 편집방식으로는 독자에게 결코 성실할 수 없다는 냉철한 분석과 깊은 자성의 결과이다.

곧, 이제부터 1면에는 부산·경남 뉴스를 과감하게 보도하는 지면혁신을 꾀함으로써 지역주민들의 피부에 와 닿는 생생한 소식을 전하기로 한 것이다. 「부산매일」이 지방주의를 우선키로 한 것은 우리 지방언론사상 새로운 지평을 여는 혁신적인 전환이라는 게 각계의 공통적 평가였다. 언론천국이라 불리는 미국의 경우 미 전역의 1,700여 개 신문 중 '중앙지(전국지)'는 「USA 투데이(USA Today)」 하나뿐, 우리에게 귀 익은 「뉴욕 타임스」, 「워싱턴 포스트」, 「시카고 트리뷴(Chicago Tribune)」 같은 유명 일간지는 하나같이 지방지(지역지)의 틀을 따를 때다. "아프가니스탄보다는 내 이웃 소식이 더 값지다", 당시 미국 언론계에서 유행하던 '아프가니스탄주의'의 폐해를 극복하려는 '지방뉴스 제일주의', 「부산매일」의 정체성을 한껏 뚜렷하게 나타낸 한국언론사상 기록할만한 혁신이다.

### 부산권 최초 조간에서 지역문제 현안 각별한 천착
### 「부산매일」 명성 높이며 미국 IVP 초청·연수 계기로

'부산권 최초의 조간'으로 지방 언론사의 새 지평을 연 「부산매일」, 나도 「부산매일」과 함께 나날이 성장했다. 「부산매일」의 제작지표들을 구현한 주요 특집을 끊임없이 기획·제작하며, 부산 지역사회의 현안·발전을 다룬 보도기사에 각별하게 천착했다. 창간 또는 창간기념 특집으로 다룬 부산 도시문제 시리즈며, 「부산매일」의 일상적 관심사였던 환경문제 역시 끈질기게 추적했다.

환경특집 〈낙동강 살아나는가〉 시리즈를 기획연재, 제3회 봉생문화상(언론 부문)을 수상한 영광에, 김해국제공항 확충 문제나 수영비행장 이전 문제를 앞장서 제기하는 데도 빠짐없이 간여했다. 「부산매일」은 당시 1면 톱기사부터 지역기사를 다루던 시절, 실상 그 중요 기사는 우선 부산시정 출입기자로부터 출발했다. 특별한 계기나 동향이 없는 한, 매일같이 1면 머리기사를 쓴다는 것, 그 중압감은 정말이지 적잖은 고통이기도 했다.

그러나, 부산시경·부산시청을 출입하며 부산의 도시문제와 환경이슈에 몰입, 일관성 있는 연작기획을 이끌며 지역 관련 보도에 천착한 것은 나에게도 굉장한 행운으로 다가왔다. 이런 보도태도, 그리고 보도물은 '지역지(Local Paper)'를 자임한 「부산매일」의 명성을 날로 드높인 것은 물론, 개인적으로도 기자생활의 황금기를 열어줄 긍정적 계기로 작용한 것이다. 미국 국무성 초청 IVP에 참여, 1991년 연말 한 달 동안 미국 8개 도시를 순회하며 관심 영역의 시야를 넓힌 일, 또 이 미국 방문을 계기로 해외연수의 꿈을 키운 끝에 1993년 7월부터 1년여간 미국 미주리주립대 저널리즘 스쿨에서 나름 직업적 전문성을 두터이 다진 일이 그것이다.

나는 기억한다, 이 두 번의 미국 방문 또는 연수기회는 나의 기자생활을 경계 짓는 정말 잊지 못할 행운이었다고. 나는 이 행운을 바탕으로, 보다 넓은 시야와 무거운 책임감, 보다 깊은 전문성과 자신감을 충전할 수 있었던 것이다. 되새겨보면, 이런 행운은 결코 그저 다가온 것은 아니었다. 멀리는 「부산일보」 사회부에서 환경·교통 문제를 전담하고, 가까이는 「부산매일」 사회부에서 부산 도시문제 전반을 다루면서, 영향력 있는 '독자'(주한미국대사관)의 평가를 받는 기회를 가졌기 때문이다.

나는 이 기회를 허투루 놓치지 않았다. 주한미국대사관의 인터뷰에 최선을 다해 대응하며 그동안의 취재경력과 보도기사로 그들의 선택을 받는 데 성공했다. 그 결과로 미 국무성의 IVP 프로그램에 초청받은 것이다. 그리고, 그 프로그램을 수행하며 나의 관심영역을 한껏 심화, 해외연수를 통해 탐사보도며 언론자유론을 전문적으로 공부할 의지를 키웠고, 그 의지를 성취할 꿈을 추구한 끝에 미주리주립대 저널리즘 스쿨을 다녀올 수 있었다. 결국 내가 누린 그 행운들은 그동안의 노력과 의지의 극적인 보상이었을 터이다.

### 육체적 과로·정신적 황량 속 해외연수 꿈 키워

나는 미 국무성의 IVP 프로그램에 초청받으면서 미국 연수를 생각했다. 당시 부산시청을 출입한 지 벌써 2년여, 심신이 두루 지치기 시작할 때였던 것이다. 부산에 본사를 둔 언론사는 중요 출입처의 출입기간을 1년 정도로 잡는 것이 오랜 관행이다. 한 기자의 경력이나 집중력을, 또 취재·제작 체제의 선순환을 감안한 것이다. 당시 「부산매일」은 취재체제를 확립하는 과정이어서, 한때는 피치 못할 사정으로 사회부장 자리가 비는 바람에, 나의 이동을 생각할 여유가 없던 터였다.

나는 육체적 과로와 정신적 황량함에 시달려 외근기자로서의 한계를 절감할 즈음, 그 상황을 벗어날 대안으로 해외연수를 생각했다. IVP 프로그램으로 미국을 순회할 때 이미 뉴욕의 컬럼비아대와 미주리주의 미주리주립대 두 곳의 저널리즘 스쿨을 방문, 연수여건과 커리큘럼, 입학절차 같은 것을 나름 확인해둔 터였다. 나는 관심영역과 연수여건 면에서 만족도가 높았던 미주리주립대를 선택, 1992년 말 입학허가서를 받아냈다. 그리고, 나의 연수를 지원해줄 언론재단의 선정절차에 응모했다.

나는 내심 미국연수를 떠날 계획을 점검하며 업무에 집중했다. "연수를 다녀오면 사회부장을 맡아야 한다"는 경영진의 압박이 있었던 만큼, 어쩌면 연수를 떠나기 전, 이 시기는 나의 사회부 일선기자 생활의 막바지일 터였다. 한때는 출입처를 유지하는 상태에서 사회부장의 업무를 겸하는, 그야말로 혹독한 시간을 보내기도 했다.

### 경계 없는 관심영역… '지방청와대' 내밀한 성역 궁금

그때 나의 관심영역에는 경계도 없었다. 부산시장 공관의 '지방청와대' 기능 폐지 및 일반 개방을 앞두고, 그곳의 '내밀한 성역'을 미리 취재한 경험도 그러하다. 부산 남구 남천1동 산59(1993년 당시). 앞으로는 탁 트인 광안리 앞바다가 한눈에 들어오고 뒤로는 황령산 자락이 포근하게 감싸주는 '명당' 자리다. 당시 '부산시장 관사'라는 명칭보다 '지방청와대'라는 명칭으로 더 잘 알려진 곳, 문민정부(김영삼 정부)가 들어서며 그 '지방청와대' 기능을 멈춘 곳이다. 부지 5,145평에 본관(459평, 지상 2층)을 비롯한 5개동 건물이다. 얼핏 보기에도 작은 궁전 내지 호화별장이다.

부산 지방청와대가 들어선 것은 1985년 2월. 당시 전두환 대통령이 부산을 찾을 때 경호문제를 해결하고 임시집무실로 쓰기 위해 건립을 지시했다는 설이 파다했다. 이곳 본관에는 2층 '귀빈 전용' 공간 137평과 1층 시장 관사 62평, 공용 공간 등이 들어서 있다. 이곳을 이용한 것은 전두환 대통령 8회, 노태우 대통령 4회 등 12회뿐. 공관을 거쳐 간 부산시장은 모두 7명이었다.

부산시는 1993년 3월 정부의 시장공관 개방 발표 이후 공관활용 방안에 대한 시민여론을 수렴했다. 일반시민(7만 명) 대상 여론조사와 여론형성층을 대상으로 한 간담회도 가졌다. 여론수렴 결과는 비교적 간명했다. 현 건물의 철거나 구조변경 없이 있는 그대로 활용하되, 눈앞의 지방화시대에 대비한 영빈관, 국제회의장 같은 공공시설로 사용함이 바람직하다는 것이다. 문제는 '시민대중의 정서'와 '시유재산의 합리적 관리' 사이의 괴리문제. 부산시는 우선 공관 일부를 복합전시공간으로 개방하겠다는 원칙만 세웠을 뿐, 구체적 방침을 결정하지 못하고 있을 때였다.

**'현대판 아방궁' 풍설 속 기사 안 쓰는 조건 취재**

나의 호기심이 발동했다. '지방청와대'라는 명성, 웅장한 대문과 드넓은 정원, 겉모습만 봐도 호화스러울 듯한 본관건물, 그 2층 대통령 전용공간의 '속살'에 대한 궁금증이다. 부산 청와대가 처음 들어섰을 때만 해도 부산시민들의 강한 호기심을 반영하듯 온갖 유언비어가 난무했기 때문이다. 그중 한 가지, 막강한 권력과 폭압정치를 상징하는 '현대판 아방궁'설이 궁금했다.

나는 부산시 담당간부에게 탁 털어놓고 협조를 구했다. 그 2층 대통령 공간, '있는 그대로' 보고 싶다. 어차피 향후 용도를 정하면 내부설비며 가구, 장식물 다 치울 것, 그 전에 누군가는 기록이라도 해둬야 하지 않겠나? 그 간부는 완강하게 버텼다. 대통령 관련 시설을 청와대 협의 없이 공개하기는 어렵다는 것이다. 결국 '신사적으로' 합의했다. 현장 보고, 사진 촬영하되, 부산시 양해 없이 기사는 절대 쓰지 않겠다고. 결국 정문화 부산시장의 내락을 거쳤다.

### 평범한 시설·장식에 여러 풍설은 풍설일 뿐

3월 25일, 나는 그곳을 단독 취재했다. 정부의 개방 발표 후 열흘이 지났을 무렵이다. 부산시로부터 시설배치도를 받아들고 1, 2층을 '있는 그대로', 속속들이 둘러봤다. 1층, 왼쪽 전면에 부산시장 공관, 후면에 영빈실 및 주방, 우측으로 대통령 집무실(23.5평)과 대기실 2개, 대식당이 있다. 2층은 우측 끝에 침실(15.4평)과 거실(18.5평), 중앙에 접견실, 그밖에 경호원 대기실 등등.

우선 1층 우측 끝 대통령 집무실 풍경. 가구는 리오가구의 은은한 연황색 계통 장방형 탁자 3개, 라운드형 의자 10개, 보조의자 10개가 전부다. 벽면에는 '호랑이 작가' 소재(小齋) 류삼규 선생의 호랑이 그림과 서예가 고동주 선생의 편액 '선진조국 창조(先進祖國 創造)'가 붙어 있다.

2층 거실. 역시 리오가구의 소형탁자 2개와 금성 25인치 TV, 소형 냉장고, 벽걸이 달력에, 그림은 동양화가 윤제(潤齋) 이규옥의 목단 1점. 천장의 샹들리에도 단조롭고 평범했다. 침실에는 싱글형 목제침대 2개에, 금성 29인치 구형 TV와, 스탠드 탁자, 화장대가 있었으며, 화장실 입구 벽엔 이부자리를 넣는 벽장이 달려 있다. 장식품이라곤, 연꽃과 잉어가 그려진 도자기 1점, 1985년 2월 28일 200만 원에 구입했다는 부산시 재산관리대장이 붙어 있다. 각 방이나 1, 2층을 잇는 계단의 벽지며 카펫은 색조가 상당히 바랬을 정도.

2층 거실 창을 통해 광안리 앞바다를 조감하며, '지방청와대'를 확인한 감상을 정리했다. 나는 열심히 기록하고 사진기자는 열심히 사진을 찍었지만, 그저 '지방청와대'는 수수했다. 실내 장식이며 가구, 비치품은 평범했고, 시설관리 역시 1층 시장공관과 차이가 없었다. 미리 정리한 체크리스트의 점검사항, 공관 지하를 통해 광안리 충무시설을 갈 수 있다든가, 광안리 바닷물을 지하로 끌어와 연못에 악어를 키운다든가, 차량용 외부탈출 터널이 있다든가 하는 풍설은 그저 풍설일 뿐이었다. 나는 나름, 그 시대의 상징시설을 기록한다는 생각으로, 시설도면을 확인하고, 내부 집기 배치 상태를 그려 넣으며, 백사장에서 모래알 줍듯 기록을 했지만, 기사는 단 한 줄도 쓰지 않았다. 그때의 약속이 그랬고, 그 뒤로도 이 기사를 쓸 계기가 없었기 때문이다.

그로부터 26년이 흐른 오늘, 그 '지방청와대'는 부산시장 관사로 변모했다. '지방청와대' 폐쇄 당시, '지방화시대 대비한 공공시설'로 사용하겠다는 방침이었지만, 영빈관이나 국제회의장은커녕, 주말 시민 접근을 막는 권위주의의 산물로 남아있는 것이다. 지금, 부산에선 "세금낭비 호화관사 환원하라"는 시민단체의 주장과 '외교 용도'라는 부산시 대응이 대립하고 있다.

전국 17개 광역자치단체 중 단독주택 형태와 청원경찰을 둔 관사를 운영하는 곳은 부산과 함께, 서울·강원·전북·전남·경남 등 6곳. 인천을 포함한 8곳은 있던 관사를 폐지, 도서관, 어린이집, 역사자료관 같은 핫플레이스 문화공간으로 활용하고 있다. 부산은 과연 '관사=권위주의 유물'이라는 시민인식과 혈세낭비라는 지적을 따를 것인가, 언제까지 시민의 공공재를 '도시외교 시설'이란 명분으로 사유화할 것인가. 생각할 것 많은 옛 '지방청와대'다.

## 연수 준비 속 제작지표 따른 주요 기사 게재

〈군사보호구역 166만 평 해제〉. 1993년 1월 1일자 1면 머리기사이다. 부산 해운대구 우동·좌동 일대 군사시설보호구역 325만 평 중 166만 평이 새해 1일부터 풀렸다는 내용이다. 1992년 12월 마지막 날 국방부가 부산시에 통보해온 내용이다. 뒷날 해운대 신시가지가 들어선 그 지역이다. 해운대지역 보호구역에서 풀러난 만큼, 주민들의 가옥 신·증축이나 종합관광개발 같은 도시계획 사업을 할 수 있다. 새해 특집을 제작하며, 기획 시리즈나 정치권 소식 대신, 지역사회와 밀접한 뉴스를 전한다는 것, 「부산매일」의 제작지표대로이다.

〈자연경관 보호냐 재산권 우선이냐, 부산시-관할구청 이견 팽팽〉. 5월 29일자 1면 머리기사다. 자연경관 및 조망권 보호를 위해 재산권을 규제해야 하느냐, 재산권 보호를 위해 도시계획 조치를 포기해야 하느냐? 해운대 바다의 경관과 금정산 기슭의 조망권 보호조치를 둘러싸고 부산시와 관할구청이 날카롭게 대립하고 있다는 보도다. 해운대구청은 관내 달맞이고개와 해운대 바다의 조망권, 청사포 일원의 자연경관을 보호하기 위해 두 지역을 각각 '도시설계지구'로 지정해줄 것을 계속 요구하고 있는 반면, 부산시는 재산권 침해에 따른 민원우려와 주변지역과의 형평 유지 등을 들어 지구 지정안을 부결 처리했다. 이에 따른 오랜 논란을 정리하며, 해결방향을 제시한 기사다.

이 기사, 오늘 '한국의 몽마르트르' 달맞이언덕 얘기다. 해운대 앞바다와 '문탠로드'를 함께 즐길 천혜의 풍광, 부산의 대표적 화랑가, 나라 안팎에 명성 높은 명품 카페·레스토랑 거리, 그 특유의 문화·예술적 향취를 지닌 전국적 핫플레이스다. 이 달맞이길의 넉넉하게 탁 트인 풍광이 개발 광풍 속의 고층건물 신축 붐을 이겨내고 오늘의 그 기막힌 뷰와 정취를 지켜낸 사연이다.

당시 해운대구청은 달맞이길 경관지 일원에 고층건물과 호화빌라가 분별없이 들어서 지역경관과 바다 조망권을 망칠 우려가 크다고 판단, 이곳 일원을 도시설계지역으로 지정하여 분별없는 개발을 막아줄 것을 계속 건의했다. 그러나 부산시 도시계획위원회는 민원발생 등을 들어 이 건의를 부결처리, 난개발 바람이 몰아친 것이다. 다행히 해운대구청은 개발행위 허가신청을 반려, 피치 못할 소송 사태까지 감당했다. 당시 법원의 판단은 '개발행위 불허가 처분은 위법', '공익 목적에 따라 개발행위 제한 가능' 등으로 엇갈렸다. 이 논란 보도에서 기사는 '자연경관 보호'의 중요성을 강조했다. 결국 부산시는 개발제한조치를 마련, 오늘 달맞이언덕 일원의 경관을 지켜내기에 이르렀다.

### 부산시청 3년 6개월·사회부 기자 13년 6개월… 연수 출발

1993년 7월 3일자 1면 머리기사, 〈공공자금도 역외 러시-부산, 작년 교부세 등 67% 유출〉. 이 기사는 내가 일선 취재기자로서 쓴 마지막 기사이다. 부산지역에서 조성해온 15개 공공 부문 자금의 67%가 역외로 유출, 부산시의 재정난을 가중시키며 지역균형발전을 저해하고 있다는 고발기사다. 이같은 지역자금의 역외유출 현상은 관련 법규 내지 제도의 불합리나 모순으로 빚어지는 것임을 지적, 법규 및 제도의 시급한 개선을 촉구한 것이다.

이 기사에는 3면 '초점' 해설도 붙었다. 〈공공자금 역외유출 실태·문제점〉, 〈부산은 중앙정부 '봉'인가〉 같은 제목으로 법규·제도의 모순을 지적하며 지방자치제의 취지를 살릴 개선방안이 절실함을 강조했다. 사설 역시 〈재정난과 공공자금 유출〉이라는 제목으로 정부(예산당국)의 적극적 관심과 배려를 촉구했다.

이 기사를 쓴 뒤, 나는 해외연수 휴직을 신청했다. 지난 연말 미국 대학의 입학허가서를 받은 데 이어, 6월 말 서울언론재단에서 연수지원자 선정 통보를 받은 터였다. 대학 학사일정상 미국행을 서둘러야 했다. 되돌아보면 부산시청 출입으로 3년 6개월여, 부산시장만 해도 25대 안상영(관선) 씨부터, 김영환-박부찬-정문화 씨까지, 네 분을 겪은 것이다. 개인적으로는 사회부 기자로 일선을 뛴 지 13년 6개월여, 정말이지 치열하게 살아온 일선기자 생활이다. 결국 나는 선택받은 기자가 누릴 수 있는 행운의 하나, 그 해외연수를 꿈꾸었고, 마침내 그 꿈을 성취했다.

## 부산매일 재직시절(전반기)

「부산매일」 연산동 시절 편집국 광경. 당시 CTS 제작체계 도입 전의 기사 작성, 편집과정이다. 앞쪽 뒷모습이 겨울점퍼를 입고 있는 글쓴이(1991. 2).

제35회 신문의 날 기념 표어공모에 당선, 기념식에서 김병관 한국신문협회장(동아일보 회장)으로부터 시상을 받고 있는 글쓴이(1991. 4).

「부산매일」 창간멤버들이 경남 거제 대우조선 구장에서 축구를 통해 팀워크를 다지고 있다. 가운데 볼 트래핑하고 있는 글쓴이(1990. 5).

한국기자협회 부산매일지회 워크숍에서 줄다리기를 하며 단합을 다지고 있는 기자들(왼쪽 응원 중인 글쓴이).

한국기자협회 부산매일지회 워크숍에서 축구를 통해 팀워크를 다지고 있는 기자들(오른쪽 볼 경합 중인 글쓴이).

### 부산매일 재직시절 취재처

부산시경 기자실의 이른 오후. 부산 석간 3사 경쟁 체제에서 출입기자마다 석간신문을 점검하느라 바쁘다. 맞은편 오른쪽 첫 번째가 글쓴이(1989).

부산시경 김정웅 국장 시절, 김태호 내무부장관의 초도순시 업무보고 자리. 왼쪽부터 김태호 장관, 김정웅 국장, 글쓴이(1989. 8).

부산시경 김정웅 국장이 '5·3 동의대 사태'를 지휘한 뒤 4개월 만에 퇴임하며 기자실을 찾아, 글쓴이 등과 인사를 나누고 있다. (1989. 9)

부산시경 김인수 국장이 부임인사차 기자실을 찾아 환담하고 있다. (1989. 9)

글쓴이가 부산시경 종무식에서 김인수 국장에게 맥주를 받고 있다.

부산시청 출입 때, 세칭 '지방청와대' 폐쇄발표에 따라 폐쇄 전 단독취재에 나선 글쓴이(1993. 3).

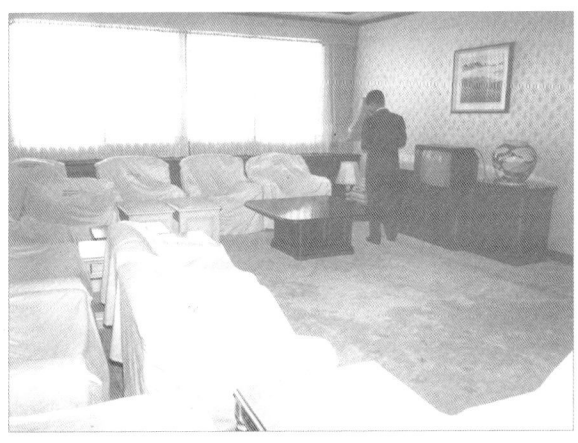

'지방청와대' 2층 대통령 거실. 평범한 의자, 탁자에 금성 25인치 TV, 도자기 1점 등이 보인다. 내부 취재에 나선 글쓴이의 뒷모습(1993. 3).

'지방청와대' 전경. 황령산을 배경으로, 공관 앞 연못에는 비단잉어가 살고 있고, 잔디밭은 가든 파티를 열기에 좋을 만큼 깨끗한 모양새다. 현관 앞 승용차는 글쓴이의 것 (1993. 3).

노태우 대통령이 부산 지방순시 업무보고장에서 풀 기자로 참석한 글쓴이와 악수를 나누고 있다.

김영환 부산시장 재임 시절, 러시아 블라디보스토크를 방문한 길에, Intourist Hotel 앞에서 주요 인사와 기념촬영(왼쪽부터 글쓴이, 김영환 부산시장, 송정제 「부산일보」 사장, 황수택 부산시의회 내무위원장, 차용규 부산시 내무국장 등).

안상영 부산시장 재임 시절, 평양 방문길에 북경 숙소 로비에서 주요 인사와 기념촬영(왼쪽부터 글쓴이, 김희로 회장, 박순호 회장, 송기인 신부, 이경훈 국장).

박부찬 부산시장의 퇴임식을 앞두고.

정문화 부산시장과 시장 집무실에서.

# 4장. IVLP 초청과 Journalism School 연수

'잊지 못할 행운' 미 국무성 초청 IVLP와
'선택받은 기자'의 Journalism School 연수

    나는 기자생활 중, 두 번의 특별했던 미국 방문 또는 체류 기회를 잊지 못할 행운으로 기억한다. 미국 국무성의 IVP(International Visitor Program)에 초청받아 1991년 11월 11일부터 한 달 동안 미국 8개 도시를 순회하며 관심 영역에 대한 이해를 넓힌 일, 서울언론재단의 지원으로 1993년 7월부터 1년 동안 미국 미주리주립대 저널리즘 스쿨에서 연수하며 나름 직업적 전문성을 두터이 한 일이 그것이다. 둘 다, 평생 한 번 경험하기도 어려운 귀한 프로그램이요, 또 선택받은 기자가 아니면 절대 가질 수 없는 연수 기회이다.

## 1) 미 국무성 초청 IVP 참여
정말 탁월·유익한 프로그램… 미주리주립대 연수로 이어가다

### 세계 속 차세대 리더 초청, 이해증진·협력방안 모색

    국무성 초청 IVP. 지금은 '세계 차세대 지도자 초청 프로그램'(International

Visitors Leadership Program, IVLP)이다. 미국 국무성이 세계 각국의 차세대 리더를 선정, 초청해 관련 기관을 방문하고 전문가 토론을 진행하며 정치, 경제, 사회, 교육, 문화 등 다양한 분야의 이해를 증진하고 전문성을 교류하며 상호발전과 협력방안을 모색하는 Multi-Regional 프로그램이다. 지난 1940년 창설했다.

IVP사업은 원래 미 공보처(USIA)가 운영해오다가 1999년 국무성과 공보처의 통합에 따라 국무성으로 이관, 2004년부터 명칭도 'International Visitor Leadership Program'으로 바뀌어 운영 중이다.

한국에서는 김영삼(1964년), 김대중(1965년) 전 대통령을 비롯해 남덕우·한승수 국무총리, 박원순 서울시장 같은 정치지도자 다수, 해외에서는 영국의 토니 블레어(Tony Blair), 프랑스의 니콜라 사르코지(Nicolas Sarkozy), 호주의 줄리아 길라드(Julia Gillard), 남아공의 넬슨 만델라(Nelson Mandela) 등 많은 정치지도자가 이 프로그램의 초청을 받아 미국을 순회한 바 있다.

내가 이 프로그램의 초청을 받을 땐, 주한미국대사관의 인터뷰 및 심사와 투표를 통한 추천을 거쳐, 다시 6개월여의 미 국무성 심사를 거쳐 최종 선정에 이르는 엄격한 과정을 밟아야 했다. 미 국무성이 이 유서 깊은 프로그램의 영역을 확대, 전 세계의 NGO활동가, 언론인, 공무원 등 다양한 영역의 인사들을 초청하기 시작할 때다.

**미국공보원(USIS) 면담에서 관심사 파악… '상상 이상' 프로그램 초청**

나는 그 즈음, 「부산일보」 보사(환경) 담당기자를 거쳐 신생 「부산매일」의 연중기획 〈낙동강 살아나는가〉 특별취재팀장이며, 또 부산시정을 출입하며 환경, 교통 같은 각종 도시문제를 열정껏 추적하고 보도하는 숙성단계의 현장기자였다. 1990년 초, 부산의 미공보원(USIS)의 연락을 받고 연유를 한껏 궁금해하며 공보영사를 면담했다. 그는 내가 쓴 환경 관련 기사를 주의 깊게 보고 있다면서, 한 시간여 동안 여러 가지를 물었다. "젊은 언론인으로, 한국의 어떤 문제에 관심 많나?", "그런 문제 이해할 자료·근거는 어디서 구하는가?", "그런 문제, 미국은 어떤 현실에서 어떤 대책을 찾고 있는지 관심 없나…."

한 두어 달 뒤, 주한미국대사관이 미 국무성에 추천하는 IVP 프로그램 초청대상 최종명단에 내가 올랐음을 알았다. 8월 말 도널드 그레그 주한미국대사로부터 격식과 예의를 갖춘 프로그램 초청 서한을 받기에 이르렀다. 알고 보니, 그 프로그램은 정말이지 상상 이상의, 굉장한 내용이었다. 그해 우리나라에서 IVP의 초청을 받은 다섯 사람 중 언론인은 오직 나뿐이었고.

나는 나의 관심 영역에 따라, 미국 8개 도시를 순회하며 주요 기관을 방문하고 최고 전문가를 만나 토론할 수 있었다. 기간은 1991년 10월 1일부터 1992년 9월 20일 사이 30일 안팎. 나는 당장 주한미국대사관과 연락, 관심 영역을 조율하며 기본계획을 협의했다. 방문 대상 도시로 워싱턴 DC와 뉴욕, 보스턴, 디트로이트, 시카고, 컬럼비아(미주리), LA, 호놀룰루를 선정했다. 한국-미국 간 1등석 왕복 항공료와, 미국 내 도시 간 이동 항공료, 렌터카 이용료, 숙박비, 식비, 일비 같은 비용을 모두 미 국무성이 부담하는 조건이다.

## 5개 이슈 협의·압축, 한 달여 8개 도시 방문

협의 끝에, 나의 '목표'는 정해졌다. 국무성은 나를, 신생 일간지 「부산매일」 소속으로, 그동안 활발한 언론활동을 통해 사회 이슈 및 환경문제에 관한 기사를 써왔다는 것, 「부산매일」은 인구 400만의 부산권역에서 유일한 조간지라고 평가했다.

나와 국무성이 협의, 압축한 주제는 5가지. △한미 간 정치·무역관계 △미국 언론의 기능, 특히 저널리즘의 기준과 탐사보도(Investigative Reporting)의 역할 △환경문제, 특히 대기질 확보를 위한 국가차원의 노력 △교통, 도시계획 같은 도시 문제 △도시문제에 관심 있는 시민의 역할 등이다. 이와 함께, 발행부수가 많은 신문과 적은 신문을 따로 방문, 사회, 환경, 도시문제 전문기자들과 만나 뉴스 선택기준과 보도윤리를 점검할 것이라는 것, 5개 주제와 관련 있는 학자, 정부인사, 경제인, 연구단체 등과 만나 토론을 한다는 것이었다.

나는 벅찬 가슴을 안고 미국으로 출발했다. 노스웨스트항공을 타고, 디트로이트를 거쳐 워싱턴국립공항까지, 나는 1등석의 그 안락한 환경에서도 거의 잠을 이루지 못했다. 미국에서의 한 달에 대한 기대가 그만큼 컸기 때문이다. 이 프로그램은 워싱턴 DC에서 출발한다. 일주일 정도 백악관, 연방의회, 국무성, 국방성, 교통성, 환경보호처 같은 미국의 대표적 기관과 헤리티지 재단(Heritage Foundation), 폴 니체 고등국제학대학(Paul H. Nitze School of Advanced International Studies, SAIS), 외신센터(Foreign Press Center), Center For Foreign Journalists 같은 연구기관 및 언론단체들을 돌아보며 현황을 설명 듣고 유력인사들을 만나 토론기회를 갖기도 하는 것이다. 그러면서, 이 기간 동안 Visitor Program Service Center는 나의 프로그램 활동목적에 따라, 다른 도시의 기관·단체를 방문하고 요인·학자를 만나는 3주짜리 여행일정을 세밀하게 구성한다.

### 연수 구상 따라 미주리주립대 방문, '탐사보도' 연구계획도 포함

나는 이 프로그램을 그저 '관광여행' 정도로 보낼 순 없었다. 출발 전 여러 사람의 조언을 들었다. 그중 당시 부산시 국제자문대사 권병현 씨(주호주대사, 주중대사 역임)의 권유가 특별했다. "미국 유명도시를 가면 그곳 교향악

단의 공연을 즐겨보라"는 것이다. 나는 일정협의 과정에서 이 부분도 요구했다. 또 뉴욕에서 컬럼비아대, 미주리주에서 미주리주립대(MU)를 방문하고 싶다는 희망도 얘기했다.

내가 두 대학 얘기를 끄집어낼 때, 센터 직원은 가볍게 되물었다. "왜? 무슨 특별한 이유라도?" "아, 나는 중견 언론인이다. 현대 언론산업의 중추이자 언론학 연구의 본거지에서 공부를 더 하고 싶은 꿈을 갖고 있다. 컬럼비아대학에서 퓰리처의 족적도 보고 싶고, 미주리주립대에서 탐사보도의 현실도 살펴보고 싶다." "OK!!!" 나는 워싱턴 DC의 포토맥 강변 케네디 센터(Kennedy Center)와 동북부 중심도시 보스턴에서 필하모닉 오케스트라의 공연을 즐기는 호사를 누렸다. 뉴욕의 컬럼비아대 저널리즘 스쿨과 함께, 세계 최초의 저널리즘 스쿨인 미주리주립대의 안온한 캠퍼스와 저널리즘 스쿨의 교수진, 그리고 미국 탐사보도의 메카 미국 탐사보도편집인협회(Investigative Reporters & Editors Inc., IRE) 본부를 둘러봤다.

## 철저하고 완벽했던 스케줄 탄복할만

Visitor Program Service Center의 일정표는 상상 이상으로 철저하고 완벽했다. 예를 들면, 이런 식이다. 12월 1일 시카고에서 미주리주 컬럼비아를 찾는 일정을 보면, 오전 8시 30분, 프리포트에서 시카고미드웨이국제공항까지 3시간 운전→12시 35분 ○○항공 879편 출발→오후 1시 35분 세인트루이스공항에서 7039편 환승, 미주리주 컬럼비아로. 공항 도착 즉시 허츠 렌탈카운터로 가서 예약번호 ○○번 차량 받아, 이스트 브로드웨이의 ○○호텔에 투숙(주소, 전화번호 첨기). 컬럼비아 일정은 미주리주립대 저널리즘 스쿨 학장 ○○ 박사가 진행(주소, 전화번호 첨기).

그러곤 친절한 설명도 덧붙인다. "이곳을 찾는 기본 목적은 세계 최고(最

古) 저널리즘 스쿨인 'MU 저널리즘 스쿨'을 방문하는 것이다. 당신은 이곳에서 교수와 학생을 만나는 기회와 함께, 이 대학과 이 대학의 입학요구 조건, 교수법, 커리큘럼, 특별 프로그램 등을 익힐 수 있을 것이다…."

알차고 탄탄한 일정에 따라, 나는 메릴랜드주 볼티모어를 거쳐 뉴욕에 도착했다. 컬럼비아대 저널리즘 스쿨을 방문, 학장 일행과 탐사보도를 주제로 의견을 나누고, 뉴욕시민위원회를 방문, 도시생활에서 시민의 역할을 키우는 방식을 관심 있게 전해 들었다. '세계 국가별 언론자유 지수' 분석으로 유명한 프리덤 하우스(Freedom House)도 찾아 소장 레너드 서스먼(Leonard R. Sussman) 박사와 환담했다. 그는 그의 저서 『Power the Press & The Technology of Freedom』에 '저널리즘 영역에서 성공적 경력을 한껏 쌓기 바란다'는 덕담을 새겨주며 나를 격려했다.

### 관심주제 따른 일정 요청 대부분 수용·진행

미국 동부를 대표하는 고풍스런 대학도시 보스턴에서 하버드와 MIT, 케네디 박물관, 미 동부지역 권위지 「보스턴 글로브(The Boston Globe)」를 둘러봤다. 자동차산업 중심도시 디트로이트에서 GM의 뷰익 생산공장을 둘러봤고, 마침 추수감사절이 겹쳐 전형적 미국인 가정을 방문, 그들의 국경일 행사를 함께 즐겼다. 시카고 일정에는 인구 2만 6천의 중소농업도시 프리포트의 미국가정에서 홈스테이를 하며 그들의 농촌생활을 체험하기도 했다.

LA에선 내가 흥미를 갖고 있는 여러 전문분야를 두루 접촉할 기회를 가졌다. The 2000 Partnership이란 연구그룹과, 차량과 산업의 대기공해 문제를 두고, 그 현상과 해결절차를 토론했다. 이 과정에서 도시 교통혼잡을 완화하는 노력과 대기오염을 개선하는 방안도 모색할 수 있었다. The 2000 Partnership은 다가올 미래 LA의 삶의 질을 개선할 프로젝트들을 조직하고 디자인하는 연구그룹이다.

경찰과 자원봉사자가 함께 참여한 Citizens Against Police Abuse(경찰권한 남용에 대응하는 시민들)에선 LA가 인권을 어떻게 보호하며 범죄를 다루는지를 엿볼 수 있었다. 미국이 방위산업을 유지하는 과정에서 방위예산을 어떻게 절약하는지를 확인하기 위해 한 대형 방위산업체를 방문하기도 했다.

마지막 방문 도시는 호놀룰루. 나는 한 달여 여정에서, 천혜의 자연경관과 아름다운 해변을 품은 '태평양 여행의 성지' 하와이를 경유하며 약간의 '술 쉴 여유'를 가진 뒤 귀국할 생각을 기본계획 협의 때부터 키워왔다. 그렇다고 방문목적을 관광이나 휴식으로 들이댈 수는 없을 터. 하와이대학의 싱크탱크 East-West Center와 Center for Korean Studies를 방문, 이곳 학자들과 한미 간 정치·무역문제를 토론하는 한편, 특히 남북관계 연구의 세계적 권위자 서대숙(徐大肅) 박사를 인터뷰할 계획을 제안했다.

또 East-West Center의 문화&커뮤니케이션 연구소에서 한국 관계 특별 프로젝트를 수행하고 있던 「샌프란시스코 이그재미너(San Francisco Examiner)」의 전 편집국장 데이비드 할버슨(David Halvorsen)과 주간지 「뉴스위크」의 전 동경지국장 브래들리 마틴(Bradley Martin)과 한국의 언론 및 출판 현상을 분석하는 토론을 가졌다. 이 토론에서 할버슨 국장이 구사하는 'Chonji'라는 단어를 이해하지 못해 당황해 하다, 뒤늦게 한국식 '촌지'를 뜻함을 알고는 언제 이 용어가 영어단어로까지 자리 잡았는지를 생각하며 깜짝 놀라기도 했고. 호놀룰루에선 하와이 최초의 한국계 여성 하원의원 재키 영(Jackie Young) 씨를 만나 정치에서의 여성의 역할에 대해 대담도 나누었다.

다른 요청이나 제안이 거의 그러했듯, 나의 많은 요청이나 현지에서의 희망은 100% 이뤄졌다. 덧붙이자면, 나의 하와이 일정을 뒷바라지 한 East-West Center 측은 나의 시간을 적절하게 조절, 경찰 패트롤카를 타고 경찰의 일상적 대민활동을 보여주는 기회도 마련해줬다. 이 하와이 일정, 곧 IVLP 프로그램은 하와이주 교육위원회 카렌 크누센(Karen Knudsen) 위원의 초청 리셉션에 참석하는 것으로 모두 마무리했다.

### 진주만 기념관에서, 잊지 못할 감동까지

또 기억나는 일 하나. 미국사람들이 전몰장병을 추모하고 예우하는 그 정성과, 미국정부의 IVLP 초청자를 예우하는 범정부적 배려를 실감한 사례이다. 나는 하와이의 진주만전쟁기념관(USS Arizona Memorial)을 방문하며, 그들이 그 기념관을 관리하는 정성이며 나를 환영하는 배려에서 정말이지 잊을 수 없는 감동을 느껴야만 했다.

진주만전쟁기념관. 태평양전쟁기 진주만에 정박해 휴일을 맞던 미국 전함 애리조나호(Arizona)가 일본함대의 선전포고 없는 공격을 받고, 피격 9분 만에 승무원 1,177명과 함께 침몰한 현장이다. 미국은 이때, 진주만에서 역사상 가장 큰 패배를 맛본 것이다. 해군의 군함 21척이 침몰하고, 공군 역시 막대한 피해를 입었으며, 2,390명이 하루 만에 사망한 참사였으니.

'Remember Pearl Harber(진주만을 잊지 말자)', 미국인들은 이 참사를 계기로 단합하기 시작한다. 그 분노 위에 전쟁에서 승리했고, 그날의 참사를 잊지 않기 위해, 승무원 전원이 수장상태로 영면하고 있는, 그 애리조나호의 침몰선체 위에 기념관을 조성한 것이다. 기념관은 바다 위 교량 구조의 길이 56미터 크기. 배를 타고 내리는 출입구 부분과 의식 및 일반 관람을 위한 중앙부, 순국한 애리조나호 장병들의 이름을 대리석 벽에 새긴 참배묘역 등 세 부분으로 나뉘어 있다. 미국정부는 이 전함의 돛대와 연결한 깃대에 미국 국기를 게양, 진주만 침공 당시 순국한 모든 이들을 기리고 있다.

내가 이곳을 방문한 것은 12월 7일 오후 4시 40분께. 찾고 싶었던 장소였으나 이튿날부터의 공식 일정이 빡빡한 점을 감안, 공항을 빠져나오면서 바로 이곳을 찾았던 것이다. 그러나, 나는 너무 늦었다. 이곳 해안의 방문객센터는 오후 5시까지 운영하며, 진주만 기습을 다룬 다큐멘터리 영화 역시 오후 3시 상영분이 끝이었던 것이다. 나는 아쉬웠다. 나의 일정상 이번 여행에서 이곳을 다시 찾을 기회는 없을 터였다. 다행히, 대형 여행백을 끌고 다니며 전쟁기의 포스터를 지켜보는 방문객을, 그들은 그저 놓치지 않았다.

해군 복장의 한 여군 대위가 다가오며 사연을 물었다. 난, 우선 IVLP 초청자 신분증을 내밀었다. 미국정부가 발급해 준 ID카드, "이 사람은 미국정부가 초청한 귀한 방문객이다. 가능한 한 미국 기관들의 친절한 배려를 바란다"는 내용이다. 그러곤, 나의 사정을 설명했다. 이 기념관 보고 싶다. 그러나 일정상 다시 올 순 없다. 참 아쉽다.

그 해군대위는 지체 없이 반응했다. 나를 위해 23분짜리 다큐 영화를 상영하곤, 나 혼자를 소형 전함에 태워 진주만 한가운데 기념관까지 간 것이다. 그 바다 위의 진주만전쟁기념관 이곳저곳을 안내받고 늦은 시간, 역시 소형 전함을 타고 방문객센터로 돌아왔다. 나의 감동은 컸다. 국가적 재난을 함께 극복한 미국인의 단합 의지, 전몰장병을 영원히 잊지 않으려는 그들의 호국정신, 그리고 '정부 손님'을 최대한 예우하는 그 범정부적 배려까지….

**정말 충실·탁월한 프로그램… 만족도 '최상'**

모든 일정은 당초 협의한 그 프로그램에 충실했다. 협의 끝에 확정한 나의 5가지 관심 주제, 그와 관련 있는 방문, 견학, 토론, 인터뷰 등으로 한 달여 일정을, 정말 충실하게 보낸 것이다. 나는 이 프로그램을 통해 미국의 거대한 '양'과 다양한(인종, 사고, 행동, 제도…) '질', 또 미국사회의 그 국익에 충실하면서도 세계 공존·공영을 외면하지 않는 양면성, 그리고 가히 '세계 최고'라

할만한 대학교육 체제의 힘을 뚜렷하게 실감했다. 그곳 관계 전문가 및 전문 관료와의 주제별 토론이나 대담을 통해 미국사람의 사고방식과 정책결정의 흐름, 분야별 전문지식도 일정 부분 이해하고 습득했다.

특히 나의 프로그램 참여목적 중 중요 부분, 미국 언론의 기능과 탐사보도의 역할에 대해서도 나름 공감하고 경탄하며 깨우친 바는 컸다. 먼저, 워싱턴 DC에서 전통적 권위지 「워싱턴 포스트」를 방문한 이야기. 「워싱턴 포스트」는 잘 알려진 대로, 탐사보도와 진실보도의 빛나는 전통을 창조한 신문이다. '워터게이트사건' 보도로 현직 대통령의 하야를 이끌어내고, 그 보도로 퓰리처상을 받은 밥 우드워드(Bob Woodward)와 칼 번스타인(Karl Bernstein)이 있는 곳이다. 〈지미의 세계〉로 퓰리처상을 수상하고도 스스로 그 기사가 조작기사임을 밝혀내고 1면 사고(社告)로 독자에게 사과하고 퓰리처상을 반납하며 진실보도 원칙의 신념을 새삼 선언한 신문이다.

### 권위지 「워싱턴 포스트」에서 진실보도·취재원 보호 중요성 절감

특히 〈지미의 세계〉, 나는 기자생활을 막 시작할 무렵 이 기사 스토리를 듣곤 비상한 관심을 가져야 했다. 당시 부산도 '히로뽕 도시'라는 오명을 들을 만큼 마약남용 현상이 심각했고, 미국의 '지미' 같은 청소년 마약중독 역시 안심 못할 상황이었기 때문이다. 그러나, 「워싱턴 포스트」는 스스로 이 기사의 진실성에 의문을 품고 내부검증을 거듭, 퓰리처상(특집보도 부문)을 수상하는 순간 기사가 '사실' 아닌 '조작'이었음을 밝혀낸다. 권위지의 대외적 체면 손상을 무릅쓰고 진실에 입각한 사실보도 원칙을 고수한 것이다.

나는 「워싱턴 포스트」에서 이 부분을 화두로 삼아야 했다. 「워싱턴 포스트」는 결론부터 얘기했다. 미국 언론이 어떤 경우에도 포기하지 않고 고수해야 할 두 가지 원칙, '진실추구에의 철저함', 그리고 형사처벌 앞에서도 '취재원(Source) 보호에의 양보 없음'이다. '워터게이트사건' 때 정부의 숱한 위협과 법정다툼을 겪으면서도 취재원을 보호한 역사를 되새기며 이 원칙이야말로 언론자유 보장의 최후 보루임을 역설했다.

〈지미의 세계〉를 얘기하며 그들의 기자 양성제도와 내부검증 체제도 설명했다. 기자는 연공서열 아닌 자질·능력에 따라 처우하는 만큼 처절한 내부적 생존경쟁을 치른다는 것, 제작간부 역시 기자를 신뢰하며(신뢰해야 제작이 가능한 만큼) 취재원 보호원칙을 존중하지만, 〈지미의 세계〉를 쓴 재닛 쿠크(Janet Cooke)의 사례에서 보듯 사실보도를 위한 내부검증 체제 역시 쉴 새 없이 작동한다는 것이다. 그래서 그들은 기자의 중요 자질로 무엇보다 '정직성'을 강조했다. '미국 언론의 위치는 정부와 늘 독립적 대등관계이다', 그들의 자부 역시 참 부러웠다.

**컬럼비아대·미주리주립대에서 탐사보도 가치·방법론도 토론**

뉴욕의 컬럼비아대 저널리즘 스쿨에서 탐사보도의 대가 도널드 새너(Donald Shanor) 학장을 만난 것도 참 유익한 기회였다. 그는 「시카고 데일리 뉴스(Chicago Daily News)」의 본(Bonn)과 비엔(Vienne) 특파원, UPI(United Press International)의, 독일, 영국, 뉴욕, UN본부 특파원을 지낸, 동·서구 및 중동 전문기자 출신이다. 내가 그를 만날 땐 이 대학에서 탐사보도(Investigative Journalism)를 강의하며 퓰리처 센터(Pulitzer Center)의 운영을 맡고 있던 시절이다.

그는 탐사보도 전문가답게, 강의계획서를 설명하듯 많은 얘기를 해주었다. 탐사보도의 과정과 목적, 평가와 영향, 취재를 시작하기 전 점검하며 숙고해야 할 사항…. 특종보도를 앞두었을 때, '사회 각계 권력층이 대중에 알려지지 않기를 원하는 뉴스'를 다루는 만큼, 보통 대면하는 그 '익명'의 소스가 전체 맥락에서 진실인지, 허위인지를 고민해야 한다는 것, 이 정보를 공개(보도)했을 때 누구에게 이익이 되고, 어떤 영향이 있겠는지를 숙고해야 한다는 것이다. 그는 강조했다, 미국 언론의 기본적 책무는 무엇보다 정치권력의 남용을 감시하고 제어해야 한다는 그 사명임을.

나는 미 중부 미주리주립대의 저널리즘 스쿨과 그곳 미국 탐사보도의 메카 탐사보도편집인협회(IRE) 본부를 둘러보곤 스스로 다짐했다. "난, 미주리주립대 저널리즘 스쿨로 꼭 와야지." 그리고, 그 꿈은 2년 만에 이뤄졌다.

### IVLP, "세계 이해하기" 만족도 높은 특유 프로그램

나 역시, 기자는 기자였다. 첫 방문지 워싱턴 DC에선 미국의 정치, 경제, 외교정책과 국방, 아시아 분야 정책개발을 주도하고 있는 공공정책 싱크탱크 헤리티지 재단을 방문, 아시아 정치 전문가 리처드 피셔(Richard Fisher) 박사, 제프리 가이너(Jeffery Gayner) 박사 두 분과 당시 미국의 대북정책 방향을 토론한 결과를 바로 송고, 1면에 게재했다. 마지막 기착지 호놀룰루에선 서대숙 박사를 만나 남북문제 전망을 주제로 한 대담내용을 송고, 1992년 1월 1일자 신년호 전면특집으로 게재했다. '호놀룰루=차용범 특파원'의 기명으로, 〈92 진단 서대숙 박사 특별인터뷰 '남북관계의 오늘과 내일'〉을 다룬 것이다.

돌이켜 생각해도, 이 프로그램의 만족도는 컸다. 내가 이 프로그램에 참여하기 위해 미국으로 출발할 때, "미 CIA가 세계 각국에 우호적 인물을 포섭하기 위해 이 프로그램의 운영자금을 제공한다"는 설이 있었지만, 그건 믿거나 말거나 한 얘기였다. 역시 IVLP, 이 프로그램은 미국을 보다 잘 알고 세계를 더 이해할 수 있는, 전문가 대상의 탁월한 교류 프로그램임이 분명했다.

## IVLP 프로그램 초청 시절

백악관 방문(1991. 11. 13).

미 국무성 방문 중 1층 로비에서.

헤리티지 재단에서 정책분석가 리처드 피셔 박사, 외교정책 자문위원 제프리 가이너 박사와 토론 후.

메릴랜드 방문 중 연회에서 만난 윌리엄 섀퍼 주지사와.

뉴욕 컬럼비아대 저널리즘 스쿨에서 도널드 새너 교수와. 퓰리처상을 운영하며 탐사보도를 강의하는 그는 퓰리처가 쓰던 책상을 사용하고 있다.

뉴욕 프리덤 하우스에서 소장 레너드 서스먼 박사와.

보스턴의 케네디박물관에서.

「보스턴 글로브」의 System Editor 빌 하팅과. CTS 시스템 운용과정을 설명 들으며.

시카고의 「스타뉴스(STAR-NEWS)」에서 사회부장(City Editor) 제임스 팀머만과.

미주리주립대 북문에서. 미래에 이곳에서 공부할 기회를 가질 것을 꿈꾸며.

하와이대 한국학연구센터에서 남북문제 전문가 서대숙 박사와 인터뷰.

「부산매일」에 실린 서대숙 박사 인터뷰 기사 지면 (1992. 1. 1).

## 2) 미주리주립대(MU) Journalism School 연수
### 세계적 명성 MU J-School에서 '꿈같은 세월' 즐기다

많은 기자들은 나날이 격무에 시달리며 나름의 꿈을 꿀 것이다. 그중에는 언론현장을 잠시나마 벗어나 전문교육을 받으며 재충전을 하는 해외연수도 있을 것이다. 우리 언론계의 인력관리는 '약탈언론'이란 용어를 연상할 만큼 험난한 소모전을 벌이고 있고, 그 속에서 언론인의 전문화·국제화를 지원하는 일단의 노력 역시 일정한 성과를 거두고 있기 때문이다. 국내 몇몇 언론재단의 언론인 해외연수 지원사업이 그것이다.

나 역시 일선 취재기자 생활을 마칠 무렵, 선진 저널리즘 스쿨로의 해외연수를 꿈꾸었다. 사회부 기자 13년 6개월여, 하루하루의 현상유지가 벅찰 만큼 육체적 과로와 정신적 황량함에 시달릴 때였다. 어쩌면 나는 취재기자로서의 마지막 취재처라 할 부산시청을 3년 6개월여 출입하며, 격무로부터의 도피처로 해외연수를 꿈꾸었던 것이다. 이에 앞서, 나는 미 국무성 초청 IVLP 프로그램을 진행할 때, 미주리주립대와 컬럼비아대(뉴욕) 두 곳의 저널리즘 스쿨을 둘러보며 나름대로 연수환경을 비교·평가해둔 터이기도 했다. 그리고, 나의 선택에 따라, MU 저널리즘 스쿨로의 꿈꾸던 해외연수를 준비했다.

### MU J-School 선택·언론재단 지원… '꿈의 연수' 출발

내가 서울언론재단의 공모-응모-심사 절차를 거쳐 연수자(해외연수 지원대상자) 결정통보를 받은 것은 1993년 6월 초순. 미리 미주리주립대와 접촉, 방문연구원(Visiting Scholar) 자격의 입학허가서와 가족동반증명서를 받아 지원신청을 한 지 7개월 만의 일이다. 1993년 8월부터 1년 동안 미주리주립대에서 연수를 하며, 왕복항공여비, 공납금, 교재비, 체재비(가족 포함)까지 지원받는 조건이다. 특히 재단은 지원을 결정하며 소속사에 '연수기간 동안 임금 전액 지급' 조건을 부과, 동의를 받아둔 터였다. 나는 별다른 경제적 압박 없이, 가족과 함께, '선택받은 기자'의 행운, 그 해외연수를 떠날 수 있었던 것이다.

MU 저널리즘 스쿨(당시 한국식 명칭; 신문대학원)은 잘 알려진 대로 '세계 최초·최고 저널리즘 스쿨'의 명성과 권위를 가진 곳이다. 미주리주립대는 1839년 미시시피강 서쪽에선 처음 들어선 주립대학이다. 기자 출신의 열정적 교육가 월터 윌리엄스(Walter Williams)는 1908년 미주리주립대에 세계 최초의 저널리즘 스쿨을 창립했다. 그는 저널리즘 교육이야말로 대학에서, 전문적 체계에 따라 이뤄져야 한다고 믿은 사람이다.

특히, 내가 MU 저널리즘 스쿨에 매혹당한 이유는 내가 집중하고 싶었던 바, 그 목표 때문이다. 나는 연수계획을 세울 때부터 그 목표를 찾았고, 내 생각과 주변의 권유에 따라 우선 'Control of Information', 곧 언론(표현)의 자유와 'Investigative Reporting', 곧 탐사보도를 전문적 체계에 따라 연구하려 했다. 이 목표대로라면, 그 최선의 선택은 단연 미주리주립대였다. 이곳 저널리즘 스쿨은 저널리즘과 관계있는 국내·국제적 협회, 센터, 프로그램을 집중적으로 유치하고 있었고, 나의 흥미 분야, 그 탐사보도기자협회(IRE)와 Freedom of Information(FOI) Center의 본부 역시 이곳에 있었기 때문이다. 나는 훗날 '한국 탐사보도의 전형'이라 할 보도특종을 경험하고, 언론자유를 주제로 한 박사학위 논문을 썼으니, 당시의 선택은 그저 운명적이었을까.

### '세계 최고' MU J-School… '살기 좋은 도시' 컬럼비아

오늘도 세계적 명성의 탁월한 언론인들은 미주리주립대에서, 계속 '미주리 방식(Missouri Method)'을 통한 전문교육을 받고 있다. 세계적 언론매체에서 직접 참여식 훈련을 받는 방식이다. 실제 이곳 저널리즘 스쿨은 종합일간지 「컬럼비아 미주리안(Columbia Missourian)」, NBC 체인의 KOMU-TV, NPR 계열의 KBIA-FM과 2종의 시사주간지를 운영하고 있다. 이 매체들은 인터넷판 「디지털 미주리언(Digital Missourian)」을 통해 전 세계적으로 뉴스를 소통시키고 있다.

미주리주립대의 뛰어난 성공은 그들의 자긍이다. 해마다 미주리주립대 학생들은 나라 안팎에서 분야별 전문가들과 경쟁하면서도 빛나는 수상실적을 쌓고 있다. 미주리주립대 동문(세칭 '미주리 마피아') 역시 그들의 졸업장에 걸맞은 영예를 안고 있다. 언론인의 최고 영예인 퓰리처상, 공공보도부문 최고 권위의 실버앤빌상…. 초대 학장 윌리엄스는 그 유명한 'The Journalist's Creed(언론인의 신조)'도 썼다. 그의 최대 업적은 저널리즘 스쿨의 가장 중요한 원칙을 확립한 일이다. 곧 저널리즘과 광고·홍보를 배우는 최선의 방법은 그것들은 직접 실행해보는 것. 곧 이론+실무 혼합교육의 원칙이다. 그리고, MU 저널리즘 스쿨은 세계 대학평가에서 저널리즘 스쿨 부문 '최고'를 차지하고 있다.

이 대학을 안고 있는 미주리주 컬럼비아시 자체도 '푸르고 깨끗하고 평화스러운' 살기 좋은 대학도시였다. 거리도, 공원도, 대학도, 건물도 어찌 그리 깨끗하고 평화스러운지. '깨끗하고 푸른 도시', 미국 경제잡지 「머니(Money)」와 「포춘(Fortune)」, 「US 뉴스 앤드 월드리포트(U.S. News & World Report)」 같은 매체들은 이 도시를 '10대 살기 좋은 도시' 중 2위로 평가했다. 건강, 범죄, 주거, 경제, 환경, 관광, 기후 등을 종합평가한 결과, 샌프란시스코, 호놀룰루보다 주거환경이 좋은 도시라는 것이다. 미주리주립대 동창회가 회보 「컬럼비아」 특별판을 통해 시나브로 〈A Great Place to Retire(은퇴 후 살기 좋은 곳)〉라는 제목 아래, 〈Money Rates Top 10 Places〉 기사를 인용할 정도이다. 북위 38도선에 위치, 기후도 대략 한국과 비슷할 만큼 사계절이 뚜렷하다. 높은 교육열과 문화적 다양성, 야외활동 하기 좋은 기후를 갖춘 활기 넘치는 대학도시인 것이다.

### 가족과 함께, 학문적·과외적 '꿈같은 세월' 구가

1993년 7월, 나는 가족(아내, 아들·딸)을 동반, 미국 연수길에 올랐다. 항공편으로 부산→서울(김포)→시카고→세인트루이스→컬럼비아까지 이동했다. 미주리주립대의 장원호 박사와 협의, 살 집은 정해둔 터였다. 우선 이곳에서 연수를 한 언론인이나 연구를 한 언론학자들은 누구나 '미주리 저널리즘 스쿨 장원호 박사'를 기억할 것이다. 그는 한편으론 언론인과 언론학자의 연수·연구활동을 도맡아 주선하고 뒷바라지해온 '대부'였으며, 한편으론 외국생활에 시달리는 연수·연구생들의 일상생활에도 활력을 넣어주려 애쓴 정 많은 어른이었다. 세계적 언론학자의 권위·명성을 바탕으로 그곳 저널리즘 스쿨에서 부학장 및 연구소장직을 수행하며, 특유의 애국심과 열정으로 한국인 연구·연수 가족을 챙겨온 만인의 스승이었다.

나는 사전답사 끝에 선택한 그곳에서, '꿈같은 세월'*을 즐기기 시작했다. 아들 현욱을 위해 고른 페어뷰 초등학교 앞 2층 빌라에서, 전입신고와 함께 사회보장번호(Social Security Number)를 받고, 전기, 전화, 수도, 가스 같은 설비를 설치하며, 개학 전 'Intensive English Program'에 등록했다. 처음 겪는 환경변화였지만 도시 분위기는 명성대로 안온했다. 평상시 절도사건도 없어 외출 때 현관문도 잠그지 않고 다닌다는 도시이니, 유학생 가족도 얼마나

---

\* 나는 미주리주립대 연수를 마치고 귀국, 「서울언론재단 회보」(제12호, 1994. 9. 9)에 연수기를 게재했다. 그 글의 제목이 '평화 속의 자유, 그 꿈같은 세월들'이다.

여유로웠겠나. 나는 이제 연수목적 2가지(학문적, 과외적)를 염두에 두고, 가족과 함께, 이 세월을 후회 없이 보내야 했다. 학교생활에 소홀함이 없되, '놀기'에도 부지런해야 했다.

### 정보통제·탐사보도·환경보도의 이론적·실무적 이해

나는 우선 이곳의 넉넉한 학문적 분위기에 함께 취하려 노력하며, 평소 궁금해하던 부분을 나름대로 훑어보려 했다. 이곳 저널리즘 도서관에서 언론관련 전문서적과 계·월·주간 언론잡지, 세계 각국의 유력지들을 뒤적여보는 것만도 적지 않은 재미를 주었으며, 말로만 들어오던 그 '데이터베이스'를 활용하여 필요한 자료들을 뽑을 때의 쾌감 역시 대단했다.

나름대로 준비한 연수주제를 정보통제, 탐사보도, 환경보도 등으로 압축, 관련 강의를 듣고 자료들을 수집, 분석했다. 이곳에 본부를 둔 Freedom of Information(FOI) Center를 오가며 언론관계법의 주요원칙과 미국의 정보자유(표현의 자유) 법제, 언론통제의 내력 등을 개념적으로, 실무적으로 이해하려 했다. 역시 이곳에 본부를 둔 Investigative Reporters and Editors(IRE) 본부를 드나들며, 탐사보도의 가치와 기법, 보도 사례를 눈여겨보려 했고, 전자매체의 발전에 따른 신문환경에의 영향, 종합지의 장래 전망 등 혁신적 변화를 겪고 있는 신문의 미래에 대해서도 깊이 생각할 기회를 가졌다.

특히, 환경보도와 관련, '과학, 사회, 그리고 언론' 과목을 맡은 로버트 로건(Robert Logan) 박사는 나의 호기심을 풀어주며 보도경향을 알려주려 더할 수 없는 배려를 다해 주었다. 내가 미국 환경보도의 경향과 문제점, 개선방향과 함께 미국 환경보전활동의 전개과정과 환경보전행정의 체계까지 훑어보고, 이 부분을 국내에 소개하는 연수논문(「신문과 방송」, 1994년 6월호 게재)을 쓴 것도 오로지 로건 박사의 관심과 지도 덕분이다. 덧붙이자면 세칭

'컴맹' 수준이던 내가 컴퓨터와 데이터베이스의 활용에 눈을 뜬 것도 나름의 수확이었고.

## 로건 박사의 현장적응식 지도로 관심 분야 쉽게 접근

로건 박사, 그는 개강과 함께 이것저것 '닥치고' 물어대는 나에게, 정말 고맙게도 효율적인 사례연구 과제를 부과했다. ① 탐사보도 사례를 통해 ② 환경보도의 경향을 파악하되 ③ 데이터베이스로 사례를 수집, 분석해야 하는 과제였다. 1992년 퓰리처상(공공보도 부문) 수상작, 「시애틀 타임스(The Seattle Times)」의 엑슨발데즈(Exxon Valdez) 원유유출사고 탐사보도가 그 것이다. 그는 나를 저널리즘 스쿨 내 IRE 본부로 안내, 데이터베이스(Online Computer Searches) 전문가를 소개하고 그의 지도에 따라 데이터베이스 사용법을 익히며, 그 보도의 전개과정을 분석할 수 있도록 지도해주었다. 탐사보도-환경보도-데이터베이스 활용까지, 3가지 주제를 함께 천착하도록 끌어준 그의 현장적응식 지도방법이라니.

엑슨발데즈 원유유출사고, 1989년 3월 엑슨사의 유조선 발데즈호가 알래스카의 Prince William Sound 연안에서 암초와 충돌, 원유 1,100만 갤런을 유출시킨 미국 역사상 최악의 원유유출사고이다. 당시 「시애틀 타임스」의 애릭 날더(Eric Nalder) 기자 등은 사고 발생 이후 일련의 추적탐사를 통해 현행 유조선 구조의 결함을 발견, '위험 가득 찬 유조선(Tankers Full of Trouble)'이라는 특집 시리즈를 보도함으로써 전 세계 유조선의 2중 선체 의무화 등 획기적 입법조치를 이끌어낸 바 있다. 이 시리즈는 △최선의 보도 △이상적 분석 △명백한 서술 △주요 환경문제에 대한 논리적 접근을 통해 독자에게 설득력 있는 시각을 제공한 것으로 평가받고 있다.

「시애틀 타임스」는 사고 발생 이후, 사고해역 자체가 시애틀과 1,500마일

이상 떨어져 있는데도 시애틀과 알래스카가 문화적·경제적으로 깊은 연관을 맺고 있다는 점에서 '지역기사'로 판단, 1989년 한 해 동안 110건, 1990년에도 69건의 집중추적기사를 게재했다. 당시 편집국장 마이크 팬처(Mike Fancher)는 "우리의 바람은 장래 예상할 수 있는 위험들을 추적보도, 앞으로 그와 같은 재난이 재발하지 않도록 하는 것이었다"며, 취재방향에서부터 위험보도의 탐사추적에 치중했음을 밝힌 바 있다.

**퓰리처상 수상작의 추적탐사·주제 전달 방식 놀랄만**

이 신문은 1990년 3월 18일자 1면 표지기사로 "미국 역사상 최악의 기름유출사고 이후 Prince William Sound 지역은 고요하고 쌀쌀하다"로 시작하는 사고해안 점검특집을 게재, 이 사고가 알래스카와 미국, 그리고 전 세계에 끼친 영향을 집중분석했다. 이 시가는 분석대상을 △사고 관련자의 형사적 처벌 △사고 관련 회사의 기업 차원 처벌 △연방 및 주의회의 사후 입법 과정 △유조선 수송체계 개혁 △해안경비체계 개혁 △어업 측면 영향 △사회적 영향 등 12가지로 압축, 각 항의 문제점과 개선방안까지 중점 점검했다. 미국언론이 1990년대를 '환경보도의 위대한 제3시대'로 선언, 그 영역을 확장하며 새 시각을 정립한 것은「시애틀 타임스」의 이 보도에 힘입은 것이다.

환경의 시대에, 환경사고를 다루며, 어떤 다른 기사와도 경쟁하지 않고 공공의 시각에서 초점을 추적탐사하는 방식, 복합적·논쟁적 주제들을 취급하며 스스로 중요하다고 깨달은 주제들을 독자와 얘기하는 방식으로 전달하는 기법…. 나는 이 과제를 수행하며, 환경보도의 새 영역에 눈뜨고 탐사보도의 무한한 기법에 접근하기 시작한 것이다. 그 학기 초, 강의시간 외에는 거의 IRE 본부나 저널리즘 도서관에 머무르며, 매일같이 데이터베이스 검색자료 100여 페이지를 출력하던 때의 벅찬 가슴, 집에서 그 자료들을 분석하던 때의 쾌감은 과연 어느 정도였겠나.

나는 석 달여 만에 로건 교수가 준 주제에 따라 연수논문 한 편을 쓰며, 탐사보도의 세계와 데이터베이스의 영역에 입문한 나만의 성취감을 한껏 즐길 수 있었다. 그곳에서 내가 수강한 과목은 Control of Information(정보통제론), Investigative Journalism(탐사보도), Pro-Seminar; Science, Society and News Media(전문 세미나-과학, 사회, 그리고 언론), New Directions for News(뉴스의 새로운 경향) 등이다.

**저널리즘 도서관 일상순례에서 대학서점 중고 책 수집까지**

한편, 나는 저널리즘 도서관에 머물렀던 그 호기심 가득했던 시간들을 잊지 못한다. 저널리즘 도서관은 저널리즘 스쿨 본부 월터 윌리엄스 홀(Walter Williams Hall)의 1층 전면에 위치, 세계적 권위지·유력지 150종을 구독하고, 저널리즘을 연구하는 200여 종의 주간·월간·계간지 15,000여 권을 비치한 저널리즘 스쿨의 상징적 시설이다. 나는 로건 교수의 과제를 수행하며 저널리즘 도서관을 출입하다, 이곳의 방대한 신문 및 언론 자료와 늘 많은 출입자로 활기 가득한 분위기에 매료, 학교에 나가는 날이면 일상적으로 이곳을 들렀던 것이다.

저널리즘 도서관을 오가던 발걸음은 대학 구내서점 순례로 이어졌다. 도서관에서 귀한 책을 대출받곤 하다 어느새 그 책을 갖고 싶은 욕구로 발전한 것이다. 내가 이곳을 즐겨 들락거린 것은, 새 책과 헌 책(used-book)을 함께 진열, 책의 낡은 정도에 따라 차등 가격제로 판매하는 방식 때문(그곳 학생들 역시 주요강의 교재를 구입, 강의를 이수한 뒤에는 서점에서 되파는 예가 적지 않은 듯). 나는 어느새 취미 삼아 중고 책을 수집하기 시작, 대략 200여 권의 원서를 갖고 귀국했다.

이 중에는 『The Media of Mass Communication』, 『The Dynamics of Mass Communication』, 『Reporting For the Media』, 『News reporting & Writing(The Missouri Group)』 같은 언론일반 및 취재보도 서적이 있다. 『Fundamentals of Mass Communication Law』, 『Major Principles of Media Law』 같은 언론법 관련, 『The Evolution of American Investigative Journalism』, 『Investigative Journalism Is Alive and Well』 같은 탐사보도 관련 등 관심 분야 서적이 있다.

당시 내가 수집했던 중고 책자에는 스피치(speech), 곧 대중연설에 관한 책도 있다. 『Contemporary American Speeches-A Sourcebook of Speech Forms and Principles』(Richard L. Johannesen, 1988). 우리는 왜 스피치를 공부해야 하는지를 물으면서, 스피치의 전통적 양식과 함께, 사실전달 가치전달, 정책전달, 문제해결, 사회통합 등 분야별 스피치 사례를 들고 내용·형식을 분석한 책이다. 사회통합 스피치의 예로 존 F. 케네디(John F. Kennedy)의 취임연설(Inaugural Address)을 들고, 단락별 의미 및 효과를 분석하는 방식이다. 『In Our Own Words-Extraordinary Speeches of the American Century』(Edited By Senator Robert Torricelli). 지난 100년 동안 미국사회 에서 기념할만한 연설 100선이다.

## J-School 국제행사 참여에, 워싱턴 DC 현장 워크숍도

내가 연설 관련 중고 책을 구입할 땐 뚜렷한 이유가 없었다. 그저, '역사 속의 명문장'들일 터이니, 글 쓰는 직분에서 참고할 바가 있으리라 생각했다. 책값도 그저 2~3달러이니 그리 부담스럽지도 않았고. 그러나 이마저 운명의 끈이 있었던 것일까. 내가 신문사 생활을 끝내고 부산시에서 여러 매체의 제작·운영 책임을 수행할 때, 나의 업무에는 어느새 '스피치 라이터'의 역할도 들어왔던 것이다.

특히 허남식 부산시장의 10년 임기 중, 그의 중요 연설과 문건을 가다듬으며 실상 '문담(文膽)' 역할을 했고, '스피치 라이터'들을 이끄는 책임까지 맡아야 했으니. 어느 날, 부산시장께서 담소 끝에 화제를 끄집어냈다. "좋은 연설문을 쓰는 텍스트북 같은 게 있는가?" 나는 대답했다, 미국에는 그런 책들이 나와 있다, 우리나라에는 아직 없고…. 그러나, 나는 그 '좋은 연설'의 내용과 형식을 설명하진 못했다. '좋은 연설'(명연설), 그것은 내용·형식의 차원을 넘어, 스피치 라이터의 뜨거운 열정과 연설자와의 원활한 소통에 바탕하는 것이기 때문이다.

이와 함께, 저널리즘 스쿨의 여러 국제프로그램에 참여하고, 장원호 박사의 '국제보도' 프로그램에 따라 워싱턴 DC에서 백악관과 국무성 등의 정규 기자회견을 참관하며, 미국 언론 현장을 뛰는 한국의 '워싱턴 특파원'들과 현장 워크숍을 가진 기억도 생생하다.

**휴식형 놀기에도 열심… 미국 각지 자동차 여행**

그러면서, 나는 학문적 연수(정신적 휴식 내지 지적갈증의 해소라는 편이 나을 것이다) 못지않게, 과외적 연수(육체적 휴식 내지 취미생활의 추구라고나 할까)에도 열성이었음을 고백한다. 그 활력 있고 친절하고, 깨끗하고 평화스러운 컬럼비아 생활을, 또 그 넓고도 다양하고, 첨단문명과 원시자연이 공존하는 미국생활을 그저 밋밋하게 보낼 수는 없지 않은가.

특히 '만년의 스승' 장원호 박사는 그 '과외적 연수'에서도 최선의 배려를 나눠주는 '사부(師父)'였다. 그와 함께한 여가생활들은 넉넉한 여유들을 즐길 기회를 주었으려니와, 커런트(Current)강에서의 카누 타기, 베네트 스프링스(Bernett Springs)에서의 송어 낚시, 콜로라도 브리큰리지(Breckenridge)에서의 스키, 미주리주 오자크호수(Ozark Lake)와 네바다

주 타호호수(Tahoe Lake)에서의 모터보트 타기, 워싱턴 DC 근교 셰넌도어(Shenandoah) 계곡에서의 골프 등은 도저히 잊지 못할 '꿈같은 추억'으로 남아 있다.

그뿐인가? 틈 나는 대로 자동차 여행길에 올라 미국 동서남북 각지를 둘러본 것도 다시 갖기 어려운 경험이자 추억일 것이다. 물론 미국대륙의 한가운데쯤 자리 잡은 컬럼비아시의 입지적 여건도 남부, 동부, 북부, 서부 등 권역별 나들이를 보다 수월케 한 이점이었다. 여러 휴가기간에 맞춰, 동부 워싱턴 DC, 뉴욕, 보스턴 쪽으로, 남부 애틀랜타, 올랜도, 텍사스 쪽으로, 북부 시카고, 디트로이, 토론토, 나이아가라 폭포 쪽으로, 서부 콜로라도 쪽으로.

다행히 큰아이의 학교에서도 "여행을 갈 때면 출석은 걱정 말라. 여행은 학교보다 훨씬 효과 있는 교육이니"라는 반응이어서, 가족여행을 떠날 땐 별 걱정도 없었다. 이 장거리 여행길은 평소 가정에 소홀할 수밖에 없었던 '낙제가장'을 모처럼 가족의 기대와 사랑을 한 몸에 받는 '인기가장'으로 승격시켜 주었음은 물론이다.

나는 이 '꿈같은 세월'을 보내며 다짐하곤 했다, "귀한 연수를 통해 갈고 다듬은 정신적·육체적 자산을 바탕 삼아 새로운 도전에의 의지를 불태울 것"이라고. 그리고, 나는 귀국하는 날 회사의 사회부장으로 발령받았고, 그날부터 여러 '새로운 도전'을 시작했다.

**미주리주립대의 행운은 나의 삶 자체 큰 영향**

MU 저널리즘 스쿨에서의 연수, 나에게는 기자로서의 다시없을 행운을 넘어, 내 삶에 엄청난 긍정적 영향을 미쳤다고 자평한다. 이미 털어 놓은 대로, 미주리주립대에서 탐사보도에 큰 흥미를 가졌다가 '한국 탐사보도의 전형' 정도의 보도특종을 만들고, 언론자유에 큰 관심을 가졌다가 그 주제로 박사

학위 논문을 썼으니, 그 역시 운명적이라 할만하다.

그뿐인가. 미주리주립대 연수는 나의 인간적 교류 역시 한층 깊고 넓게, 알차고 윤택하게 이끌어주었다. MU 저널리즘 스쿨 멤버들은 오늘도 세계 곳곳에서 '미주리 미피아'라는 별명으로 그 왕성한 기세를 뽐낸다더니, 미주리주립대 동문회는 부산에도 탄탄한 조직을 가지고 있는 것이다. 나는 MU 저널리즘 스쿨을 자랑하지만, 미주리주립대는 경제학, 정치학, 농학 분야에서도 세계적 명성을 쌓고 있고, 그 동문들은 부산에서 '재부미주리대학동문회'를 즐기고 있다. 역시 멤버의 다수는 학자 출신 교수·연구원이지만, 저널리즘 스쿨을 다녀온 신문사 편집국장, 방송사 보도국장에 언론현업 중견들도 여럿 있다.

그런 '우리'는 분기별 모임을 가지며 그 도타운 정을 쉼 없이 나누고 있다. 시나브로 '우리들의 스승' 장원호 박사를 모셔 '그때 그 일들'을 주제로 즐거운 기억들을 되새기고 있다. 그 좋은 사람들을, 아무 부담 없이, 정기적으로 만나, '형' '동생'을 주고받는다는 것, 그것만으로도, 미주리주립대 생활의 파급효과는 정말 엄청난 것 아닌가.

## 미주리주립대 저널리즘 스쿨 연수 시절

미국 미주리주립대 본관
Jesse Hall.

미주리주립대 컬럼비아
캠퍼스 북문을 오가는 학
생들의 활기 찬 모습.

미 국무성 현장실습길에 청사 앞에서. 왼쪽 네 번째 장원호 박사, 다섯 번째 글쓴이.

미 국무성 현장실습 중 들른 워싱턴 근교 Shenandoh Valley CC에서. 왼쪽부터 글쓴이, 장원호 박사, 김창욱 중앙일보 사회부장, 김종찬 육군중령.

봄 학기를 마칠 즈음, 탐사보도·과학보도 부문에서 많은 가르침을 준 로버트 로건 박사와.

1993년 겨울, IEP 과정에 많은 도움을 준 Director Mr. Francis와 함께.

모처럼의 휴식을 즐기고 있는 글쓴이와 아내.

아들 현욱과 딸 현주.

컬럼비아 자택 근처에서 아침 산책 중인 가족.

아들 현욱이 1학년에 입학한 페어뷰 초등학교 본관 앞에서.

미국 서부 겨울 여행길에 콜로라도지역 브리큰리지에서.

당시 초등학생, 유치원생으로 미국 친구들과 어울리기에 바빴던 아들 현욱, 딸 현주.

미국 동남부 여행길에 CNN 본사와 NASA에서.

미국 동부 여행길에 백악관 앞에서.

미국 서부 여행길에 요세미티국립공원에서.

Columbia Fall Festival을 즐기며.

## 5장. 부산매일 사회부장·편집국장 시절

사회부장, 막강한 팀워크로 신문 성가 높이며 새 전통 쌓기
편집국장, 변혁기 속 개혁 주도… 아쉬움 속 '기자'생활 마감

나는 미국 연수에서 돌아온 그날, 편집국 사회부장 발령을 받았다. 1994년 8월의 일이다. 해외연수를 지원할 때, "연수 다녀오면 사회부장 맡아야 한다"는 경영진의 엄포가 있긴 했지만, 귀국 날짜에 맞춰 바로 인사발령을 낼 줄을 몰랐다. 그러나, 그건 나의 작은 꿈 하나를 이룬 것이었다. 남다른 포부를 안고 언론계에 입문, 사회부 기자 한 길을 걷다 14년 6개월여 만에 사회부장에 오른 것이다.

「부산일보」에서부터, 그동안 모셨던 선배 사회부장들을 떠올렸다. 더러는 탁월한 판단력으로, 또는 강력한 카리스마로, 또는 온화한 성품으로 부하들을 장악하며 한 시기를 풍미했던 '위대한 선배'들이었다. 그중 한 분, H 부장의 덕담 겸 격려가 떠올랐다. 초년기자 시절, 광복동 한 술집에서 사회부 2차를 즐길 때, 나의 귀를 가만히 잡아당기며 속삭인 몇 마디 말씀이다. "용범아, 너 요즘 참 잘하고 있다. 알지? 앞으로도 지금처럼 열심히 해라. 너, 이대로 가면 사회부장 꼭 할 수 있다." 나는 엉겁결에 대답했다, "예, 열심히 하겠습

니다." 그때부터 키워온 선망의 직분이다.

나는 이제 취재일선을 즐겨 뛰도록 동기를 부여해주어야 할, 민감하고 지적인 동료들을 거느려야 했다. 이들은 그저 '난폭한 독재자'를 따르려 하진 않을 터, 나는 더러 '골치 아픈 관리자'로 변모해야 했다. 내가 겪은 선배들의 장점을 기억하며, 기록 속의 '사회부장론'을 점검했다.

### 사회부장, 민감한 동료 거느리며 절대적 권위 가져야

"…변치 않는 난폭한 심술쟁이, …잠도 없고 감정에 흔들리지도 않으며 냉정하고 기이한 인물", 미국 「헤럴드 트리뷴(Herald Tribune)」의 전설적 사회부장 스탠리 워커(Stanley Walker)에 대한 평가다. 아, 사회부장은 왜 이리도 '인간적'이지 못한가.

그는 기자가 갖추어야 할 조건으로, 든든한 다리, 그칠 줄 모르는 호기심, 사건을 기록하는 일의 정확성, 언어 구사력 등을 꼽았다. 나머지는 3~6개월 만에 모두 터득할 수 있다는 것이다. 이 부분, 공감할만했다. 역시, 시대 변화에 따라 사회부장의 역할은 줄어들 수 있다 하더라도, 그 권위만은 잃지 않아야 했다. 굳이 당시 '언론계=마피아 집단' 같은 자기최면을 들지 않더라도, 사회부 운용의 특성상 부장의 권위는 절대적이어야 했다. 하물며, 「부산매일」은 지역지를 자임하며 지역뉴스를 강조하고 있음에랴.

사회부 멤버들은 기대한 만큼 탄탄했다. 「부산일보」에서 한솥밥을 먹었던 동료가 든든하게 자리를 지키고 있었다. 내가 각별한 열정과 애정을 쏟으며 조련했던 공채 1기는 어느덧 종합관서를 맡을 만큼 경력과 역량을 키워가고 있었다. 우리는 창간 초기부터 사건보도에서 대형특종을 일구고, 지역보도에서 쟁쟁한 평가를 받아온 막강 팀워크 아닌가. 이제 「부산매일」의 성가와 편집국의 자긍심을 한껏 드높일, 새 지평·새 전통을 뿌리내려가야 할 때다.

### 우리는 '통'했다… 굳은 의지·불같은 열정으로 취재

나는 스스로를 채찍질했다. 굳이 해외연수를 다녀온(격무의 전선에서 장기휴가를 즐긴) 만큼, 그 전과 후는 달라야 하리라고. 그래서 소속 신문을 실망시키지 않으리라고. 나는 연수 과정에서 특히, 탐사보도의 가치와 중요성(탐사보도론), 언론자유의 의의와 한계(언론자유론)를 섭렵했다. 언론의 '적극적 보도'에 뛰어들 심리적 무장을 마친 것이다. 훌륭한 기자는 부지런히 발로 뛰면서 잠들지 않는 호기심, 머리를 움직일 상상력만 있으면 취재영역을 한껏 확장할 수 있을 터였다. 기자들이 때때로 직면해온 언론보도에 있어서의 명예훼손 논란, 그건 언론의 자유와 책임만 정확히 이해하면 두려워할 필요가 없을 터였다.

고맙게도, 우리는 쉽게 통했다. 나는 기자들의 취재단서 한 꼭지도 허투루 넘김이 없이 그들과 토론했다. 기자들은 바위 같은 의지와 불 같은 열정으로 취재대상을 상대했다. 우리의 취재 모토는 무엇보다 지역사회 및 독자와 함께한다는 것이었다. 우리는 항상 예리한 시각과 끈질긴 기자정신을 바탕으로 민주화 시대 속의 인권과 일련의 도시문제를 집요하게 파헤치며, 독자에게 가장 가깝고 친근한 신문으로 자리 잡아간 것이다.

### 대형특종 발굴하며 '강주영 양 추적보도' 운명적 조우

「부산매일」이 특유의 혼으로 '독자와 함께하는 신문'으로 자리매김하는 과정에서 잇달아 특종을 발굴하며 영예의 기자상을 수상한 것은 자타가 공인하는 사실이다. 〈부산시내 위탁교육 파행운영 실태〉, 〈부산 포푸라마치 부패사슬 추적〉, 〈한보철강 위장 임금동결 선언〉, 〈부산 도개공 기우뚱 아파트 부실시공〉…. 한때는 한국기자협회 '이달의 기자상'을 6개월 만에 네 번 수상하는 귀한 기록을 세우기도 했다.

〈부산 북부서 강주영 양 유괴살해사건 고문조작수사 추적보도〉, 「부산매일」의 성가를 한껏 드높인 그 탐사보도 역시, 이 시기에 운명적으로 조우한 역작이다. 우리나라에서도 탐사보도가 각광받는 보도형태의 하나로 등장할 무렵, 우리의 힘으로 '탐사보도의 국내판 전형', '한국 탐사보도의 개척자'(언론계·언론학계 평가)로 길이 남을 대형특종을 일군 것이다. 이 추적보도, 우리에겐 정말 험난하고 위험했으며 자랑스럽고 영광스러운, 개인적으로도 '기자의 할 일'을 다했다고 자부할만한 역작이다. 이 보도과정에서 우리는 탐사보도의 가능성을 최대한 활용했으며, 검찰·경찰의 명예훼손 시비 역시 별다른 위축 없이 효과적으로 대응했다. 내가 기자생활을 하며 선망하고 동경했던 그 저널리즘의 진수, 그 탐사보도에서도 우리는 한국 언론사에 길이 남을 빛나는 역작을 합작한 것이다.

**민주화 속 인권 신장·지방화 속 부산문제 천착**

당시 우리가 추적하고 보도했던 그 결실들은 일정한 맥락을 공유했다. 권력의 횡포에 맞선 인권 신장, 시민 삶의 질 향상을 위한 노력이 그것이다. 우리가 창간 초기부터 집요하고 과학적으로 보도해온 환경보도 역시, 지역사회의 환경개선과 지역환경의 무차별 파괴를 차단하는 데 기여했다.

이 시기, 우리는 「부산매일」의 핵심 제작지표, 그 '지방화'를 위해 지역문제를 끈질기게 진단하며 합리적 해결방안을 수렴, 부산권 발전의 청사진을 제시했다. 부산권 문제를 집중적으로 다룬 현장기사와 기획특집은 부산사람들을 한데 묶는 공동체의식을 높였고, 정책으로 발전하며 삶의 질을 한층 높이는 데 기여했다. 환경기획 〈낙동강 살아나는가〉에 이어, 부산의 젖줄 낙동강을 살리기 위한 취재의지는 여전했고, 낙동강 문제에 관한 한 현실고발 및 정책제시 기사도 끊임없이 게재했다.

창간과 함께 천착해온 부산 도시문제 역시, <도시의 동맥을 살리자, 현장 부산교통>(1994, 35회 연재), <부산, 어제 오늘 내일>(1995, 41회 연재), <21세기 살만한 도시로, 부산 대진단>(1997, 35회 연재) 같은 대형 시리즈로 이어졌다. 나 역시, 이 시기 부산 도시문제에 대한 나름의 통찰력을 갖추고 있었으며, 그 결과, 관련 기사들도 일정한 영향력을 발휘했다고 생각한다. 늘 부산의 문제를 중심에 두고 부산의 미래와 비전을 제시하는 기획보도, 독자들은 "답답했던 가슴이 확 뚫리는 듯하다"는 찬사로 격려했다.

### '부산권 최고 아침신문' 성장세 속 논설위원으로

부산권의 다른 신문들이 중앙(서울)으로 고개를 돌리고 있을 때, 우리는 늘 부산시민들의 삶 속으로 파고들어 그들과 애환을 함께했다. 지역사회 문제를 1면부터 과감하게 제기하는 제작방향은 부산사람에게 지역의 중요성을 일깨우며 지역발전에 동참토록 유도한 것이다. 그 결과, "부산매일이 아니면 우리들의 생각을 반영해주는 곳이 없다"며 신문사를 직접 찾아오거나, 지역마다 '부산매일 기자'를 찾는 관행도 나타났다. <부산 북부서 강주영 양 유괴살해사건 고문조작수사 추적보도>. 그 탐사보도의 전형을 일구는 과정에서 억울한 피고인들의 가족이나 양심 있는 시민들이 「부산매일」을 찾아오거나 '부산매일 기자'를 따로 만나 많은 제보를 해준 것도 잊지 못할 사실이다.

「부산매일」은 이 시기, 사옥을 부산 부산진구 부전동 91 첨단 고층빌딩으로 이전한다. 부산 서면의 심장부로 이전, '부전동 시대'를 연 것이다. 서부산권 시대에 대비, 경남 김해 진례에 최첨단 인쇄공장도 신축했다. 신문은 아침신문이어야, 신문은 내 고장을 먼저 생각해야, 신문은 젊은 신문이어야…. 「부산매일」의 사세 역시 무서운 기세로 성장했다.

그동안 「부산매일」이 시도해온 제작 측면의 여러 개혁도 발 빠르게 성공했다. 전면 가로쓰기, 32면 증면, 풀 페이지네이션(제작공정 전면 전산화), 신문 속의 신문 '테마신문' 도입 등이 그것이다. 시대의 변화에 맞춰 낡은 틀을 깨뜨리는 개혁은 젊은 독자에게 신선한 충격으로 다가갈 터였다. '한강이남 최초의 조간'을 넘어, '부산권을 대표하는 최고(最古)·최고(最高)의 아침신문'으로 거듭난 것이다.

### IMF시대 편집국 부국장 복귀… 무한경쟁·불황 대응

사회부장 2년 6개월여, 정신적·육체적으로 엄청난 소모감을 느낄 때다. "이만하면 됐다!"고 느낄 무렵, 나는 논설위원으로 자리를 옮겨 모처럼 숨 쉴 여유를 가졌다. 사설과 칼럼을 쓰며 나름 사회를 보는 시각도 새삼 정돈하고…. 기자생활을 시작한 뒤, 현업에서, 이 정도 심신 양면의 여유를 갖기란 참 쉽지 않을 터였다.

그러나, 「부산매일」과 나, 함께 겪어야 할 시련은 험했다. 이른바 'IMF시대'의 내습이 그것이다. 나는 편집국 부국장으로, 다시 제작전선에 합류했다. 당장, '인력 감원-발행부수 감축-발행지면 감면' 같은 '3감시대'에 대응해야 했던 것이다. 내가 편집국으로 다시 옮겨 처음 잡은 과제가 '신문의 무한경쟁 및 불황 측면에 대처하는 제작 측면의 몇 가지 전략'일 정도였다.

우선, 중앙 일간지의 '차별화 전략'에 따른 섹션경쟁 심화 흐름에 생존전략 차원에서 대응해야 했다. 우리 역시, 신세대를 포함한 독자 확보 차원에서 편집의 개성화·다양화와 '읽는 신문'에서 '보는 신문'으로 전환을 시도해야 했던 것이다. 일간지의 변형광고 등장 및 확산 대책도 외면할 수 없는 과제였다. 일간지의 가로쓰기 편집 등장 이후 종래 시도하지 않았던 변형광고(5x7 잡지광고 사이즈, 돌출 확장광고, 지면 절반을 차지하는 세로의 내리달이 광고, 기사의 한가운데를 파고드는 중앙광고, 세모-네모 등…)의 붐이 일 조짐에 대응, 편집-광고 측면의 대책도 연구해야 했다.

### 지면개편 획기적 작업 함께 인력감축 '잊지 못할 아픔'

그리고, 역시 편집국에서 역점을 쏟아야 할 부분은 '3감시대'에 대응한 지면쇄신 방안을 마련하고, 편집국 인력을 재배치하는 일이었다. 편집국 차원의 지면쇄신위원회를 가동, 기초안의 장단점을 분석하며 장점의 발전방안 및 단점의 개선 대안을 모색해야 했다. 내부적 의견 수렴과 함께, 외부적으로 오피니언 리더를 대상으로 한 설문조사도 거쳤다. 평가 및 개선방안을 △편집 부문 △지면구성 부문 △섹션 부문 등으로 구분, 시행 원칙과 방안을 마련한 것이다.

대략, 쇄신방향에 따른 비주얼형 신문('보는 신문')의 품격성·가독성을 강화하기 위해 보다 읽기 쉽고 보기 쉬운 레이아웃 방안을 찾고, 내용의 다양화를 위해 섹션 면의 개편방안을 연구, 일정시기에 맞춰 적용에 들어간 것이다. 이 지면쇄신 작업은 그야말로 넓고 깊어서, 창간 이후 9년여 만의 획기적 작업이었던 것으로 기억한다.

### 사시(社是) 확정… 진실-인간-지방 추구

창간 이후 혼용 상태에 있던 사시(社是)를 확정한 것도 이때의 일이다. 사시란 글자 그대로, 그 회사의 설립목적, 나아가 신문사의 경우 그 신문의 발간취지 내지 목적을 대내외에 선언하는 것이다. 그러나 「부산매일」은 창간 초기의 여러 혼란 속에서 사시를 확정하지 못해 대내외적 혼란을 겪은 것도 사실이다.

「부산매일」은 창간사에서, '민주사회의 민주언론'을 표방하며 '우리 사회의 민주화'를 제작의 한 지표로 제시한 바 있다. 또 창간 이래 계속 '지면의 지방화'를 지향, 독특한 제작경향을 보여왔다. 이 지면의 지방화는 선진언론의 선명한 추세이며 우리 역시 이 '지방화'를 통해 지면제작의 특성을 부각시키는 데 상당한 성공을 거둔 것도 분명했다. 그런 곡절 끝에 사시를 확정한 것이다. '1.진실을 추구한다. 2.인간을 사랑한다. 3.지방을 지향한다.'가 그것이다.

편집국 부국장 시절, 잊지 못할 아픔 하나. 편집국 인력을 180명에서 130명 선으로 감원했다. 그 IMF 사태 속 '3감시대'를 살며 도저히 피할 수 없었던 '아픈 기억'이다. 인원을 감원하며, 감원대상을 선정하는 작업 역시, 어쩔 수 없이 나의 몫이었다. 다행히, 일찍부터 시행하던 기자역량 평가제도를 바탕으로 기자 역량을 철저하게 지수화, 편집국 조직을 개편하고 조직별 인원을 산정(재배치)하며, 직급·직군별 감축대상을 선정함으로써, 이 작업 과정의 공정성에 관한 한, 어떠한 뒷말이나 불만이 없었음은 그나마 다행한 일이었다.

### 신문산업 위기상황 속 편집국장 발령…

IMF 시대 속 언론환경이 날로 악화하던 무렵, 나는 편집국장으로 승진한다. 지면을 혁신하고 인력을 감축하는 극약처방 속에서, 편집국 제작책임의 몫까지 맡아야 했던 것이다. 내가 편집국장의 대임을 맡은 것은 기자 19년차, 정확하게 말하면 18년 2개월 만의 일이었다. 기자생활 20년 미만에, 그것도 40대 초반의 나이에 '기자의 꽃'으로 성장했다는 것, 개인적으로는 이런 영예가 따로 없을 것이다.

그러나 상황이 상황이었던 만큼 나는 우선 나의 부족함과 한계에 대한 성실한 고백으로부터 나의 직책을 수행했다. 그때의 취임인사 내용을 되새긴다.

나는 19년차 기자이다. 그런 만큼 원래 부족함이 많은 사람이기도 하다. 고백하건대 이 상황은 전혀 반갑지 않은 뜻밖의 상황이다. 편집국장은 개인의 목표요 꿈이었지만 그 목표가 뜻밖의 시기에 너무 빨리 찾아왔기 때문이다.

나는 기회가 닿는 대로 편집국장을 맡아보되, 사람 됨됨이, 실력, 그리고 환경이 무르익었을 때 맡아서 그야말로 짧은 기간이더라도 멋진, 그런 편집국장 생활을 할 수 있기를 꿈꾸어왔다. 그래서 그날을 기다리기 위해 계속 준비하는 기간을 갖기를 소망해왔다. 그러나 그 준비하는 기간은 너무나 짧았음이 분명하다. 나름대로 고민하고, 또 인사권자와 마음속의 생각들을 나누고, 그러다 결국 그릇에 맞지 않는 중책을 맡게 된 것이다. 말하자면 '준비되지 않은 편집국장'이라고나 할까.

나는 아직 부족함이 많은 사람이다. 개인적 역량에 있어서도 전임자에겐 족탈불급(足脫不及)이다. 게다가 언론계의 제작환경도, 우리 신문의 경영환경도 그야말로 위기 중의 위기 국면이며, 그래서 벌써부터 많은 어려움이 있을 것으로 직감한다. 그러면서 한편으론 인사권자가 중책을 맡긴 뜻을 되새겨본다. 사장은 이 격심한 변혁기 속에서 보다 개혁적인 마인드로써 보다 재미있고 보다 경쟁력 있는 신문을 만들어달라는 주문이다.

**"격심한 변혁기 속 개혁적 마인드로 경쟁력 있는 신문" 만들기**

그렇다. 우리 신문산업의 위기상황은 무조건 다른 신문보다 앞서기 위한 '우월성 경쟁'이었으며, 분별없는 소모성 경쟁 때문이다. 특히 딱하게도 우리가 찾아야 할 경쟁은 '생존경쟁'이었다. 우리는 벌써 감원-감부-감면의 '3감전략'을 감수해야 하는 처지이다. 우리는 그 '생존경쟁' 속에서도 우리 신문의 현재의 위상을 극복하기 위한 몸부림이 필요하다. 이게 나에게 주어진 과업이 아닌가, 이렇게 이해한다.

나는 그 과업을 이루기 위해서 편집국 가족들, 곧 각 데스크와 기자들이 맡아야 할 과업들을 강조한다. 먼저 우리 신문의 성격과 능력을 파악해보고, 그리고 우리 신문의 특징과 독특한 정체성을 찾아야겠다. 나의 기자시절 꿈은 감히, 미 「워싱턴 포스트」의 전설적 편집국장 벤 브래들리(Benjamin Crowninshield Bradlee)였다. 3류 신문을 1류 신문으로 끌어올린 그 뛰어난 지도력, 그리고 뚜렷한 보도방침, 그런 걸 존경해왔다.

그러나 한마디로 우리는 지금 그럴 여유 없다는 게 나의 현실인식이다. 우리는 지금 '고급정론지'만을 지향하며 일관성 있는 고집을 부릴 여유가 없다. 우리는 우리가 가져야 할 목표의 수준을 다소 조정해서라도 '더욱 읽히고 더욱 신뢰받고 더욱 친숙해지는 신문', 그런 신문을 만들어야 할 때이다.

따라서 나는 앞으로 신문 제작과정에서 우리 신문이 누려온 특장 중의 하나, 그 '탐사보도'를 충실히 함으로써 우리 신문이 더욱 읽힐 수 있도록 끌어볼 각오이다. 또 지역사회의 관심사에 적극적으로 뛰어들어 독자의 관심을 대변하는 공익보도(Public Journalism)를 적극 시도함으로써 우리 신문이 더욱 신뢰받을 수 있도록 해보겠다. 이와 함께 우리 신문의 질과 함께 모양에 있어서도 보다 다양성을 추구함으로써 보다 친숙해지는 신문이 되도록 끌어보겠다.

**'좋은 신문?' 지향점 뚜렷하고 특종 많은 신문…**

우리는 늘 '좋은 신문'이라는 표현을 즐겨왔다. 좋은 신문이 뭐냐? 한마디로 특종이 많고 노선이 뚜렷한 신문이 좋은 신문이다, 이렇게 본다. 창간기념호의 우리 신문 PR 기사도 첫머리에 '특종이 많은 신문', '변혁에 변혁을 거듭하는 신문' 이런 표현 쓰고 있다. 그렇다. 우리 「부산매일」은 앞으로도 그래야 한다.

그런 「부산매일」을 만들기 위해 우리 모두 각자의 인식과 태도를 다시 가다듬어야 할 듯하다. 여러분의 선배로서 얘기하자면, 원래 기자는 혼자 기능하는 외로운 존재이다. 기자는 사명감과 신명이 없으면 할 수 없는 직업이다. 기자에게 질 좋은 기사를 쓰는 것은 중요하다. 그러나 결국은 열심히 많이 쓰는 '24시간형 기자'가 이긴다. 이게 나의 경험에 따른 소신이다.

어쩌면 기자는 24시간 신문사 분위기 속에서 살아야 한다. 대화 내용, 친구관계, 관심의 대상, 사고의 범위까지 신문 만드는 일에 집중해야 한다는 것이다. 차제에 자기 스스로 「부산매일」에 얼마나 몰입하고 있는지 돌아봐주길 당부한다. 이와 함께 기자는 스스로 전문성을 높이기 위해 노력해야 한다. 공부하는 기자·전문기자의 싹이 보이는 기자는 힘껏 돕고 이끌겠다.

이제 데스크에게 당부한다. 편집국장은 신문제작의 야전사령관이다. 그러나 신문제작의 속속들이 국장이 다 챙길 수 없음은 당연하다. 그래서 앞으로 데스크들도 업무관리에 좀 더 세심해야겠다는 얘기다. 구체적인 예를 들진 않겠으나, 데스크의 업무관리가 소홀해서 기사의 질을 떨어뜨리거나 낙종을 하는 예가 없지 않다. 앞으로 데스크들에게 제작방향을 제시하되 보다 많은 권한을 갖고 신문을 만들 수 있도록 돕겠다. 데스크들은 각자의 업무에 기자 이상으로 많이 생각하며, 한편으로 기자 개개인 분위기를 살피고, 나아가 기자들의 기를 살리는 데 보다 신경을 써줬으면 한다.

### 제작방침·운영방향·당면과제 강조, "함께 가자"

나는 우리 회사처럼 어려운 환경에서 우리 기자들이 보다 기를 살려가며 일을 하고, 나아가 우리 신문도, 우리 회사도 나아지기 위해서는 무엇보다 화합과 단결이 중요하다고 생각한다. 나는 이 화합과 단결을 위해 우선 편집국 가족 간의 인화에 보다 신경을 쓸 각오이다. 우리가 추구해야 할 노력을 보다 조직화하기 위해, 우리 근무환경을 보다 개선키 위해 종전의 지면쇄신팀을 상설화, 지면혁신 노력을 계속하고 근무여건도 개선하는 방향을 찾아나가겠다. 그 과정에서 편집국의 뜻을 한데 모아나갈 것이다. 그래서 우리 편집국이 규모는 작지만 '강한 편집국'이 되도록 힘을 쏟을 것이다. 그 과정에서 현재 우리 조직·인적 구성이 각 기능별·부서별로 '최강'을 지향하고 있는지, 각 개인은 적재적소의 배치상태에 있는지 점검할 것이다.

모두에서 얘기했듯 나는 원래 모자람이 많은 사람이다. 그러나 이미 이 회사는 우리 회사이고 이 신문 역시 우리 신문이다. 우리 스스로를 위해 우리는 뭉쳐야 한다. 항상 언제 어디서나 나에게 충고하고 비판하고 질책해달라. 나는 나에게 자주 충고하고 비판하는 후배를 '좋은 후배'로 기억할 것이다.

우리는 누구나 명 기자, 명 부장, 명 편집국장이길 바란다. 나는 오늘 이 험난한 환경에서 편집국의 수장을 맡으면서 일단 '명 편집국장'이 되는 꿈을 유보했다. 그보다는 항상 여러분의 좋은 선배로 남고 싶은 꿈을 키워나가겠다. 그러면서 평소 갖고 있는 신문제작에의 열정을 한껏 발휘하겠다. 다시 당부한다. 우리 함께 뭉쳐 스스로 노력을 가다듬자. 그리고 나를 도와달라. 얘기가 길었으나 이 얘기가 신임 편집국장의 제작방침이요, 조직 운영방향이며, 나아가 우리 함께 챙겨야 할 당면과제인 것으로 이해해 달라.

### 기자 기대·요구, 조직화합에 활기찬 편집국…

이렇듯 나는 취임 첫날부터 신문의 생존을 걱정하며 지면쇄신을 꾀하고, 조직의 화합을 걱정하며 제작경쟁력을 높여야 하는 당면과제를 재삼 강조했다. 그리고 당분간은 편집국장으로서의 활동범위도 한정적일 수밖에 없음도 고백했다. 당장 나를 보좌할 부국장도 없었으며, 데스크진용도 그리 강하지는 못했기 때문이다.

한편 편집국장에게 편집국 기자들의 기대와 요구는 어느 때보다도 크고 강렬했다. 편집국 안의 침잠한 분위기를 딛고 보다 활기찬 편집국을 기대하는 소리, 편집국장의 권위를 벗고라도 조직의 화합에 힘써줄 것을 바라는 요구…. 우선 노조 공보위는 당장 '공보위 광장'(5월 15일자)을 제작하며 새 편집국장과의 인터뷰를 싣는가 하면 '새 편집국장에 바란다'는 면도 마련, 게재했다.

그 목소리는 우선 편집국 자체역량의 강화, 그리고 편집국장 개인의 대외적 역량 강화 등이었다. 우선 내부결속 및 자체역량 강화와 관련, "편집국장은 기자들의 든든한 울타리가 되어야 한다. 그 역(逆)도 물론 성립해야 한다. 이 둘이 서로 멀어진다면 혼연일체의 논지를 유지하기 어렵다. 기자들과 스스럼없이 어울릴 수 있는 자리를 자주 만들어주기 바란다", "우리는 멋진 선배에 대한 갈증이 많다. 기자들을 대할 때 과거 기자였던 자신을 대하듯 해 달라. 특히 인사문제에 있어 공정성과 투명성을 보장해야 한다" 등 바람들이 있었다. 물론 "책임과 권한을 갖고 부당한 외풍을 차단하며 편집권 독립을 확보해주길" 바라는 당연한 기대도 뒤따랐다.

또 편집국장의 대외적 역량을 강화해주길 바라는 당연한 기대도 있었다. "편집국의 사령탑인 편집국장은 우리 사회 각계각층으로부터 고급정보를 수집하는 데 많은 비중을 두고 움직여야 한다. 고급정보 사냥을 위해 뛰어달라. 편집국 밖에서 각급 기관장이나 부서장들을 접촉하는 데 시간과 정열을 쏟아야 한다. 그래야만 고급정보를 얻을 수 있고 사회현상을 정확히 지면에 반영, 멋진 신문을 만들 수 있다"는 것이었다. "지면제작 회의 시 일방적인 지시만 하는 사령탑이 되어서는 곤란하다. 가능한 한 데스크는 물론 기자들의 의견을 많이 듣는 국장이 되어달라"는 요구 역시 종래의 제작회의 분위기를 염려하는 우려를 드러낸 것이었다.

## '작지만 강한, 공격적 제작역량 갖춘 조직' 지향

이와 함께 당시 한국기협 분회는 「기자협회보」 인터뷰난에 나의 프로필도 함께 게재, 대략적인 편집국 정서를 드러냈다. 그 내용은 다음과 같다.

"언론의 본령에 충실하면서 지역사회의 관심사에 적극 뛰어드는 공익보도를 통해 신뢰받는 신문이 되도록 최선을 다하겠다."

지난 5월 11일 「부산매일」 편집국 사령탑을 맡은 차용범 신임 편집국장은 이 같은 소감을 피력하고 기자들의 분발을 당부했다. 차 국장은 언론사들의 생존경쟁이 치열한 상황이나, '신문의 모양과 함께 기사의 질에 있어서도 보다 다양성을 추구'해 '보다 읽을거리가 많은, 누구에게나 친숙한 신문'을 만들겠다는 제작방향도 제시했다. '평소 열심히 많이 쓰는 24시간형 기자가 이긴다'는 기자로서의 사명감과 신념을 기자들에게 강조해온 차 국장은 '작지만 강한, 공격적 제작 경쟁력을 지닌 조직'이 되도록 편집국을 보완해나갈 계획도 밝혔다.

업무에 있어서는 누구보다 치밀하면서도 사석에서는 특유의 자상함으로 후배들의 고충을 귀담아들어 안팎의 신망이 두터운 차 국장은 '오늘 이 험난한 환경에서 명 편집국장이 되는 꿈을 유보하고 후배기자들의 좋은 선배로 남고 싶은 꿈을 키워나가겠다'며 편집국의 화합과 단결에 앞장설 것임을 강조했다.

지난 80년 「부산일보」 기자로 언론계에 들어서 사회부 민완기자로 잔뼈가 굵은 차 국장은 지난 88년 「부산매일신문」으로 옮겨 사회부장, 논설위원, 편집국 부국장 등을 거쳤다. 동아대, 경성대 등에서 신문 이론 및 제작과 관련한 강의도 맡아 학구파 언론인으로 통한다. 55년 경남 하동산. 동아대 법과대 및 동 대학원을 졸업하고 美 미주리주립대 신문대학원을 수료했다. 이혜영 여사와의 사이에 1남 1녀.(崔 憲)

그래서 나는 우선 편집국의 가라앉은 분위기를 되살리며 지면에도 서서히 나의 개성을 투입시키려 노력했다. 우선 나만의 뉴스감각과 빈틈없는 조직력을 활용, 가능한 한 지역사회의 공통과제를 분석하는 대형기획, 그리고 누구나 부담 없이 즐겨가며 읽을 수 있는 연파(軟派)성 특집을 강화하기 시작했다. 나 스스로는 지금껏 갈고 다듬어온 기획력과 끈질긴 집념을 한껏 발휘, 지면의 개성에 관한 한 경쟁지의 그 누구도 쉽게 넘볼 수 없는 경지를 넓히고 싶었기 때문이다.

## 언론에의 확고한 신념과 강직·명확한 처신 중요…
## 기자에겐 꿈·꽃의 요직이되 '야전사령관' 격무·책임

두말할 나위 없이, 나도 '편집국장론' 몇 마디는 얘기할 수 있다. 언론에의 확고한 신념과 강직·명확한 처신이 중요하다는 것, 기자에겐 꿈·꽃의 요직이되 '야전사령관'의 격무·책임은 무겁기만 하다는 것이다.

신문사 편집국장을 '기자생활의 꽃'이라고들 한다. 맞는 말이다. 편집국장은 공식적으로 한 신문의 제작전반을 통할하며 그 신문의 개성과 품격을 좌우하는, 곧 편집권을 실질적으로 행사하는 신문제작의 사령탑이다. 내부적으로도 그 다양하고 개성적인 기자들을 지휘하며 기자집단의 조직력을 극대화시켜가는 편집국의 최고책임자이다.

또 기자가 됐다고 해서 누구나 편집국장이 되는 것도 아니다. 그 길고도 험한 기자의 길을 나름대로 철저하게 걸어가며 특히 자기관리에도 빈틈이 없어야만 여러 특출하고도 자존심 강한 후보군 중 귀한 선택을 받을 수 있는 것이다. 그처럼 당당한 위세와 빛나는 영예를 겸비한 자리, 그 편집국장은 정녕 기자에겐 꿈이요 꽃이며 종착역이다.

흔히 신문은 권력과 사회환경을 감시하고 고발하며 여론을 형성하고 주도하는 역할을 맡고 있다고들 한다. 편집국장은 그런 막강한 영향력을 가진 신문의 제작책임자인 것이다. 편집국장은 대단한 자리, 대단한 사람임에 틀림없다는 것이다.

## '평생 해보고 싶은 3대 요직' 중 하나, 편집국장

항간에서는 평생에 한 번 해보고 싶은 3대 요직으로 △신문사 편집국장

△군 사단장 △일선 세무서장을 꼽는다고도 한다. 이 3대 요직이 특히 선망의 대상이 된 이유를 정확하게 알 수는 없다. 그러나 아마도 이 요직들이 공통적으로 지니고 있는 '위세'가 그 요인이 아닐까 싶다. 이들처럼 누구 앞에서든 기죽지 않고, 아니 오히려 큰소리치고 경제적 여유도 적당하게 누리면서 살고 싶다는 욕망이 이른 바 '해보고 싶은 3대 요직'으로 표현된 듯하다.

사실 '군인의 꽃'이라고 하는 사단장은 예나 지금이나 사나이들에게 선망의 대상이다. 야전에서 천군만마를 호령하는 장군의 기개야말로 상상만 해도 가슴이 설레는 일이다. 군 통수권자인 대통령도 철마다 거액의 격려금을 보내며 혹시 불충한 움직임은 없는지 눈치를 살피던 것이 과거의 사단장이었다. 요즘은 사단장의 위상이 약간 떨어져 옛날만은 못하다고 한다. 그래도 나폴레옹과 같은 영웅에의 향수를 군인에게서 찾으려 하는 정서가 있는 한 사단장은 여전한 선망의 대상이다.

세무서장에 대한 선망은 차원이 좀 다른 듯하다. 아무리 뜬다는 기업주도 세무서장 앞에선 일단 공손하게 마련이다. 마음에 있건 없건 세무서장에게는 일단 저자세로 나가는 게 '손재수(損財數)'를 막는 상책이라는 것이다. 정부조직법상 세무서장의 직급은 서기관(4급) 정도에 불과하지만 국민이 체감하는 위세는 결코 장, 차관 못지않은 것이다.

### 선망의 요직에서 '3D 업종'의 두목까지…

신문사 편집국장에 대한 선망은 근래 한국언론이 누려온 세계 최고의 언론자유와 무관치 않을 터이다. 최근 한국언론의 위력은 어쩌면 가히 무소불위(無所不爲)라고 할 정도이다. 문민정부 말기에 보여줬듯 대통령을 비롯하여 어떤 권력도 두려워하지 않고 성역 없이 마구 후려치는 언론의 공격적 보도와 무차별 비판에서 국민들은 전례 없는 쾌감을 느꼈을 것이다. 그리고 스스로도 '정의의 필봉'을 휘둘러보고 싶다는 꿈을 가지기도 할 터이다. 언론자유를 향유하는 사회, 그 속에서 권력을 감시하며 사회를 비판하는 기자 중의 기자, 그것이 편집국장 선망론을 낳은 듯하다.

그러나 신문사 편집국장의 자리가 그처럼 위세만 당당하고 영광만 넘쳐나는 선망의 요직일 수는 없다. 우선 기자라는 직종은 늘 마감시간에 쫓겨 허둥대며, 연일 계속되는 격무에 가정조차 소원해지고, 때로는 사회의 이상한 눈초리에 시달리기도 한다. 그래서 신세대 사이에선 벌써 인기를 잃고 점점 기피대상의 3D 업종으로 전락하고 있다. 그러한 기자직의 '두목'이 편집국장이다. 사람들은 바람을 가르며 휘날리는 편집국장의 화려한 외투만 보았지 그 속에 감춰진 고뇌와 격무는 잘 모르는 것이다. 만일 그걸 알았다면 편집국장은 틀림없이 '3대 요직'에서 제외됐을 것이다.

신문사 편집국이 눈코 뜰 새 없이 바쁘다는 사정은 원래부터 그러했다. 신문의 경쟁이 치열해지고 지면이 전례 없이 크게 늘어나면서 근자에 더욱 바빠졌을 뿐이다. 신문사는 급증한 신문제작 업무는 인력증원과 시설현대화로 그런 대로 해결할 수 있다. 다만 편집국장은 사정이 다르다. 어느 신문사건 편집국장은 한 명밖에 없기 때문이다. 늘어난 인력을 통솔하며 급증하는 지면제작 지휘수요를 혼자서 감당할 수밖에 없는 1인 편집국장제가 편집국장을 가혹하게 혹사시키고 있는 것이다.

### 편집국장, 능력·제도로 뿌리내릴 겨를 없어

누구나 기자의 꿈을 펼칠 때 갖는 각오는 대단하다. 정의의 필봉을 휘두르며 떳떳하고도 보람 있는 삶을 산다는 것, 그런 직업적 가치관으로 젊음을 불살라온 언론인들도 너나없이 편집국장을 단명으로 끝냈다. 수명이 짧다는 것은 그만큼 국장의 능력과 개성이 제도로써 편집국 전체에 뿌리내릴 겨를이 없다는 뜻이다.

　알고 보면 신문의 본고장 미국은 그 반대다. 편집국장의 평균수명이라는 게 없다는 말이다. 그 자리는 결코 밥그릇 수대로 돌아가며 차지하는 자리가 아니다. 능력이 있어 사주에게 발탁되면 10년을 넘기기도 한다, 신문의 개성이 곧 국장의 개성과 통한다. 「워싱턴 포스트」의 벤 브래들리 국장이 그 좋은 본보기다. 브래들리는 편집국장 26년의 최장수 기록을 세운 뒤 지난 1991년 70세로 은퇴했다. 1965년 그가 국장을 맡을 때만 해도 「워싱턴 포스트」는 보잘 것 없는 지방지였다. 브래들리는 그런 신문을 「뉴욕 타임스」와 쌍벽을 이루는 국제적 신문으로 키워냈다.

**신문 수준-개성-사활 달린 제작 사령탑**

　브래들리의 「워싱턴 포스트」 시절을 기자들은 3단계로 구분해 평가하고 있다. 제1기는 조직으로서 편집국에 개혁의 바람을 집어넣던 초기시절이다. 이 시기를 그들은 '창조적 긴장시대'라고 부르고 있다. 이 긴장과 창조의 시기 브래들리는 새벽 2시 이전에 퇴근한 적이 없다. 기사를 뜯어고치고 지면을 개혁하고 우수한 기자를 충원하느라 그는 밤낮없이 뛰었다.

　제2기는 신문이 목표한 궤도에 진입한 이후 그 명성과 책임에 걸맞은 도전의 시절이었다. 이 도전에 성공해 세계를 경악시킨 것이 '워터게이트사건'이다. 어느 신문도, 심지어 「뉴욕 타임스」도 거들떠보지 않던 워터게이트사건을 「워싱턴 포스트」만이 물고 늘어졌다. 닉슨을 사임시키기까지 이 사건에서 「워싱턴 포스트」와 브래들리 국장이 보여준 용기와 보도정신은 세계 언론사에 길이 빛나고 있다.

　제3기는 브래들리의 은퇴 전 마지막 7년의 승계기간이다. 그는 이 시기에 젊은 중견기자들 중심의 세대교체를 준비하고 대임을 맡길 후계자를 키웠다. 물론 사주와의 공동작전이었다. 그렇게 해서 49세의 신예가 후임 국장으로 등장했다.

브래들리는 기사와 관련해 우수한 기자를 과감하게 발탁하고 일 못하는 기자를 무자비하게 솎아내는 용병의 귀재였다. 신출내기 밥 우드워드(Bob Woodward)가 워터게이트 취재로 뛰어난 솜씨를 보이자 그를 하루아침에 차장으로 중용했다. 그는 편집국을 편안하고 자유롭고 민주적으로 운영하면서도 참견 안 하는 척 전체를 파악했다. 자신의 판단과 능력을 믿는 만큼 부하들도 전적으로 신뢰했다.

그는 중요한 기사나 제작의 큰 방향에 관해서만 관여하고 대외관계에 집중했다. 일상적인 뉴스처리나 잡무는 부국장에게 맡겼다. 회의는 하루 한 번 1면의 지면배분에 관한 것뿐이었다. 나머지는 각 부장들이 책임을 지고 처리했지만 문제가 있을 때마다 해당 부장과 국장단 사이의 협의는 끊임없이 진행됐다. 회의형식에 데스크들이 시간을 낭비하지 않도록 하기 위해서였다.

브래들리는 막강한 힘(Power)을 가지고 있었지만 그 힘을 신문 만드는 데만 사용했다. 그래서 그는 힘은 있어도 없는 것 같고 권위(Authority)는 없는 것 같으면서도 막강했다고 칼럼니스트 리처드 코헨(Richard Cohen)은 회고하고 있다. 역시 편집국장은 신문제작의 사령탑이다. 신문의 수준과 개성과 사활이 그에게 달려있다는 것이다.

### 이른 출근, 내·외신 점검-제작회의-지면배정

한국에서도 편집국장으로 하여금 여유와 품위를 갖고 신문제작에 임하도록 하는 길은 없는가. 편집국장의 과다한 부하를 줄일 방법은 없는가. 편집국장 1인에게 지나치게 집중된 업무와 책임을 분산시켜 편집국 최고책임자에게 걸맞은 적정한 수준의, 적정한 양의 일만 맡길 수는 없는가. 정말 시대추세에 맞는 시스템을 도입할 수는 없는가. 그 같은 한탄과 자문을 반복하며 우선 나의 편집국장 생활을 되돌아본다.

편집국장 재직 시 나는 언제나 제시간보다 일찍 출근했다. 데스크들이 오후 1시쯤 출근하더라도 나는 오전 11시 20분, 늦어도 12시 이전에는 회사에 도착했다. 편집국에서 국장석에 앉자마자 가장 먼저 하는 일은 컴퓨터 단말기를 두들겨 내외신 기사를 검색하는 것, 밤사이 국내외의 주요 변화를 점검하기 위해서다. 이어 주요 조간신문을 나름대로 샅샅이 훑어보고, 당직일지를 확인하며 각 데스크가 전해주는 '정보메모'를 정리한다.

오후 2시부터는 간지회의를 주재한다. 당일 테마신문 출고를 맡은 데스크와 문화부, 사진부, 독자부 데스크, 그리고 편집위원과 편집부장이 참석한다. 이어 사장을 면담, 일상대화를 나누고 나면 사장주재 실·국장회의, 영업회의도 일주일 두 차례 가져야만 한다.

오후 5시면 당일 제작회의를 주재한다. 하루 일과 중 가장 중요한, 그래서 온 신경을 순간의 판단에 집중시켜야 하는 고도의 정신노동시간이다. 정치, 국제, 경제, 사회, 제2사회, 스포츠, 사진부 등 순으로 주요기사 및 기획·취재계획 등을 보고받고 토론을 벌인다. 그러나 항상 1면 구성과 각 면 머리기사 배정 등 주요 결정은 편집국장의 몫, 대략 그날의 지면배정을 끝내는 데는 한 시간이 걸린다.

### 강판까지 신속·정확한 결정… 새벽 재택근무까지

큰 돌발사건이 터지면 강판시간을 늦추고 편집국이 떠나가도록 고래고래 소리를 지르며 신속한 작업을 독려한다. 그건 차라리 전쟁이라 표현해야 옳다. 신문 초쇄나 종쇄가 늦어지면 이번엔 판매국 쪽에서 아우성이다. 배달에 지장이 많다는 항의이다. 하긴 독자에게 배달되지 않는 신문을 찍어 무엇 하겠는가. 판매국의 항의에 일리가 없지 않다. 그렇다고 살아서 펄펄 뛰는 뉴스가 없는 '구문'을 배달해서는 또 뭘 하겠는가.

마지막 강판 때까지 한시도 마음을 놓지 못하는 것이 편집국장이다. 데스크들이 수시로 보고하는 새로운 상황, 연합통신이 쏟아내는 긴급뉴스를 접할 때마다 편집국장은 이를 지면에 어떻게 반영할 것인가에 관해 신속·정확하게 판단하고 결정해야 한다. 그야말로 긴장의 연속이다. 보통 밤 9시 20분께면 강판 대장을 확인하지만 이때쯤이면 더 이상 대장 확인을 하고 싶은 마음이 내키지 않을 정도로 심신이 지쳐있다. 정상적인 경우 회사 근무는 개판회의를 마치는 밤 9시 40분께이지만, 실제 근무시간은 끝이 없다. 퇴근 차에 지친 몸을 반쯤 누인 채 귀가하더라도 바로 쉴 수는 없는 형편이다. 최종판 강판시간인 새벽 1시께까지는 재택근무에 매달리는 셈이다.

### 격무 속 잡무에, 업무·책임 편중

이런 격무 속에서 편집국장을 더욱 피곤하고 짜증나게 만드는 것은 제작 외 업무, 즉 잡무다. 모처럼 마음먹고 지면에 활력을 불어넣을 기획물이나 한번 구상해볼까 하면 데스크나 편집서무가 각종 비용 지출, 출장, 휴가, 기획 등 각종 서류를 들고 온다. 또 쉴 사이 없이 울리는 전화도 적지 않은 스트레스 거리이다.

회사의 공익사업을 널리 알리고자 하는 사고(社告)를 '빛나게' 게재해줄 것을 요청하는 사업국의 압력, 광고주의 청탁을 기사화해줄 것을 부탁하는 광고국의 요청을 처리하는 것은 대수롭지 않다. 그러나 때로는 광고 수주나 보급 확대 관련 협조 요청을 받을 때면 이맛살이 절로 찌푸려진다.

어디 그뿐인가. 편집국의 인사문제에서 병참문제에 이르는 서무기능까지 국장이 직접 챙겨야 하니 몸이 몇 개라도 모자랄 판이다. 특히 소속 국원에 대한 인사행정은 신경도, 품도 너무 많이 든다. 본인의 희망이나 적성은 물론이거니와 인사원칙까지도 일일이 파악, 정리해야 하고 보안까지 해야 한다. 인사 때면 누구와 상의도 못한 채 혼자 끙끙대는 경우도 허다하다.

많은 편집국장들이 격무와 잡무 속에서 헤어나지 못하고 있는 이유는 자명하다. 편집국장에게 너무 많은 업무와 책임이 편중돼 있기 때문이다. 국내에서도 시대적 조류에 맞춰 편집국장 제도를 운영하는 신문사가 있다. 「중앙일보」의 경우 미국식 에디터제도를 채택, 편집국장의 업무와 책임을 대폭 덜어주고 있는 것이다.

원칙적으로 편집국장은 정치·사회·국제관계 기사만을 망라하는 종합섹션의 제작에만 참여한다. 경제·문화 분야 기사 가운데 종합섹션으로 전면 배치해야 할 기사의 취사·선택도 편집국장이 할 일이다. 쉽게 말해 편집국장은 신문의 1면 톱을 정해주고 총괄만 하면 된다. 야간에는 별도로 야간국장을 배치, 전적으로 자유를 향유한다.

또 「중앙일보」는 행정담당 부국장 휘하에 편집지원팀을 배치, 국장을 대신해 인사관계 서류를 챙기고 행정서류를 기안하며 기자들 뒷바라지를 하고 있다. 국장은 행정, 서무, 병참 등 잡무에 일절 얽매이지 않고 오직 제작에만 전념할 수 있는 것이다. 또 부재 시 자신을 대리할 국장대리까지 두고 있어 마음 놓고 출타한다.

**편집국장, 특이한 출발과 험난한 일상 속에서**

회고하자면 나의 편집국장 생활은 출발부터가 특이했고, 그만큼 그 일상도 험난했다. 스스로 예상치 못했던 시기에 별다른 준비도 없이, 그저 사장과 주변의 엄청난 기대에 따라 전격적인 발령이 났기 때문이다. 그런 만큼 나는 취임인사부터 특이한 고백을 하지 않을 수 없었던 것이다.

결국 내가 지향해야 할 제작지표는 분명했다. '부산 최고(最高)·최고(最古)의 아침신문'에서, '부산을 늘 생각하는 신문'이어야 하는 것이다. 무엇보다 부산권의 현안을 먼저 염려하고 부산권의 발전을 먼저 추구해온 신문은 「부산매일」이다. 누구보다 부산권 문제에 최우선의 비중을 두고 파격적인 지면을 할애해온 신문 역시 「부산매일」이다. 「부산매일」은 사시에서부터 '지방을 지향한다'는 지방화정신을 선언하고 있지 않은가.

「부산매일」은 제작지표를 적극 반영, 주요기사를 판별로 개판(改版) 제작했다. 지방판도 경북판과 서부, 중부, 울산, 김해·양산, 거제, 부산판 등 7개 판을 제작했다. 특히 김해·양산권의 부산권역화를 시도, 별도 지역판을 발행한 것도 부산권 최초의 시도였다. '시카고에선 「시카고 트리뷴」을 보라'는 말이 있다. 마찬가지로 '부산에선 「부산매일」을 보라'는 말이 회자되어야 하는 것이다.

이와 함께, '부산의 일등신문'을 지향할 뼈를 깎는 개혁도 절실했다. 「부산매일」이 특유의 혼으로 '독자와 함께하는 신문'으로 자리매김하는 과정에서 잇달아 대형특종을 일궈온 것은 자타가 공인하는 사실이다. 이 많은 특종들은 부산 지역사회뿐 아니라 전국적으로 숱한 반향을 불러일으키며, 언론계·언론학계의 최고 권위 언론상들을 연거푸 석권해왔다. 이런 대외적 성과들은 창간 50년을 넘는 다른 신문사와 비교해도 결코 뒤질 바 없는 것이다.

「부산매일」은 1996년 말 제2창간의 돛을 올린 이래 독자제일·품질제일의 정신 아래 독자에게 보다 가까이 다가갔다. 전면 가로쓰기, 32면 증면, 풀 페이지네이션, '테마신문' 제작…. 변화하는 시대의 흐름을 앞서 짚어내며 과거의 낡은 틀을 깨뜨리는 개혁은 젊은 독자에게도 신선한 충격일 터였다.

제작체계를 첨단화한 만큼, 어느 조간지보다 마감시간을 늦췄다. 보다 새로운 정보를 제공하며 현대인의 라이프 스타일에 능동적으로 부응하는 독자 제일주의를 지향, '부산권 최고의 아침신문'으로 굳건하게 성장해가려 한 것이다.

## IMF 격랑 속 '휴간'은 '폐간'으로⋯ 그 가슴 아픈 기억들

그러나, 「부산매일」은 시대적 고난을 끝내 극복하지 못했다. 창간 초기부터 사실상 대우그룹 소유상태로 운영해오다, 1998년 IMF 위기 즈음 대우그룹 경영악화의 영향으로 역시 심각한 경영난을 겪어야 했던 것이다. 특히 회사의 독립경영 방안을 마련하는 과정에서 대우그룹과 의견대립이 있었고, 노조가 대우를 상대로 '독립기반 확보투쟁'을 벌이는 과정에서 극심한 노사마찰까지 일어났다.

〈정부 컨테이너세 폐지 시사/부산시 재정난 가중〉. 9월 8일자 1면 톱을 예의 '부산 기사'로 채운 이후, 「부산매일」은 제작과정에서까지 극심한 혼란을 겪어야 했다. 나는 '신문의 책임'을 우선하는 제작태도를 견지하려 했고, 노조는 "회사의 생존"을 우선하는 입장에서 지면제작을 강행하려 한 것이다. 편집권 침탈을 둘러싼 마찰 끝에, 결국 나는 사직했다. 편집국 부·차장단도 업무에서 물러났고, 경영진도 사임했다.

경영진과 편집국장, 부·차장이 없는 신문제작은 어려운 일이었다. 아니, 있을 수 없는 일이었다. 「부산매일」은 11월 들어 '자진 휴간'에 들어갔다. 일간지 발간 10년, 지령 3013호 끝에, 「부산매일」 사원들은 투표를 거쳐 '최후의 선택'을 한 것이다. 그 '휴간' 이후 「부산매일」은 더 이상 신문을 발간하지 못했다. "부산 '3대 일간지' 시대의 막을 내리고, 다시 양대지 시대로 들어섰다", 『부산언론사연구』(채백, 2012)의 기록이다.

나 역시, 누가 뭐래도 매력 있는 직업, 그 기자생활을 멈춰야 했다. '질풍노도의 시대', '투사·영웅의 시대'를 산 것은 아니지만, 그래도 고도의 전문적 직업 언론인이고자 했던 그 꿈도 포기해야 했다. 돌이켜보면, 나는 한 후배가 외부기고에서 언급해준 나에의 기대가 가슴 아픈 기억으로 남아있다. "편집국장으로서의 처신이 명확·강직하고 불의와 타협하지 않으며, 'Local Paper'에 대한 투철한 신념과 함께 언제나 학구적인 자세로 일관해온 언론인", 이 부분은 분명 그가 선배에게 준 일상의 경구이기도 했으리. 그러나, 기자로서의 마지막 직분, 그 편집국장 말년의 기억은 아직도 나를 가슴 아프게 한다.

## 부산매일 재직시절(후반기)

사회부장 시절 경남 양산 배내골에서 사회부 기자 가족 워크숍을 갖고(뒷줄 오른쪽 여섯 번째 글쓴이).

편집국장 발령을 받고 (1998).

편집국장 시절, 차장으로 성장한 수습 1기 '에이스'들과 함께 지리산 노고단 등반(왼쪽부터 최헌, 김영준, 글쓴이, 김형진, 김현태).

편집국장 시절, 사진부 문명희 기자의 '지리산의 사계' 전시 개막식에서(왼쪽부터 김병규 「부산매일」 논설위원, 허남식 부산시 기획관리실장, 문명희 기자, 권오현 전 「부산일보」 사장, 글쓴이).

편집국장 사임 즈음 경성대 신문방송학과에 출강할 때, 스승의 날을 맞아 학생대표로부터 감사 꽃바구니를 받으며(1999. 5).

사회부장대우 시절, 미국 연수 출발 전 받은 1993년 7월 급여 명세서.

지면으로 만나는 부산매일 재직 시절

「항도일보」 창간호(1989. 1. 25).

창간특집 <대해부 부산 7난>(1989. 1. 25).

편집국장 사임 이후(1998. 9. 8).

휴간호(1998. 11. 17).

제1부 나의 저널리즘 161

부산 '부전동 시대'를 맞아, '부산권 최고(最古)·최고(最高)의 아침신문'으로 거듭날 때의 회사 카탈로그(위)와 PR판 지면(아래).

제2부

# 나의 기사,
# 나의 글

1장. 탐사보도 · 사건기사
2장. 기획특집
3장. 해외취재
4장. 칼럼 · 사설
5장. 인물평전: 차용범이 만난 부산사람

## 보도·비평의 숙명적 언론 글쓰기
## 뼈 깎는 노력에, 정말 어렵고 두려웠다

나는 저널리스트로 잘 살아왔는가, 나는 역사의 현장을 얼마나 잘 지켰나, 이런 자기물음은 또 얼마나 도발적인가? 결국 나의 사회생활에서 '언론'이란 두 글자를 빼놓을 수 없다. 언론생활은 나를 부산사회에 뿌리내릴 수 있도록, 또 '언론인 출신'으로 활동할 수 있도록 키워준 바탕이다. 나는 나대로, 언론인, 언론인 출신답게 행동하려 늘 경계했다. 나이 들어가며 때 묻지 않은 당당한 인간으로 살아가려, 진실과 논리를 추구했던 시절을 기억했고 언론의 자력 안에서 강직함·청악(淸樂)함을 잊지 않으려 애썼다.

# 1장. 탐사보도·사건기사

### 1) 사건 특종: '5·3 동의대 사태' 특종보도
현장감각 바탕한 정확한 원인분석… 팩트·사진 해외언론 보도까지 '지원'
전개방향 읽는 '눈'·작전 확인한 '사람'… '완벽한 대특종' 일궜다

 5·3 동의대 사태. 1989년 5월 3일 부산 동의대 도서관에서, 경찰이 전경을 납치하고 농성하는 학생들을 진압하는 경찰작전 중 발생한 사건이다. 학생들이 농성장 입구에 신나를 들이붓고 불을 지르는 바람에 작전경관 7명이 질식, 또는 추락해 숨지고 경찰관·학생 등 11명이 중상을 입은 참사다.
 이 사건은 △동의대 학생 76명을 구속수감하는 단일사건 구속 최다기록에, △'폭력추방 비상조치 발동검토'라는 대통령 특별담화가 나온 '국가적 재난'이며, △동의대에 임시휴교령이 내려지고, △사회일반의 폭력시위 자제논의를 촉발시켜 전대협의 '폭력시위 중단선언'을 끌어낸 시대적 변곡점

이다. 사건 발생 이후에도 오랫동안 사건의 성격을 둘러싼 논란을 빚어온,* 말 그대로 '역사적 사건'이다.

이 사건은 「부산매일」로서는 창간 석 달여(지령 83호) 만에 이룬 대형특종이다. 경찰이 대규모 경찰병력을 동원, 농성학생들을 진압하며 예상 밖의 엄청난 파장을 빚은 작전현장을, 오직 「부산매일」만이 온전하게 취재하고 정확하게 기록했던 것이다. 동의대 학생들이 기동경관을 납치하고 학생-경관 교환협상을 벌이며, 협상실패 끝에 경관들을 감금하고…. 그 뒤의 사태는 어떻게 벌어질 것인가? 「부산매일」은 이 부분에 촉각을 곤두세우며 사태전개의 방향을 예견했고, 다른 언론은 (정말 이상하게도) 별다른 관심을 기울이지 않았던 것이다.**

---

\* 동의대 사태로 순직한 경관 7인에 대해, 정부 차원에서 첫 추도식 겸 흉상 제막식을 가진 것은 2013년 5월 3일. 부산경찰청 앞 동백광장에서 열린 추도식 겸 흉상 제막식에는 국무위원으로는 처음으로 안전행정부장관이 참석했다. 당시 한 신문은 <24년 만의 명예회복… '아버지, 이젠 편히 잠드세요'>란 제목을 붙였다. 동의대 사태에 대한 역사적 평가는 정권이 바뀔 때마다 달라졌고, 그때마다 유족들은 마음의 상처를 입어야 했던 것이다.
우선 김대중 정부 시절인 2002년 4월 민주화운동 관련자 명예회복 및 보상심의위원회는 이 사건 관련자 중 46명을 민주화운동 관련자로 인정, 보상금을 지급했다. 이후, 국회는 2011년 12월 31일 '동의대 사건 등 희생자의 명예회복 및 보상에 관한 법률안'을 심의·의결했다. 이 법은 1989년 동의대 사태 때 희생당한 경찰관 18명의 명예회복을 골자로 한 법으로, 국무총리 산하에 '동의대 사건 명예회복 및 보상심의위원회'를 설치하고 희생 경찰관과 전·의경 유족 등에 대해 특별보상금을 지급토록 하고 있다. 사건 발생 23년 만의 일이다.

\*\* 기자는 직무 성격상 특종(낙종)강박에 시달리는 전문인이다. 이 사건 보도 과정에서 '다른 언론'이 왜, 이 별다른 관심을 기울이지 않았는지는 알 수 없다. 어느 기자가 '특종'을 했다면 그건 경쟁기자의 '낙종'일 터, 그렇다고 그 낙종 과정을 물을 수는 없지 않나. 다만, 이 부분에 관한 한 방송기자의 자서기록이 있다. 이 기자는 부산 시경을 출입하며, 동의대 사태의 전개에 관심을 갖고 있었던 것이다.
- 5월 2일 밤 당직을 서며 3일 새벽 부산시경 상황실에 연락해 보니 낌새가 이상했다. 아는 경찰간부 집에 전화해도, 모두 잠에서 덜 깬 목소리로 "잘 모르겠다"고 한다, 아침시간 가야3파출소장에게 "어떻게 되고 있나?" 물으니 다소 울먹이는 목소리로 "사람이 죽어 나가고 있다"고 한다.
- 서울 본사와 연락, 아침뉴스의 톱 아이템에 참여키로 했다. 단, 질문은 간단하게 하기로 하고. 서울 앵커는 "현재 부산 동의대 주변에 사상자가 생겼다는데 어찌된 일이냐, 사상자는 누구로 보이나?"를 묻고, "오늘 경찰작전 중 사상자가 난 것으로 보인다, 지금 상황으론 학생보다 경관이 숨졌을 가능성이 높다"고 하는 1보를 전화로 날렸다는 것이다.
이어, 촬영기자와 함께 그을음이 가득한 중앙도서관으로 갔고, 그날 밤 9시 뉴스를 통해 여러 꼭지의 리포트를 방송했으며, 본사로부터 '특종상'을 받았다는 사연이다. 작전과정을 추적하거나 초기 참사 발생에 따른 현장취재는 하지 못했으나, 적어도 '사상자 발생' 사실은 경쟁사보다 빨리 파악, '특종'을 할 수 있었다는 회고다.

### 사건성격 둘러싼 논란에도 당시 보도방향 정확, 자부

그래서, 「부산매일」은 현장 작전개시-화재 발생-경관 사망 및 경관·학생 중상-학생 다수 연행-현장 수습 같은 일련의 사태를 속속들이 취재할 수 있었다. 그 현장감각을 바탕으로, 1면 전면통단의 스트레이트 기사부터, 〈동의대 사태 문제점〉 분석박스, 〈동의대 사태, 납치부터 진압까지〉 스케치 기사까지, 사건 전모를 완벽하게 보도할 수 있었다. 불탄 도서관에서 동료의 시신을 보고 절규하는 경관 모습 등 생생한 현장사진 30여 컷도 「연합통신」 및 서울지역 언론과, 「AP」·「UPI」·「로이터(Reuter)」 등 해외언론에 지원할 수 있었다.

이 보도에서 「부산매일」이 자부한 부분은 또 있다. 이 사태의 원인을 "시위 농성 학생들의 무리한 협상요구 및 무모한 방화행위와 경찰의 성급하고 허술한 작전 전개가 어우러진 참사"로 규정, 경찰을 나무란 타 언론과 뚜렷한 대비를 보인 부분이다. 이 시기 언론은 자주, "경찰은 최루탄을 쏘지 말고 학생들도 화염병을 사용하지 말라"식의 양시양비론을 폈으나, 실상 이 사건에 있어 학생들의 책임은 결코 가볍지 않았던 것이다. 이 부분, 이 사건 성격에 대한 숱한 논란이 있다 하더라도, 현장감각에 바탕한 우리의 판단은 틀리지 않았고, 그 판단에는 작은 아쉬움도 없다.

### '사건기자' 역정에 기록적 사건특종… 개인적 자긍 대단

개인적으로, 나는 이 사건을 취재할 때까지 온전히 '사건기자(사스마와리, 일본말의 '察廻')'의 길을 걸어왔다. 「부산일보」 입사 이후 수습기자 때부터 경찰관서 출입을 배정받아 '사스마와리'의 길에 입문, 9년여를 사건기자로 보냈다. 신생 「부산매일」 역시 나의 이런 경력과 경험을 감안하여 '캡틴'(경찰청 출입) 요원으로 나를 점찍었던 것이다. 역시 「부산매일」에서 나의 첫 출입처는 부산경찰청이었고, '캡틴'의 중책을 맡아 후배 및 수습기자들을 안고 사건팀의 역량을 키워가야 했다.

창간 직후, 일선 경찰관서를 출입하는 초임후배들을 조련하며, 스스로 모범을 보이려는 나의 열정은 그저 예사로웠겠나. 언론자율화 조치 이후 부산에서 신문 3사 체제가 열리면서, 언론매체들도 날카로운 경쟁의식을 발휘했던 시절이다. 나는 경찰청 출입기자로서, 기자들의 일상 루틴코스에 들어 있지 않던 부서들도 끈질기게 찾아다니며 취재루트를 넓혀갔고, 그곳 사람들과도 각별한 정성을 들여 무시하지 못할 인간관계를 쌓아갔던 것이다. 줄여 말하건대, 이 대형사건의 그 뜨거웠던 현장을 오직 홀로, 우리만 취재할 수 있었던 저력 역시, 그런 노력, 그런 인간관계의 힘이었음은 두말할 나위가 없다. 사건기자로 성장해왔던 나의 기자역정에서 이만한 사건의 대형특종을 기록한 것은 회사의 영광에 기여함과 함께, 개인적으로도 잊을 수 없는 자긍으로 남아있는 이유이다.

이 사건은 실상 5월 1일 시위에서부터 출발한다. 동의대 학생들은 학생시위 끝에 학교 인근 부산진경찰서 가야3파출소에 접근, 화염병을 던졌고, 파출소장은 두 차례에 걸쳐 카빈소총 공포를 발사, 학생들을 해산시켰다. 학생들은 이튿날 '5·1 총기발사 규탄 및 연행학우 석방 촉구대회'를 갖고 학교 앞 삼거리에서 연좌농성을 하다 사복경관 5명을 납치, 앞서 시위 중 연행, 또는 구속된 학생 9명과 교환할 것을 요구한다. 학생들은 "구속학생 외, 8명밖에 석방할 수 없다"는 경찰 반응을 듣고 납치한 경관들을 도서관에 감금했다. 경찰은 이 납치경관들을 구출할 겸 진압작전에 나선 것이다.

## [1] 취재 일기

**역시 사건취재에 중요한 건 '현장'과 '사람'…**

1989년 5월 3일.

"9층에서 학생 1명 추락, 억! 또 1명 추락!" 새벽 5시 15분께, 부산지방경찰청 정보과장실 무전기에서 다급한 목소리가 터져 나왔다. 부산 동의대 학생회관 현장을 잇는 경찰 무선 보고망에서다. 부산경찰청 소속 제2기동대 경찰병력이 학생회관 9층 도서관에 진입한다는 작전보고가 나온다 했더니, 이내 경찰을 피해 도망치던 학생 2명이 잇따라 창문을 통해 투신했다는 보고다. 순간, 정보과장 P 총경의 얼굴은 사색으로 변했다. "큰일 났는데, 이거 나라 망하게 생겼는데…", 경찰생활 대부분을 정보 분야에서 보낸 정보통 P 총경은 사태의 파장을 가늠하는 듯 당황한 표정을 감추지 못했다.

현장 보고는 "6명 추락, 전원 사망한 듯!"으로 이어졌다. 동의대 학생들이 학생회관에서 철야농성을 하다, 진압경찰을 피해 9층 창문에서 아래로 투신, 전원 사망한 것으로 보인다는 보고다. 한동안 현장의 어지러운 비명소리가 이어지는가 했더니, 갑자기 상상하지 못했던 다른 보고가 들려왔다. "학생이 아니다. 진입경찰이 불길에 휩싸여 투신했다!" 이른바, '5·3 동의대 사태'의 초기 순간이다.

5·3 동의대 사태. 경찰이 동의대 도서관에 붙잡혀 있던 경찰관 5명을 구출하기 위해 농성 학생들을 해산시키는 과정에서, 학생들이 던진 화염병으로 화재가 발생했고, 진압경찰 6명이 불길과 가스를 피하려 창문 밖으로 투신, 현장에서 사망한 참극이다. 동의대 학생 구속자만 76명에 이르러 '단일사건 구속 최다' 기록을 세운 사건이다. 대통령이 즉각 긴급치안장관회의를 주재하고, 폭력추방 비상조치 발동을 검토한 국가적 재난이다. 학생들의 폭력시위 자제 논의를 촉발시켜 전대협의 '폭력시위 중단선언'을 끌어낸 변곡점이

다. 사건 발생 20여 년이 지나도록 숱한 사회적 논란을 빚어온 '역사적 사건'
이다.

### 사건전말 온전한 취재·정확한 기록 남긴 유일 매체 기록

나와, 신생 소속사는 이 역사적 사건에서 완벽한 특종을 기록했다. 사건현장을 오직, 홀로 취재했으니 사건전말을 온전하게 취재하고 정확하게 기록한 유일한 언론매체였다. 사건현장 사진 역시 오직, 홀로 촬영, 「연합통신」과 서울지역 언론사, 「AP」, 「UPI」, 「로이터」 같은 12개 주요사에 제공했으니 신생 언론사의 성가를 한껏 드높인 완벽한 특종이다.

당시 나는 부산경찰청 출입기자, 곧 '시경 캡'이었다. 부산경찰청을 전담 취재하며, 산하의 전 경찰서를 커버하는 '사스마와리', 그 사건기자들을 통솔하는 중책이다. 나는 그 큰 사태의 현장보고를, 정보과장과 함께 실시간으로 듣고 있었다. 평소보다 빨리 출근, 작전개시 시간에 이미 정보과장실에 앉아 있었기 때문이다. 내가 지휘하는, 우리 사회부 취재팀은 그 사건을 현장에서 생생하게 취재하고 있었다. 부산과 국내를 가릴 것 없이, 전 언론사 중 현장을 취재한 유일한 언론사로, 경찰작전 전에 이미 현장에 출동해 있었기 때문이다. 한마디로, 나는, 우리 취재팀은 경찰의 작전계획을 미리 알고, 현장취재에 빈틈없이 대응하고 있었던 것이다.

### 언론해빙기 경쟁 진앙 부산시경… 숨 쉴 틈 없는 전쟁

흔히 기자를 전문인·자유인이라고들 한다. 직업생리상, 지위·권력으로부터 자유로운 '자유인'이요, 직무성격상, 독특한 윤리·역량을 필요로 하는 '전문인'이다. 그 기자를 이해할 3가지 결정적 암호가 있다. 마감 강박-낙종 강박-오보 강박이다. 역시 강조해야 할 부분은 낙종 강박, '특종에 살고 특종에 죽는 기자사회'인 것이다.

  5·3 동의대 사태가 일어난 당시 부산 언론계 역시 격변기였다. 어느 때보다 특종경쟁이 치열한 시대였다. 전두환 시대의 5공 언론 탄압기를 넘기고 노태우 시대의 6공 언론 해빙기를 맞은 때다. 부산도 종래의 '1도 1사' 원칙에 따른 단독지(「부산일보」) 시대를 닫고, 1989년 들어 1월 신생신문 창간(당시 「항도일보」, 이후 「부산매일」)과 2월 폐간신문 복간(「국제신문」)을 거쳐 신문 3사 체제를 맞았고, '중앙지' 역시 주재기자를 다시 배치했던 시기다.

  신문 3사의 취재경쟁은 불을 뿜을 수밖에 없었고, 역시 최강의 사건취재 전력을 배치했다. 그 경쟁의 진앙은 부산시경이요, 경쟁의 핵심은 시경 캡이다. 나는 「부산일보」 사회부 기자로 일하다, 「부산매일」로부터 아예 '시경 캡' 자원으로 끌려간(?) 기자다. 「부산일보」 ○○○(편집국장 역임) 기자 역시 기존 유력지의 명성을 지켜야 할 대표선수다. 「국제신문」 ○○○(논설주간 역임) 기자는 복간지의 명예를 걸머진 기자다. 말 그대로 '초초맹장'들의 숨 쉴 틈 없는 전쟁이었던 것이다.

## 역사적 현장 독점취재 비결은 역시 '사람'의 힘

  이런 험난한 경쟁조건에서, 우린, 그 역사적 사건의 현장을 독점 취재할 수 있었다. 그 비결은 역시 '사람'이다. 나는 후배기자들에게, 또 대학의 '신문원론'이나, 대학원의 '신문학원론' 등의 수강생에게, '뛰어난 기자가 갖춰야 할 요건 몇 가지를 늘 강조하곤 했다. 우선 "취재처에서 성실·겸손하되 늘 공부하라"는 것, 그와 함께 "취재의 최대 자산은 사람"임을 역설했다. 동의대 사태를 현장에서 취재한 '천하의 대특종' 역시 '사람'으로부터 나온 것은 두말할 나위도 없다.

  실상, 5·3 동의대 사태의 출발은 그저 평범한 학원시위 사태의 하나였다.

동의대 학생들은 학교를 대상으로 등록금 투쟁을 벌였고, 시위 과정에서 교문 밖 진출을 시도했으며, 경찰은 이를 제지하고…. 여기까지는 평범했다. 단, 시위학생들이 학교 진출입로에 있던 가야3파출소를 화염병을 던지며 습격하고, 놀란 파출소장이 총기를 꺼내 공포탄을 쏘며 학생들을 쫓아낸 부분은 약간 특이했다(5월 1일).

정작 심각한 사태는 그 다음부터. 학생들이 '5·1 총기발사 규탄 및 연행학우 석방 촉구대회'를 가진 뒤 학교 앞 삼거리에서 연좌농성을 하다 사복경찰관 김학용 일경 등 5명을 납치했고, 이 전경들과 파출소에 화염병을 던지다 붙들린 학생 9명을 교환할 것을 요구하고 나선 것이다. 이 과정에서 경찰은 구속상태 1인을 제외한, 8명밖에 석방할 수 없다고 맞섰고, 결국 학생들은 납치한 전경들을 도서관에 감금하기에 이른 것이다(5월 2일).

**사태추이 주시-전개방향 예측-'사람'의 확인까지**

시경 캡, 나는 사태의 추이를 예사롭지 않게 주시했다. 취재기자들이 저마다 귀사하며 팽팽한 긴장감을 풀어가는 시간대였지만, 내가 시경청사를 '사스마와리' 할 때 경비, 정보 계통의 주요 간부는 '부재' 중. 그들은 분명 현장으로 갔을 터였다. 나는 정보과 학원담당 간부 방에서, 예의 그 스티커 붙이기식 사태 전말을 메모하며, 경찰의 대응방향을 신중하게 파악했다. 우선 경찰의 판단을 짐작했다. "내일(5월 3일), 학생들이 총학생회 총회를 연다. 학생들은 그 자리에 납치한 전경들을 끌고 나올 것이다. 공권력의 권위가 망가지는 것을, 그 정도까지 용인할 순 없다…." 경찰은 어떤 시간에, 어떤 형태든 진압작전을 각오하고 있을 터였다.

난, 회사에서 취재계획을 검토했다. 우선 '남부라인'의 강상구(康相九)를 팀장으로 삼아, 부산진 출입 김형진(金炯鎭) 등 취재기자 3명과 사진부 이문호(李文鎬) 기자를 동의대 학생회관으로 내보냈다. 통신수단은 '삐삐'와 공중전화였던 시절, "자주 연락하자"는 약속과 함께.

밤 9시께, 첫 보고가 왔다. 학생들은 납치한 전경들의 눈을 가린 채 학생회관 농성장 바닥에 꿇어앉혀 두고 있다는 사실, 내일 운동장 총회장에 끌고 나가려 한다는 사실을 확인했다. 아울러, 다른 회사 동향을 확인한 결과, "그들은 코빼기도 보이지 않는다"는 대답을 들었다.

다시 경찰 지휘부의 동향을 파악토록 했다. 곧 보고가 왔다. 가야로 대로변 가야1파출소에 경찰 수뇌부가 모여 회의를 하고 있으나, 그 내용을 확인하긴 어려운 분위기라는 것이다. 현장 취재팀은 경찰청 간부를 중심으로 한 회의 멤버들을 쉽게 접촉하기도 어려울 터였다.

이때 중요한 것은 역시 '사람'이다. 난, 바로 한 '사람'을 떠올렸다, 경찰의 판단을 정확하게 파악할 수 있는 '사람'(취재원), 경찰 진압작전을 펼 부산시경 기동대대장 윤○○ 경정이다. 그는 나와는 정말 각별한 인연*을 가진, 총

---

* 윤○○ 경정과 끈끈한 인연을 맺은 것은 「부산일보」 소속으로 부산 남부경찰서를 출입할 때였다. 후덕하고 소탈했던 성격으로 주변의 신망이 높았던 윤 경정은 1987년 6월 항쟁 때 엉뚱한 오해 끝에 징계를 받을 처지에 직면한다.
당시 부산 시위군중 일부는 부산 중구 대청동 가톨릭센터에서 6일간 농성을 벌였고, 사제단과 경찰의 합의에 따라 '무사 귀가'를 조건으로 농성을 해산했다. 농성단의 귀가버스 한 대가 심야에 남구 대연동 남부경찰서 앞을 지날 무렵, 뜻밖의 사고가 터졌다. 경찰서 경비병력들과 귀가버스 농성단과의 오해 끝에 충돌이 발생한 것이다. 남부경찰서가 상부 차원의 업무연락을 일선 경비병력에까지 제대로 숙지시키지 못한 탓이었다. 윤 경정은 이날 상황실장, '현장 지휘관'이었다. 사제단은 당장 폭력규탄에 나섰고 윤 경정의 징계를 요구했다.
어느 저녁 술자리에서 상황을 파악한 나는 윤 경정 구명작전에 나섰다. 먼저 부산경찰국장(당시 김정웅 치안감)에게 징계방침을 걱정했다. 국장은 징계조치의 불가피성을 설명하며, "혹 천주교 사제단이 양해해주면 징계를 완화할 수 있겠는데…"라고 걱정했다. 나는, 천주교 부산교구 정의구현사제단 박승원 신부를 접촉했다. 취재과정에서 자주 만난 인연이다. 박 신부를 설득했다. 그 충돌, 경찰이 귀가 시민을 오인해 그런 것이다, 경찰이 왜 협상조건을 깨려 들겠나? 현장지휘관 윤 경정, 괜찮은 사람이다, 당신이 유능한 경찰지휘관 한 사람을 구제할 수 있다, 사제단을 꼭 설득해달라.
박 신부는 나의 설득에 반응했다. 사제단 신부들을 설득했고, "현장지휘관에 대한 사후 처리는 부산경찰국장에게 맡긴다"는 결론을 얻어냈다. 결국, 윤 경정은 가벼운 경고를 받고 총경 승진 대열에서 부산시경 기동대대장을 맡고 있었던 것이다.

경 승진 후보다. 취재팀에 지시했다. 현장회의에 시경 기동대대장이 있을 것이다, 회의를 마치는 대로 파출소 공중전화에서 나에게 전화를 건 뒤, 그에게 나의 이름을 말하며 전화를 받도록 하라고.

다행히 그는 내 이름을 듣곤 공중전화를 잡아주었다. 내가 그의 처지를 왜 모를 것인가. "내 얘기 듣고 '예', '아니오'만 대답해 주시라", "경찰, 작전 안 하곤 안 되지?" "예", "그렇다고 진압작전하며 심야에 쳐들어갈 순 없지 않나?" "예", "내일 오전 9시 운동장 총회 갖는다는데 그땐 늦을 거고?" "예", "그럼 동틀 때 들어가나?" "예", "정말 감사하다, 전화 끊으시라!"

## 적전계획 확인-기자 현장배치에 보고내용 동시청취

난 경찰 작전계획의 핵심을 알아낸 것이다. 곧 현장취재팀에서 전화가 걸려왔다. 다음 행동방침을 지시받으려는 것이다. 난 핵심을 찔러 지시했다. "현장에서 밤샘할 필요 없다. 그 근처 여관에서 푹(?) 자라. 내일 아침 '동틀 시간 전'에 현장으로 나가라. 사진기자 잘 챙기고!" 그들은 '캡'의 지시대로 행동했다. 근처 여관에 투숙했고, 다음 날 일출시간을 확인한 뒤 불침번 서듯 당번을 서가며 잠을 잤으며, 동틀 무렵 현장으로 나갔던 것이다.

그들에게도 제때 현장에 접근하지 못할 뻔한 위기도 있었다. 경찰이 작전시간을 앞두곤 가야로-동의대를 잇는 연결도로를 차단한 것이다. 우리 기자들은 그 가파른 오르막길을 택시로 올라가려는 계획을 제지당했으나, 하늘은 스스로 돕는 자를 돕는 법, 현장작전에 출동하는 소방차의 꽁무니 부분, 소방관들이 발을 딛고 선 디딤대 부분에 합승하여 현장접근에 성공했다.

난, 밤늦은 취재지시를 내린 뒤 '걱정 없이' 귀가했다. 솔직하게 말해서, 난 그 작전이 그처럼 '역사적 사건'으로 끝나리라고는 예상하지 못했다. 단, 경찰이 작전을 벌이면 결과는 경찰 구상대로일 것이고, 농성학생이 많으니 현장

연행자가 참 많겠고…. 이런 정도를 생각했다. 그러곤 역시 5월 3일 일출시간을 확인하고 잤고, 다음 날 새벽 동틀 시간 전 부산시경에 도착했다. 시경청사는 작전 자체를 비밀에 붙인 듯 정말 고요했다. 여러 방 중 인기척이 있는 정보과장 방을 급습했다. 깜작 놀라 당황하는 정보과장에게, "작전계획을 알고 있다. 문 잠그고, 불 끄고, 함께 있자"고 설득, 현장 초기 상황을 함께 파악하기에 이른 것이다.

### 지면 '독야청청'… 문제점·원인 분석에 타 언론 지원도

그날 동의대 사태를 다룬 우리 신문 지면은 오직, '독야청청'이었다. 1면엔 〈동의대 시위 진압 경찰 6명 사망〉, 두터운 통단 제목에, 〈불길·가스 피하려 7층서 투신〉, 〈인질동료 5명 구출 도서관 진입〉, 〈학생들 신나 뿌리고 화염병〉 등 현장의 참극을 전하는 사진 역시 5단으로, 크게 났다. 관련 기사로, 〈문교부, 동의대에 임시 휴교령〉, 〈관련자 전원 구속 방화·폭력죄 적용(대검, 부산지검에 긴급 지시)〉 2건이 붙었다.

2면엔, 노태우 대통령이 긴급치안장관회의를 주재한 소식과 이 사태를 보는 정계의 반응을 실었다. 사회 1~2면은 양면에 걸쳐, 요즘의 '스프레드(spread) 편집'을 했다. 〈(동의대 사태 납치에서 진압까지)순식간에 불길…새벽 아비규환〉, 〈두 차례 인질협상 결렬…진압 개시〉.

동의대 사태의 문제점과 참사 원인도 알차게 덧붙였다. 참사원인으로 "시위농성 학생들의 무리한 협상요구 및 무모한 방화행위와 경찰의 성급하고 허술한 작전 전개가 어우러진 참사"를 강조한 것은, 당시론 정말 용기 있는 보도태도였다. 많은 언론들은 그저, 관행적인 보도태도 그대로, "경찰은 최루탄을 쏘지 말고 학생들도 화염병을 사용하지 말라"는 식의 양시양비론에 매달렸기 때문이다. 크게는 현장취재 없는 보도, 작게는 학생운동에 관한 한

양시양비론 관행의 한계를 그대로 드러낸 것이다.

  그날 난 정말 바빴다. 창간 석 달여 만에 맞닥뜨린 대형사건 아닌가. 우선, 사건기자들을 하나하나 '현장'으로 재배치했다. 현장은 동의대뿐이 아니다. 희생자들이 실려 간 병원이며 그 가족이며, 학생들을 수사하는 수사기관이며…. 다른 경찰서를 맡고 있는 기자들도 일일이 '삐삐'로 호출, 임무를 부여했다. 다행히, 현장의 긴급상황이 끝난 것을 확인하고 기자실로 돌아왔을 때도 다른 기자는 누구도 출근하지 않았다. 기자실의 일반전화 2대로 마음껏 삐삐를 치고, 고함까지 질러가며 취재지시를 할 수 있었다. 현장의 취재보고와 경찰보고를 종합, 사태의 윤곽을 파악하고 지면계획을 구상할 때까지, 난 온전히 나만의 공간에서 나만의 시간을 누릴 수 있었다.

  그러나, 그들에게 이 '천지 대사건'의 스트레이트며 박스 기사를 맡길 순 없었다. 이제 수습의 끈을 갓 뗀, 창간 두 달여 만의 초년기자 그들이 취재지시에 따라 여러 상황을 제대로 챙겨주는 것만으로도 얼마나 고마운 일인가. 현장 기자들에겐, 이런저런 요령으로, 취재결과를 메모형식으로 보고하고, 현장 스케치 기사를 만들어 송고토록 지시했다. 1면과 사회면의 스트레이트 기사며, 2~4면의 긴급 기획이며 박스 기사까지, 중요 기사는 모두 나의 몫이었다.

## [2] 주요 기사

**사회 1면** | 머리기사

### 동의대 시위진압 경관 6명 사망
인질경찰 5명 구출… 도서관 진입
학생들 복도 신나 뿌리고 화염병
불길·가스 피하려 7층서 투신… 학생 1명 포함 중상자 11명

　3일 새벽 5시께 부산 부산진구 가야3동 동의대 중앙도서관에서 경찰이 학생들에게 붙들린 시위진압경찰 5명을 구출하는 과정에서 유혈사태가 발생, 경찰 6명이 숨지고 경찰 10명·학생 1명 등 11명이 중상을 입는 대참사가 빚어졌다. 이번 참사는 우리나라 대학가 및 노동가의 시위농성 또는 진압과정상 인명피해로는 최대 규모의 희생이다.

　부산시경은 이날 새벽 5시께 부산 동의대생들이 경찰관 5명을 납치, 인질로 삼아 철야 농성 중이던 이 학교 중앙도서관 건물에 5개 중대 634명의 진압병력을 동원, 인질구출작전을 개시했다. 이 과정에서 농성학생들이 자체방어용으로 보관하고 있던 신나 등 인화성 액체 100여 리터를 건물 7층 복도에 쏟아 부은 채 화염병을 던져 화재가 발생, 복도를 지나가거나 뛰어올라가던 경찰관 1명이 불길에 휩싸여 현장에서 숨지고 5명은 유독가스에 질식, 또는 불길을 피하려 복도 유리창을 깨고 아래로 뛰어내리다 숨겼다(…). 이번 인질구출 작전은 부산시경 김정웅 국장, 김덕오 제1부장, 박정호 부산진경찰서장 등이 지휘했다.

　경찰은 이날 학생들과의 '인질교환협상'이 결렬되자 실력구출작전을 개시, 중앙도서관 건물로 진입했다. 당시 학생들은 건물 4층 베란다에서 화염병 100여 개를 던지다가 경찰의 최루탄에 쫓겨 7층 세미나실 농성장으로 들어갔다가 보관 중이던 인화물질을 7층 복도에 쏟아 부은 뒤 경찰관들이 계단을 따라 7층으로 접근하는 순간 화염병을 던졌다는 것.

　7층 복도가 순식간에 불길과 가스에 휩싸이자 경찰들을 피할 사이 없이 불길 또는 가스에 휩싸여 그 자리에 주저앉거나 고층 유리창을 깨고 투신할 수밖에 없었다는 것이다. 이때 학생들은 인질경찰 5명을 끌고 9층 옥상으로 대피, 농성을 계속했다. 경찰은 순간적 참상이 벌어지자 병력을 일단 철수, 학생들을 설득해줄 것을 학교 측에 요청했다.

　학교 측 이병돈 총장 등은 옥상에서 학생들을 설득, 학생들은 경찰 5명을 풀어준 뒤 자진해산했고, 경찰은 농성학생 89명을 연행했다.(…) [붙임; 사망자·부상자 명단.]

| 사회 2면 | 문제점 분석(해설) |

## '방화만행'·허술 작전이 빚은 참사
학생, 인질교환 강요… 경찰, 투신 등 무방비
무모 도전·응전이 최악 피해 낳아

　동의대 경찰작전 중 대규모 인명피해사고는 시위·농성 학생들의 무리한 협상요구 및 무모한 방화행위와 경찰의 성급하고 허술한 작전전개가 어우러진 참사였다.
　동의대 학생들이 시위진압경찰을 납치, 파출소에 화염병을 던지다 불들린 동료학생들과의 교환을 요구한 것 자체가 실정법 질서를 무시한 행위였고, 경찰관 진입 순간 인화물질에 불을 지른 행위 역시 대형 인명피해를 빚을 위험을 간과한 어처구니없는 만행이었다. 경찰도 급박한 강경진압 작전을 펴며 화재 및 투신을 예상할 수 있는 위급상황을 대비하지 않은 채 새벽작전을 개시, 이 같은 참사를 빚었다.
　결국 경찰과 학생은 서로 무리한 '도전'과 무모한 '응전'을 거듭, 우리나라 시위 농성 및 경찰 진압작전 사상 최악의 인명피해를 냈다. 학생들의 대처방식과 경찰 측의 작전행동도 어처구니없을 정도로 무모했다. 학생들은 이날 경찰의 구출작전에 대비, 화염병은 물론 10리터들이 통 10개에 신나 같은 위험 인화물질을 준비하는 등 당초부터 위험스런 대처방식을 채택하고 있었다. 경찰 진입 순간 인화물질을 들이붓고 화염병을 던진 행위는 차라리 '순간의 실수'였다 하더라도, 경찰 진입 때 불을 지르겠다는 발상은 당연히 극단적 상황을 우려하게 돼 있었던 것이다.
　경찰작전 역시 전례 없이 무모했다. 도서관 건물에 진입하며 농성학생들의 대처태도와 심리상태, 불의의 사고 등을 파악하는 데 소홀, 그저 몸싸움 정도로 사태를 해결하려 했던 것이다. 더욱이 농성장이 7층이고 건물 자체가 고층인데도 투신·추락 상황에 대비한 안전망 등을 설치하지 않았고, 학생들의 격렬한 응전에 대비한 준비태세 역시 크게 소홀했다.(…)
　학생들의 과격한 시위방식과 경찰의 강경일변도 진압방식은 끝내 돌이킬 수 없는 참상을 낳았다. 차제에 우리 학생들도 시위의 과격성을 자제해야겠고, 경찰 역시 대처의 강경성을 배제해야겠다는 게 각계각층의 한결같은 바람이다.

　신문은 5일자 1면 머리기사로 〈동의대생 76명 구속수감〉, 14면에 영장

요지 등 〈동의대 사태 모의에서 구속까지〉를 전면으로, 사회면 머리기사로 〈단일사건 구속 최다 기록〉 등 사태파장을 게재했다. 6일자에는 3면에 긴급 시리즈 〈학생운동 이대로 좋은가〉 연재를 시작했고, 사회면에 순직 경관 경찰장 엄수 기사를 실었다. 7일자에는 7면 전면기사로 '취재기자 방담'을 게재했다. 제목은 〈대학생활 두 달째 1학년 8명 구속 충격적〉, 〈운동권 자제… 평화시위 계기 마련〉, 〈'화염병 폭력' 지적 못한 일부 언론 기회주의 개선계기 되길〉 등이다.

## [3] 회고 및 평가

돌아보면, 창간 석 달여 신생 일간지가 '역사적 대사건'에서 완벽한 현장특종을 기록한 것은 사건취재에 임하는 취재진의 숙성한 경험·집념과 철저한 대비태세, 나아가 '사람'의 몫에 힘입은 바 크다. 특히 이 취재보도에서, 사태의 원인으로 '학생들의 무리한 협상요구 및 무모한 방화행위'를 직접 지목한 것은 대단히 용기 있는 보도태도였다.

신문이 스트레이트 기사며 현장 스케치, 분석 해설 등에서 '현장을 직접 지켜본 듯' 과감한 표현을 구사한 것도 그러하다. 나는 '현장을 지켜보지 못한' 많은 언론들의 '취재'를 당하며 향후 언론보도의 방향을 사실상 이끌고 간 것도 사실이다. 그럼에도, 일련의 특종보도 과정에서 학생·경찰은 물론 지역사회 어디서도 논란 제기나 항의 하나 없었음은 물론이다. 그만큼 우리는 현장취재에 철저했고 논리전개에 뚜렷했다.

올 2019년은 5·3 동의대 사태 30주년이다. 그 긴 세월, 나는 화염 속에서 산화한 순국 경관들의 희생을 자주 기억하곤 했다. 내가 기자생활의 상당 부분을 사건기자로 보냈으니, 제복을 입은 경찰에 갖는 감회는 남다른 바 있을 터이다.

그날, 동의대 도서관 진입병력을 지휘한 안 모 경감의 사연 역시 잊을 수 없다. 그는 진압작전을 펴다 불길 속에 부하직원들을 잃곤, 한동안 경찰국 홍보 담당 책임자로 일했다. 나는 때로 그의 예사롭지 않은 트라우마를 감지하곤 자주 그를 위로하곤 했으나, 그는 결국 퇴임 후 일찍 세상을 등졌다. 법질서를 지키기 위해 순국한 경찰관들의 고귀한 희생에 새삼 경건한 추모를 드린다.

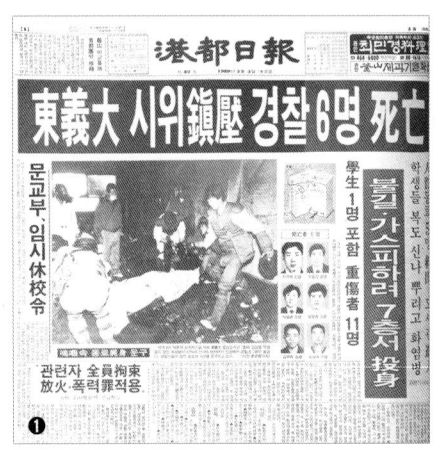

① 세칭 '5·3 동의대 사태'의 현장에서 사태 전개 과정을 전 언론 중 유일하게 취재, 중요 기사로 대서특필한 「항도일보」대형특종 1면 보도(1989. 5. 3).
② 5월 3일자 사회 1·2면을 털어 스프레드(Spread)형식으로 편집한 지면. 사태현장 상보와 문제점을 분석한 해설기사를 실었다.

## 2) 탐사보도:
## 부산 북부서 강주영 양 유괴살해사건 고문조작수사 추적보도
권력은 진실 앞에 결코 강할 수 없고
언론은 진실 앞에 결코 약할 수 없다

> 탐사보도(Investigative Reporting)는 저널리즘의 가장 매력적인 형태이며, 가장 주요한 형태일 수 있다. 이 부분의 전문가는 퓰리처상을 받고, 베스트셀러 책을 쓰는 데 가장 유리하다. 그들의 동료, 나아가 때로는 공중의 영웅이 되기도 쉽다. 그러나 탐사보도의 작업과정은 힘들고, 가끔은 낭비적이며, 때로는 위험하기까지 하다. 아무 과실 없이 나날을 보낼 수도 있고, 압력과 위협은 일상적이다.
> -The Missouri Group, News Reporting & Writing

탐사보도. 정부나 관공서의 발표에 기대지 않고 미디어의 독자취재로 권력의 부정, 사회의 부패를 폭로하는 보도기법이다. 자유언론의 나라 미국에서 태어났다. 그 빛나는 역사가 절정을 이룬 것은 현직 대통령 리처드 닉슨을 임기 도중 사퇴로 몰고 간 워터게이트사건 보도이며, 그 영향으로 일본에서도 다나카 가쿠에이(田中角榮) 수상을 현직에서 끌어내렸다. 탐사보도란, 말하자면 권력에 대한 점검기능을 표방한 미국 저널리즘의 진수로서, 미국 민주주의의 근간을 형성하고 있다.

### '한국 탐사보도 전형' 평가… '내 할 일' 다한 역작

탐사보도는 우리나라에서도 각광받는 보도형태의 하나이다. 내가 「부산매일」 사회부장 때 다룬 탐사보도 〈부산 북부서(北部署) 강주영(姜周英) 양 유괴살해사건 고문조작수사 추적보도〉는 '탐사보도의 국내판 전형', '한국 탐사보도의 개척자(언론계·언론학계 평가)'라 할 만하다. 실상,

이 추적보도는 나의 언론 생활 중, 가장 험난하고 위험했으며 가장 자랑스럽고 영광스러운, 정말이지 '기자의 할 일'을 다했다고 자부할만한 역작이다.

나는 일찍이 기자의 길을 걸으며, 특히 짧지 않은 기간 사건기자의 험한 역정 속에서 미국 저널리즘의 진수, 그 탐사보도의 빛나는 역작들을 선망하고 동경했다. 더하고 뺄 것도 없이, 현대언론은 본질적으로 (권력에의)감시·비판 기능에 충실해야 한다. 나아가 언론은 종래의 객관적 보도가 갖는 결정적 취약점, 곧, (봉사해야 할)공중에 봉사하지 못하고 감시·비판해야 할 대상에게 기여하는 그 부조화(잘못)를 극복해야 한다. 1970년대 들어 발달한 미국의 탐사보도는 언론의 본질적 기능에 충실하며 공중에 제대로 봉사하는, 기자라면 선망해야 할 얼마나 매력적인 보도기법인가.

내가 1991년 미 국무성의 IVP(International Visitor Program)에 초청받아 한 달 동안 미국 8개 도시를 순회하며 방문목적의 하나로 '탐사보도에의 이해'를 설정, 굳이 뉴욕 컬럼비아대 퓰리처센터와 함께, 소도시 미주리주립대를 찾은 이유도 그 때문이다. 탐사보도편집인협회(IRE)의 본부가 그곳에 있음을 알았던 것이다.

내가 서울언론재단의 지원으로 1993년 7월부터 1년 동안 미국 미주리주립대 저널리즘 스쿨에서 연수한 것도 그 때문이다. 그곳 IRE 본부를 드나들며, 또 관련 강의·연구를 통해 탐사보도의 전통이며 정착 과정, 그 특유의 사회기여 기능 및 방법론을 익힐 수 있었던 것이다. 나는 그곳에서 지도교수 로버트 로건 박사의 지도 아래, 「시애틀 타임스」의 엑슨발데즈 원유 유출사고 관련 보도(퓰리처상 수상)를 분석한 논문을 쓰며, 그 탐사기자들의 열정과 집념, 그 성과를 또 얼마나 부러워하며 경탄했던가.

### 탐사보도 선망해도 그 험난함·위험 상상 못했다

탐사보도의 매력에 빠지며 선망을 했기 때문일까. 나는 회사 복귀와 함께 사회부장을 맡으며, 탐사보도의 수행과정과 취재원 활용방안, 그에 따른 장애 등을 자주 기억했다. 미국 「워싱턴 포스트」의 '워터게이트' 보도가 이웃 일본서 「아사히신문」의 '리쿠르트 사건'으로 이어진 만큼, 기회가 닿는 대로 우리나라에도 탐사보도의 장르를 뿌리내려 보리라 다짐했다.

나는, 가능한 한 취재보도 과정에서 뉴스원이나 보도대상에 의존하지 않고 독립적 시각과 관점으로 사실이나 사건에 깊이 파고들어 정확한 심층보도를 해보리라 다짐했다. 관계당국과 전문가의 자료나 활동결과를 이용하기보다는 그들과 다른 시각에서, 심지어 그들과 자료·활동 결과까지 보도대상으로 삼아 감시와 비판을 다해보려 했다.

이러한 보도 자세야말로 맹목적 객관보도의 문제점을 바로잡을 수 있는 방법이라 믿었던 것이다. 그렇다고 해서 탐사보도가 객관적 사실을 외면하는 것은 아닐 것이며, 엄밀한 사실을 바탕으로 보다 깊이 있고 독립적으로 진실을 찾아 나설 수 있으리라 믿었다. 그런 과정에서, 부산 도시철도 부실건설, 공공주택의 부실시공, 대기업의 노조정책 등 보도과정에서 잇따라 한국기자협회 기자상을 배출했다.

### 탐사보도 목적의식 공감 속 고문수사 운명적 조우

그런 목적의식을 동료들과 공감하며 신생언론의 열정과 패기를 한껏 과시할 무렵, 우리는 이 유괴살해사건 고문조작수사와 운명적으로 조우했다. 나는 일찍이 사건기자로 뛰며 적잖은 강력사건에서 소위 '과학수사'라는 이름의 고문수사가 은근히 벌어지고 있음을 알았던 터. 이 사건의 경우, 당시의 시대상황과 맞물려 대통령까지 특별한 관심을 표시한 만큼 경찰의 '무리 수'가 빚을 우려도 배제하지 않아야 했다.

행운인가, 운명인가. 취재기자로부터 경찰의 유괴범 검거발표 사실을 보고받을 때 여러 석연찮은 의문점을 감지했다. 용의자들을 만나 그 의문점을 확인토록 한 바, 용의자 진술은 경찰발표와 상당 부분 다르기도 했다. 이제, 우리는 언론이 추구해야 할 인권보호 의식을 바탕 삼아 수사기관과 다른 시각에서 진실을 찾는 노력, 곧 탐사보도를 시작해야 했던 것이다.

그러나, 내가 아무리 탐사보도의 빛나는 역사를 선망하며 그 취재과정에 나름의 자신을 갖고 그 장애에 도전할 투지를 갖는다 해도, 이 고문조작수사 추적보도가 이처럼 험난하고 위험할 줄은, 미처 생각하지 못했다. 그저 사건수사 초기의 '작은 단서' 하나가 언론이 사명으로 알아야 할 '인권보호' 문제였고, 그 '고문조작'의 가능성을 추적하며 '진실 찾기' 과정을 밟았을 따름이다.

그리고, 그 '진실이라고 믿는 사실의 증명과정'에서 일상적인 압력과 위협에 직면했으며, 정말 쉬이 성취하기 힘든 깊이와 넓이의 추적과정 끝에 그 숱한 위험을 극복하고 내가 맡아야 할 그 몫을 다했을 뿐이다. 지금도 생각한다, "같은 상황이라면 다시 할 수 있을까"를. 그래서 이 탐사보도는 내 기자의 길에서 결코 잊을 수 없는 역작이다.

**경찰 고문조작수사 고발, 인권보호 앞장선 보도**

이 탐사보도는 한 어린이의 유괴살해사건 수사과정에서 검찰·경찰이 주장한 사건내용은 고문을 거쳐 조작되었으며, 따라서 관련 피고인 4명 중 진범 1명을 제외한 3명은 모두 무죄임을 주장, 입증함으로써 공권력의 일탈·남용을 고발하며 인권보호에 앞장 선 보도물이다. 이 탐사보도는 고문조작수사를 추적한 첫 보도(1994년 11월) 이래, 길고도 험난했던 검·경과의 피고인 고문 및 조작수사 논쟁과 1심에서 상고심에 이르는 공판과정, 그리고 확정판결 이후 고문경관의 사법처리까지 대략 1년 2개월여 동안의 기사와, 관련 칼럼, 사설, 외부 기고물을 포함한다.

이 탐사보도는 언론계 내부로부터, 또 언론학계로부터 '한국 탐사보도의 개척자', '탐사보도의 전형'이라는 호평을 받았으며, 그에 따라 한국기자상(대상), 한국언론학회 언론상(탐사보도) 같은 우리 언론계의 권위 있는 큰 상을 석권한 바 있다. 또 이 탐사보도는 취재보도가 일관되게 감시하고 고발했던 국가 공권력의 남용과 그에 따른 인권침해 행태, 그리고 한 언론의 진실추적 과정을 한 사례로 삼아, 민주사회 속의 인권보호 및 자유사회 속의 언론의 공적기능 향상에 기여한 바도 크다. '한국언론 100대 특종 드라마; 역사성 있는 특종이라야 생명이 길다'(「월간조선」, 1999. 6)의 선정 이유가 그런 점을 명확히 하고 있다.

**기자 명운·회사 사운 담보 속 진실찾기 승리**

돌이켜보면 이 탐사보도 작업은 정말이지 어렵고도 험난했다는 사실만은 아무리 강조해도 지나치지 않다. 어쩌면 기자들의 명운과 회사의 사운을 담보한 나날이었기 때문이다. 우리 취재팀은 이 어렵고 지루한 보도작업을 불같은 투지와 빈틈없는 취재력으로 훌륭하게 마무리할 수 있었다.

다행히 우리가 진실이라고 믿은 사실들은 틀림없이 스스로 진실로서 존재해주었으며, 그래서 우리가 진실을 증명하는 과정은 하나의 과학적 추적 작업과 비슷했다. 그 '진실의 승리'는 우리에게 많은 영광과 귀한 교훈을 주었다. 우선 우리의 영광은, 우리가 헌신하며 키워온 신생 「부산매일」의 존재를 널리 알리고 그 위상을 드높이는 더 큰 영광으로 남은 것이다.

이와 함께, 한국기자협회는 이 탐사보도에 한국기자상 대상을 수여하며

"자칫하면 영원히 묻힐 수 있는 한 인간에 대한 인권유린을 끈질기게 추적 보도, 결국 진실을 찾아냄으로써 사회적으로 큰 반향을 불러일으켰다"면서, "지방언론 이상의 큰 역할을 해냈다"고 극찬했다. 한국언론학회 역시 언론상(본상; 탐사보도)을 수여하며 "지방의 한 작은 신문'이 막강한 수사기관의 압력과 다른 언론들의 비협조 속에서도 용기 있게 진실을 파헤쳤다는 점에서 탐사보도의 한 전형으로 평가받았다"고 격려했다.

우리는 이 보도를 마무리하며 국가권력이 아무리 막강하다 하더라도 진실을 묵살할 수 있을 만큼 강하지는 않으며, 언론(기관)이 아무리 작거나, 또는 지방언론이라 하더라도 진실을 추구하는 이상 그 힘은 결코 작거나 약하지 않다는 교훈을 새삼 확인했다. 이 귀한 교훈은 앞으로도 우리 스스로 어렵고 힘난한 탐사보도 작업을 마다하지 않는 용기로 남을 것이었다.

그래서, 우리가 이 탐사보도 작업을 한 권의 책으로 묶으며 붙인 제목은 『권력, 인권 그리고 언론-부산 북부서 강주영 양 유괴살해사건 고문조작수사 추적보도자료』. 우리 국가권력의 남용을 경계하고, 그래서 무엇과도 바꿀 수 없는 인간 최고의 가치, 그 '인권'을 보호하며, 그 권력의 남용을 막고 인권을 보호하는 데는 무엇보다 언론의 공적 기능이 중요하다는, 당위적 측면을 새삼 강조하기 위해서다.

## [1] 보도 경위

이 추적보도는 지난 1994년 10월 사건 발생으로부터 1년 2개월여 동안 전국적 관심을 끌며, 소위 문민시대를 맞고도 경찰의 고문·조작수사와 검찰의 공권력 남용에 따른 인권유린 행위가 끊이지 않고 있음을 입증한 탐사보도의 한 전형이다.

추적보도가 입증한 바대로, 무고한 피의자에 대한 검경의 고문수사 및 범인조작 사실과, 이 같은 고문조작 수사를 모두 인정하고 피고인 4명 중 3명에게 무죄를 선고한 대법원 확정판결 때까지의 재판결과를 보라. 또 변호사단체의 고발에 따라 검찰 스스로 수사지휘 및 공소유지 검사의 문책(사직) 조치와 함께 고문경관들을 구속기소한 사실을 보라. 우리 사회에 아직도 공권력의 전근대적 범죄행위가 공공연히 저질러지고 있다는 반증인 것이다.

**유괴살해 수사발표에 석연찮은 점 많아**

○ 사건 발생=1994년 10월 10일. 하굣길의 강 양 실종 후 몸값 200만 원을 요구하는 협박전화가 걸려왔다. 경찰은 언론의 협조를 구하고 비공개 수사에 나서 12일 강 양의 이종언니 이 모 양(19세)을 체포, 범행 자백을 받아내고, 이 모 양 집에서 강 양의 사체를 찾아냈다. 이 양의 진술을 근거로 친구 남 모 양(19세)과, 이·남 양과 한때 사귀었던 원종성 씨(23세), 옥 모 씨 등 2명을 공범으로 검거했다.

경찰은 사건발생 사흘 만에 1차 수사결과를 발표했다. 이들이 당시 전국을 떠들썩하게 했던 소위 '지존파(至尊派)' 흉악범을 흉내 내 유괴범행으로 몸값을 뜯기로 모의, 강 양을 부산 도심 남포동으로 유괴한 뒤 살해, 사체를 이 양 집으로 옮겨 숨겨 놓았다는 것이다.

모든 언론은 수사발표를 대서특필했다. 당시 '지존파 사건'과 '온보현(溫普鉉) 사건', '대학교수 패륜살인사건' 등 사회병리적 강력사건에 이어 발생한 만큼, 대통령도 큰 관심을 갖고 범인의 조기검거를 특별 지시할 정도였으니. 「부산매일」도 경찰발표를 취재했으나, 수사발표 중 그대로 납득하기에는 너무나 석연찮은 점이 많은 사실을 포착했다.

강 양의 사체유기 과정, 살해현장, 공범들의 범행가담 이유…, 특히 4인 중 결국 무고함을 인정받은 3명은 가정형편, 가족사항, 사회활동 등으로 미루어 흉악범죄에 가담하기엔 적절치 않다는 점을 확인했다.

**취재단서, "용의자 진술-경찰발표 크게 다르다"**

○ 「부산매일」 취재·보도=우선 출입기자에게 "(유치장 수감 중인) 용의자들을 만나 여러 의문점을 확인할 것"을 지시했다. 범행과정을 확인한 바, 역시 상식적으로 납득하기 어려운 대목이 많았다. 용의자들의 주변과 범행가담 가능성을 확인한 결과, 경찰발표와 크게 다르기도 했다. 주변에서 남 양의 '범행 관련 불가'를 증명할 진술도 확보했다. 그러나 이 정도에서 설불리 남 양 등의 범행무관을 결론 내리기는 어려웠다.

「부산매일」은 10월 14일 사회면에 사건 경찰발표를 보도하되(기사 ①), 남 양의 '사건 무관' 주장도 비중 있게 별항 처리(기사 ②), 경찰수사의 오류 가능성을 보도했다. 사회적으로 주목을 받는 사건은 발단과 함께 짧게라도 우선 스트레이트 기사를 써야 한다. 사건이 엉뚱한 방향으로 커질 가능성이 있기 때문이다. 그것이 그들의 주장에 불과하다면, 그 진위는 후속취재로 검증하는 과정을 보도하는 것, 이건 취재보도의 기본원칙이다. 당시, 경찰수사에 의혹을 제기한 관련 보도는 전국 언론 중 「부산매일」이 유일했다.

| 기사 ❶ | 이종여동생 유괴살해 |

**남자친구들과 공모 몸값 요구… 범행 발각될까 두려워 목 졸라**

　10대 소녀가 남녀친구 3명과 함께 유흥비를 마련하기 위해 이종사촌 여동생을 유괴, 살해한 뒤 몸값 200만 원을 요구하다 경찰에 붙잡혔다. 부산 북부경찰서는 13일(…) 3명을 붙잡아 살인 및 사체유기 등 혐의로 긴급구속하고.(…)

| 기사 ❷ | "남 양은 사건과 무관"… 가족·친구, 알리바이 주장 |

　부산 만덕국교 3년 강주영 양(8) 유괴살해사건의 범인으로 긴급 구속된 남 모 양(19)의 가족과 친구들은 13일 남 양이 이번 사건과는 무관하다며 사건 발생일 전후의 알리바이를 주장했다.(…) 다른 범인들과 사전모의를 했다는 경찰의 주장은 잘못됐다고 항변했다.

　○ 후속 취재=경찰은 이 보도에 당혹감을 감추지 못하고, 남 양 이모와 학교 친구, 교수, 남자친구 등으로부터 1차 알리바이 입증진술을 받았다. 그러나 경찰은 이들이 거짓말을 한다는 잘못된 심증만으로 이날 밤 자정 전후, 학교 친구 등을 연행, 폭행과 폭언, 협박 등 공포 분위기를 조성하여 억지로 '허위증언을 했다'는 번복진술을 받아냈다.
　취재팀은 경찰 수사·발표에서 드러난 '상식적 의문점'을 풀기 위해 경찰 수사와 별도로 사실 확인 작업을 계속했다. 이 과정에서 '공범' 원종성의 아버지가 「부산매일」을 찾아와 아들의 억울함을 호소하며 알리바이를 입증하는 나름의 자료를 제출, 추적보도 초기 취재 과정에 결정적 도움을 준다. 당시 그는 부산지역 다른 언론사에도 아들의 억울함을 호소하며 자료를 제시했으나, "유괴살해범 가족이 무슨 낯짝으로 찾아왔느냐"는 모멸을 당했다고 눈물을 흘리며, 「부산매일」이 꼭 진실을 밝혀줄 것을 신신당부했다.

## 추적 확인 끝에 범인조작 폭로 보도

취재팀은 원 씨의 알리바이 자료를 하나하나 검증하는 한편 확인 추적 취재 결과, 1차로 원 씨가 범인일 가능성이 희박함을 확인했다. 주변인물 증언과 사진, 전화통화 기록 등 여러 증거, 목격자 증언을 취재하는 과정에서 밝혀낸 사실이다.

사회면 '사건추적' 기사로 <강주영 양 유괴살해 원종성 씨 공범논란>을 보도, 검경 수사의 오류 가능성이 드높다는 사실을 제기했다(기사 ③). 이 보도는 사실상 검찰이 '진범' 이 양을 제외한 다른 피의자를 기소하지 말고 재수사토록 촉구하는 의미를 담은 것. 그러나 검찰은 보도에서 제기한 많은 의혹 중 어느 것도 풀어내지 못한 채 끝내 기소를 강행했다.

**기사 ③** 강주영 양 유괴살해 원종성 씨 공범논란

부산 만덕국교 강주영 양(8) 유괴살해사건의 '범인' 중 원종성(23)은 과연 '공범'인가?
이 사건은 이미 경찰수사가 끝나 검찰에서 기소를 준비하고 있는 단계이다. 그러나 원 씨가 계속 범행 관련 사실을 부인하고 있고, 원 씨 가족들도 원 씨의 알리바이(현장부재증명)를 증명하는 각종 증거물을 제시하며 원 씨의 '무죄'를 주장, 수사내용 자체가 의혹 내지 시비 대상으로 떠오르고 있다.(…)
더욱이 원 씨와 가족들이 제시하는 알리바이 내지 범행 관련 반론들이 검찰, 경찰에서 확실하게 뒤집히지 않고 있어 '공범조작' 논란은 더 뜨겁게 일고 있는 형편. 원 씨 등이 만에 하나, 이 사건의 범인이 아닌 것으로 드러난다면 경찰·검찰의 수사력은 치명적 손상을 입게 된다.(…)

○ 경찰 강압수사 집중보도=「부산매일」은 이때부터, 억울한 피의자의 인권을 보호해야 한다는 언론 본연의 사명감에 입각, 이들의 무죄주장을 입증하고 사건 실체를 규명하는 데 혼신의 노력을 쏟는다. 부산 북부서가

앞서 다른 살인강도 사건에서도 피의자를 조작했다가, 법원에서 무죄로 풀려나게 한 데 이어, 원·옥 씨 등의 알리바이를 외면한 채 가혹행위와 짜 맞추기 수사로 범인을 조작한 의혹이 크다는 사실 폭로한다. 남 양과 관련 증인들이 경찰로부터 협박·폭행을 당해 허위 자백·진술을 했다는 사실을 밝혀내고 경찰의 범인조작 의혹이 더욱 확대되고 있음을 집중보도한다.

「부산매일」의 연속보도에 따라, 부산지법 제3형사부는 경찰의 강압수사· 범인조작 의혹이 강력하게 제기되고 있는 사안의 중대성을 인정, 재판을 집중심리제로 신속히 진행하기로 결정한다.

○ 고문 흔적 확인, 강압·가혹수사 단정 보도=「부산매일」은 사건에 대한 전국적 관심이 높아가는 가운데, 피고인 가족들이 고문흔적을 확인한 사실과 추가로 밝혀낸 알리바이를 근거로, 경찰의 강압·가혹 수사를 단정적으로 보도한다(〈부산 북부서, 강압·가혹수사 했다〉).

### 탐사보도 가속… 변호사단체도 고문 확인 나서

이어, 부산지방변호사회 인권위원회가, 추적보도에 따른 진상조사를 벌인 결과, 고문사실을 확인했다는 것, 피의자·참고인에게 가혹행위를 저지른 '고문 경찰' 14명을 대검에 고발키로 한 사실을 보도한다. 부산지법 재판부 역시, 검찰 공소사실을 뒤엎는 사실·증언을 확인했음을 보도한다(〈원 씨, '경찰봉에 끼여 짓밟혔다-범행 부인할 때마다 무자비한 고문〉, 〈팔목 등 곳곳 상처·피멍 확인〉, 〈부산 북부서 강압수사 은폐 기도〉…). 수사기관의 인권유린 실태를 폭로·비판하며, 검찰 역시 명백한 알리바이 입증 증거를 배척하고 심증만으로 공권력과 기소권을 무분별하게 남용하고 있다는 사실을 집중보도한다(〈검·경, '강 양 살해' 물증 확보 전무〉, 〈부산 북부서 '수사 ABC' 망각〉…).

### 알리바이 입증자료 속출… 유전자 감식 증거채택 논란

○ 주요 쟁점 취재·보도=취재팀은 이 사건의 공판과정에서 드러난 여러 쟁점을 적극적 탐사기법을 통해 주도적으로 확인, 보도한다. 결백을 주장하는 공범 3인의 알리바이, 사건당일 '공범' 남 양의 학교시험 대리응시 여부, 공범들의 고문사실 확인, 관련 통화기록의 사실 여부…. 여러 쟁점 중 큰 공방을 벌여왔던 '유전자 감식' 부분 역시 심층취재로 돌파한다. 검찰이 '범행차량'에서 수거한 모발의 유전자 감식결과를 바탕으로 변론 재개를 신청하고 법원이 선고공판을 전격 연기했으나, 검찰주장을 과학적으로 반박하는 심층 분석 보도(<모발 유전자 감식 의미 없다>)로 적극 대응했다.

국내 법의학계 최고 전문가 고려대 황적준(黃迪駿) 박사 취재내용을 바탕으로, 검찰이 제시한 유전자 감식법이 도저히 증거로 채택될 수 없을 만큼 취약하다는 사실, 이 보도 이후 검찰 측 유전자 감식을 담당했던 서울대 이정빈(李正彬) 교수 역시 감식의 오류를 자인하고, 황적준 교수도 감식 결과를 증거로 채택할 수 없다고 확인했으나, 검찰은 여전히 당초 구형 내용과 같은 형량으로 구형한 사실을 보도한다.

### 추적보도 입증대로 피고인 셋 무죄 선고

○ 선고공판=「부산매일」이 범행과 무관함을 입증해온 대로, 부산지법이 원·옥·남 씨 등 3명에 대해 무죄를 선고한 사실을 1면 머리기사로(<'강 양 살해' 셋 무죄 석방>, <이종언니 이 양은 사형-경찰 고문수사도 인정>), 법과 양심과 진실의 승리로 귀결된 재판과정과 재판정 분위기를 사회면 머리기사로, 각각 보도했다. 특히 재판부는 판결에서 '수사기관의 가혹행위가 있었음'을 판결문에 명시, 수사기관의 강압수사에 제동을 걸며 「부산매

일」의 추적보도가 모두 옳았음을 확인했다.

「부산매일」은 이어, 경찰의 인권유린 수사를 통제하지 못하는 검찰의 지휘·조직 체계상 허점을 지적하고, 검찰이 고문경관에 대해 본격수사에 나선 사실 등을 보도하며 검경의 인권유린 실태를 재점검했다. 이후 긴급 시리즈 '인권시대'를 통해 고문수사 실태, 인권침해 사례, 검경의 그릇된 수사 관행, 개선대책 등을 다루며 사회여론을 환기시키고, 다시는 고문조작수사를 되풀이하지 않도록 검경의 뼈를 깎는 자성을 충고했다.

## [2] 관련 논평기사

### 칼럼 ① 엘리트의 책임윤리

흔히들 관권(官權)은 '영웅'과 '악한'의 두 얼굴을 지닌 야누스라고들 한다. 곧 관권은 거인처럼 큰 힘을 지녔으되, 한편으론 선과 악, 그 어느 쪽으로도 휘둘러질 수 있는 양날의 칼이라는 뜻일 것이다. 이 거인의 칼날 앞에 운명을 맡긴 민권(民權)은 불안하고 초조하다. 따라서 국민들은 언제나 관권이 안정성과 형평성을 유지하길 희구한다.

양(洋)의 동서를 막론하고 국민들이 민주주의를 추구하며 법의 이상을 실현하려 하는 것도 다 관권의 민권화를 위한 노력들의 산물이다. 잘라 말한다면, 민주사회의 관권은 국민을 위해 존재해야 한다. 그래야만 국민의 불안과 초조는 사라지고 비로소 국민이 희원하는 안정적인 사회, 평화적인 세상도 뿌리내릴 것이기 때문이다.

그래서일까. 미국의 링컨은 '…인민을 위한 정치'라는 명언을 남겼고, 동양의 유가(儒家)적 정치철학 역시 '위민(爲民)'을 그 기둥으로 삼고 있다. 우리 국민들도 스스로의 힘으로 '민주국가'의 틀을 다져온 자랑스러운 역사를 갖고 있으며, 지금의 정부는 언필칭 '문민정부'임을 자임하고 있다.

그러나, 그러나 말이다. 이 문민정부 아래에서 고문수사에 따른 인권유린사건이 발생했다. 우리의 독재정권 내지 군사정부, 그 어두운 역사 속에서 관권이 민권을 무자비하게 유린하던 그 고문의 망령이 이 시대에도 횡행하고 있는 것이다.

최근 세칭 '부산 북부서 강주영 양 유괴살해사건'의 1심 판결은 우리의 경찰이 고문수사를 통해 우리의 민권을 짓밟았으며, 우리의 검찰 역시 경찰의 고문행태를 외면한 채 관권을 자의적으로 운용, 민권 위에 군림했음을 역사 앞에 고발하고 있다. 현대 민주사회에서 아직도 고문을 얘기하는 것은 우리 모두의 수치임은 분명하다. 그럼에도 다시 고문을 얘기하는 것은 우리 사회에서 아직 고문이 없어지지 않았다는 충격적 현실 때문이다.(…)

지금 우리가 사는 이 시대는 과연 어떤 시대인가. '고신'을 앞세운 전제주의 시대인가, '고문'을 남발한 권위주의 시대인가, 뭐 이런 따위의 한탄을 그만두자. 우리 헌법이나 형사법에 고문금지 규정을 못 박고 있다거나, 우리가 유엔 고문방지협약에 가입했다거나 하는 넋두리도 미뤄두자. 안타까운 것은 이번 사건을 취급한 검찰의 인권보호 의식수준 때문이다.

알려진 대로, 우리 검찰은 이번 공판과정에서 실체적 진실을 찾아내는 데 실패했음은 말할 것도 없거니와, 고문수사를 외면하며 스스로의 책무를 저버리고, 엄정해야 할 공권력까지 남용했음을 엄하게 추궁받는 단계에 이르렀다. 물론 검찰은 이와 같은 사법부의 판단 내지 사회적 문책까지 외면하려 할지도 모를 일이다.

그러나 굳이 되새길 나위도 없이 형사법이 법의 이념, 나아가 사회정의를 실현하는 잣대라면 검찰은 이를 집행하는 국가기관이다. 만일 검찰이 이 같은 국가기관으로서의 양심과 임무를 저버리고 법을 자의적으로 운용한다면 이는 검찰의 장래뿐 아니라 사회정의와 민주주의에 대한 중대위협을 작용할 것이다.

검찰은 누가 뭐래도 이 나라 최고 엘리트그룹이다. 따라서 검찰은 그 엘리트성에 걸맞은 책임윤리를 가져야만 한다. 검찰은 권위에 기운 불합리한 목적의식을 드러내기보다는 도덕적 진실의 요청 앞에 겸허해야 한다. 물론 그 겸허는 국민의 감시와 비판과 봉사의 요청 앞에 꾸준하게 이어져야 할 부분이다.

이제 우리 검찰은 가쁜 숨을 돌려가며 스스로를 돌아보아야 할 때이다. 그래서 이번 사건 처리과정의 외형적 오류와 내부적 오만을 털어가며 스스로의 존재의의를 되새겨봐야 한다. 특히 검찰은 '인권보호의 보루'인 만큼 차제에 고문척결의 의지를 확실하게 보여줘야 함을 두말할 나위도 없다. 그것만이 우리 검찰이 그동안 행여 잊어왔던 스스로의 책임윤리를 되찾으며, 국민 앞에 잃어버린 고유의 신뢰와 명예를 회복하는 길일 것이기 때문이다.[1995. 2. 28]

### 칼럼 ②  법에 목마른 사회

이제 우리는 자기최면 속의 격정을 가슴에 묻고 냉정 속의 정상회귀를 서둘러야 한다. 이제 우리는 세칭 '부산 북부서 강주영 양 유괴살해 고문조작수사 사건'을 지켜보며 '미몽의 현실'과 '도덕적 진실', '사회의 병리'와 '사회의 윤리'를 생각해야 한다. 이제 우리가 꼭 되새겨야 할 화두는 '사회정의'라야 한다.

그렇잖아도 우리는 늘상 '사회정의'를 얘기하며 살고 있다. 또 언젠가는 '정의사회 건설'을 국정지표로 내건 시절도 있다. 그럼에도 이 '사회정의'에 대한 정의는 저마다 구구하고, 말뜻도 애매모호하기 일쑤이다. 미국 철학자 존 롤스의 공식을 빌리면, 사회정의의 첫 원리는 이른바 '기본적 인권'이다. '인간의 존엄을 인간답게 존중받는 권리', 그것이 곧 기본적 인권이며 나아가 '인간이 인간답게 살아가는 길', 그것이 속칭 '사회정의'라는 것이다. 사회정의도, 인권도 궁극적으로 인간을 '수단' 아닌 '목적'으로 삼고 있다. 국가권력도 그 자체가 목적일 수는 없다. 인간의 목적을 위한 수단일 뿐이다.(…)

오늘 우리가 '사회정의'를 얘기하며 '미몽의 현실'과 '사회의 윤리'를 생각하는 연유는 명백하다. 어느 개그맨의 만담대로라면 '이미 알 사람은 다 아는' 그런 이유이기 때문이다. 핵심부터 찔러보자. 왜 우리 검찰은 그 '천부의 인권'을 훼손한 고문경관들을 처벌하지 않는가. 경찰 역시 왜 스스로의 법규위반 행위 앞에서 자기정화를 외면하고 있는가. '주권의 뿌리' 국민을 그저 피치자(被治者)로 알기 때문인가. 아니면 권력행사기관의 권력도취현상 때문인가. 이게 정녕 법 집행기관이 추구하는 '사회정의'인가?

되돌아보면 우리 검경의 명예실추 내지 신뢰상실은 이 사건 수사초기부터의 일이었다. 우리가 경찰의 고문수사 앞에서 '이 시대는 과연 어느 시대인가'를 한탄하는 사이, 검찰 역시 공소유지에만 눈 먼 나머지 실체적 진실을 추구하기보다 그저 짜 맞추기 수사에 바빴음은 이미 알려진 대로다. 범죄수사의 미덕은 '균형'이며, 그 균형을 다짐하지 못할 때는 오히려 범인검거보다 인권보호에 치우치도록 명령한 법의 정신을 우리 검찰은 정녕 몰랐을까. 우리 검찰은 열 사람의 범인을 놓치더라도 한 사람의 무고함이 없도록 하라는 인권보장의 명령을 정녕 잊었을까?

이제 우리 검찰이 공판진행 과정에서 보여준 그 비엘리트적 행태들을 하나하나 까발릴 필요도 없다. 오죽하면 이 사건의 '주범'으로 몰렸던 원종성 씨는 "법은 인간을 보호하기 위해서라기보다는 인간을 학대하기 위한 제도적 폭력인 듯했다"고 당시의 절망감을 털어놓았을까. 경찰의 고문수사에 눌려 허위자백을 하고 검찰의 기소권 남용에 끌려 사형선고를 받고, 어쨌든 인간성을 철저하게 파괴당하는 그 모진 나날을 보내다 푸른 하늘 아래 무고함을 인정받은 한 인간의 핏빛 섞인 절규는 우리 인권의 그늘을 상징하는 눈물겨운 풍속도일 터이다.

언제부터였던가. 우리 사회에는 '법대로'라는 말이 범람한다. 얼른 보면 곳곳에서 법의 홍수가 넘실대는 듯하다. 그러나 이 땅의 많은 사람들은 그 속에서 '법이 없다'고 개탄한다. 우리 검찰이 이제 당연한 책무라 할 고문경관 수사까지 외면, 아예 인권보호의 길을 거꾸로 가고 있는 것도 사람들의 '법대로'주의를 재촉하는 사단임은 명백하다. 우리는 오늘 '범람하는 법' 속에서 언제까지 '목마른 법'을 찾고 있는 것이다.

이제 우리 검찰은 제발이지 오랜 잠에서 깨어나야 한다. 오늘 우리 검찰의 난국은 자기최면 속에서는 결코 풀어갈 수 없다. 난국을 난국으로 인식하는 뼈아픈 각성이 있어야만 난국 극복의 실타래를 풀 수 있다. 이제 우리 검찰은 눈앞의 진실을 더 이상 호도하거나 왜곡할 수 없다. 늦었다고 미뤄두면 더욱 늦어질 뿐이다. 이제부터라도 그 무엇과도 바꿀 수 없는 귀중한 가치, 그 '인권보호'를 위해 '법대로'를 추구함으로써 행여 잃어왔던 책임과 신뢰를 회복해야 한다.

비로소 그 길은 '범람하는 법대로'를 넘어 '목마른 법대로'를 찾아가는 길이다. 우리의 법 집행도 그 '사회정의'의 현장으로 돌아가야 한다. 이제 우리 권력도 국민의 법 감정이나 법 확신을 깔보아선 안 된다. 국민은 이미 함부로 깔볼 수 없을 만큼 자라났다. 그 국민의 무게를 하늘의 무게로 알아야 한다. 그래서 우리 모두 진정한 '사회정의'를 굳건하게 다져가야 한다.[1995. 8. 8]

## [3] 보도내용 평가

### ① 자체 평가

이 보도는 무엇보다 수사기관에게는 현행 인권보장 관련법을 수사현장에 빠짐없이 적용해야 한다는 의식의 대전환을 갖도록 유도했고, 시민에게는 스스로 '내 인권은 내가 지키지 않으면 안 된다'는 뚜렷한 인권수호의식을 갖도록 하는 계기를 마련했다는 점에서, 우리 사회의 인권보장 수준을 한 단계 높이는 데 크게 기여했다고 할 수 있다.

이 같은 인권보호에의 기여는 단순히 이 사건으로 구속 기소된 3명이 누명을 벗을 수 있도록 실체적 진실을 추적했다는 측면을 넘어, 경찰과 검찰이 막강한 조직을 동원, 무고한 시민을 무리하게 수사하고 기소하는 잘못된 관행에 맞서서 당당히 억울함을 호소하고 인권을 지켜야 한다는 사회적 인식을 강하게 각인시켰다는 점에서 큰 의미가 있다고 할 것이다.

### '내 권리는 내가…' 사회적 인권보장 수준 높여

이 보도를 계기로 검찰·경찰 같은 수사기관들은 적법한 수사절차 준수를 새삼 강조하고 나섰다. 보도를 통해 구체적인 고문사실이 속속 드러나자 부산지검은 경찰이 송치한 형사피의자의 신체 상태를 확인하고 가혹행위를 당했다고 주장하는 피의자에 대해서는 경찰수사과정을 재검증토록 했다.

당시 김도언(金道彦) 검찰총장은 직접 이 사건 고문수사의 진상을 철저히 가려 사실이 드러나면 관련자 모두를 엄중히 의법 처리하겠다는 입장을 천명하고 부산지검 특수부에 빈틈없는 수사를 지시하기도 했다. 또 경찰청과 서울지검 등은 피의자 체포 및 연행과정에서 적법절차를 준수하고 변호인 선임과 불리한 진술 거부권 등을 확실히 알리도록 했으며, 각 일선 경찰서에선 피의자를 송치하기 전에 경찰서장이 유치인을 면담토록 함으로써 수사과정에서 고문행위가 일어나지 않도록 조치했다.

이와 함께 부산지방변호사회는 「부산매일」이 보도한 고문수사 의혹에 대해 진상조사를 벌이고 그 결과 명백한 고문사실을 확인, 관련 경찰관 14명을 독직폭행 및 가혹행위 혐의로 고발함으로써 검찰의 단죄를 재촉했다. 부산변협의 이 같은 고문수사 진상조사는 전례를 찾기 힘든 것으로, 고문이야말로 이 땅에서 더 이상 허용할 수 없는 반인륜적 범죄행위임을 다시 한 번 강조하고 사회적 여론을 환기시키는 한편 수사기관의 관행적 가혹행위를 차단하는 중요한 전기로 작용하고 있다.

**적법한 수사절차 준수해야… 인식전환 유도**

재판부의 판결은 자백을 중시하는 우리 수사기관의 구시대적·비과학적 관행에 경종을 울리면서 사법부도 증거채택에 신중을 기해 수사기관이 낸 증거들을 엄격히 판단한다는 점을 수사기관에 새삼 인식시켜 주었다. 경찰에게는 무리한 수사와 마구잡이 인신구속을 해서는 안 된다는 인식을 갖게 했으며, 검찰에게는 경찰의 수사결과를 철저히 검증하는 준사법기관의 역할에 힘쓰는 것이 국가 유일의 형벌권 행사자라는 위상 못지않게 중요하다는 것을 자각토록 했다.

일반시민은 이 사건 보도과정에서 사건의 실체에 대해 깊은 관심을 보인 만큼이나 어떤 이유로도 인간성을 말살하는 고문수사는 근절하고 행위자를 단죄해야 한다는 데 한목소리를 냈다. 「부산매일」의 잇단 추적보도에 격려 편지와 전화를 잇달아 보내며 공권력의 횡포에 대해 공분하고 스스로 인권을 지켜나가겠다는 의지를 다지는 한편, 언론의 진정한 역할에 큰 기대와 격려를 보냈다.

이 추적보도가 촉발한 이 같은 각계 반응은 공권력의 억지에 눌려 변변하게 대응도 못 하고 억울한 누명을 둘러썼던 또 다른 수많은 선량한 시민을 구하는 한편, 소위 문민시대를 맞고도 이 땅에 버젓이 횡행해온 고문수사를 근절하고 그 무엇과도 바꿀 수 없는 인간의 존엄성에 대한 사회적 인식을 새롭게 하는, 참으로 다행스러운 계기로 작용할 것이다.

## ② 언론계 평가
### 한국기자협회 '한국기자상' 수상

「부산매일」의 〈부산 북부서 강주영 양 유괴살해사건 고문조작수사 추적보도〉는 한국기자협회가 시상하는 1995년도 '한국기자상'과, 이에 앞서 역시 한국기자협회가 시상하는 1995년 2월 제54회 '이달의 기자상'을 각각 수상했다.

한국기자상 심사위원회(위원장 김정기, 한국외대·언론학)는 국내 유수 언론사들이 1994년 하반기~1995년 상반기 중 최고의 보도작품이라 자평하며 출품한 후보작 60편을 엄정히 심사한 끝에, 이 보도를 취재보도 부문 본상 수상작으로 결정했다.

심사위는 선정 이유로 "부산매일 취재팀이 집념을 갖고 추적 보도한 이 보도는 수사기관의 잘못된 수사에 맞서 진실을 추적해낸 걸작이라는 데 심사위원 간에 이견이 없었다"면서, "이 작품은 우리 언론사의 불모지로 남아 있는 탐사저널리즘의 가능성을 보여준 드문 예가 아닌가 한다"고 극찬했다. 심사위 취재보도 예심 소위원장도 심사평을 통해 "부산매일의 보도는 수사기관의 벽을 뚫고 진실을 파헤친 기자정신의 투철함이 심사위원에게 감명을 주었다"고 칭찬을 아끼지 않았다.

이에 앞서 제54회 '이달의 기자상' 심사위원회는 이 보도를 최우수작으로 선정하며, 그 경위와 이유를 밝혔다. "이 추적보도는 심사위원 전원으로부터 오래간만에 언론의 사명을 다했다는 평가를 받았다. 특히 이 작품은 자칫하면 영원히 묻힐 수 있는 한 인간에 대한 인권유린을 끈질기게 추적보도, 결국 진실을 이끌어냄으로써 사회적으로 큰 반향을 불러일으켰다. 또 이 작품은 큰 사건은 크게 취급하면서도 작은 사건에는 소홀한 언론의 속성에서 과감히 탈피, 하나하나 반론을 제기함으로써 지방언론 이상의 역할을 해냈다는 호평을 받았다"고 평가했다.

또 심사위는 "이 작품은 국가공권력의 인권유린과 수사·소추권 남용에 제동을 건 것은 물론, 극형 및 중형을 받고 사건의 실체가 은폐되는 것을 막았다는 점에서 인권보호에 결정적으로 기여했다는 게 심사위원들의 일치된 견해"라고 덧붙였다.

### 기고 | 한국기자상 김정기 심사위원장 <저널리즘 교실> 기고

'참사보도 길 닦은 부산매일'
「바른 언론」 1996년 4월 20일자, <저널리즘 교실> '사실보도와 진실성 원칙' 시리즈

객관보도주의 그리고 여기서 파생한 '발표저널리즘'이 저지르는 개인적 또는 사회적 역기능에 대한 한 대안으로서 미국 언론은 70년대 이래 '탐사보도(Investigative Reporting)'라는 장르를 개척해왔다. 이 '탐사언론'은 전통적인 객관보도의 형식, 곧 역피라미드의 구조라든가 또는 '5W1H'와 같은 경직된 포맷에서 오는 언론 그 자체의 메마른 내용을 극복해줄 뿐 아니라, '발표언론'의 속성인 수동적 반사성과 권위 종속성 같은 타성으로부터 능동적이고 독자적인 저널리즘을 회생시켜 준다는 점에서 언론계의 환영을 받고 있다. 사실의 정확성을 넘어 진실의 추적에 무게를 둔다는 점에서 한편으로는 전통적 객관언론에 대한 훌륭한 대안으로 각광받고 있다.

미국에서 탐사보도는 「워싱턴 포스트」의 두 기자 '우드스타인'팀이 72~73년 추적해낸 '워터게이트' 보도의 성공사례로부터 시작된다. 이웃 일본에서도 88~89년 「아사히신문」의 요코하마 주재 사회부 기자들이 '리쿠르트 사건'을 추적하며 탐사보도의 장르를 성공적으로 상륙시켰다. 이 탐사보도의 장르는 태평양을 건너 일본 언론에 도달했지만 현해탄에서 좌초하고 말았는가? 그렇지 않다. 항도 부산에 상륙한 것이다.

「부산매일」 사회부 특별취재팀은 경찰 발표에 맞서 1994년 10월부터 거의 1년 이상 동안 수사, 기소, 재판의 전 과정에서 한 어린이 유괴살해 사건의 범인조작을 추적해냈던 것이다. 기자들이 끈질기게 진실을 추적한 결과 부산 유괴살해 사건의 범인으로 몰렸던 세 시민의 무죄선고를 유도했을 뿐만 아니라, 경찰이 고문으로 조작한 '범인 만들기'의 실상을 세상에 고발한 공을 세웠다. 이 같은 공으로 「부산매일」 사회부팀은 한국기자협회로부터 1995년 '한

국기자상' 대상을 받았다.

필자는 이 기자상의 심사위원장으로서 이 기자들의 진실추적보도를 "우리 언론의 불모지로 남아있는 '탐사저널리즘'의 가능성을 보여준 드문 예"(「기자협회보」 1995년 8월 17일)로 평가했다. 이 진실추적 보도를 현장 지휘했던 「부산매일」 차용범 사회부장은 한국언론학회로부터 1995년도 탐사보도부문 언론상 본상도 받았다.(…)

「부산매일」 사회부팀은 경찰의 1차 발표 때부터 의심을 갖기 시작했다. (…)「부산매일」은 따라서 10월 14일자 사회면에 충격적인 유괴살해사건 전모를 경찰의 발표대로 보도하되, 경찰의 수사가 잘못됐을 가능성을 별항기사로 게재했다, 당시 「부산매일」의 남 양 알리바이 보도는 처음으로 경찰 발표에 의심을 제기한 것이었다.

이 신문은 본격적으로 '다른 공범' 원종성 씨의 알리바이설을 심도 있게 다룬 각종 근거를 폭로했다. 이는 원종성 씨의 알리바이, 경찰의 원 씨와 남 양의 역알리바이 조작, 경찰의 고문수사, 증인에 대한 검찰의 회유와 협박, 검찰의 무리한 기소, 법정에서의 고문수사 입증, 검찰이 제시한 유전자 감식법의 취약성 등 진실 추적의 대장정과 같은 보도 캠페인으로 이어졌다.(…)

취재팀의 진실 추적 캠페인이 끈질길수록 검경의 방어공작도 집요했다.(…) 검찰은 고소에 따라 기자들을 소환하여 재판 중인 사건에 대해 '지나친 보도'가 아니냐는 등 추적보도를 막으려 했고, 그밖에 취재팀과 사회부장에 가해지는 '유형무형의 압력이나 로비는 이루 설명하기 어려울 정도였다.' 이러한 어려움을 견디는 보도과정은 차용범 사회부장이 말하듯 "기자들의 명운과 회사의 사운을 담보한 피를 말리는 나날이었다."

「부산매일」이 처음 벌인 발표저널리즘에 대한 외로운 캠페인은 점차 다른 언론의 동조를 확산시키면서 진실추적의 정당성을 사회적 의제로 설정하는 데 성공했다. 1995년 2월 25일 부산지법은 「부산매일」이 끈질기게 무죄를 주장한 원종성, 옥영민, 남상희 피고인에게 무죄를, 이현숙에게는 사형을 선고함으로써 「부산매일」의 손을 들어주었다. 그 후 고법을 거쳐 대법원이 1995년 12월 8일 세 시민의 무죄를 확정할 때까지 검찰이 항소하는 등 끝까지 고집을 꺾지 않았다는 것은 우리 사회에서 언론이 수사기관의 발표에 맞서 진실을 추적하는 것이 얼마나 어렵고 험난한 길인가를 보여준다.

### 국내 언론 평가

「월간조선」은 <한국언론 100대 특종 드라마; 역사성 있는 특종이라야 생명이 길다> 특집기사(「월간조선」 1999. 6)에서, 「부산매일」의 이 보도를 한국 언론 우수특종 사례로 선정했다.

이와 함께 한국언론연구원은 연구서 『탐사보도(1996. 12)』를 발간하며, 국내 탐사보도 사례연구 중, 이 보도를 첫 번째로 다루었다. 「중앙일보」가 창간 30주년을 기념하여 제작한 『우수보도 사례집(데이터베이스 저널리즘 I)』도 이 보도를 '국내외 우수보도사례 100선'의 하나로 선정, 취재과정과 취재후기를 요약·정리했다.

### ③ 언론학계 평가

#### 명성·권위의 '한국언론학회 언론상' 수상

「부산매일」의 이 추적보도로 나는 제6회(1996년도) '한국언론학회 언론상'을 수상했다.*

한국언론학회는 그동안 수상 부문을 신문과 방송 등 매체별로 구분하여 본상 및 공로상으로 결정하였으나, 제6회부터는 매체 구분을 없애고 탐사보도 부문과 사설·논평·칼럼을 포함하는 논평 부문, 시각보도 부문 등으로 구분, 그 탐사보도 첫 수상자로 나를 선정한 것이다. 논평 부문은 민병문

---

* 내가 이 상을 수상할 때 받은 부상으로는 상금과 함께, 60일 세계일주 취재 지원(포스코 청암재단 후원) 카드가 있었다. 스스로의 스케줄에 따라, 60일 동안 세계를 일주하며, 하고 싶은 취재를 한다는 것, 그 비용을 실비로 받는다는 것, 얼마나 매력적인가. 그러나, 나는 이 세계일주 취재 기회를 갖지 못했다. 당시 '사회부장이 60일을 자리 비울 수 없다'는 명분과 견제에 걸렸기 때문이다. 결국 나는 후원처와 협의, 사회부 기자 3팀을 해외취재에 내보냈다. 그때의 취재 주제가 「부산매일」 창간 7주년 특집 <부산을 21C 컨벤션도시로>(1996. 5. 15. 첫 회 게재) 해외취재 시리즈이다. 이후 부산은 컨벤션 도시화전략을 추진, 벡스코(부산전시컨벤션센터)를 개관했다.

「동아일보」논설실장, 시각보도부문은 김상택 「경향신문」 편집국 미술부장이 각각 수상했다.

이 상은 언론 및 언론학 연구발전에 기여한 사람에게 수여하는, 그 명성과 권위를 크게 인정받고 있는 시상제도이다. 이 상은 한국언론의 상업화·대형화 추세 속에서 언론인의 윤리의식과 책임성을 진작시킬 목적으로 저널리스트로서의 정신이 투철하고 사회적으로도 그 책임을 다한 언론인을 대상으로 시상해왔다.

이 상의 첫 수상자는 신문부문 본상에 김광섭 대한언론인회 고문, 방송부문 본상에 노정팔 한국방송공사 이사장, 이후 수상자 중에는 송건호 「한겨레신문」 대표이사, 박권상 칼럼니스트, 김중배 「한겨레신문」 사장, 김영희 「중앙일보」 대기자, 김규환 방송위원회 부위원장, 장명수 「한국일보」 편집위원 등이 있다.

### 수상자 선정 이유

각 언론사와 심사위원들이 추천한 추적보도 부문의 심사대상은 「부산매일」의 '부산 강주영 양 유괴살해사건 고문조작수사' 추적보도, 「경향신문」의 '노태우 전 대통령 소유 부동산' 폭로보도, 「동아일보」의 '이형구 전 노동 장관 수뢰수사' 보도, SBS의 '추한 한국인 저자' 추적보도, YTN의 '삼풍참사' 보도, KBS2의 〈추적 60분〉 '씨프린스 호 좌초', '성수대교 붕괴 그 후 1년' 보도, MBC의 〈시사 매거진〉 '나는 간첩이 아니다-끝나지 않은 전쟁'편 등 모두 7건이다.

탐사보도의 특성에 따라 심사위원들은 △보도가 얼마나 독자적인 시각을 갖고 있는가? △취재와 보도과정이 얼마나 어려웠고 일관성을 유지했는가? △발굴해낸 내용이 얼마나 참신하고 영향력이 컸는가? 하는 세 가지 심사기준을 세워 심사에 임했다.(…)

「부산매일」의 이 탐사보도는 지방의 한 작은 신문이 검찰과 경찰의 수사에 정면으로 대항하여 1년여에 걸친 외로운 싸움 끝에 자칫 살인범이 될 뻔했던 세 젊은이를 구해냈다는 점에서 탐사보도의 한 전형을 보는 듯하다는 의견이 대세를 이루었다. 또한 검찰과 경찰이라는 막강한 수사기관의 압력과 다른 주류언론들의 무관심 내지 비협조 속에서 용기 있게 진실을 파헤쳤다는 기자정신과 그에 따라 아직 남아있는 고문수사 같은 잘못된 관행을 바로잡아 인권보호에 크게 기여했다는 것이 심사위원들의 일치된 의견이었다. 특히 언론의 일반적 한계를 뛰어넘는 보도 자세를 보였다는 것이 심사위원들의 높은 평가를 받았다.*

### 수상 소감**

**어렵고도 험했으되 앞으로도 집착할 터**

(…)그랬었다. 우리 경찰은 어린이 유괴살해사건을 수사하며 그저 주범 1명의 진술만을 따라 무고한 젊은이 3명을 범인으로 묶었으며, 수사초기의 범행부인 주장을 '고문의 경연장'이라는 지적을 받을 정도의 모진 고문으로 제압했다. 검찰 역시 경찰의 수사행태와 별 다른 구석도 없었다. 검찰은 기소 전, 언론의 "이들 중 3명은 범행과 무관하다"는 문제제기, 곧 재

---

\*   시상식에서 나는 프리젠테이션을 통해 보도과정을 설명하며 수상소감을 말했다. 이에 대해 오택섭 한국언론학회장은 "PT의 초점 3가지가 정말 명확하고 강력했다"고 격려해주었다. ①접근동기에 있어, 상식적 의문을 해소하며 시민호소에 대응했다는 점, ②진실추적 과정에서, 그 진실 입증과정은 과학적 추적과정과 같았다는 점, ③보도 결과에 있어, 국가권력은 결국 무한할 만큼 강하지 않고, 언론은 작더라도 진실을 추구할 땐 결코 약할 수 없다는 점을 잘 강조해주었다는 것이다.
유재천 교수(당시 서강대 신방과 교수, 직전 한국언론학회 회장, KBS이사장 역임)는 "김병관 동아일보 회장이 차 부장 얘기 듣고는 '올해 언론상 정말 받을 사람 잘 뽑았구먼!'이라 칭찬하며, '동아일보도 기자채용제도를 미국처럼 스카우트 방식으로 가야 하나?'고 묻더라"고 전해줬다. 언론학계 원로 원우현(고려대, 한국언론학회 회장 역임), 박명진(서울대, 한국언론학회 회장 역임) 두 분은 "올해 수상자 정말 잘 뽑았다. 한국 언론상의 시상 수준을 높이는 좋은 사례"라면서, "이건 차 부장 개인의 명예이자 언론학회의 자랑일 것"이라고 격려했다.
\*\* 이 글은 제6회 한국언론상 탐사보도부문 상을 수상하고 제출한 수상소감이다.

수사를 촉구받고도 의문제기 사실을 전혀 해명하지 못한 채 기소를 강행했다. 그 뿐일까. 검찰은 기소 이후 공판진행과정에서 잇따라 드러나는 수사 잘못 내지 고문조작 사실을 애써 외면한 채 되레 세 무고한 피고인의 알리바이를 역조작하고 증인들마저 회유, 협박하며 '실체적 진실 발견'보다는 '검찰의 명예 유지'에 온 힘을 쏟아왔다.

그 결과 무고한 세 피고인은 사형 또는 무기징역을 구형받았다. 그리고 경찰의 고문조작수사와 검찰의 공권력 내지 기소권 남용을 추적고발한 취재팀은 언론중재위 제소-형사고발-민사소송 제기 등의 수순에 걸려 만만찮은 곤욕을 치러야만 했다.

1심-항소심-상고심은 모두 「부산매일」의 문제 제기 및 증거 제시를 그대로 인정, 무고한 세 피고인에게 일관되게 무죄판결을 내렸으며, 그 무죄판결 사유로 '고문조작수사'까지를 인정했다. 첫 보도부터 고문경관 처벌사실 보도까지 그 세월은 무려 13개월여, 참으로 길고도 긴박했던 세월이었다.

그랬었다. 소위 문민시대를 맞고도 경찰의 고문 조작수사와 검찰의 공권력 남용에 따른 인권유린행위는 끊이질 않고 있다. 이번 수상작품은 국가공권력의 인권유린과 수사·소추권 남용을 추적 폭로하며 무고한 세 젊은이를 극형 및 중형에서 구해낸 탐사보도물이다. 이 보도물은 사건의 실체가 은폐되는 것을 막았다는 측면에서 인권보호에 기여했으며, 수사기관에는 수사현장에서 인권보장 관련 법규를 빠짐없이 적용할 것을 촉구하고 시민에게는 스스로 '내 인권은 내가 지키지 않으면 안 된다'는 인권수호의식을 심어준 것으로 평가받고 있다.

**과학적 추적작업으로 사건의 실체적 진실 밝혀**

그러나 그 탐사보도 작업은 정말이지 어렵고도 험한 과정이었다. 굳이 '미주리그룹'의 언론실무서 '취재와 보도'(News Reporting & Writing)를 이용하지 않더라도, 이 보도작업은 힘들고, 가끔은 낭비적이며, 때로는 위험하기까지 했다. 그리고 그 압력과 위협은 일상적이었다. 당시 한 검찰간부는 점잖은 표현으로 "이 보도가 옳은 것으로 드러난다면 검찰이 죽을 것이고, 틀린 것으로 드러난다면 「부산매일」도 엄청난 타격을 입을 것"이라고 은근히 위협한 적도 있다. 그래서 그 보도과정은 정말이지 기자들의 명운과 회사의 사운을 담보한 피를 말리는 나날들이었다.

단순히 보도자제를 요청하는 압력성 로비나 유무형의 위협만도 아니었다. 시도 때도 없이 '명예훼손' 시비나 '공판 중 사건보도' 논란을 제기, 보도활동을 가로막으며 보도영역 자체를 축소시키려는 기도도 잇따랐다. 우선 수사기관이 취재팀을 대상으로 제기한 명예훼손 시비만도 정정보도 청구 3건과 정정보도 게재청구소송 2건, 출판물에 의한 명예훼손 고소 1건, 거기다 취재기자를 업무방해 혐의로 입건수사한 사례도 있다.

검찰·경찰 고위간부들이 여러 형태로 제기한 '공판 중 사건보도' 논란도 상당했다. 곧 "공판 중 사건을 계속 보도하는 것은 공판진행에 결정적 영향을 미칠 수 있는 만큼 자제해야 마땅하다"는 논리였다. 돌이켜보면 이 간부들 역시 법률전문가 또는 경찰 고위직인 만큼 '공판 중 사건보도'의 순기능 또는 역기능을 모르지도 않으며, 그래서 그 보도를 딱히 막을 명분도 없음을 잘 알고 있었으리라 생각한다. 다만 그들은 우선 진실을 밝혀내려는 추적보도를 그저 중단시키려 타당성도 없는 주장들을 제기했을 것이라는 것이다.(…)

### 소신 판사, 인권변호사, 용기 있는 증인…

취재팀의 진실추적 과정도 치열했으려니와, 그 과정에서 도저히 잊을 수 없는 인물은 이 사건의 1심 재판을 담당했던 당시 부산지법 제3형사부 박태범(朴泰範) 부장판사이다. 실체적 진실을 찾으려는 그의 굳은 신념과 흔들리지 않는 용기는 정말이지 취재팀에게는 고비고비마다 결정적 원군이었다.(…)

적절한 시기에 부산지방변호사회 인권위원회 차원의 활동에 나선 이 사건 조사소위 위원장 문재인(文在寅) 변호사 역시 잊을 수 없는 인물이다. 그를 중심으로 한 인권위 소속 변호사들은 취재팀의 고문사실 내지 조작수사사실 제기를 하나하나 검증, 자체적으로 고문사실을 확인한 뒤 고문경관을 엄중처벌토록 고발, 끝내 당사자들에 대한 책임을 물음으로써 우리 사회의 몹쓸 관행들을 뿌리뽑는 계기를 마련했다.

이밖에도, 개인의 사생활 침해 내지 신변의 불이익을 무릅쓴 채 취재팀의 취재원 공개원칙에 호응, 중요한 증언들의 취재원을 공개토록 허용해 준 많은 사람들의 용기 또한 오래 기억해야 할 터이다. 한마디로 말하자면, 우리 사회의 인권의식은 어느새 그만큼 높아졌다고나 할까.

### 보다 나은 탐사보도로 권력 감시기능 다할 터

(…)이와 함께 이번 추적보도가 거대한 공권력과의 기나긴 싸움에서 이길 수 있었던 것은 전적으로 심지 굳고 발빠른, 총명하고 침착한 자랑스런 후배 김형진(金炯鎭), 김영준(金

榮俊), 임창섭(林昌燮)의 공이다. 험한 취재현장에서 숱한 고난을 이겨내며 진실을 캐낸 그들의 노력과, 사건전개 과정을 분석하며 취재지시를 내린 사회부장의 몫은 비교조차 할 수 없을 터이기 때문이다.

자평하자면 한국언론학회가 우리 취재팀에게 이 상을 주는 것은 그저 과분하다. 그러나 우리 취재팀은 한국언론학회의 숨은 뜻을 저버리지 않음으로써 오늘의 부족함을 만회해 나갈 각오이다. 아마도 학회는 취재팀의 작은 노력들을 위로하며 앞으로 보다 나은 탐사보도를 하라는 뜻으로 이 상을 주셨을 터이다.

그래서 우리 취재팀은 앞으로 어떠한 어려움과 위험이 있더라도 탐사보도가 필요한 사안은 결코 포기하지 않는 용기를 발휘할 것이다. 비록 탐사보도의 고향이라 할 미국 일부에서조차 탐사보도가 쇠퇴기미를 보인다 하더라도, 우리는 이 '영광의 탐사보도'에 집착해볼 것이다. 우리는 이 탐사보도가 권력에 대한 감시기능을 표방한 저널리즘의 진수로서 우리 민주주의의 근간을 형성할 것임을 굳게 믿고 있기 때문이다.


## [4] 회고 및 평가

우리에게 '인권사회'는 정말 얼마나 먼가? 이 추적보도를 계기로 우리 사회에서 예의 고문·강압 수사는 자취를 감췄다고 하지만, 진정한 '인권사회'은 아직 멀기만 하다. 요즘 검찰수사의 한 관행으로 굳혀지고 있는 압수수색 논란을 보라. 인권과 개인정보 보호의 천부적 가치는, 또 정부가 약속한 '인권공화국'은 어디로 갔나.

오죽하면 현직 법원장이 '압수 수색의 홍수와 국민의 자유·권리'란 글을 쓰며, "수사기관은 주거·차량·PC·스마트폰 같은 개인적 공간을 툭하면 들여다보려 한다"고 검찰수사 관행을 비판했겠나. 법무부 법무·검찰개혁위원장이 "심야 수사로 얻은 증거는 고문, 가혹행위로 다룰 수 있다"는 법관 주장을 공개적으로 지지하고 나섰겠나.

최근 검찰 일부에서 '심야수사 금지지침'을 만든 것도 결국 한 판사의 고발에 따른 것이고 보면, 인류공통의 가치, 그 인권보호를 보는 언론의 눈은 보다 매서워야 할 터이다. 정부(중앙이든 지방이든)의 숱한 불법·비리·부도덕 행위를 눈 먼 듯 외면하고, 또 동조하는 언론은 또 얼마나 많은가?

어느 시대인들, 언론의 책무는 권력을 견제하고 표현의 자유를 지켜내며, 국민의 자유와 권리를 지키는 데 헌신하는 것이다. 메멘토 모리(Memento mori), "너는 반드시 죽는다는 것을 기억하라"는 경구는 언론에도 예외일 수 없다. 정말이지 권위주의는 얼마나 참담하고 민주주의는 얼마나 소중한 가치인가.

탐사보도의 과정이 아무리 험난하고 위험하다 하더라도 언론의 사명을 다할 불굴의 용기가 늘 필요한 것은 그 때문이다. 여기에서 다시 묻는다. 한 시대 기자는 어디에 살아야 하는가. "우리가 제대로 보도하지 않으면, 국민이 지고, 권력이 이긴다"는 비장함으로 글을 쓰는 기자는 누구인가. 약자의 고통에 눈감지 않고 권력의 오만함에 당당하게 맞설 수 있는 언론인은 또 누구인가.

경찰이 사건 용의자를 상대로 강압·가혹수사를 편 사실을 단정적으로 폭로, 고발한 보도 (1995. 11. 13. 사회면 머리기사).

경찰의 강압·가혹수사 과정에서 드러난 고문수법을 낱낱이 확인, 고발한 보도(1995. 11. 23. 사회면 '사건추적').

경찰이 강압수사를 은폐하기 위해 관련 증인들을 형사입건하며 범인조작을 벌인 사실을 확인, 고발한 보도(1994. 11. 25. 사회면 머리기사).

부산변협이 이 사건 경찰이 갖가지 형태의 고문을 한 사실을 확인, 관련 경관 12명을 우선 대검에 고발했음을 알리는 보도(1994. 12. 24. 사회면 머리기사).

부산지법 1심 선고공판에서 재판부가 「부산매일」의 추적보도 그대로, 피고인 3명에게 무죄, 1명에게 사형을 선고한 사실을 알리는 보도. 재판부는 판결문에서 경찰의 고문수사도 인정했다 (1995. 2. 25. 1면 머리기사).

선고공판 후, 우리 사회의 인권수호 의식을 일깨우기 위해 연재한 '인권시대 시리즈' 첫 회(1995. 2. 26. 1면 머리기사).

「부산매일」 사회부가 펴낸 이 사건 추적보도 자료집 『권력, 인권 그리고 언론』의 표지.

「한겨레 21」 <검찰은 진실을 거부했다-부산 유괴살해사건, 공소유지 위한 '집단적 대응' 물의> 기사 지면 (1995. 3. 16).

**한국언론학회 언론상 수상**
(상) 시상자·수상자·내빈들의 기념촬영(오른쪽 세 번째 글쓴이).
(하) 스승 김민남 교수와 가족(1996. 11. 9).

| Behind Story |

# 보도과정에서 만난 사람

### ① 소신 판사 박태범 부장판사

"취재팀의 진실추적 과정에서 도저히 잊을 수 없는 인물은 이 사건의 1심 재판을 담당했던 부산지법 제3형사부 박태범(朴泰範) 부장판사이다. 실체적 진실을 찾으려는 그의 굳은 신념과 흔들리지 않는 용기는 정말이지 취재팀에게는 고비고비마다 결정적 원군이었다.(…) 그는 공판과정의 숱한 음해와 선고직전의 성가신 압력들을 혼자서 이겨내며 스스로 양심에 따른 판결을 내려준, 근래 보기 드문 '소신 판사'였다."

내가 한 탐사보도 부문을 수상하며 수상소감에서 특별히 언급한 부분이다.

그랬다. 박태범 부장판사. 그는 재판부로서는 이례적인 신체검증에서부터 잘못된 수사관행에 대한 제동을 걸기 시작했다. 그는 사건 초기, 재판장 직권으로 고문수사를 당했다고 주장하는 피고인들의 신체검증을 실시했다. 그는 선고공판을 마친 뒤, "그 상흔, 고문한 흔적으로 판단했다. 단지 신체검증만으로 내린 판단은 아니다. 피고인·참고인의 주장, 목격자의 진술도 고려했다"고 밝혔다. 재판장 직권으로 시행했던 현장 재검증도 이례적이었다. 재판부 일행은 범행현장 세 곳을 둘러봤다.

이 같은 재판방식은 판사가 재판에 적극 개입하는 독일식 직권주의에 가깝다. 그의 재판진행 방식과 판결이 국민에게 신선한 충격을 준 이유는 분명하다. 그것은 사법부가 그동안 등한시해온 '증거주의 원칙'을 재확인해준 데 있을 것이다. 검찰과 변호인 양측의 증거가 팽팽하게 맞설 경우, 또는 그 증거가 적법하지 못한 수사절차나 가혹행위에 의한 것일 경우, 재판부가 어느 쪽을 선택해야 할지를 보여준 것이다. 피의자의 범행사실에 대한 검찰의 증거책임과, 증거에 입각한 법관의 유·무죄 결정은 언제나 지켜가야 할 '상식'일 것이기 때문이다.

그는 공판진행 과정에서 언론의 조작수사 보도나 피고인·변호인의 무죄 주장에 적극 호응, 인권보호의 가치와 수사절차의 정당성을 추구함으로써 일찌감치 검경의 기피대상(?)이었던 듯하다. 검찰이 때때로 변론재개 신청을 하며 공판을 지연시키려 한 것, 그에 대한 인신공격성 음해를 거듭한 것도 알고 보면 담당 재판부를 교체하려는 음모였다는 것이다. 그러나 그는 그 음모조차 일찍 알아채고, 스스로 선고공판을 꼭 끝내려는 의지를 단단히 다져왔다.

그는 후일, 검찰 측의 재판부 교체를 노린 조직적 변론재개 요청에 엄청난 스트레스를 받았음을 토로한다.


- 선고공판 하루 전 검찰에서 변론재개를 강력 요구. 검찰간부들의 접근을 피하기 위해 새벽에 귀가. 선고일 아침 7시께 검찰 부장검사가 찾아와 변론재개를 설득. '법정에서 변론재개 여부 밝혀주겠다' 대답.

- 재판진행 초기부터 수사과정에서 고문이 있었음을 확신했고, 검찰 측 변론재개 시도는 조작사건을 은폐하기 위한 공권력의 음모라고 판단, 어떠한 일이 있더라도 스스로 선고를 마칠 것을 결심. 선고당일, 검찰 또는 법원 고위관계자의 선고연기 압력을 예상, 오전 중 도피. 지금 선고를 못할 경우 검경의 증거조작 등으로 사건의 진실을 밝히지 못할 가능성이 있다고 판단.

- 선고 예정 10분 전 판사실로 들어가 배석판사들에게 선고강행 의지를 밝힘. 주심판사는 강력한 반대의사를 밝혔고, 거듭된 설득에도 반대의사

를 굽히지 않음. 다른 배석판사에게 '의견을 내라'고 요청. "이 정도 사안 같으면 예정대로 선고를 해야 한다"는 의견을 받아 2 대 1 결정으로 선고를 강행.

대략 이런 스토리다.

박태범 부장판사, 그는 검찰의 갖은 음해와 선고공판 연기 기도에도 결국 선고공판을 내린 뒤, 일주일 후 인천지법으로 이동했다. 그는 당초 2월 5일 선고공판을 끝낸 뒤 취재기자와 술자리를 함께 하며 취재 뒷얘기(깊이 있는 추적과정)를 듣고 싶었으나 선고공판이 늦춰져 그럴 기회를 갖지 못했음을 아쉬워했다. 그동안 소신 판결을 내려온 그는 부산을 떠나며 "판사는 언제라도 법복을 벗을 준비가 되어 있어야 한다"는 강단 있는 소신을 밝혔다.

## ② 인권변호사 문재인

문재인 변호사. 그는 이 사건 당시 「부산매일」과 매우 '특별한 관계'를 맺었던 인물이다. 우선, '관련 피고인 3명에 대한 경찰의 고문·조작 및 불공정 수사' 사실을 폭로한 「부산매일」의 보도에 따라, 부산지방변호사회 인권위원회 진상조사소위 위원장을 맡아 고문·조작사건의 실체를 파헤치는 작업을 주도했다. 그는 또, 「부산매일」이 수사기관으로부터 제기받은 정정보도 게재청구소송, 출판물에 의한 명예훼손 소송 등의 「부산매일」측 소송대리인이었다. 그는 이 사건 대법원 판결과 고문경관에 대한 처벌 조치가 끝난 뒤, 「부산매일」이 발간한 추적보도 자료집 『권력, 인권 그리고 언론』의 제작에도 참여, 〈사건 진상·진짜 공범 규명하라〉는 원고를 기고하기도 했다.

사건 당시 부산지방변호사회는 관련 피고인 3명이 경찰의 폭행과 협박

등 강압수사 끝에 허위자백을 해 범인으로 몰렸다는 보도에 따라 인권위원회를 소집, 진상조사에 나섰다. 그는 이 사건 진상조사소위 위원장을 맡아 경찰의 고문수사 과정과 불공정 수사의 실체를 파헤치는 작업을 주도했다. 그는 그동안 시국사건과 노동사건을 많이 다뤄 부산의 인권변호사로 평가받아왔다.

진상조사소위는 조사활동 2주여 만에, 경찰들의 고문수사 사실을 확인했다. 경찰이 온갖 기법을 동원한 고문으로 피고인들을 강압, 허위진술을 받아낸 사실, 피고인들이 "매가 겁이 나 허위진술을 할 수 밖에 없다"며 고통을 호소해온 사실 등이다.

부산변협은 이에 따라, 피고인·참고인에 대한 가혹행위는 물론 불공정 수사가 이뤄졌다는 결론을 내리고 수사경찰 14명을 독직폭행 및 가혹행위 혐의로 대검찰청에 고발했다. 문 변호사는 고발사건 초기수사를 맡은 부산지검에 참고인으로 출석, 고발경위를 진술했다. 조사에서 문 변호사는 "피고인들의 진술과 법원의 신체검증 결과, 담당 변호사의 고문흔적 목격 보고서, 고문현장 목격자의 증언 등을 종합해볼 때 고문수사가 이뤄졌다는 사실을 의문의 여지가 없다"고 진술했다.*

문 변호사는 "수사경찰들은 피고인들의 유·무죄와 무관하게 가혹행위 자체로 응징해야 마땅하고 문민정부 아래서도 여전히 남아있는 고문수사 관행의 타파를 위해 고발이 불가피하다고 판단했다"고 진술했다. 이 사건 수사과정에 많은 의문이 드러났는데도 경찰은 피고인들의 알리바이와 참

---

* 부산지방변호사회는 사건 당시 언론이 제기하는 고문·조작 수사사실을 극히 이례적으로 변협 차원에서 조사, 고문·조작 수사가 있었음을 결론 낸 뒤, 관련 수사경찰 14명을 독직폭행 및 가혹행위로 대검에 고발한 데 대해 상당한 부담감을 가지기도 했다. 그러나, 1심 선고공판에서 재판부가 경찰의 가혹행위를 단정적으로 인정하고 결백을 주장하는 피고인 3명에게 무죄선고를 내리자 무척 안도하며, 부산변협도 인권문제에 각별한 신경을 썼다는 평가를 받을 수 있다는 의미를 부여했다.

고인들의 증언을 뒤엎기 위해 가혹행위를 하고 불공정 수사를 했다는 확신을 갖게 됐다는 것이다.

### ③ 부산지검장 김태정(金泰政)

대검찰청 중수부1과장, 서울지검 특수1부장, 대검 중수부장을 거쳐 부산지검장으로 부임한, 그야말로 특수수사의 요직을 두루 섭렵한 대표적 특수통. 그는 사건 당시 관할 부산지검장이었으니, 하루인들 마음 편할 날이 있었겠나.「부산매일」은 연일 검·경의 고문조작 및 불공정 수사와 검찰의 무리한 기소 및 공판 진행을 질타하고, 부산변협은 고문수사 사실을 확인하고 부산지검의 고문경관 수사 소홀을 문제 삼고 나섰으니.

김 검사장은 당시 언론대응에 참 부지런했다. 그야말로 열심히도 사회부장들을 초대, 폭탄주 회식을 가졌다. 수사·공판 진행에 따른 나름의 판단과, '공판 중 사건보도'에 따른 논란을 제기하며 언론의 이해를 구하고 나선 것이다. 그는 아마도「부산매일」의 취재기세를 약화시키며, 다른 언론들이「부산매일」의 보도방향에 동조하지 않도록 설득하고 싶었을 것이다.

그래서, 그의 취중 담화 속엔 정중한 협조요청(?)과 함께, 은근하거나 노골적인 협박도 적잖았다. "이 보도가 옳은 것으로 드러난다면 검찰이 죽을 것이고, 틀린 것으로 드러난다면「부산매일」도 엄청난 타격을 입을 것" 같은 표현도 이 폭탄주 회식에서 나온 얘기다. 오죽하면 이 보도과정을 '기자들의 명운과 회사의 사운을 담보한 나날'이라고 기록했겠나.

나는 기억한다, 그 즈음 폭탄주 점심자리는 정말 치열했었다고. 검찰 간부들이 폭탄주를 오죽 잘 마셨나. 그들의 타깃이 누구였겠나. 그래도 나는 그 점심 초대에 악착같이 응했고, 악착같이 폭탄주를 마시며 그들과의 입씨름도 불사했다. 그러곤, 오래도록 나를 술자리에 잡아두려는 그들의 수에 맞서, 어떤 수를 쓰든, 조간지의 제작회의 시간에 늦지 않도록 그 자리를 탈출했다. 나는 수시로, 취기 어린 얼굴로 편집국 근무를 하곤 했던 것이다.*

김태정 검사장은 사건 선고공판 전후, 부산지검이 「부산매일」은 물론 전국 언론으로부터 집중공격을 당하자, 뒤늦게 수사 및 공소유지 검사와 부장, 차장 검사를 심하게 질책했다. 그는 이 사건을 잘못 지휘한 것으로 평가받아 향후 진로에 치명적 타격을 입을 것이라는 전망도 있었다. 그 속에서 그는 부산지검장을 떠나 검찰총장, 법무부장관까지 오르는 요직 역임기록을 쌓다, 법무부장관 취임 15일 만에 '옷 로비의혹사건'에 걸려 불명예 퇴임했다.

---

* ① 당시 나의 '견문보고'(1994. 11. 24) 한 부분. 제목 '부산언론 사회부장-부산지검 수뇌부 점심회식 주요대화' (총괄)부산지검 김태정 검사장, 제1·2차장, 특수·강력부장과, 부산 언론 5사 사회부장 점심 회식. 대낮부터 폭탄주 세례.
(검사장 등) "공판 중 사건보도는 판결에 영향 줄 수 있는 점 감안, 이 사건 보도를 선고공판 때까지 자제하는 게 어떻겠나?" (나) "우리 사법제도는 미국식 배심제와 다른, 전문재판관제인 만큼 여론재판 우려 없다. 또 강압·고문식의 불법적 공권력 집행 추적, 고발하는 보도인 만큼 계속 보도할 것" 대답.
(방송사 K 부장) "지금까지 지켜본 바, 검경수사 전적으로 잘못된 듯. 우리도 오늘밤 수사 잘못 지적하는 특별 리포트 방송한다"고 가세. 검사장, "제발 말아 달라"고 요구했으나, K 부장은 "서울서도 큰 관심 갖고 있고, 우리 판단으로도 수사 잘못 확실하다고 본다. 계획대로 보도한다" 잘라 말함. 이 방송은 이날 밤, 수사 잘못 집중 보도.
(신문사 부장) "우리도 이제껏 검경 발표 믿었으나 이제 나 스스로 의혹 많다. 검찰은 정말 공소유지 자신 있나?" 질문. 검찰 담당 차장, "자신 있다"고 대답.
② 당시 부산지검 송광수(宋光洙) 2차장 역시 검찰과 법무부의 엘리트 코스를 밟은 강골 검사였다. 부산지검장과 함께 부산 언론인들과, 그야말로 숱한 폭탄주 전쟁(?)을 치러냈다. 그는 이 사건보도가 주변의 공감을 얻어 갈 즈음, 아마도 「부산매일」의 보도가 옳다는 흐름을 알아챈 듯했다. 어느 폭탄주 점심전쟁 때 좁은 화장실에서 나란히 소변을 보던 그가 나직이 털어놨다. "차 형, 이거 부산매일이 맞는 거 같애…" 나는 그에게서 나름의 진정성을 읽곤 대답했다, "고맙소, 그래도 검찰에 당신 같은 간부가 있다니…" 그는 이후, 부산지검장, 법무부 검찰국장을 거친 뒤 검찰총장을 역임했다.

박태범 부장판사가 언론의 사건조작 의혹제기에 따라 이례적으로 재현장검증에 나서 기소내용대로 범행이 이뤄질 수 있는지를 확인하고 있다(사진 한가운데가 박태범 부장판사).

부산변협 인권위 이 사건 진상소위 위원장 문재인 변호사가 검찰에서 고발인 조사를 받은 뒤 검찰청을 나서고 있다.

박태범 부장판사의 피고인 신체검증 현장과 진실추적 노력을 다룬 보도물.

| 남기고 싶은 이야기 |

## 검경의 집요한 방어공작과 언론의 어긋난 특종경쟁 속에서

"취재팀의 진실 추적 캠페인이 끈질길수록 검경의 방어공작도 집요했다. 검경의 고위 관계자들이 제기한 논란은 일부 언론이 동조하여 「부산매일」에 대한 압력을 가중시켰다.(…) 「부산매일」이 처음 벌인 발표저널리즘에 대한 외로운 캠페인은 점차 다른 언론의 동조를 확산시키면서 진실추적의 정당성을 사회적 의제로 설정하는 데 성공했다."

당시 한국기자상 심사위원장 김정기 교수(한국외대)가 「바른 언론」의 〈저널리즘 교실〉에 기고한 글의 일부이다. 되새길 필요도 없이, '진실 찾기'는 문명사회의 성원 모두가 추구하는 보편적 가치다. 이를 기치 삼아 일상의 업으로 삼는 직업 중 하나가 언론이다. "팩트는 신성하다"는 말이 법정만큼이나 자주 나오는 곳도 언론계다.

그러면서, 단순히 전달과 기록에 그치는 언론도 드물다. 기사는 취사선택에서부터 가치판단을 반영한 결과다. 그런 언론의 특성과 책무를 떠올리며, 김 교수가 말한 ①검찰의 집요한 방어공작과 일부 언론의 검찰 동조 ②「부산매일」의 외로운 캠페인과 다른 언론의 진실추적 가세, 이 얘기 몇 토막을 정리한다.

### ① 검찰의 집요한 방어공작과 일부 언론의 검찰 동조

"(…) 모든 '사건'의 진상 역시 그 관련 당사자나 그에 개입한 권력은 밝히기를 꺼리는 것이 상례이다. 그를 파헤칠 중립적·객관적 제3자로서 언론의 존재 이유는 그래서 뚜렷하다. 지금은 흘러간 '역사 속의 불행'이지만, 세칭 '박종철 군 고문치사사건'이 남긴 교훈 역시 권력이 개재한 '사건'의 진상은 오직 언론이 이를 밝히려 노력할 때 비로소 밝힐 수 있고 또 밝혀졌다는 사실이다…"

내가 이 추적보도 과정에서 쓴 칼럼의 일부다. 이 추적보도 역시 그 '진실 찾기' 작업은 위험하고 험난했다. 특히 그 '진실 찾기'를 가로막는 방어공작도 대단했다. 검경의 끈질긴 보도자제 요구와 제소·소송 공세, 언론대상 압력·로비 활동이 그것이다.

그렇다. 검경인들 이 사건의 실체적 진실이 제대로 밝혀지는 게 얼마나 두려웠겠나.「부산매일」의 보도대로, 경찰의 고문조작 수사와 검찰의 무리한 기소 유지가 사실대로 드러날 경우, 국가기관으로서 입을 신뢰 저하나 권위 추락은 또 얼마나 두려웠겠나? 꼭 그런 뜻의 악의는 없었다 하더라도,「부산매일」을 제외한 다른 언론이 진실 찾기 작업에 함께 눈 돌리고 검경의 잘못을 엄히 추궁하려 드는 상황은 또 얼마나 피하고 싶었겠나.

먼저, 검찰의 사건보도 자제 요구. 검찰이「부산매일」의 추적보도 초기부터 그저 보도 자제를 요청하는 압력성 로비나 유무형의 위협을 넘어, 시도 때도 없이 '명예훼손' 시비나 '공판 중 사건보도' 논란을 제기한 사실은 알려진 바와 같다. 수사기관이 제기한 명예훼손 시비만도 정정보도 청구 3건과 정정보도 게재청구소송 2건, 출판물에 의한 명예훼손 고소 1건, 거기다 취재기자를 공무집행방해 혐의* 로 수사한 사례도 있었으니.

이 '명예훼손' 시비 내지 '공정한 재판' 논란은 흔히 생각하듯 그 명예나 사생활을, 또 공정한 재판을 받을 권리를 침해당할 수 있는 피고인 또는 다른

---

* 부산지검 형사2부 ○○○ 검사는 1994년 12월 23일「부산매일」취재기자를 공무집행방해 혐의로 소환, 조사. 경찰은 취재기자가 경찰조사에 앞서 피고인의 친구 등을 만나 피고인의 알리바이 등을 취재한 것을 문제 삼아 공무집행방해 혐의로 입건, 7차례에 걸쳐 소환장을 보냈다가 출석하지 않자 사건을 검찰로 넘긴 데 따른 것이다. 그러나, 부산변협 인권위 조사와 재판증언 결과 관련 보도가 모두 사실인 것으로 이미 드러난 만큼, 이 수사는 검경이 취재기자를 수사하며 조작수사를 은폐하려 했다는 의혹을 증폭시켰다(「연합뉴스」보도 등).

관계인이 아닌, 사건수사를 맡은 검경이 제기했다는 점에서 특이했다. 물론 이와 같은 시비·논란은 별다른 명분도, 타당성도 없는, 보도활동을 가로막으며 보도영역 자체를 축소시키기 위한 접근일 뿐이었다.*

검찰의 언론 로비 역시 부산지역 차원을 넘어, 대검까지 '상당한 대응'을 한 것으로 나타났다. 이 사건 1심 재판에서, 「부산매일」 보도대로 결백을 주장하고 있는 피고인 3명에게 무죄가 선고될 경우 검찰조직이 막대한 타격을 입을 것이라는 인식이었던 것이다.

우선 '중앙지' 취재기자의 경우, 결심공판에 앞서 본사 데스크로부터 "변호인의 주장을 일방적으로 수용하지 말고 검찰 측 입장을 충분히 고려, 양비론적 기사를 준비하라"는 지시를 받았다는 전언. 부산법조 출입기자들은 이 같은 데스크의 지시가 검찰의 로비에 영향을 받은 것으로 판단, 사건의 배경을 부연 설명했으나 제대로 받아들여지지 않았다고 한다. 대검은 객관성을 잃은 참고자료를 대검기자에게 배포, 피고인에 대한 유죄심증을 형성시켰다는 것이다.

당시 부산지검은 재판부의 이 사건 집중심리 과정에서 결백을 주장하는 피고인 3명에게 무죄 선고의 가능성이 큰 것으로 판단, 다가오는 법원 정기 인사이동 이후로 선고를 연기시켜 다른 재판부로부터 판결을 받으려 수단과 방법을 가리지 않았다.

이를 위해, 증인들의 위증혐의를 조사하며 일부 법정진술을 번복시킨 뒤,

---

* 부산기자협회는 회지 「저널리즘 부산」 창간호(1995)를 발행하며, '기획특집 '강주영 양 사건 취재'를 선정했다가, 나에게 '데스크 일화' 형식의 취재기를 청탁했다. 협회는 △미국 체재 당시 느꼈던 외국 언론·기자들의 시각, 취재보도 태도를 우리의 그것과 대비, △일선 취재기자 시절 파장 컸던 사건 및 인물 관련 비하인드 스토리 소개, △취재원의 언론·기자를 보는 시각, 언론·기자의· 취재원을 보는 시각, 그 실태와 지향방향 등을 후배기자 격려하는 방향으로 써줄 것을 요청했다. 당시 <언론보도 영역 스스로 넓혔다> 제목 아래, 사건보도의 파생적 부작용, 「부산매일」 보도에 따른 시비·논란의 예, 언론보도와 명예훼손, 보도의 자유와 공정한 재판 등을 정리, 게재했다.

이 사실을 몇몇 언론사에 알려 기사화하는 방법을 썼다. 이 기사를 바탕으로 변론재개신청을 하며 판결을 늦추려는 의도였다. Y 통신의 경우 출입기자가 검찰의 부도덕한 행태와 수사과정의 문제점을 집중 부각시키는 기사를 송고했으나, 실제 배포기사는 기사의 틀을 완전히 바꿔 각색한 것이었다.

　SBS는 선고공판 전, 정기 프로그램 〈그것이 알고 싶다〉에 고문조작 수사관련 보도 '조작과 진실'을 방송키로 하고 예고방송과 신문안내 기사까지 내보냈다가 당일 방영을 취소했다. 방송사는 이날 종전 방송 편 '풍수지리설의 허와 실'을 재방송했고, 시청자의 문의 및 빗발치는 항의에 "곧 선고공판을 앞둔 사건이어서 자체심의 결과 재판결과 영향을 줄 수 있음을 감안, 방영유보를 결정했다"고 대답했다. 일부 중앙지는 이 같은 사실을 보도하며, 검찰의 강력한 로비에 밀려 방영을 포기했다고 분석했다.

　돌아보면, 특종을 좇는 건 언론의 숙명이다. 기자는 직무 성격상 마감 강박·특종(낙종)강박·오보 강박에 시달리는 전문인이라고 하지 않나. 이 사건의 경우, 당초 「부산매일」이 홀로 '진실 찾기'에 뛰어들며 검경의 고문·조작수사를 폭로하고 추궁한 만큼, 그 보도들이 진실로 드러난다면 그건 「부산매일」의 특종이요 경쟁 언론엔 '낙종'일 터였다. 이번 추적보도 과정에서 「부산매일」이 검경과 맞서 상당 기간 외로운 싸움을 벌인 데에는 바로, 남의 특종을 인정하기 싫어하는 기자들의 과잉경쟁도 작용했다. 일부 언론의 검찰 동조현상이 그것이다.

　다음, 검찰의 재판장 및 취재팀 음해. 취재기록에 따르면, 부산지검은 검사장부터 나서 박태범 부장판사를 비판하기 시작했다. 그가 직전에 국가보안법 위헌심판을 재청한 데 비판적 견해를 표시했고, 이 사건 재판과정을 언론에 소상히 공개해온 부분도 못마땅해 하는 입장을 보였다. '검찰은 박태범 부장판사에 대해 매우 악의적인 소문을 퍼뜨리고 있으며, 국보법 위헌재청 결정까지 싸잡아 비난하고 있다.' 당시 한 정보기관이 이 사건을 뜨거운 이슈로 보고 수집, 정리하는 과정에서 파악한 사실이다.

이 부분, 「한겨레 21」(1995년 3월 16일자)은 〈검찰은 진실을 거부했다〉는 초점기사에서 분명하게 지적한다.

"변론재개신청으로 재판부를 바꿔보려 했던 검찰은, 예정대로 선고공판이 열려 피고인 3명에게 무더기로 무죄가 선고되자 조직적으로 재판장 박태범 부장판사를 비난해 충격을 줬다.(…) 이러한 비난은 박 부장판사를 '정상적이지 않은 법관'으로 매도해 무죄판결 또한 그러한 배경과 무관하지 않다는 여론을 이끌어내기 위한 의도에서 나온 것으로 보인다. 선고 전에도 검찰 주변에선, 심지어 재판부, 변호인, 언론이 재력가인 원종성 피고인의 아버지에게서 거액을 받았다는 근거 없는 악성루머가 나돌았다.(…)"

## ②「부산매일」의 외로운 캠페인과 다른 언론의 진실추적 가세

그러나, 역시, 언론은 결코 약하지 않았다. 언론인의 양식 역시 취약하지 않았다. 언론은 진실을 계속 외면하지는 않았고, 「부산매일」의 외로운 진실찾기 캠페인은 점차 다른 언론의 동조를 확산시키면서 진실 추적의 정당성을 추구하는 데 성공한 것이다.

우선, 지역언론이 진실추적에 동조하기 시작한 것은 「부산매일」의 첫 추적보도로부터 40여 일이 지난 때, 결정적 계기는 「부산매일」이 〈부산 북부서 강압·가혹 수사했다〉는 제목으로 고문조작 수사사실을 단정적으로 보도하고, 부산지방변호사회 인권위원회가 '강압수사 진상조사'에 나서기로 한 그때였다.

그동안 지역언론들은 이 사건의 진실추적을 외면하다, 11월 25일 사설을 게재한 것이다. 한 신문은 사설에서 「부산매일」의 추적보도를 수긍하며 이 사건 고문조작 수사의혹을 강하게 제기했다. 물론 이 사설을 게재한 뒤 사회부 기자들의 격렬한 성토가 있었다고 한다. 자사 지면논조와 다른 사설을, '누가', '왜', '어떻게', 집필, 게재했느냐는 것이다.

다른 신문 역시 이날 〈고문조작 의혹 사실 밝혀라〉는 사설을 게재, 사회부 일부 기자들의 반발을 사기도 했다. 이즘 부산지역 한 방송도 검찰의 자제요청을 뿌리치고 검경수사의 문제점을 지적하는 집중보도를 시작했다.

언론에 따라 검찰출입 기자가 늦으나마 진실을 차근차근 확인, 수사과정의 문제제기를 시도하며 담당 데스크와 충돌하는 사례도 잇달았다. 이 시기부터 서울지역 언론도 가세하기 시작한다. '진실 찾기'에 가세, 언론동조를 확산시켜준 Y 통신의 R 기자, H 일보의 P 기자, H 신문의 L 기자, B 일보의 J 기자…. 그들의 추적기사도 날카롭고 엄중했다. 〈고문 물의 부산 유괴살해 사건, 검찰, 조작외면 인권유린 계속〉, 〈자백 의존 예단수사 덫에 걸린 검·경〉…. 여러 신문들과 시사주간지들도 관련 고문조작 수사 비판보도를 확대하며 특집을 내보내기 시작했다.

「시사저널」(1995년 1월 12일자)은 '시사안테나', 〈고문 시비 '끝없는 신음'〉에서 부산변협 인권위가 사건 관련 경찰관 14명을 고발한 사실을 보도하며, 고문수사 논란에 대한 명백한 결론을 내려 '고문악령'을 잠재워야 한다고 촉구했다. 당시 대검은 고문수사 및 범인조작 의혹 관련, 신문·방송들의 비판보도가 잇따르자 사건 자체를 재점검하기 시작했다. 김도언 검찰총장은 부산변협의 가혹행위 경관 고발사실과 관련, "철저 조사 후 관계자 엄단" 입장을 밝혔다. 「뉴스메이커」(1995년 3월 19일자)에는 「부산매일」 취재팀 김형진 기자의 기고가 실렸다. 제목은 〈'고문으로 범인 만들기' 참패당하다〉, 부제, '수사권 남용·인권유린에 쐐기, 5공 때 박종철 군 사건과 버금가는 파문 일 듯'.

1심 선고공판 이후, 부산법조 출입 지방·중앙사 기자들은 지금까지 분리 운영했던 기자실 운영체계를 통합했다. 이 사건 전개 과정에서 검찰이 조직적 로비를 펴며 언론의 독자적 보도를 방해한 것은 물론, 검찰조직의 특성상 특정 사안에 있어 자체 논리를 끝까지 관철시키려 하는 점을 고려, 언론 전체가 단합하여 대응할 필요성을 느낀 것이다. 기자들은 앞으로 검찰조직의 특수한 생리에 취재기자들이 확실히 맞설 수 있도록, 가능한 한 취재경쟁을 하되 검찰 의도대로 분열상을 보이지는 않도록 노력하기로 다짐했다. 부산변협 오장희 회장은 선고공판 후, 「부산매일」의 끈질긴 진실추적 보도를 높이 평가함과 함께, 부산 법조출입기자 역시 선고공판을 앞두고 유례없이 단합, 검찰에 맞서며 진실은폐 기도에 쐐기를 박았다고 평가했다.

이즘에서 2018년 개봉한 영화 〈더 포스트(The Post)〉를 떠올린다. '세상을 속인 완벽한 거짓말 세상을 바꾼 위대한 폭로', 스티븐 스필버그 감독의 작품이다. 미 국방부 비밀문서 '펜타곤 페이퍼(Pentagon Papers)' 주요 내용을 폭로한 특종은 「뉴욕 타임스」가 한발 앞서 했지만, 「워싱턴 포스트」가 발행금지 조치를 당한 「뉴욕 타임스」 편에 서서 '펜타곤 페이퍼' 후속기사를 게재하는 것은 대단한 용기가 필요했다.

「워싱턴 포스트」 편집국장 벤 브래들리는 발행인에게 말한다. "우리가 보도하지 않으면, 우리가 지고, 국민이 지는 겁니다." 결국 「워싱턴 포스트」는 숱한 위협을 무릅쓰고 보도를 강행한다. '펜타곤 페이퍼' 작성자 대니얼 엘즈버그는 이 사건을 반역행위에 가깝다고 한 대통령의 반응에 경악, TV 인터뷰에서 "어떤 기관과 개인의 명예가 실추되는 것이 반역이라면 '짐이 곧 국가다'라고 말하는 것과 같다"며 "대통령이 국민과 국회를 기만하고 자기 마음대로 국가를 통치하는 것을 참을 수 없다"고 말했다. 인터뷰가 나가는 순간 전국 수많은 신문들이 「워싱턴 포스트」를 지지하며 '펜타곤 페이퍼' 폭로 기사에 동참했다. 「워싱턴 포스트」가 지역신문에서 단숨에 전국구 신문으로 도약하는 순간이다.

「워싱턴 포스트」는 대법원에서 6 대 3으로 승소한다. 대법관 판결의 요지는 간명하다. "이 나라의 건국이념에 따르면, 언론은 자유를 보장받고 민주주의 수호자의 역할을 수행해야 한다", "언론이 섬기는 것은 국민이지 국민의 통치자가 아니다(The press was to serve the governed, not the governors)."

### 3) 비화: 박종철 군 고문치사사건과 6월 항쟁
실리지 못한 '눈물의 추모 타종' 사진과 현장일기

    1987년은 우리 현대사의 한 획기적 분기점이었다. 전두환 정권의 탄압정치와 그에 대한 반독재·민주화 투쟁이 더해가고 있던 중 박종철 군 고문치사사건이 발생했다. 이 사건은 공안당국의 조직적 은폐·조작에도 끝내 진상이 밝혀졌고, 잇따른 정권규탄 시위를 촉발하며 6월 항쟁의 중요한 계기로, 나아가 민주화운동의 촉매제로 작용했다.

    당시 나는 「부산일보」 사회부 서부·사하 출입기자였다. 당연히 박종철 군 사건과 6월 항쟁, 두 역사적 사건의 취재일선에 나섰다. 우선, 박종철 군 가족들이 박 군의 위패를 사하구 괴정동 240 사리암에 안치, 49재를 치렀고, 5월에는 영도구 청학동에서 사하구 괴정3동으로 이사를 했던 것이다. 6월 항쟁은 그야말로 부산 도심을 넘어 전국을 휩쓴 시대적 시위투쟁이었으니 경찰기자의 당연한 취재대상이었고.

### [1] 박종철 군 고문치사사건

    우선 박 군의 추모재 때 있었던 숨은 이야기 2쪽지. 하나는 2월 7일 「부산일보」가 현장을 촬영하고도 지면에는 싣지 못하고 뒤늦게 「기자협회보」에 실려 역사적 컷으로 남은 '모녀의 추모 타종'에 얽힌 사연, 하나는 내가 이 타종 장면을 자세히 전하려 쓴 '취재일기' 기사 역시 지면에 실리지 못한 사연이다. 이 사연들은 당시 전두환 정권의 탄압정치, 특히 언론탄압의 실상을 확인할 수 있는 좋은 사례일 것이다.

    당시 나는 박 군 사건 발생 이후 잇따르는 시국규탄 시위 속에서 가능한 한 박 군 가족의 동향을 전파하려 매일같이 가족들과 접촉했다. 2월 7일,

이날도 박 군 가족들이 서울 명동 '2·7 국민추모집회'에 참석하려다 경찰의 권유로 발길을 돌려 사리암에서 가족법회를 갖고 범종을 치며 오열한 사연을 스트레이트 기사로 송고했으나 지면에 실리지는 않았다.

나는 이 기사를 지면에 반영시키지 못한 아쉬움에, 귀사와 함께 다시 '취재일기' 형식의 스케치 기사를 작성, 제출했다. 박 군 가족의 동향, 그 흔적이라도 남기려 '우회로'를 모색한 것이다.

### 취재일기 | 1987년 2월 7일 '눈물의 추모타종' 원고

7일 하오 2시 고 박종철 군의 빈소가 차려진 부산 사하구 괴정3동 사리암. 박 군의 어머니 정차순 씨(54)와 누나 은숙 양(24)이 떨리는 걸음걸이로 종루로 올라가 대형 범종의 원통형 타봉을 함께 붙잡았다.

'덩~', 모녀가 힘껏 범종을 때리자 맑은 종소리가 산골짜기를 뒤덮듯 넓게 울려 퍼졌다. 3번쯤 종을 쳤을까? "종철아!", 은숙 양이 북받치는 슬픔을 가누지 못한 듯 외마디 고함과 함께 울음을 터뜨렸다. "종철아! 이 종소리를 듣고 잠에서 깨어나라~", 어머니 정 씨의 목쉰 듯한 절규가 뒤따랐다. 모녀가 치는 타종리듬이 어지러워지면서 종소리는 난타음으로 바뀌었다. '덩 덩 덩 덩~', 모녀의 얼굴은 비 오듯 쏟아지는 눈물로 뒤덮였다. 표정은 차마 쳐다보기 힘들 만큼 비통했다.

사리암 앞을 지나던 인근 D 여전의 졸업생과 하객, 일부 주민들은 "종철아, 깨어나라"는 어머니 정 씨의 절규를 듣고 폐부를 찔린 듯 숙연한 표정으로 발걸음을 멈췄다. 토요법회를 가지려 종루 아래편에서 기다리던 불교학생회 학생들은 저마다 눈시울을 붉히며 흐느끼기도 했다. 정신 나간 듯 종을 치던 모녀는 "그만 하라"는 주위 친지들의 제지를 받고서야 타봉에서 손을 뗐다.

박 군 가족들은 이날 하오 1시 30분께 사리암에 도착, 먼저 박 군 영정 앞에 하얀 국화 3송이를 바치곤 주지 도영(道永) 스님을 찾았다. "2시에 종을 쳐주세요.", 누나 은숙 양이 국민추모회 행동지침을 떠올린 듯 '추모타종'을 부탁했다. 스님은 일순 곤혹스런 표정을 지었다. 모녀는 기다린 듯 나섰다, "우리가 종을 치겠어요." 모녀의 결연한 의지를 감지한 듯, 이제껏 종루를 지켜 섰던 사복경찰들도 슬그머니 자리를 비켰다.

"동생을 추모하겠다는 단 한 분의 뜻이라도 감사하게 받아들여야지요. 오늘 구태여 가족법회를 갖고 종을 치는 것도 주변의 성원을 무시할 수 없기 때문입니다." 은숙 양은 흐느끼는 목소리로 쉬엄쉬엄 기자에게 얘기했다. 은숙 양은 이날 서울 명동 추모집회에 참석하러 어머니와 함께 상경하려 했다가 경찰의 권유로 발길을 되돌렸던 참이라고 덧붙였다. "세상 사람들이 종철이의 원통함을 제대로 풀어줄 수 있을지 지켜볼 생각입니다. 다만 제2의 박 군 사건 같은 인권유린 사건은 다시 없어야겠다고 누구에게나 다짐받고 싶어요." 그는 혈육을 잃은 슬픔을 애써 누르며 가족들의 바람을 차분하게 털어놨다.

추모타종에 이어 열린 가족법회에는 아버지 박정기 씨(57)도 참석했다. 박 씨는 아내와 딸의 '행동'을 만류하지도, 격려하지도 않겠다는 듯 승방에 앉아있다 도영 스님과 함께 대웅전을 찾은 것이다. 박 씨는 스님의 목탁소리에 맞춰 금강경과 아미타경을 읽어 내려가다 어느새 손수건을 꺼냈다. 여태 침착함을 지켜냈던 박 씨도 아들의 극락왕생을 비는 순간엔 눈물을 감출 수 없었다. 대웅전은 곧 어머니와 누나, 이모들의 흐느낌으로 가득 찼다.

다음 날 지면에도 이 기사는 실리지 않았다. 나는 퇴근 직전 기자세계의 불문율을 깨고 담당 데스크에게 물었다. "그 기사 어떻게 됐느냐?"고. 데스크 선배도 민망한 듯 얘기했다. 그 기사, 가능한 한 게재하려 숨을 상당히 죽여 출고했으나, H 편집국장이 원고를 찾아 읽곤 책상서랍에 넣어버리더라는 것이다. 정부의 언론탄압을 의식한 자기검열이었다. 나는 이삼일 야간당직을 자청하며 기회를 엿보다 편집국장의 서랍을 뒤졌고, 내 기사 원본을 찾았다. 그러고는 난세의 편집국장, 그의 처지도 감안해야 할 터, 그 기사를 복사하고 원본을 도로 넣어 두었다. 앞선 전문은 그 복사본이다.

이 정도 기사를 게재하지 못할 정도이니, 그 생생한 통곡장면을 담은 타종 사진인들 어떻게 게재할 수 있었겠나. 결국 이 '모녀의 추모타종'은 훗날 「한국기자협회보」에 실렸다. 외신에도 실렸으며, 후일 「부산일보」의 자랑스러운 취재기록으로 남아있다. 「부산일보」는 3월 3일 박 군 49재 때는 〈박 군 49재 엄수〉라는 제목으로, 기사(사회면 2단)와 사진(3단)을 게재했다.

## [2] 6월 항쟁

'6월 항쟁'은 1987년 박종철 열사의 죽음 이후, 4·13 호헌조치 철폐, 군사독재 타도, 민주헌법 쟁취 등을 주 슬로건으로 한 민주화 투쟁의 주요 부분이다. 당해 6월 10일 '고문살인 은폐조작 규탄 및 민주헌법 쟁취 범국민대회'를 시작으로 전국에서 20여 일 동안 치열하게 전개한 투쟁이다. 특히 부산지역은 1979년 '부마항쟁'의 경험을 간직한 토대 위에, 각 대학에서 계속해온 학내 민주화운동 등으로 학생운동이 활력을 얻고 있는 상태에서 '6·10대회'를 맞이했다.

'박종철 군 고문살인은폐 규탄 및 호헌철폐 부산시민대회'가 6월 10일 오후 6시 부산 광복동 대각사 앞에서 시작됐다. 6월 항쟁은 초기 학생들을 중심으로 시민들의 호응 속에 시작한 이래, 치열한 가두투쟁을 전개하면서 시민들의 참여도 날로 늘어났다. 시위대열은 자정을 넘겨 새벽까지 흩어지지 않는 양상을 드러냈고, 14일에 걸친 투쟁과정에서 시민들도 적극 호응했다. 가톨릭센터 농성(6월 17일~22일)에는 일반시민, 고등학생들의 열렬한 성원에 버스·택시 기사까지 협력, 뜨거운 시위열기를 드러냈다.

당시 「부산일보」 사건 취재팀은 2월 박종철 군 추모시위부터의 경험을 바탕으로, 매일 오후 2시께면 시위현장으로 출동, 취재에 나서 새벽 무렵 시위기사를 작성했다. 이어 부산시청 부근 모 사우나탕으로 직행, 옷과 몸을 씻어낸 뒤 오전 잠을 자곤, 다시 오후면 시위현장으로 뛰어나가는 사이클이다. 기자들은 최루탄과 화염병, 돌이 어지럽게 오가는 시위현장을 방독면과 방탄모로 버티며 6월 한 달을 보냈던 것이다.

6월 항쟁기의 특징적 현상 중 하나는 '제도언론'과 '민중언론'이 대결, 또는 병존한 양상이다. 그만큼 독재정권의 언론탄압이 극심했고, 대중들의 언론 불신도 컸다는 것이다. 부산에서도 심야시위 때 자주 언론사 점거투쟁이 있었고, 시위대의 투석으로「부산일보」2층 로비의 대형 유리가 부서지기도 했다.

당시 민주헌법쟁취 국민운동 부산본부 등은 다양한 유인물을 제작, 배포하며 투쟁 속보를 전했다. 국본 부산본부는「민주부산」을 '6·10 호외'부터 9월 9일께까지 발행했다. 6월 항쟁 상황과 시국에 대한 입장, 독자투고 등을 게재, 가두에 배포했다. 그해 여름 태풍 '셀마' 재난 때는 〈물바다로 변한 전국, 천재(天災)인가, 인재(人災)인가〉라는 제목으로, 전국 피해상황을 싣기도 했다. 그밖에「민주시민」같은 다양한 전단형태의 소식지들이 기세를 올렸다.

'6월 항쟁'은 많은 국민의 민주화 열기를 대내외에 과시하며 전두환 정권의 정통성에 타격을 가하기 시작, 끝내 정부·여당의 '6·29 민주화 선언'을 이끌어내기에 이르렀다.

**기사 ①** 1987년 6월 11일자 1면 머리기사

### 심야까지 투석·최루탄 공방
6·10대회 전국 산발시위… 공공기관 19곳 피습
부산-남포동·서면서 2,000명 시위
서울-전동차 탈취 시내 진출도

'박종철 군 고문살인 은폐규탄 및 호헌철폐 국민대회'와 관련, 10일 하오 벌어진 시위로 학생, 일반인 30명, 경찰관 708명 등 738명이 부상했고, 시위대가 던진 돌과 화염병에 전국 14개 파출소 등이 부서지거나 일부 불탔다고 치안본부가 밝혔다.

부산에선 이날 하오 2,500여 명(경찰 추산 1,000명)이 중구 남포, 광복동, 동구 초량동, 서면 등지에서 격렬한 시위를 벌였다. 이날 시위로 민정 1, 2지구당과 보수 1,2, 부평 2파출소와 KBS 부산본부 유리창 등이 깨지고, 학생들이 던진 화염병에 일부 파출소 집기 등이 불탔다.

이날 첫 시위는 하오 5시 30분 중구 남포동 구두방골목에서 학생 등 50여 명이 대각사 쪽으로 진입하려다 경찰의 사과탄 공격을 받으면서 일어났다.

하오 7시 40분께 중구 광복동 입구에서 대학생 400여 명이 '독재타도', '호헌철폐' 등 구호를 외치며 대각사 쪽으로 진출하다 경찰의 최루탄 발사에 밀려 남포동, 시청방면으로 흩어졌다. 남포동 신천지백화점 앞에선 동아대생 400여 명이 '독재타도'를 외치고 애국가를 부르며 시위를 벌였다.(…)

**기사 ②** 6월 16일자 사회면 머리기사

### 자정까지 도심 곳곳서 대치
부산 6,000여 명 서면~창선동 이동시위
파출소·방범초소 기습도… 화염병·가스로 상가 철시

'6·10 대회' 이후 산발적으로 벌어져온 부산 시내 학생시위가 15일 하오부터 참가인원이 크게 불어나면서 시위양상도 과격, 격렬해지고 있다. 경찰은 가두로 진출한 학생 시위대에 최루탄을 마구 쏘아댔고 학생들 역시 이에 맞서 돌을 던져 쌍방 많은 인명피해를 냈고, 시위는 지정께까지 계속됐다.

(이하, 동래, 남구, 서면도심, 중구 등 지역별 시위상보 생략).

**기사 ③** 6월 17일자 사회면 머리기사

### 격렬 시위 계속… 가두 철야
부산 5,000여 명 남포동·서면 일대서
최루탄·화염병… 경찰차 불타
가톨릭센터 앞 시위대로 마비

**기사 ④** 6월 18일자 사회면 머리기사

### 가톨릭센터 농성 이틀… 철야 시위
부산 7,000여 명 시내 곳곳 경찰과 대치
새벽까지 횃불시위 투석전·경찰차 습격

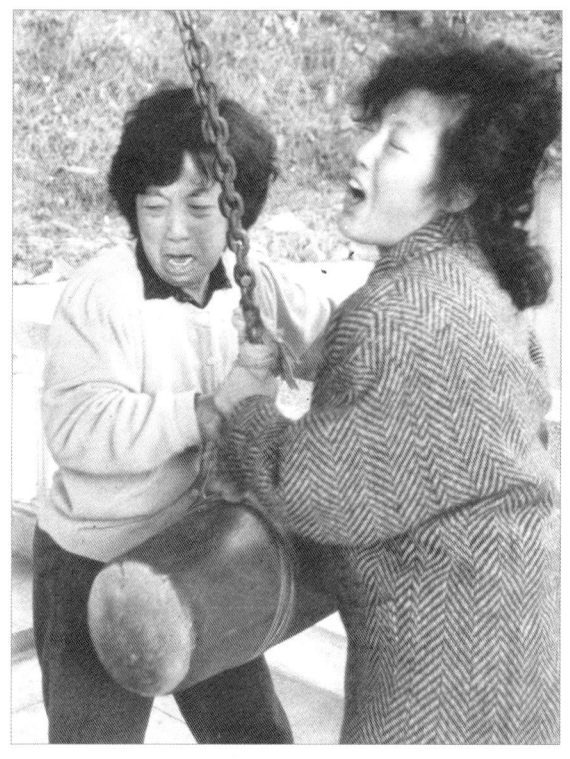

박종철 군 가족의 '눈물의 추모타종' 장면(1987. 2. 7).

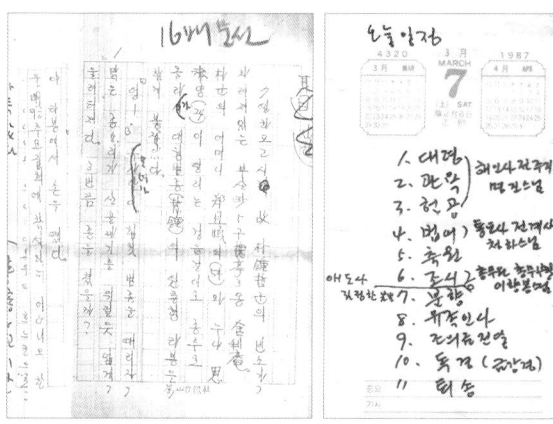

(왼쪽부터)
타종 현장을 취재, 작성했던 '취재일기'

박종철 군 49재 봉행 순서. 당시 사리암 주지 도영 스님의 메모를 입수한 것. 이날 49재에는 통도사 전 계사 청하 스님, 해인사 전 주지 명진 스님, 조계종 총무부장 향봉 스님 등 고승들과 함께, 요산 김정한 선생도 애도사에 나섰다.

부산 '6월 항쟁'을 집중
취재, 중요기사로 보도한
「부산일보」 지면 3컷

# 2장. 기획특집

**1) 환경특집: 낙동강 살아나는가** (제3회 봉생문화상 언론 부문 수상작)
죽어가는 '영남의 젖줄' 회생처방 급구
생태계 파괴 추적, 탐욕 규제할 교훈 마련


'낙동강 살아나는가.'

이 물음은 '낙동강은 죽었다'는 현실적 전제 아래 '낙동강은 살아나야 한다'는 당위적 희망을 제시하며 실제 '낙동강은 살아나고 있는가'를 검증하려는 시도를 한마디로 대변한다. 이 물음은 또한 죽은 낙동강을 되살려 예전 모습, 원래 기능을 되찾아주려는 과정에서 결코 빠트릴 수 없는 요소, 곧 유역 주민들의 관심과 참여를 유도하는 겸손한 질문이기도 하다.

〈낙동강 살아나는가〉, 「부산매일」은 이 시리즈를 1991년 신년호부터 10월까지 매주 한 차례씩 전면특집으로 연재했다. 물론 시리즈 연재기간 중 낙동강 수질보전이나 부산·경남권 원수개선 방안 관련 현실고발 및 정책기사도 알차고 깊이 있게 보도했다.

사실「부산매일」은 1989년 창간 이후 부산권의 상수도 문제, 나아가 환경보전 문제를 나름대로 끈질기게 추적 보도했다.「부산매일」은 창간특집으로 〈대해부 부산 7난·'양의도시'에서 '질의 도시'로〉라는 제목의 대형 기획시리즈를 보도, 도시의 양적 팽창 대신 질적 정비를 촉구한 바 있다. 또 창간 1주년 특집으로 〈거대도시 부산, 이제 달라져야 한다〉라는 제목의 도시개발 시리즈를 기획, 부산의 과제들을 분석하며 2000년대 부산권의 발전방안을 제시한 바 있다. 이 두 시리즈에서 부산권 상수도 문제를 집중 추적, 그 실상을 분석하며 개선책을 제시하려 했음은 물론이다.

이 과정에서 취재진은 부산권 상수도 문제, 나아가 부산의 환경문제를 현실성 있게 해부하기 위해선 낙동강 그 자체를 심층취재, 실상을 점검하며 회생방안을 모색해야 한다는 결론에 공감했다. 적어도 부산권 상수도 문제와 낙동강 회생문제만은 부산권 자체 노력으로 해결할 수 없으며, 장래의 긍정적 전망도 찾기 어려웠기 때문이다. 특히 부산·경남권으로서는 낙동강 이외의 다른 수원을 확보할 수 없는 데다, 부산·경남지역 상수원의 오염상태 역시 전국 어느 지역보다 심각하지 아니한가. 낙동강이 늙고 병들었을 때 영남유역이 제 힘을 잃고 신음할 것은 자명하며 낙동강의 중병은 부산·경남권역의 생존과 흥망을 위협하는 결정적 요소이기도 하다.

〈낙동강 살아나는가〉, 이 시리즈는 낙동강의 옛 모습과 70년대 이후의 오염과정, 당시의 오염악화 상태를 실증적으로 비교분석, 환경오염의 실상을 널리 인식시키는 한편, 부산·경남권 상수원의 보전과 영남권역의 생존을 위해선 낙동강을 회생시키는 길밖에 없다는 사실을 명확하게 제시, 지역적 공감대를 형성하는 데 이바지했다고 감히 자부한다. 또 그 결과 낙동강 문제의 공감대를 넓히고 행정당국의 정책의지를 촉구하는 데 성공했다고 나름대로 평가하고 있다. 시리즈 연재기간 중 발생한 '낙동강 페놀폐수 유출사건' 역시 환경보전에 대한 무관심 또는 부주의가 국민의 생명과 건강을 직접 해칠 수 있음을 여실히 보여주며, 사회적 경각심을 일깨워준 것 또한 사실이다.

환경오염문제가 전 세계적 관심사로 떠오르면서 '낙동강 살리기'에 대한 관심 또한 날로 높아졌다. 정부는 늦었으나마 1992년부터 '낙동강 살리기' 사업을 본격 추진, 늦어도 1996년까지 낙동강 하류의 수질을 III급(상수원수) 상태에서 II급 상태로 복원시킬 방침이라고 밝혔다. 되새기자면, 국민들의 환경보전의식이 크게 높아지고 기업들의 환경투자 또한 크게 늘었지만, 정작 정부의 맑은 물 공급정책은 이렇다 할 성과가 나타나지 않았고, 국민들의 물에 대한 불신감도 여전히 드높았기 때문이었다. 장차 낙동강을 되살리는 필요충분조건 역시 유역주민들의 드넓은 공감대와 빈틈없는 관심일 수밖에 없을 것이기도 하였다.

## [1] 주요 기사

### 기사 ① 시리즈를 시작하며

**죽어가는 '영남의 젖줄' 회생처방 급구**
**유역민들 보존은커녕 산업화 쓰레기 버려**
**생태계 파괴 추적, 탐욕 규제할 교훈 마련**

낙동강-억겁의 세월을 쉼 없이 흐르며 이 땅에 풍요와 번영을 안겨준 영남의 젖줄이요, 태백 중턱 황지에서 반도 남단 부산까지 1,300리를 굽이치며 민족의 영욕과 애환을 한 몸으로 지켜온 역사의 증인이다. 가야, 신라의 찬연한 문화가 여기에서 꽃피었고 한국 유학의 정수도 여기에서 만발했다. 우리나라 농업생산량의 3분의 1을 만들며 국토현대화를 상징하는 공업기지 절반을 안고 있는 낙동강, 본류와 대소지류의 유역면적만도 이 땅의 4분의 1, 유역인구는 1,400만 명에 이른다.

한민족 문화의 요람이자 영남권 생명의 물줄기가 원래의 모습과 기능을 잃은 채 서서히 죽어가고 있다. 낙동강은 오늘날 산업화·도시화의 열풍에 휩쓸려 수질오염의 중병을 앓고 있으며, 곳곳에서 고기도 살기 어렵고 먹도 감을 수 없는 '죽은 강'으로 변하고 있다.

낙동강이 늙고 병들었을 때 영남유역 역시 제 힘을 잃고 신음할 것은 자명한 일. 특히 낙동강의 중병은 부산·경남권역의 생존과 흥망을 위협하는 결정적 요소로 떠오르고 있다. 부산·경남 권역으로서는 낙동강 외의 다른 수원을 확보할 수 없는 데다 부산·경남 권역 수원의 오염상태가 그 어느 곳보다 심각하기 때문이다. 낙동강은 근래 수질오염 속도가 가속화, 전 본류에서 환경 기준치를 2~3배씩 초과하며 국내 4대강 중 최악의 수질을 나타내고 있다.

낙동강은 수문(水文)환경이나 유역발전 여건으로 미루어 앞으로 수질 보전상 긍정적 요소보다는 수질 오염상 악영향 인자가 많으며, 서둘러 획기적 전기를 마련하지 않는 한 오염 정도는 계속 악화일로를 걸을 전망. 오늘날 낙동강의 중병 또는 빈사상태는 물론 강줄기로부터 풍요와 번영의 혜택을 받고는 그 물줄기를 지켜내려는 보은의 손길 대신 각종 산업화·도시화의 찌꺼기만 되돌려준 유역주민의 파렴치함에서 빚어진 것이다.

낙동강 자체가 다른 큰 강들과는 달리 홍수기와 갈수기의 유량 차가 지나치게 큰 하천수문적 취약성을 안고 있는데도, 마구 댐을 쌓고 용수를 당겨 쓰며 강의 자정력을 잃게 한 것도 유역주민들의 탐욕 또는 아둔함에 뿌리하고 있다.

이제 이 시리즈는 낙동강 수질오염의 실상을 생생하게 파헤치고 지난 70년대 이래 산업화·도시화 시대의 오염속도를 비교 분석하며 장래 수질보전의 대책을 제시하려 한다. 특히 종래 낙동강이 수질적 측면만을 조명해왔던 도식적 접근방식에서 탈피, 수문환경적 측면에서 수량 확보의 중요성을 일깨우며 낙동강 회생의 디딤돌을 찾아나갈 것이다.

이와 함께, 낙동강을 보다 유용하게 활용하려는 '개발론'과 개발에 따른 생태계 파괴를 염려하는 '환경론'이 대표적으로 충돌한 사례, 곧 낙동강 하굿둑과 안동댐의 환경적 부작용과 생태계 파괴상도 본격 추적, 유역주민의 탐욕과 파렴치함을 규제하는 교훈을 찾아내려 한다.

이 시리즈는 낙동강 자체를 다루는 과정에서 철저한 현장조사와 관계 기관, 학자의 전문지식을 적절하게 결합, 원인분석과 대책제시의 타당성 및 공감대를 넓혀나갈 것이다. 이제 죽어가는 낙동강을 되살리고 예전 모습 원래 기능을 되찾아주기 위해서는 유역주민 스스로의 걱정과 참여가 필수불가결한 요소일 것이기 때문이다.[1991. 1. 1]

**기사 ②**  프롤로그

상류까지도 '푸른 빛' 잃은 채 오염에 '허덕'
하굿둑 축조 이후 자정능력 상실
부산권 수질 최악, 카드뮴도 검출
하수처리장 확충·유해물질 방류 차단… '되살리기' 서둘러야

낙동강은 죽어가고 있다.

낙동강 하류는 온통 '흑갈빛'을 드러낸 채 병들어 신음하고 있고, 상류 역시 '푸른빛'을 잃은 채 지쳐 허덕이고 있다. 낙동강은 강변에서 쳐다봐도 탁한 먹물이요 공중에서 내려다 봐도 뚜렷한 흑갈물이다. 낙동강 하굿둑과 서낙동강 녹산수문을 내려다보면 수문 위의 흑갈빛 강물과 수문 아래의 초록 바닷물이 극단적으로 대치, 낙동강유역 사람들의 허전하고 뼈저린 한탄에 놀랍고도 고통스런 충격까지 더해준다.

부산권 상수원 물금·매리 유역도 흑갈빛, 남강·황강과 만나는 함안·합천 유역도 흑갈빛, 부산 낙동강 하굿둑에서 대구 금호강 합류부까지 400리 큰 물줄기가 온통 흑갈빛이다. 낙동강 상공을 거슬러 오르는 가슴은 그저 답답하고 오마조마하다. 이 길고 크고 오랜 '영남의 젖줄'이 어디서 제 빛깔을 되찾으며, 어디서 회생의 몸부림을 치고 있을까.

낙동강은 겉 색깔과 함께 속 수질도 크게 오염, 부산·경남권 상수원수의 한계를 드러내고 있다. 1년여 전부터는 카드뮴, 납, 아연, 6가크롬 같은 유해 중금속까지 검출, 유역주민들의 안전을 직접적으로 위협하고 있다. 부산권 상수원수의 수질은 전국 대도시 중 가장 나쁘다. 낙동강 본류 자체가 국내 4대강 중 가장 오염도가 높은 데다 낙동강 하굿둑 축조 이후 물금·매리 취수장을 거쳐 함안 수산교 일원까지 호수화, 하류 오염현상의 역류현상까지 빚으며 자정능력을 잃고 있기 때문이다.

낙동강의 심각한 오염상은 환경처의 월례 환경측정 결과에서 잘 나타나고 있다. 최근 낙동강은 안동, 고령, 남지, 물금, 구포 전 본류에서 환경 기준치를 초과하고 있다. 금호강 합류부 하류 고령에선 BOD(생물학적 산소요구량) 21.1ppm을 기록, 생활환경 수질 중 최하위(V급)의 한계치 10ppm을 배가량 초과하고 있다. 환경보전법상 낙동강은 '가'급 하천, 곧 상수원수 II급, 수산용수 I급, 수영용수로서 수질을 유지하여야 한다.

이 수질은 BOD, COD(화학적 산소요구량) 각 3ppm에다 유독성 중금속류도 전혀 함유해

선 안 된다. BOD 10ppm을 넘는 물은 일상생활에 불쾌감을 주는 물로 '강물'이라기보다는 '하수'라고 해야 할 정도. 낙동강 하류 일대는 금호강의 극심한 오염과 하굿둑 축조 이후의 오염가중 현상까지 겹쳐 부영양화현상에 따른 적조까지 발생하고 있다. 반면 수도권 상수원인 한강 팔당 유역은 지속적으로 I급수질(BOD 1ppm)을 오르내리고 있다.

### 금호강 치명타에 회생 불능

낙동강 오염현상은 발원지 강원 태백에서부터 비롯된 것. 태백산 정상 용정(龍井)과 태백 시내 황지(黃池)에서 발원한 물은 금세 석탄폐수와 생활오수로 오염, 악취 나는 탁류로 출발한다. 낙동강은 태백을 떠나 장성, 봉화를 거치며 카드뮴과 아연 세례까지 받아가면서 남하, 안동호에 들어서면 겨우 우중충한 때깔을 벗고 다소 맑은 빛을 되찾는다. 그러나 안동호 역시 상류 오염물질과 주변 생활쓰레기로 얼룩져 수질보호 측면에서 '낚시금지'를 검토할 정도이다. 안동댐을 빠져나온 물줄기는 상주 곡창지대에서 대량의 농약과 비료가 흘러들고 있지만 의성, 군위에서 흘러드는 위천과 추풍령, 김천에서 흘러내린 병성천과 합류, 자정능력을 되찾으며 다시 맑아진다.

경북 중부에서 낙동강이 초록빛을 되찾는 것도 잠시, 구미에서 또 다시 제 기력을 잃고 있다. 구미시와 구미공단의 공장폐수와 생활하수가 마구 흘러들고 있기 때문이다. 구미는 낙동강 합류지점에 쓰레기까지 대량투기, 왜관지역 상수도는 수질이 나빠 거품도 일지 않고 기름냄새까지 풍기고 있다. 낙동강은 왜관, 칠곡을 거쳐 대구권 상수원 강정에 도착하나, 수질은 이미 수원지 기준을 넘어서 상수원 포기의 위기상황을 겪고 있다.

낙동강이 결정적 치명상을 입는 곳은 금호강 합류지점, 경북 달성군 화원유원지 앞에서 이미 죽어버린 금호강의 폐수 세례를 받아 완연한 흑갈색을 드러내곤 하굿둑까지 내내 회생 불가능한 중병을 앓고 있다.

금호강은 경북 영천에서 발원, 대구권을 휘돌아 흐르는 길이 71.8km의 낙동강 지류. 이 강은 대구권의 급격한 도시화와 공업화에 시달려 이제 식수는커녕 공업용수, 농업용수로도 쓸 수 없는 '죽은 강'으로 버려지고 있다. 이 강은 합류지점에서부터 폐수 개펄로 변하고 시궁창 냄새를 내뿜으며 낙동강 하류를 모질게 짓밟고 있다. 황강과 남강의 물줄기도 금호강의 흉악스런 위세 앞에선 전혀 행세를 하지 못한 채 이내 자취를 감추고 만다. 결국 낙동강은 우리에게 가진 것을 아낌없이 베풀고도 모진 학대만 받아왔고, 우리 역시 낙동강을 삶의 터전으로 삼고 있으면서도 그 터전을 죽여가는 미련한 발길질만 계속하고 있는 셈이다.

"칠백 리 굽이굽이 흐르는 네 품속에서 우리들의 살림살이는 시작되었다. 그리하여 너 함께 길이길이 살 약속을 오목 조목 산비탈에 깃발처럼 세웠다" 시인 김용호의 시 <낙동강>의 한 구절이다. 되새길 나위도 없이 낙동강은 강원도 태백산 정상에서 발원하여 경북, 대구, 경남, 부산을 꿰뚫어 흐르는 길고도 큰 영남권의 젖줄기. 낙동강은 감천, 금호강, 황강, 남강, 밀양강, 양산천 등 6개 주요 지류와 13개 하천을 포용, 유역면적만도 23,860㎢, 곧 남한 전체 면적의 24.1%를 차지한다.(…)

### 오·폐수 급증 자정능력 상실

우리가 낙동강에서 생명의 물줄기를 얻는 대신 되돌려주는 것은 각종 오탁의 찌꺼기들. 부산시 조사에 따르면 1990년 한 해 동안 낙동강 유역에 쏟아 부은 생활하수는 1,502,800t 꼴, 공업폐수와 광산폐수도 하루 438,300t 및 18,000t에 이른다. 따라서 낙동강은 중금속까지 함유한 폐수 하수를 연 7억 8,300만t씩 받아들이고 있으니 아무리 생명력(자정력)이 강한 큰 강이라 하더라도 중병을 앓으며 죽어갈 수밖에 없다.(…)

낙동강의 하천수문적 약점은 갈수기와 홍수기의 유량 차이가 너무 크다는 것. 낙동강이 법상 수질기준(상수원수 II급)을 유지하기 위해선 진동지점(낙동강 유량측정 기준점)에서 초당 103t의 물이 흘러야 하나, 실제 연 69일 정도만 기준 이상일 뿐 갈수기엔 평균 27.3t 수준을 유지하고 있다.

부산은 이처럼 적은 양에다 크게 오염된 강물을 전체 50~62%씩 취수, 상수원수로 사용하고 있다. 같은 갈수기라도 한강은 100t, 라인강은 600t선. 금호강 역시 BOD 부하량 자체가 자정능력 유지한도의 15.6배에 이르고 있는 데다 하천유지 필요량 487,000t(하루)에 실제 방류량은 현재 10,000t뿐. 강을 건강하게 살리기 위해선 오염부하량의 감소 못지않게 자정수량도 서둘러 확보해야 한다는 결론이다.(…)

### "강 썩으면 우리 핏줄기도 썩어"

이제 낙동강을 살릴 궁극적 방안은 하수처리장을 확충, 수질오염인자를 감소시키고 각 본·지류의 유지수량을 확보, 자정력을 회복시켜주는 것. 이와 함께 각 공해공단의 유해물질 방류현상을 차단하고 오염원의 양산정책도 수정, 우선 상수원 유역부터 정화시켜 나가야 한다. 동아대 김수생 교수(환경공학)는 "낙동강의 오염원을 근절하기 위한 기본조사 연구는 지난 1985년 완료한 상태"라고 지적, 지금부터라도 온 정책적·행정적 역량과 유역주민의 자각·참여를 동원, "낙동강 되살리기 작전을 대대적으로 펼쳐나가야 할 것"이라고 촉구한다.

우리가 새삼 깨달아야 할 것은 '강이 썩으면 우리의 핏줄기가 썩는다'는 사실. 우리는 이제 낙동강 주변의 번영과 영화가 결국 낙동강을 삶의 하수구로 여기면서 일궈낸 결과임을 통감해야 한다. 낙동강의 원래 모습, 제 기능을 되살리기 위한 노력은 '바로 지금이 고비'라는 인식 아래 다시 펼쳐야만 한다. '낙동강 되살리기'는 이르다고 외면할 수도, 늦다고 포기할 수도 없는 영남권 주민 모두의 역사적 과제이다.[1991. 1. 1]

## [2] 외부 평가

이 시리즈는 제3회 봉생문화상(언론 부문)을 수상했다. 다음은 수상 이유서.

"부산매일 기획 시리즈 '낙동강 살아나는가'는 낙동강의 옛 모습과 70년대 이후의 오염과정, 오늘날의 악화상태를 집중적으로 비교분석하여 환경오염의 실상을 일반인에게 널리 인식시킨 보도물이다. 이 시리즈는 부산·경남권 주민들의 생명줄과도 같은 낙동강 상수원의 보전과 회생의 필요성을 명백하게 제시, 지역민의 공감대를 형성하는 데 기여했다.

따라서 낙동강 수질보전을 위한 정부 및 관계기관의 적극적 노력을 촉구하여 정책적 조치를 다하도록 유도하는 데 큰 몫을 했다고 평가한다. 특히 보도 과정에서 정부기관과 학계, 환경연구소 등의 수질측정 결과를 비교분석하면서 입체적으로 현장을 점검, 낙동강 수질오염의 실상과 개선대책을 밀도 있게 제시, 보도의 깊이와 넓이를 더해주었다.

심사위원 일동은 신생 지방언론사로서 보기 드문 대형 보도물을 완성시켜 부산의 환경개선과 함께 언론발전에 기여한 부산매일신문사와 취재진 및 관계자의 노고를 값지게 평가하여 '낙동강 살아나는가'를 제3회 봉생문화상 수상작으로 결정한다.[1991. 12. 10]

나는 봉생문화상을 수상한 뒤, 수상자문집『부산은 문화다』(2001)에 수상 후기를 게재했다. 제목은 〈정말 다시 받고 싶은 큰 상〉.

**수상 후기**    정말 다시 받고 싶은 큰 상(『부산은 문화다』 수록)

상은 하나의 귀감이다. 그래서 상을 받는다는 건 정말이지 유쾌하고 자랑스러운 일이다. 특히 특종에 웃고 경쟁에 죽고 사는 그 '치열한 경쟁터' 기자사회에서 큰 상을 받는다는 건 더욱 그러하다. 상은 하나의 노력에 대한 결실이며 동시에 사회적 인정이기도 하기 때문이다. 물론 큰 상을 받는다는 건 한편으로 부끄럽고 부담스러운 구석도 없진 않을 터이지만, 우선 의 그 짜릿한 희열과, 포효하고 싶은 감동은 정말이지 경험하지 않은 사람은 잘 모를 터이다.

나와 빼어난 후배 김영준·김형진과 문진우가 함께 제3회 봉생문화상을 받은 것은 언제, 어디서나 떠올리고 싶은 자랑거리이다. 당시 나는 사회부 차장, 두 후배는 3년차 사회부 기자였다. 그때는(지금도 그러하지만) 부산지역에서 문화예술 진흥과 언론창달 지원을 위해 성과 위주로 상을 주는 것은 봉생문화상뿐이었다.

1991년 신년 특집기획으로 '낙동강 살아나는가'를 연재한 우리 취재팀은 이 보도물로 제3회 봉생문화상(언론 부문)을 수상한 것이다. 이 상이 언론 부문을 시상한 것은 이때가 처음. 곧 우리는 창간 3차 연도에 기존 언론매체와의 경쟁을 이겨내고 부산지역 최초의 언론문화상을 수상하는 영광을 누린 것이다.

당시 이 상을 향한 부산 언론계의 관심은 대단했다. 그래서 심사위원회도 신문 3사와 방송 3사에서 제작간부 2명 등 모두 12명이 참여하고, 학계에서 부산경남언론학회 회장을 맡고 있던 김민남 교수(동아대)가 위원장을 맡을 정도였다. 우리 작품은 신문 부문 결선에서, 또 신문·방송 최종결선에서 압도적 평가를 받은 것으로 알고 있다. 당시 나는 미국 국무성의 초청으로 한 달 일정의 미국방문(International Visitor Leadership Program) 길에 올랐다가 뉴욕 맨해튼의 한 호텔에서 수상소식을 전해 듣고 한껏 가슴 벅차 했던 기억을 갖고 있다.(…)

우리는 이 특집을 위해 일찍부터 치밀하게 준비했다. 취재기획서를 작성하여 기획취지와 함께 취재지침, 취재조직 구성, 보도방식까지도 정연하게 설정했다. 본 취재에 앞서 현장을 미리 답사하는 예비취재를 벌였으며, 취재과정에서 검토한 관련 자료만도 캐비닛 하나를 채울만한 분량이었다.

부산지역의 수질전문가 김동윤(부산대), 김수생(동아대), 박청길(부경대) 세 분은 이 시리즈의 자문교수를 맡아 보도의 정확성과 깊이, 넓이를 더해주었다. 당시 심사위는 우리의 노력과 열정을 이렇게 평가했다. "…신생 지방언론사로서 보기 드문 대형 보도물을 완성시켜 부산의 환경개선과 함께 언론발전에 기여한 노고를 값지게 평가하여 수상작으로 결정…"

 이 상의 권위와 가치는 날로 무게를 더해갔다. 해마다 부산지역 언론사 간의 보도 경연 정도로 인식, 수상경쟁이 치열했기 때문이다.(…)

 이후 나는 사회부장을 맡았을 때 역시 사회부 동료였던 두 후배와 합작, 언론부문의 당대 최고상들을 석권하는 큰 영예를 누린 바 있다. <부산 북부서 강주영 양 유괴살해사건 고문조작수사 추적보도>로 1995년도 한국언론학회 언론상 본상(탐사보도 부문)과 한국기자상 본상(취재보도 부문)을 차지했던 것이다. 당시 한국언론학회와 한국기자상 심사위원회는 이 보도물을 '한국 탐사보도의 효시'로 규정하며, 그야말로 최고의 평판을 내려주었다.

 그럼에도 우리는 우리가 지역사회로부터 기획력과 취재력을 인정받은 상, 그 봉생문화상을 여전히 다시 받고 싶은 상, 정말 '큰 상'으로 기억하고 있다. 봉생문화상의 언론 부문은-다른 부문도 마찬가지이지만-정말이지 언론에의 진정한 가치와 함께 지역사회의 뜨거운 관심을 함께 평가하는 토착적이고 지역 밀착적이며 심사과정상 특유의 권위를 갖고 있는 부산 언론사회의 귀하고도 큰 상이기 때문이다.

 현재 국내에서는 여러 형태의 언론상을 운영 중이다. 상마다 다양한 기준이 제시되고 있지만, 그 기준들은 궁극적으로 인간과 사회에 대한 뜨거운 관심, 그 관심에 기초한 전문성 추구로 압축하여야 할 터이다. 곧 저널리즘의 진정한 가치는 무엇인가(저널리스트의 윤리), 그 가치를 어떻게 실현할 것인가(자질 혹은 전문성)로 귀결되어야 할 것이다. 봉생문화상이 지금까지 지켜왔던 이와 같은 보편적 가치기준과 함께, 그 외곬의 선정과정을 앞으로도 변함없이 유지, 상의 권위와 가치를 한층 높여갈 것임을 믿어 의심치 않는다.

## [3] 회고 및 평가

 낙동강은 정녕 언제쯤 '생명의 물길'로 거듭날 것인가. 취재팀은 <낙동강 살아나는가> 시리즈 게재 중, 또는 게재 후에도 낙동강에 대한 현실 고발 및 대안 제시에 열정을 쏟았으며, 그에 따른 일정한 개선효과 역시 나타낸 것은 사실이다. 그러나, 인간의 탐욕과 방심은 낙동강을 때때로 '죽은 강'으로 전락시키곤 했다.

시리즈 게재 이후, 내가 1993년 4월 22일자 1면 머리기사로 쓴 기사 하나. 제목 〈부산권 식수 '비상 걸렸다'〉, 〈극심한 봄 가뭄 낙동강 수계 수량 급감〉, 〈상류 4개댐 저수량 바닥… 물금·매리 수질 크게 악화〉 등. 급격한 봄 가뭄으로 낙동강 수계의 수량이 급감하면서 중·하류 지역의 수질이 취수한계치에 육박하도록 크게 악화, 부산권 상수도에 비상이 걸렸던 것이다.

이 시리즈로부터 27년이 흐른 2018년 9월, 「부산일보」는 창간 72주년 기획으로 다시 〈1300리 낙동강의 눈물〉 시리즈를 시작했다. 1300만 영남인의 젖줄에 구간구간 인간의 탐욕이 스며들어 '눈물의 강'으로 변하고 있다는 것이다. 이 신문은 낙동강 눈물의 현장을 살피고 1300만 '생명의 물길'을 트고자 한다며, 다시 상류 오염지를 찾고 있다. 과연 낙동강은 언제쯤, 영원히 살아났다고 선언할 수 있을 것인가.

연중 환경 시리즈 <낙동강 살아나는가>를 첫 보도한 1991년 1월 1일자 지면.

기획특집 <낙동강 살아나는가>로 제3회 봉생문화상(언론 부문)을 수상하며(왼쪽부터 시상자 정의화 봉생문화재단 이사장, 글쓴이, 김형진, 김영준, 문진우).

1990년 12월, 이 시리즈를 준비하는 예비취재 차 낙동강 발원지 강원도 태백을 찾아, 황지못 앞에서 한 컷(왼쪽부터 강재억, 글쓴이, 김형진).

## 2) 창간 특집: 대해부 부산 7난-'양의 도시'에서 '질의 도시'로
'Local Paper' 지표 따라 부산문제 천착한 도시문제 연작 기획
'생각은 세계적·행동은 지방적' 현실 인식 맞닿은 언론활동 자부

「부산매일」은 부산의 도시문제가 날로 심각해지고 있음에 착안, 창간특집으로 이 기획 시리즈를 취재, 보도했다. 「부산매일」스스로 '지방시대 속의 지방신문(Local Paper)'을 지향했고, 나 역시 평소 지역문제의 중요성을 인식해 온 만큼, 창간특집부터 부산문제에 천착한 것은 당연한 시도이기도 하다.

부산의 「부산일보」를 거쳐 부산의 「부산매일」 기자로 뛰는 나의 가치관은 뚜렷했다. 나의 중심 가치는 '생각은 세계적으로, 행동은 지방적으로', 이 한마디로 압축할 수 있다. 일상적 삶 내지 현실과 맞닿은 언론활동이다. 지역문제와 관련한 사회·학술활동을 하면서도 관심의 주제는 언제나 부산, 부산사람, 부산시대였다. 그런 만큼 「부산매일」의 많은 특별기획이 지방문제에서 주제를 찾고 있는 것은 당연하기도 했다.

〈대해부 부산 7난 - '양의도시'에서 '질의 도시'로〉, 이 시리즈는 부산의 '7난(難)'으로, 교통난, 주택난, 공해, 상수도 문제, 쓰레기 문제, 마약, 용지난 등을 지목, 각 주제마다 실태와 문제점을 분석하고 나름의 대책을 제시했다. 1989년 1월 25일 창간호부터 매주 1회씩 전면으로, 8월 15일자까지 총 32회를 연재했으니, '대형기획' 이라고 해도 부족함이 없다.

이 시리즈는 1991년 5월 15일 「부산매일」 조간전환 때, 〈거대도시 부산, 이제 달라져야 한다〉 시리즈로 이어진다. 거대도시 부산의 도시문제는 기존의 구조적 악조건을 극복하지 못한 채 악화일로를 걷고 있고 그 양상 역시 복잡·다기화하는 추세를 보이고 있기 때문이다. 특히 이 시리즈는 부산의 도시문제를 취급하는 과정에서 각계각층의 전문지식과 상식을 최대한 수

렴, 문제해결의 공감대를 넓혀나가고자 했다. 부산을 명실상부한 현대도시로 성장, 발전시켜나가는 데는 행정의 힘, 전문가의 지식만이 아닌, 부산시민 스스로의 참여가 필수불가결한 요소일 것이기 때문이다.

「부산매일」은 1993년 새해를 맞아 〈부산사람 부산시대〉 기획특집 시리즈를 마련한다. 이 시리즈 역시 기획한 대로, 매주 1회씩 전면컬러판에, 모두 35회에 걸쳐 9월까지 연재했다. 다음은 이 시리즈의 서문이다.

부산은 대외적으로 '국제화', 대내적으로는 '지방화'의 두 거대한 흐름 속에 살고 있다. 부산의 21세기 도시발전 전략 역시 이 역사적 흐름 속에서 대외적으로는 '환태평양시대의 교역중심도시', 대내적으로 '국토동남권의 중추관리도시'를 내세우고 있다. 실제 냉전 이후 시대의 세계질서를 감안할 때, 부산의 국제화는 이미 선택적 요소가 아닌 필연적 과제일 것이며, 지방자치제의 긍정적 본질을 생각할 때 부산의 지방화 역시 부산발전을 앞당길 획기적 전기임이 분명할 것이기도 하다.

부산으로선 국제화 및 지방화라는 상충적 도전에 어떻게 지혜롭게 대처하느냐가 한 거대도시의 발전 또는 쇠퇴를 가늠하는 지렛대가 될 것이다. 부산이 지정학적으로 환태평양권의 중심도시이며 또 발전환경면에서 많은 기득권과 잠재력을 갖고 있긴 하나, 시대변화에 따른 희망 내지 목표와 실천의지를 동반하지 못할 때 부산 역시 역사적 뒤안길로 사라져간 그 많은 거대한 도시 중의 하나로 전락할 우려가 크기 때문이다.

나는 내가 기사를 쓸 수 있고, 특집을 기획할 수 있는 한, 부산문제를 끈질기게 천착했다. 소속 신문의 제작지표와 나의 가치관이 맞닿은 결실이다. 실상, 나날이 가쁜 호흡을 쉬어야 하는 일간신문에서, 한 주제의 시리즈를 전면 35회씩 연재하는 것도, 전사적(全社的) 공감대 없이는 이뤄내기 힘든 일이다. 나는 지금도 확신한다, 한 지역의 지역언론은 언제나, '생각은 세계적으로 하며 세계질서의 전환추세에 적극 대응하고, 행동은 지방적으로 하며 그 지역사람으로서의 자긍심을 키워나가야 한다'고.

| 프롤로그 | 대해부 부산 7난 - '양의 도시'에서 '질의 도시'로 |

## 위기의 도시… 인구집중 가속화-평균밀도의 17배
교통·주택·물 사정 등 전국서 최악
병리 치유… 쾌적한 환경 조성해야

### 도시문제의 뿌리

　부산은 살만한 도시인가? 한국의 관문이자 국토동남권의 중추도시, 국내 제2의 도시이자 인구 380만의 거대도시, 그 부산은 과연, 과연 제 명성에 걸맞을 만큼 균형 있게 성장하고 있으며, 현대도시로서의 편익, 안전, 쾌적성을 잘 갖추고 있는가.

　"도시의 특성은 '정주(定住)인구의 거대성'이다."(루이스 멈포드) '인구집중'은 도시형성의 제1지표로서, 어느 도시나 촌락-읍(Town)-시(City)-주요도시(Metropolice)-거대도시(Megalopolice)의 단계를 걸어왔거나 걷고 있다. 이 같은 인구집중은 필연적으로 도시기능을 저해하는 부작용을 수반한다. 교통지옥, 주택난, 급수난, 환경오염, 범죄다발… 인구집중이 가속화하는 만큼 도시기능을 마비시키는 병리적 현상 역시 깊을 수밖에 없다.

　대도시의 '인간홍수'에 관한 한 부산 역시 예외일 수 없다. 부산의 1㎢당 인구밀도는 7,180명으로 전국평균 414명보다 17배가량 높다. 특히 시가화(市街化) 구역의 인구밀도는 47,000명을 초과, 서울의 인구집중도를 훨씬 넘어서고 있다. 부산의 현재 인구는 1920년(당시 173,900명)의 21.7배, 60년(116만 3,700)의 3.2배에 이르는 수준, 한마디로 가공할 만한, 가히 폭발적이라 할 만큼 세계적으로도 유례없는 팽창 추세다.

　특히 부산의 인구팽창은 여느 선진국 도시들과는 그 궤를 달리 한다. 부산은 기반시설의 근대화나 생활환경의 재정비 과정 없이 시역만 넓혀가며 과도한 인구를 수용, 신기한 '전원초과' 현상을 빚고 있는 것이다. 부산은 국내외 다른 지방행정중심, 또는 근대 계획도시와는 도시화 과정부터 크게 다르다. 부산은 조선 말기까지 군사도시 성격을 띤 조그마한 포구였다가, 개항-일제 침략의 전진기지 시대를 거쳐 국내 최대의 항만도시로 급격하게 발달했다. 8·15 광복 이후의 귀환동포와 6·25 동란 때의 피난민 등 유입인구를 수용한계를 크게 넘어선 정도까지 대량 수용, 도시질서의 혼란상을 가중시켜온 것이다.(…)

　부산은 올 1월 1일부터 경남 김해 및 의창 일부지역을 편입, 개항 이래 10번째로 시역을 확장했다. 부산시는 이번 시역 확장으로 2000년대 성장기에 대비한 돌파구를 마련, '극동의 관문'으로 발전할 기반을 강화한 것으로 평가받고 있다. 그럼에도 부산의 도시기능 내지 중추관리기능은 여전히 미약하고 별다른 긍정적 전망도 드러나지 않고 있다. 부산은 고유의 도시기능상 취약성을 극복하려 하지 않고 당면한 인구수용 문제를 해결하는 데만 급급, 비정상적 도시화과정을 재촉하고 있다고나 할까? 여기에 부산의 고민과 위기가 있고, 해결책을 서둘러야 할 과제가 있다.

### '병리적 현상'의 집합처

부산은 현재 인구만으로 '인간홍수' 현상을 빚고 있는 데다, 하루 평균 226명씩 계속 늘어나고 있다. 특히 인구증가율 자체가 85년 이래 3년째 계속 상승세를 나타내고 있는 실정. 부산은 인구집중추세가 급격한 만큼 그 부작용, 곧 '도시문제'도 날로 심각해지는 것은 당연하다.

인구가 증가하는 만큼 거처가 모자라고, 사람이 움직이는 만큼 교통 혼잡 역시 극심해질 것은 당연한 것. '인간홍수'가 주변 환경을 더럽혀 전국 최악의 공해를 유발하고 있고, 여건 정비 없이 무서운 기세로 늘어나는 자동차는 전국 최악이 교통난을 가중시키고 있다.

부산의 교통사정은 이제 '짜증스러운 교통'에서 '공포스러운 교통'으로 전락했다. 차를 타면 교통체증에 걸려 도로에서 시간을 다 보내고, 길을 걸으면 난폭한 차량에 쫓겨 사고위험에 시달려야 한다. 교통사고에 관한 한 우리나라는 '세계 최고'이고, 부산은 단연 '전국 최고'이다.(…) 부산의 주택 사정 역시 전국최악 수준. 국내 대도시의 주택 사정이 나쁜 것은 일반적 현상이지만, 부산의 주택보급률 55.6%는 전국평균 69.3%는 물론, 서울, 대구, 대전 같은 대도시보다 상당히 낮은 것이다.(…)

부산은 물 걱정도 심각한 도시다. 정책적인 상수도 확장사업 결과, 물의 '양'은 어느 정도 확보했으나, '질'은 위험할 정도까지 떨어지고 있다. 부산권 상수원수의 수질은 전국 대도시 중 가장 나쁘다. 부산의 용수원이라 할 낙동강 자체가 국내 4대강 중 가장 오염이 심하고, 부산권 물금취수장의 수질 역시 취수가능 한계를 초과하거나 육박하고 있다.

환경보전법상 낙동강은 '가'급 하천, 곧 상수원수 2급, 수산용수 1급, 수영용수로서의 수질을 유지해야 하고, 전 수역에서 유독성 중금속류가 검출되지 않아야 한다. 그러나 낙동강은 전 본류에서 환경 기준치를 2~3배씩 초과하고 있고, 물금취수장마저 취수한계치를 오르내리고 있다.(…) 부산으로선 당장 낙동강 외에는 원수를 확보할 길이 없다. 부산은 이제 원수의 '양'에 앞서 '질'을 서둘러 추구해야 할 난제를 안고 있는 것이다.

부산은 임기응변식 개발시대를 거치며 이제 국내 유수의 공해도시로 변모하고 있다. 수질뿐 아니라 대기 역시 '전국 최악' 수준이다. 부산의 대기는 전국 5대 도시 중 가장 심하게 오염, 아황산 농도는 환경 기준치에 육박하고 있고, 부유분진(먼지)은 한계치를 2~5배까지 초과하고 있다. 특히 사상지역의 대기는 상당량의 중금속을 함유한 채 산성비까지 뿌려 이제 빗속을 거니는 낭만을 무모한 만용으로 전락시키고 있다.(…)

부산은 도시기반시설이 미약한 만큼 쓰레기 처리문제도 큰 고민. 특히 산업폐기물은 배출업체의 인식 부족과 처리업체의 능력상 한계로 불법처리가 고질화, 토양오염, 환경파괴 등 갖가지 악영향을 유발하고 있다.(…) 부산의 특징적 오명의 하나는 '히로뽕 천국.' 최근 5년 사이 부산지역 히로뽕 중독 사용자는 60,000여 명(보사부·부산시 추산)에 이르러, 심각한 사회적 홍역을 유발하고 있다. 히로뽕 중독에 따른 각종 범죄와 난동사건도 빈발, 히로뽕은 이제 범죄도구로 변해 우리 사회의 안전을 위협하고 있다.(…) 히로뽕 만연현상은 중독자 개개인의 불행인가, 아니면 사회적 재앙의 하나인가?

**부산의 고민과 과제**

부산은 이제 당면난제를 해결하기 위해 모두 함께 서둘러야 할 때다. 그 전제는 '양적 팽창' 대신 '질적 정비'일 것이다. 부산 출신 노무현 의원 역시 "부산은 양적 문제에선 현상을 유지하며 교통, 환경 등 질적 내실을 기해야 할 것"이라는 의견을 내고 있다.

인구과밀, 차량홍수, 환경오염, 이 같은 누가 뭐라 해도 우리에겐 불안, 불편, 불쾌감을 주는 도시의 악덕들이다. 또 우리 도시, 우리 사회의 불균형, 부조리, 불합리 현상을 누적시키는 악적 요소이기도 하다. 지금 우리는 도시문제를 '과제', '난제'라고 짜증스러워 하면서도 선뜻 해결책을 마련하기를 곤혹스러워 하고 있다.

부산대 서의택 교수(도시계획)는 부산 자체가 '계획도시' 아닌 '자연발생도시'라는 점에서 도시문제의 뿌리를 찾고 있다. 부산은 지난 1937년 최초 도시계획 수립 당시 도시규모를 '인구 40만' 수준으로 상정한 데다, 지형까지 방사형 아닌 대상(띠)형이어서 대도시로서의 악조건을 그대로 안을 수밖에 없다는 것이다. "구조적 악조건을 극복하려는 시도가 보이긴 하지만 가용면적 절대부족이라는 본질적 한계를 뛰어넘을 순 없다. 주어진 여건 속에서 광역생활권을 구축, 도심인구를 외곽으로 분산시켜 나가야 한다." 서 교수는 부산의 현실상 공간구조를 재편하는 작업이 불가피하다고 지적, 도시문제 개선을 위한 기본 작업을 서둘러 착수할 것을 강조한다.

이제는 지방자치시대. 부산의 난제들을 풀어나갈 길은 정녕 없는가? 이 시리즈는 이제 당면한 도시의 악덕들, 곧 도시문제들을 차근차근 해부하려 한다. 가능한 한 문제의 해결책을 함께 제시할 것이다. 거대도시 부산은 '양의 도시'가 아닌 '질의 도시'여야 한다. 부산사람 모두가(당대와 다음 세대를 가릴 것 없이) 보다 쾌적한 생활의 질을 추구하며 인간다운 삶을 향유할 수 있게 해야 한다.

로마의 붕괴는 과도성장의 궁극적 결과였으며 통제되지 않은 확장과 파렴치한 착취와 물질적인 포만의 본보기임을 의미한다.-(루이스 멈포드, 『역사 속의 도시』에서). [1989. 1. 25.]

<대해부 부산 7난-'양의 도시'에서 '질의 도시'로> 지면(1989. 1. 25).

<부산사람 부산시대> 지면(1993. 1).

## 3) 「부산일보」 창간특집: 교통지옥 부산
부산 교통사정, '전쟁' 단계 지나 '지옥' 단계 혼란
당면 교통문제 원인 규명·대안 제시한 심층기획

「부산일보」 사회부 시절, 교통문제에도 각별한 열정을 쏟으며 추적, 종래 '보사 출입'이라는 출입처를 '보사·교통'으로 확장하여 부산시청을 출입할 때다. 당시는 부산교통을 승차난-소통난-주차난, 곧 '부산교통 3난 시대'라고 할 때다. 1988년 9월 「부산일보」 창간 42주년을 맞아 창간특집을 기획했다. 전면 컬러 특집 〈교통지옥 부산〉이다.

시리즈 연재 도중, 내가 사직서를 내기에 이르렀다. 신생 신문사로 옮기기로 한 것이다. 사표를 제출한 것은 10월 21일, 이 시리즈의 세 번째 편을 게재했을 때였다. 사표 제출에 대한 선배들의 만류, 설득 얘기는 따로 하더라도, 창간특집 시리즈 연재 문제가 서로의 고민이었다. 이 시리즈, 읽는 분들은 느낄 터이지만, 그저 교통현장을 점검하고 비평하는 방식을 넘어, 교통현실을 과학적, 정책적으로 심층 분석하는 방식 아니던가. 몇 년 동안 사회부에서 '교통 출입'을 하며 연구동향을 추적하고 전문성을 다져온 만큼, 연재를 이어 맡을 '대타'를 구하기 어려웠다.

결국 박정인 사회부장께서 어렵게 말문을 열었다. "그 '교통지옥 부산' 시리즈, 어떻게 할 것인가? 다른 사람에게 맡기기도 어렵고…. 기자의 의무요 도리라 생각하고 끝까지 마쳐달라." 나는 그 권유를 뿌리칠 수 없었다. 아니, 내 이름으로 시작한 그 시리즈, 내가 매달려서라도 완성을 시켜야 했다.

부산교통의 현상에 이어, 도로 환경, 도로 구조, 도로현장 점검에, 향후 과학적 해결방안까지 분석, 제시해야 했던 것이다. 나는 '회사 밖의 기자'로, '타사 소속 기자'로, 그 시리즈를 두 달여 더 계속했고, 그해 12월 27일자에 '에필

로그'를 게재했다. 나의 도리와 책임을 다했다고 할까. 참 기억에 남는 연재 기획이다.

### 기사　편집자 주

부산은 지금 '교통지옥시대'를 살고 있다. 후진국형 '승차난'시대를 보내고 중진국형 '소통난'시대를 맞은 지 오래다. 이제 부산의 교통사정은 '전쟁' 단계를 지나 '지옥' 단계라 할 정도로 극심한 혼란을 맞고 있다. 1980년대 들어 자동차가 급격하게 증가, 간선도로는 포화상태에 다다르고 있고, 도심 차량주행속도는 서서히 저하, 대청로나 사상로는 벌써 보행속도 수준으로 떨어지고 있다.

거대도시 부산의 교통 수준은 한마디로 불편하고 답답하고 짜증스러울 뿐이다. 교통이란 말이 무색할 정도다. 차를 타면 교통체증에 걸려 길에서 시간을 다 보내고 길을 걸으면 난폭한 차량에 쫓겨 사고위험에 시달려야 한다. 교통사고에 관한 한 우리나라는 '세계 최고'이고 부산은 '전국 최고'이다. 이제 교통소통기능은 한계에 이르렀고 도시기능 자체마저 크게 떨어지고 있다.

교통난 해결이 무엇보다 시급한 과제다. 부산교통이 당면한 문제들을 기능별로 세분해 원인을 밝히고 대책을 제시하는 심층 취재 시리즈를 마련한다.

### 기사　프롤로그

**"차 타느니 걷는 게 낫다"**
하루 백 대꼴 늘어 주요 간선로는 만원
대도시 중 도로율 최저, 사고 전국 최다
재정 빈약, 전담부서도 활동 저조… 96년께 완전 포화 우려
도심교통량 분산 시급… 2000년대 대비 3대 순환로 형성을

부산의 교통난은 근본적으로 교통 수요·공급 간의 불균형, 기존 교통시설의 효율 저조, 운영상의 불합리 등 3대 악영향 요소로부터 출발한다. 곧 부산의 자동차 교통량은 급증하는 반면, 도로와 주차장 확충속도는 더디고, 도시구조 자체가 배산임해 대상형(帶狀型)이어서 동

서 간 간선축과 우회·이면도로 체계가 크게 미흡하다. 또 교통수단과 기반시설 운영의 합리성도 부족, 교통체증 및 사고다발 현상을 가중시키고 있다.

1988년 7월 말 현재 부산의 자동차는 승용차 86,766(50.4%), 버스 17,089(9.9%), 트럭 55,796(32.4%) 등 172,098대. 지난 80년의 62,400대와 비교하면 8년 동안 2.76배 늘어났고, 87년 1년 동안만 28,400대로 전년보다 23% 급증했다. 올 들어선 자가용 승용차를 중심으로 하루 평균 96대꼴(자가용 51대)로 증가하는 추세. 그러나 차량 대당 인구수는 23.8명으로 서울의 18명보다는 상당히 낮은 수준이다.

교통의 주체라 할 인구 역시 기하급수적으로 증가, 1914년 2만 명에서 36년 20만, 1951년 100만 명을 돌파했고, 72년 200만, 79년 300만, 87년엔 365만4,000명을 헤아리고 있다. 인구증가추세에 비례하여 교통인구도 급증, 현 하루 교통인구는 651만4,000명, 승객교통량만도 415만1,000명에 이른다.

부산의 하루 물동량은 496만6,000여 톤으로, 공로(公路) 77.3%, 해운 21.2%, 철도 1.5%, 항공 0.03% 수준.(…) 결국 부산은 전국 컨테이너화물의 97%(182만5,000개)를 처리, 이 물량이 시내도로를 따라 이동하면서 도심교통난을 한층 부채질하고 있는 셈이다.

반면 부산의 도로율은 11.6%에 불과, 전국 대도시 중 최저 수준에 머무르고 있다(서울 17%, 대구 14%, 대전 17.6%, 동경 35, 워싱턴 43%). 현재 도로망은 모두 1,670㎞로 80년보다 106㎞, 82년보다 91.6㎞가 늘어난 것. 그나마 계획도로 뚫린 도로는 64.1%뿐, 전체의 1/3은 계속 확장, 신설을 기다리고 있다.

또 도로의 우회로가 거의 없어 첨두시간(Peak Hour) 때의 도심교통량 중 59%는 단순한 통과 교통이며, 도로의 연속성이 모자라 도로 간의 교통류 단절현상까지 나타나고 있다. 부산 교통난을 심화시켜 온 첫째 요인은, 곧, 도로체계의 결함이라는 결론이다.

부산의 가로망은 광복동-서면-동래를 중심축(중앙로)으로 구성, W형적 특성에 따라 많은 미연결도로(Missing Link)를 갖고 있다. 또 도시 지형상 도로구조가 비합리적이고 보존도로와 이면도로도 부실, 중앙로, 가야로, 수영로 같은 특정가로에 교통류가 집중하고 있으며, 장차 그 경향은 보다 더해질 전망이다.

간선도로 교통류에는 대형화물차량까지 혼재, 그 교통량이 전체의 25%에 이르러 교통소통 및 안전에 큰 장애가 되고 있다. 이에 따라 도심 곳곳에서 교통체증 내지 혼잡현상이 일어나 출퇴근 시간대에 대청로, 사상로의 운행속도는 시속 7~8㎞, 곧 '보행속도' 수준이고, 가야로에선 8㎞ 가는 데 40~60분이 걸리고 있다. 미국 도로국 도로서비스기준에 따르면, 부산의 주요 간선로 중 부두로만 왕복 모두 C급 수준일 뿐, 중앙로 D~E, 가야로 E~F, 수영로 E~F, 대청로 F 등 대부분 E, F 수준이다.(…)

"부산은 도시구조와 교통시설 운영체계 등 교통여건에서 상당한 취약점을 안고 있다. 또 도시교통 문제는 물리적 시설확보만으로 해결할 수 없다. 기존 교통시설을 최대한 활용하면서 교통수요를 통제하고 교통공급을 최적화하는 일련의 교통개선 대책이 시급하다." 부산교통공단 김창갑 이사장(전 교통부 차관)은 부산교통난 해결을 위한 부산시의 체계적 연구와 정부차원의 정책적 지원이 아직 미흡하다고 안타까워한다.

부산은 '전국 최악'의 교통난을 겪고 있는 만큼 교통사고 역시 '전국 최고' 수준. 87년 한 해 동안 인명사고만 19,240건이 발생, 300명이 숨지고 22,871명이 다쳤다. 차량 100대당 사고건수는 13건으로, 서울 8, 대구 11.6건보다 높고 시민 1만 명당 사고피해 역시 54명으로 전국 평균 47명보다 높다. 재산피해도 전국은 GNP의 1%인 데 비해 부산은 GNP의 5%에 해당한다. 이러한 사실은 부산에서 여태 세밀한 교통안전대책이 시행되지 않고 있음을 반영한다.

최근의 소통난 내지 사고다발현상을 부추겨온 고질적 폐해는 난폭한 운행질서와 문란한 보행질서. 프랑스 사람들은 파리 중심의 콩코드광장(로터리)을 그저 '왼쪽차량 우선'이라는 묵시적 약속에 따라 안전하게 빠져나가는 반면, 부산사람들은 안락로터리를 '교통사고 전국 최고 다발지점'으로 만들고 있다. 안락로터리에서는 87년 한 해 동안 257건의 교통사고가 발생, 부산시가 더 이상 로터리체계는 불가능하다고 보고 충렬탑을 철거해낸 뒤 신호체계를 도입하려 하고 있을 정도다.(…)

부산은 교통행정 전담기구가 미약, 업무처리가 산만하고 추진력 또한 부족하다. 부산시는 87년에야 교통기획과를 신설, 통합행정체계를 갖췄으나 평가, 분석 업무를 처리하고 있을 뿐 소통, 안전 대책을 처리하는 데 잦은 한계에 부딪히고 있는 게 사실이다. 아직 정책 또는 예산기능과의 협조체계가 미약, 교통문제의 본질과 대책을 인식시키기 힘들기 때문이다.(…) 우리나라에서는 도시교통문제가 각종 교통수단의 이해관계까지 얽혀 유기적 연관성을 잃은 데서 발생하는 만큼 부산교통 전반을 조정, 제어할 수 있는 일원적, 전문적 행정조직을 갖춰야 한다는 것이다.

부산은 앞으로 교통수요가 급증하고 시민들의 교통서비스 욕구도 계속 늘어날 전망이다. 부산은 또 국토개발전략상 국토동남권의 중추도시로 개발됨으로써 주택의 교외화, 자가용

출퇴근의 일반화 현상까지 두드러질 것으로 예상된다.

결국 부산은 현재 이용 가능한 토지가 모자라고 재정난도 심각, 교통시설을 확충하는 데 큰 애로를 겪고 있으며, 앞으로는 광역교통체계망까지 구축해야 하는 만큼 그 난관은 더욱 깊고 무거워질 전망이다. 도로구간의 첨두시간 평균 주행속도는 85년 시속 21.2㎞에서 91년 10.6㎞로 떨어지고, 교차로에서의 평균지체시간도 대당 61초에서 191초로 크게 늘어날 것이다.

부산은 장차 도로 신설과 지하철 건설계획을 수행한다 하더라도 현행 교통시설 체계로는 원활한 교통수송을 기대하기 어려우며, 특히 도시 내 주요 간선도로는 96년 완전포화상태에 이를 것으로 나타나고 있다.

교통개발연구원(KOTI)은 장래 부산의 교통정책 방향을 ①도시의 균형적 발전과 합리적 토지이용을 조장, 도시집중 교통량을 분산시키고, ②부산을 동남경제권 중심도시로 규정한 국토개발전략에 따라 인근 도시와의 광역교통체계를 구축, 가변적 환경변화에 능동적으로 대처하며, ③기존 교통시설을 최대한 이용하되 보다 경제적·효율적인 교통운영 관리계획을 수립하고, ④도시교통은 대량 집중 방향성 및 왕복 운행하는 특성을 갖는 만큼 지하철(도시철도)을 중심으로 일괄수송체계를 갖추어야 하며, ⑤도심부적시설을 체계화·단지화하여 시 외곽에 이전배치, 교통난을 완화하고 토지이용률도 높여야 한다고 지적하고 있다.

이에 따라 부산은 3대 순환도로를 건설, 2000년대를 바라보는 골격 간선망을 형성하여야 한다는 것이다. 3대 순환도로는 낙동강 하굿둑-화명 간 낙동대로, 낙동강 임해지역 개발에 대비한 명지-녹산-장림-감만-수영을 잇는 해안대로, 항만물동량 처리 겸 동서교통축을 보강할 구포-만덕-안락-해운대를 잇는 동서고가대로 등.(…)

부산은 이제 종합적·과학적 대처전략을 수립, 교통문제 해결을 서둘러 나가야 할 때다. 이 대처전략은 도시발전의 장기적 전망을 기반으로 한 도시기본계획과 밀접한 관련성을 유지하되, 부산의 특성에 적합한 종합교통대책, 곧 마스터플랜에 따라 다듬어가야 할 것이다.

이와 함께 도시특성에 맞는 환상(環狀) 도로망을 구축하고 기존 교통시설의 효율·안전성을 드높이는 한편 지하철을 계속 확충하는 등 대중교통 우선정책을 계속 추진해나가야 한다. 모든 시민이 보다 빠르고 쾌적하고 안전하게 도시활동을 할 수 있도록 교통개발전략을 촉진, 부산발전의 잠재력을 일깨우는 활력소를 마련하여야 할 것이다.

「부산일보」 창간 42주년 특집기획 <교통지옥 부산> 프롤로그(1989. 9. 10).

<교통지옥 부산> ③회 지면(1989. 10. 19).

# 3장. 해외취재

## 동구권 개혁현장 취재
## 동서 냉전체제 종언 고한 역사적 현장 단독취재

### 1) 취재 과정

　1989년 동구권의 개혁·개방 열풍은 동서 냉전체제의 종언을 고한 역사적 대변혁이었다. '동서 냉전의 상징' 베를린장벽이 무너지고 '사회주의의 보루' 체코, 루마니아, 유고에서 공산권 붕괴의 도미노현상을 불러온 '20세기의 대혁명'이다.

　제2차 세계대전 후 동유럽 제국은 소련 체제의 일원적 지배를 받아왔다. 중앙집권적 계획경제, 정보·문화에 대한 당의 엄격한 통제, 비밀경찰을 이용한 밀고정치를 특징으로 하는 체제다. 이 체제는 동구권 국가의 반발을 초래, 동독, 폴란드, 헝가리, 체코슬로바키아 등지에서 폭동이 일어나고 개혁노선을 꽃피우기도 했지만, 소련 등의 군사개입에 눌려 좌절을 겪곤 했다.

　1970년대 들면서 동유럽 전체에서 소련체제의 정통성 상실, 데탕트 무드의 침투, 인권의식의 고양 같은 개혁지향 성향이 뚜렷해졌다. 1985년 소련에 고르바초프 정권이 등장한 것도 동구권 개혁의 확산에 크게 공헌했다.

1989년 9월, 서방과의 국경을 개방한 헝가리를 경유하여 많은 동독 시민이 서방으로 이주했고, 동독 각지에서 시위가 발생하였으며 11월 9일 베를린장벽이 무너졌다. 이어, 불가리아 지도자가 사임하고, 체코 정권이 퇴진했다. 12월에는 루마니아에서 정권반대 시위 끝에, 지도자가 총살당했다. 1990년 들어 동구권 국가는 점차 자유선거를 시행하고 전후체제에서 일탈했다.

### 동구권 개혁·개방 속 '대혁명' 예견… 4개국 순회

이 역사적 대변혁의 현장에 내가 있었다. 동구권의 개혁·개방 현상을 예견, 베를린장벽이 무너졌던 그때 동구권 4개국을 순회하고 있었던 것이다. 다행히 이 예견이 적중한 덕분에, 「부산매일」은 기획했던 대로, '동구권 개혁'을 주제로 한 기획시리즈를 신년특집으로 화려하게 꾸며냈다. 〈신동구(新東歐) 꿈과 현실-본사 차용범 특파원 현장르포〉라는 자극적 문패를 달아서. 신문은 격주간 전면 컬러 특집을 게재, 1990년 상반기 지면의 성가를 톡톡히 올렸던 것이다.

동구권 개혁·개방을 예견했다? 그건 나의 예견은 아니었다. 당시 편집국장 이인형 선배의 '위대한 결단' 중 하나였다. 1989년 10월 내가 부산경찰청을 출입하며 '사건 캡'을 맡고 있을 때였다. 편집국장이 나를 국장실로 조용히 불렀다. "동구라파 몇 나라를 좀 다녀와야겠다. 준비 좀 해봐라…." "동구라파라니요. 거길, 왜, 어떻게, 갑니까?" "동구권에서 지금 여러 혁명현상이 일어나고 있다는데, 공산주의가 곧 무너질지도 모르겠다. 그거 현장취재 잘 하면 내년 신년호, 우리 군계일학 특집 내는 거다." 그러면서 그는 덧붙여 몇 가지를 얘기했다. '가는 법'은 나에게 묻지 말고 알아서 찾아라, 가더라도 경쟁사에서 눈치 채지 못하도록 바람 잘 잡아라, 경비는 얼마나 필요할지 몰라 그저 총무국에 일러뒀다, 알아서 받아가라….

### '특정국가' 취재추천 받고 나라별 비자 받기

내가 되물었다, "사진기자는 누구로?" "자네가 사진기자 달고 며칠 비워봐라. 금세 소문 안 나겠나. 혼자 가서 취재하고 사진도 찍어라." 참 기가 막힐 일이었다. 아니, 서구권도 아닌 동구권 국가, 북한 군인·유학생이 적잖게 주재한다는 그런 나라에 혼자 출장을 가라고? 그러나, 편집국장의 특별지시이니 이것저것 알아는 봐야 했다.

다행히 편집국장은 문공부장관과 협의, '특정국가 취재추천'을 받기로 약속을 받아둔 터였다. 그는 대학동기인 이수정 문공부장관, 한승주 고려대 교수 등을 만났다가 최근 동구권의 동향을 눈치 챘고, 취재출장의 방도까지 찾아둔 것이다.* 정부 역시 '88 올림픽'을 계기로 한창 북방정책을 전개할 때이니, 우리 언론의 현지취재를 허용했을 법이기도 하다.

우선 동구권 국가의 입국비자를 받을 길을 찾아야 했다. 다행히 헝가리가 북한의 격렬한 반발을 무릅쓰고, 몇 달 전 공산권 국가 중 최초로 우리나라와 수교를 한 터였다. 서울의 헝가리 대표부와 일본 도쿄의 유고슬라비아 대사관에서 두 나라 입국비자를 받을 수 있었다. 나머지 국가들은, 현지에서 부딪혀보기로 했다. 들어갈 수 있으면 가고 못 가면 어쩔 수 없고….

### "동구개혁 본질과 전망은? 우리 대응방안은?"

이 정도면 출장을 떠나야 했다. 다만, 여행정보가 너무 없었다. 요즘이야

---

* 당시 공산권 국가를 여행하기 위해서는 외무부의 '특정국가 여행허가'를, 그리고 이 허가를 받기 위해선 정부 소관 부처의 여행추천을 받아야 했다. 해외취재는 문공부의 취재추천을 받는 것이다.

〈꽃보다…〉 시리즈에, 해외여행 붐으로 동구권 여행길이 드넓지만 당시론 내가 개척을 해야 했다. 음, 위치와 계절로 미루어 엄청 추울 것이니 방한에 각별한 신경을 써야겠고, 안전을 위해선 도심 특급호텔을 골라야겠네. 나라마다 영어 통역 겸 가이드를 찾아야겠고, 경비는 (신용카드가 없던 시절이니)달러를 지참하자…. 편집국장에겐 "가겠다"고 보고하고, 총무국엔 "1만 달러를 준비하라"고 일렀다.

'공산권국가취재계획서'를 작성했다. 정부 지침에 따른 것이다. 인적 사항과 여행기간, 방문국에 이어, '취재계획'을 기재했다.

"올 들어 동구권의 개혁운동이 점점 기세를 드높이며 전 세계적 충격을 주고 있다. 이 개혁바람은 폴란드에서 시작, 헝가리를 거치면서 돌풍으로 바뀌어 동독, 체코, 불가리아로 내닫고 있다. 이 개혁열풍은 동구 각국으로 하여금 전체주의적 국가체제를 해체하고 정치, 경제 개혁의 길로 나서게 함으로써 국제 다원화시대에의 적응 내지 사회주의 체제의 체질개선을 유도하고 있다. 곧 이 개혁열풍은 동서냉전체제의 종언 또는 동서화해 신시대의 개막을 선도하는 역사적 기류라 할 것이다.

동구권은 우리나라 북방정책의 주요 대상인 만큼 그들의 동향은 우리의 비상한 관심을 끌 수밖에 없다. 최근 동구제국 개혁열풍의 본질은 무엇이며, 그 진행 과정과 장래 전망은 어떠한가? 또 우리는 이 개혁열풍 앞에 어떻게 대응해야 할 것인가? 이 동구권 개혁열풍을 그 본질과 사회변화상, 경제발전상 중심으로 종합 진단, 대한민국과 해당국 간의 이해관계를 증진시키고, 양국 간의 사회·경제 협력방안을 모색하려 한다.(…)"

**신년특집 구성 계획… 여행허가 얻고 항공권 구하고…**

서식에 따라 '보도계획'도 덧붙였다.

"동구권 개혁열풍의 본질과 최근 상황을 종합취재, <동서공존시대-개혁열풍 속의 동구를 가다>란 주제목의 특집 시리즈를 기획, 보도할 것임. 이 시리즈는 1990년 1월 1일자 신년

특집호부터 전면 분량으로, 약 15회 게재할 것임. 시리즈 ①은 '프롤로그'로, 동구권 개혁의 본질을 개관하고 그 유형을 분류 정리, 장래를 전망할 것임. 시리즈 ②부터는 각 나라별로 개혁의 본질, 사회변화상, 경제발전상, 양국 간 협력방안 등을 모색, 정리할 것임."

문공부의 '특정국가 여행추천'을 받았다. 외무부의 '특정국가 여행허가'도 받았다. 출입처엔 해외출장 갈 티를 내지 않으면서, 동구 5개국 현황을 공부하고, 취재초점(취재 대상, 주제, 현장…)을 잡으면서, '특정국가' 입국수속을 밟고, 현지 접촉처를 찾아야 했다. 사진 촬영? 사진부의 "좋은 카메라도 혹한에 가동하지 않을 수 있다"는 말에 어쩔 수 없이 최신형 콤팩트(똑딱이) 카메라를 구했다. 서독 프랑크푸르트를 In-Out 공항으로 정하고, 우선 헝가리와 유고슬라비아행 항공권을 구했다. 집에선 '난리'였다. 결혼 4년차, 세 살배기 아들, 갓난이 딸아이가 있을 때이니, 가족들의 걱정은 이만저만이 아니었다. 아니, 그런 나라를, 혼자서, 어떻게 갔다 오나? 취재계획을 포기하라는 아우성이었다. 그런 어려움을 딛고, 나는 떠났다.

### 동구현장, 거센 개혁열풍에 정치적 혼란 극심

동구 현장은 상상했던 그 이상이었다. 개혁의 열풍은 굉장한 기세였고 정치적 혼란 역시 대단했다. 헝가리 부다페스트에서 〈루마니아에 사실상 계엄… 총격 계속/헝가리선 항거지원 시위〉 같은 스트레이트 기사를 송고하곤, 유고 탄유그통신(Tanjug)*에서 루마니아의 격변하는 정세와 차우세스쿠(Nicolae Ceausescu) 대통령의 처형 뉴스를 실시간 확인, 송고할 정도였다.

---

* 동서냉전 시대 비동맹국가의 핵심국이던 유고슬라비아의 국영통신사. 1943년 창립, 1970년대 전성기에는 세계적 취재망을 확보하며, '제3세계의 창'으로 불릴 만큼 국제적 유수 통신사로 성가가 높았다. 유고 해체 이후 세르비아 국영통신으로 기능하다, 정부 방침에 따른 민영화가 늦어지면서 2015년 창립 72년 만에 문을 닫았다.

베를린장벽이 무너진 것을 보고, 동·서 베를린의 국경검문소 '체크포인트 찰리(Checkpoint Charlie)'를 통해 동독으로 입국, 민주화운동의 중심도시 라이프치히를 다녀오기도 했으니.

취재 여정은 그야말로 험난했다. 때로는 위험하기도 했으나, 가는 곳마다 마주치는 충격적 현실과 사건들을 접하며 정말 바빴고, 많은 부분 벅찬 감회를 누리기도 했다. 특히 동구권 국가가 공통적으로 정치적 혼란과 경제적 침체 속에서 일종의 구조적·집단적 빈곤현장을 드러내는 것을 보고 느낀 충격과 교훈은 참 컸다. 유고슬라비아의 수도 베오그라드에서 겪은 그 무기력 속의 황량함과 지독한 대기 공해, 폴란드의 수도 바르샤바에서 느낀 그 고대도시의 박제물을 보는 듯 가라앉은 분위기…. 그건, 그곳 사람에겐 참 고단하고도 절망적인 일상일 터였다.

## 동서냉전 종언 고한 역사적 사건 '베를린장벽 붕괴'
## 직접적 원인, 말실수+오보… 배경, 동구권 개혁 흐름

동구권의 대변혁 속에서 가장 충격적인 사건은 역시 베를린장벽*의 붕괴, 그에 이은, 갑작스러운 독일 통일이다. 고백하자면, 나는 베를린장벽이 무너지는 '그날'이 아닌, 장벽의 일부가 뚫리며 브란덴부르크문 광장에서 연일 축제와 시위가 벌어지고 동독 주민들이 한동안 (무질서 상태에서)서베를린을 오갈 그 때, 그 자리에 있었다. 내가 그곳으로 달려갔을 때, 동독당국은 문의 양쪽 담장 8m씩을 철거, 보행로의 출입구로 활용하며 '개방'의 의미를 부여

---

* 동·서 베를린 경계선 약 45.1㎞에 걸친 콘크리트 벽으로, 1961년에 동독 정부가 서베를린으로 탈출하는 사람들과 동독 마르크의 유출을 방지하기 위하여 축조했다. 수차례에 걸친 시설 보강 끝에 높이 3.6m, 폭 1.2m의 콘크리트 장벽에 감시탑 116곳, 벙커 20곳까지 세워 동독주민의 탈출을 저지했다. 탈출 중 총격 등을 받아 사망한 희생자는 126명. 독일 통일 후 거의 철거되고, 지금은 브란덴부르크문을 중심으로, 일부만 기념물로 남아 있다.

하고 있었다. 통행인들은 비자 대신 시민증을 점검받고 있었고.

 그랬다. 나 역시 취재출장을 떠나기 전, 나름 동구권 대변혁의 정치적·역사적 배경을 분석하며 정치학을 전공한 편집국장과 의견을 나누곤 했지만, 베를린장벽이 그리 쉽게, 빨리, 무너질 것으론 전혀 예상하지 못했다. 다만, "어쩌면 크리스마스 이브 쯤, 동·서독 국민의 베를린 통행을 보다 쉽게 할 조치가 있을 수 있다"는 얘기들은 나눴다. 제2차 세계대전 초기 유럽을 순식간에 정복한 독일군의 '전격전'을 연상, 이브 즈음 브란덴부르크문을 개방할 수 있다고 본 것이다. 내가 독일 취재일정을 크리스마스를 포함한 12월 하순으로 잡은 것도 그 때문이었다.

### '독일 통일' 눈앞 어른거려도 그 기적 눈치도 못 챌 때

 "The Berlin Wall has collapsed". 1989년 11월 9일의 이 동독발 '긴급뉴스'는 '오보'(誤報)였다. 이 오보는 결과적으로 베를린장벽 붕괴 및 동·서독 통일을 재촉한 '세기 최대의 특종'이다. 베를린장벽의 붕괴-동서 냉전체제의 종언을 고한 역사적 상징, 동구 공산권 붕괴의 도미노현상을 촉발시킨 충격적 사건, 그 배경에는 동구권의 개혁 흐름이 있었지만, 직접적 원인은 한순간의 말실수와 오보였던 것이다.

 실상, 독일 통일이 눈앞에 어른거릴 때까지도 그 기적을 눈치 챈 사람은 없었다. 동·서독 정상과 지도급 인사, 탈냉전현상을 예민하게 관찰하던 언론인까지, 모두 마찬가지였다. 빌리 브란트(Willy Brand) 전 서독총리는 장벽 붕괴 보름 전 서울에서 특별강연을 하며, "독일 통일은 유럽 통합 후에야 가능할 것"으로 전망했다. 호네커(Honecker) 동독 공산당 서기장은 열 달 전, "50년, 100년이 지나도 베를린장벽은 그 자리에 있을 것"으로, 서독 국민들의 56%가 두 달 전 여론조사에서 "통일은 30년 내에 불가능할 것"으로 전망했다. 독일 '통일총리' 헬무트 콜(Helmut Kohl) 서독 총리 역시 1년여 전, 독일 통일을 '몽상'으로 여겼을 정도다.

## 대변인 샤보브스키의 '말실수'가 부른 나비효과

문제의 말실수와 오보 얘기. 동독정부 대변인(공보담당 정치국원) 귄터 샤보브스키(Gunter Schabowski)는 1989년 11월 9일 저녁 6시, 정례 기자회견을 갖고 여행허가 범위 확대를 핵심으로 하는 여행법 개정안(여행 허가에 대한 출국규제 완화 관련법령)을 발표했다. 이 법의 핵심은 여권과 비자발급 절차를 대폭 간소화한 것일 뿐 출국비자 없이 해외여행을 허락한다는 뜻은 아니었다. 동독정부의 의도는 여행허가 범위를 확대해 주민불만을 누그러뜨리고 불법탈출 사태를 진정시키려는 것일 뿐이었다. 당시 동독에서는 출국비자를 받아야 해외여행이 가능했기 때문에 비자발급 과정에서 여행자유화의 속도를 조절할 생각이었던 것이다.

더욱이 새 여행법 어디에도 이 내용이 베를린장벽에 허용된다는 내용은 없었다. 베를린장벽은 제2차 세계대전 승전국 4개국(미국·영국·프랑스·소련)의 관리 하에 있었기 때문에 동독정부가 결정할 사항도 아니었다. 문제는 이 법의 개정배경을 이해하지 못한 샤보브스키의 '말실수'였다. 그는 기자회견이 끝나갈 무렵 여행법 개정안을 설명하며, "잠정적 여행규칙에 따라 누구나 개인적 여행을 신청할 수 있고, 그에 따른 허가는 즉시 내려질 것"이라고 발표했다.

"언제부터(발효되나)?"라는 이탈리아 「ANSA통신」 기자의 질문에 "즉시, 지체 없이"라고 답했다. 그는 "그것이 서베를린에도 해당되는가"라는 한 기자의 질문에도 머뭇거림 없이 대답한다. "그렇다, 오늘, 우리는 모든 동독주민이 (동서독의)어느 국경검문소에서도 출국을 허용하는 규정을 시행키로 결정했다(Today we have decided to institute a regulation that allows every citizen of the German Democratic Republic to leave the GDR at any of the border crossing points)"라고. 전날까지 휴가를 떠났다가 당일 복귀한 그는 기자회견 직전 당 서기장 에곤 크렌츠(Egon Krenz)에게 법안을 전달받아, 반은 읽고 반은 대충 해석한 상태였다. 'Today'의 해석도 문제였다. '오늘, 결정했다'를 '오늘부터, 시행한다'로 전한 것이다.

### 부정확한 보도에 부정확한 소문… "장벽을 부숴라"

워낙 뜻밖의, 엄청난 내용이다. 기자들은 궁금한 점이 많았지만 공식 발표문이 없어 나름대로 기사를 작성했다. 저녁 7시 5분 AP통신이 "동독이 국경을 개방했다"고 보도했고, 서독 공영방송 ARD의 8시 뉴스도 같은 내용을 보도했다. 많은 동·서독 주민들이 TV 뉴스를 봤다. "모든 여행제한이 풀리고 출국비자도 필요 없게 됐다"는 소문이 퍼졌다.

동독 주민들이 사실 여부를 확인하기 위해 곳곳의 국경초소에 몰려들었지만, 초소 직원들도 내용을 몰랐다. 밤이 깊어지면서 장벽에는 수만 명이 몰려들어 국경 개방을 요구했다. 주민들과 대치한 국경수비대 경비초소 요원들은 겁에 질려 상부의 지침도 받지 못한 채 밤 10시 30분 국경 바리케이드를 열어주었다. 베를린에서는 동·서독 주민들이 함께 장벽에 올라 장벽을 부수기 시작했다.

국경수비대의 보고를 받은 내무장관도 상황을 모르기는 마찬가지, 국경수비대의 결정을 추인했다. 자정쯤에는 많은 국경통로가 열렸고, 베를린은 춤추고 환호하는 파티장으로 변했다. 이어 3일 동안 동독 군인들이 장벽 곳곳을 뚫어 새로운 출입구를 만들었고 2주 동안 300만 명이 서베를린과 서독을 방문했다. 베를린장벽 개방을 계기로 동독 주민의 탈출 러시가 이어졌고,

동독의 경제·사회 체제도 무너지기 시작했다. 결국 동독 정권은 급속하게 몰락했고, 동·서독은 예상 밖으로, 급속하게, 통일을 맞기에 이르렀다.

**장벽 붕괴 현장 열기 뚫고 검문소서 비자 받아 동독으로**

나는 늦게나마 베를린 중심 브란덴부르크문 광장에 도착, 장벽 붕괴에 환호하는 동·서독 사람들의 열광적 분위기에 빠졌고, 그들과 함께 망치를 들고 그 장벽을 깨뜨려보기도 했다. 그러나 동·서독 국민이 아닌 나는 그 브란덴부르크문 통로를 오갈 자격이 없었다. 내가 동독으로 가기 위해서는 '체크포인트 찰리(Checkpoint Charlie)'를 거쳐야 했다. 장벽의 프리드리히슈타트 지역에 있던 검문소다. 1961년부터 1990년까지, 연합군과 외국인, 외교관, 여행객들이 동·서 베를린을 드나들 수 있었던 유일한 관문이다. '찰리(Charlie)'는 파네틱 기호 'C'를 의미한다.

나는 이곳 그 어수선한 검문소에서 먼저 미군으로부터 여권을 확인받곤 동독지역으로 가 비자를 받았다('받았다'기보다, 여권에 5달러를 끼워주고 '샀다'. 정상적으론 또, "Korea? 남에서 왔나, 북에서 왔나"를 물으며 입국허가 판단을 미룰 수도 있으니). 서베를린의 미군 구역엔 목조건물만 있었지만, 동독 구역엔 통행을 저지하는 막대와 지그재그로 놓인 콘크리트 장애물, 감시탑에, 차량과 그 안에 탄 사람들을 수색하는 구역까지 있다. '장벽이 열렸다'곤 하나, 이제 원래의 질서를 되찾은 상황, 동독 국민들은 '출국허가'를 받아서, 외교관, 외국인은 비자를 받아 오가는 만큼, '탈출 저지용' 시설은 그대로였다.

**불안 속의 초긴장 보름여… 그 험난했던 여정**

지금 생각해도 동구변혁 취재여정은 참 험난했다. 당시는 서울에서 유럽을 가기 위해선 알래스카 앵커리지를 경유, 18시간을 비행해야 했던 시절. 하필이면 내가 프랑크푸르트행 대한항공 항공기에 탑승했을 때 알래스카 클리블랜드 화산이 폭발했다. 항공기는 태평양을 횡단하여 미국 LA에서 중간 급유를 받고 뉴욕을 거쳐 프랑크푸르트까지 25시간을 비행했다.

그 고초는 또 그렇다 치고, 프랑크푸르트-헝가리 부다페스트까지의 연결 스케줄까지 온통 틀어졌다. 나는 프랑크푸르트 공항에서 초조하게 대기하다 임시편성 루프트한자 편으로 부다페스트에 새벽 3시께 도착했다. 공항에서 청바지 차림의 험상궂은, 정말 '강도' 같은 택시기사를 만났고, 공항-호텔 간 40여 분의 암흑 속 질주부터 엄청 긴장해야 했다.

동구권 국가를 오가며 그 난장판 같은 공항에서 항공권을 받고 화물을 찾는 과정은 또 순탄하기만 했겠나. 그 공산권 국가 도시들을 전세 승용차로, 택시로, 도보로 돌아다니며, 늘 주변을 경계하고 자신을 숨기듯 암행해야 했던 그 시간들을 또 얼마나 조심스러웠겠나. 폴란드 바르샤바의 최고급 '포럼 호텔'에서 저녁 7시께 신청한 집으로의 전화통화가 이튿날 새벽 3시쯤 연결되던 그 악조건 속, 가족들의 걱정을 걱정했던 그 속은 예사로웠겠나. 그런 고행길 보름여 만에, 난 프랑크푸르트-서울 간 귀국 비행기에서, 모처럼 긴장을 풀고 꼬박 18시간을 잠만 잤던 기억이 지금도 생생하다.

**동유럽 여행 인기 절정… 그 길고 험한 안정·활력 찾기**

요즘 그 동구권 여행이 폭발적 인기를 끌고 있다. 한 예능 프로그램 〈꽃보다…〉 시리즈 덕분인가. 동유럽과 발칸반도는 그림처럼 아름다운 풍경과 이국적인 문화의 향기로 어느새 '최고의 여행지' 반열에 올라 있다. 발칸반도 최고 인기 여행지 크로아티아와 슬로베니아, 동유럽의 체코, 헝가리, 오스트리아에 독일 베를린까지…

그러나, 이 나라들이 지금의 정치·경제적 안정과 사회적 활력을 되찾는 과정 역시 길고도 험했다. 발칸의 강자 유고슬라비아의 경우, 그 대변혁을 겪으면서 원래의 한 국민끼리 인종-언어-종교를 둘러싼 내전을 치르며 분열한다. 내전 발생 후 15년 만에 연방을 완전 해체, 지금은 세르비아, 몬테네그로, 크로아티아, 보스니아-헤르체고비나, 슬로베니아, 마케도니아, 코소보로 나뉘었다.

### 독일 통일, 벌써 '통일실패론' 무성… 우리가 얻을 교훈은?

독일 통일의 결과는? 지금 '통일 실패'라는 평가가 나올 정도다. 베를린장벽이 무너지던 그때, 통일 독일의 첫 총리 헬무트 콜은 말했다, "2년 내 모든 땅에 꽃을 피우겠다"고. 그러나 이 약속은 지켜지지 못했다. 오히려 옛 동독 지역은 '실패'의 분위기가 짙을 만큼 그 후유증은 크다. 옛 서독 지역보다, 실업률은 2배 높고 생활비는 더 비싸지만, 임금은 평균 30% 낮다. 동독을 향한 향수, 이른바 '오스탤지어(Ostalgia)'가 확산하고 있다. 힘겨운 현실에, 사회분열은 만연한다. 예상하지 못한 통일 앞에 현실적인 통일정책이 없었고, 급박한 통일 앞에 이질적인 경제·사회체제를 통합하는 데 실패했기 때문이다.

얼마 전 부산에서 열린 국제 심포지엄에서 '독일 통일의 교훈'을 발제한 기외르기 스첼(György Széll) 명예교수(독일 오스나브뤼크대)의 경고가 선명하다. "한국과 독일의 지정학적 상황은 다르다. 한국의 통일은 독일보다 훨씬 더 많은 준비를 갖춰야 한다"는 것이다. 한국의 경제·복지 수준이 유럽에 미치지 못하고, 남북 간 정치 갈등이 극심한 만큼, 남북통일이 수십 년 걸릴 수 있다는 것을 인정하고, '느리고 작은 단계'별로 체계적으로 준비해야 독일의 실패를 되풀이하지 않을 수 있다는 뜻이다.

## 2) 주요 기사

**기사 ①**　1990년 1월 1일자 신년특집

'신동구' 꿈과 현실-본사 차용범 특파원 현장르포

　[편집자 주]동·서 베를린을 가로지르는 장벽이 무너지면서 동구(東歐)는 지금 대변혁기를 맞고 있다. 본사는 동서화해의 현장인 헝가리, 유고슬라비아, 폴란드, 동독, 루마니아 등 5개국에 기자를 특파, '스탈린주의에서 사회주의로', '계획경제에서 시장경제로' 탈바꿈하고 있는 개혁의 현장을 생생하게 전하고, 동구권에 퍼져가는 우리의 역사와 문물 등 개혁 동구의 오늘을 둘러보며, 이를 시리즈로 엮는다.


① 갈구하는 동서화해
### 피플파워 분출… 세계사 흐름이 바뀐다
경제자율화·정치민주화 동시 추진
"개혁 외엔 살 길 없다…" 유제(遺制)청산·실용추구 가속

　[부다페스트=차용범 특파원]세계가 '동서화해시대'를 맞고 있다. 최근 동구권을 휩쓴 개혁열풍은 '동서냉전의 상징' 베를린장벽을 무너뜨린 데 이어 '사회주의의 보루' 체코, 불가리아까지 강타, 세계 정치구도를 재편하는 '20세기의 대혁명'을 선도하고 있다. 세계는 이제 '냉전' 양극체제에서 '공존' 다극체제로 역사적 전환기를 맞고 있다. 동구 제국 자체가 동서대결의 마지막 시험장이자 동서화해의 굳건한 시금석으로서, 저마다 전체주의적 국가체제를 해체하고 정치·경제 개혁의 길에 동참하고 있기 때문이다.

　동구권은 지난 한 해(1989년) 동안 소련의 복수경선제 대의원선거 실시, 폴란드의 비공산연정 출범, 헝가리의 공산당 해체, 동독의 호네커 서기장 체제 붕괴 및 베를린장벽 개방, 불가리아의 지프코프 서기장 퇴진 및 개혁파 집권, 체코의 야케스 서기장 체제 붕괴 및 비공산연정 구성, 루마니아 차우세스쿠 정권 붕괴 등 걷잡을 수 없는 변혁을 겪었다. 한때의 '개혁과 보수'의 두드러진 양극화현상도 동독, 체코, 불가리아, 루마니아 등 '보수 4국'의 변혁으로 자연스레 사라지고, 이제 전 동구권이 개혁의 거센 물결에 휩싸인 것이다. 국제정치학상 '도미노이론'이 적중한 셈이라고나 할까. 이제 남은 것은 알바니아뿐.(…)

### 억압정치·생활고 뚫고 정치 민주화·경제 자유화 열망

'스탈린 전체주의에서 민주적 사회주의로', '계획경제에서 시장경제로', 동구개혁의 요체는 정치적 민주화와 경제적 자율화이다. 동구체제가 겪고 있는 진통의 원인이 곧 스탈린주의의 폐쇄적 관료주의적 억압정치와 경제침체에 따른 생활고이기 때문이다. 동구 제국은 20세기 인류를 양분해왔던 독선적 교조주의 대신 실용주의 노선을 모색하며 스탈린주의의 유제(遺制)와 냉전문화를 그들 스스로도 놀랄 정도로 급속하게 청산하고 있다.

동구개혁의 주인(主因)은 물론 고르바초프 체제의 등장과 그의 페레스트로이카 및 신사고(新思考) 외교정책이다. 고르바초프는 80년대 중반부터 참신한 개혁·개방 정책을 과감하게 도입, 그 두터웠던 냉전빙벽을 녹여내며 일대 지진과 같은 변혁을 불러일으키고 있다. 그러나 그 이면에는 이미 고르바초프가 여러 차례 지적했듯 현대의 당면과제를 해결하는 데 마르크스 레닌주의를 전혀 적용할 수 없었으며, 이에 따른 체제의 모순 역시 한계에 도달했다는 역사적 필연성이 도사리고 있다.

동구변혁의 표면적 이유는 각국 공통의 경제난이다. 70년대 후반부터 드러나기 시작한 중앙계획경제의 후유증이 국민들의 일상생활에 직접 그 영향을 미치면서 불안을 불러왔음은 물론 집권층으로서도 더 이상 왜곡된 경제체제를 유지하기 어려운 상황에 이르렀던 것이다. 거기다 글라스노스트(개방) 바람은 경제생활의 한계, 곧 물질생활의 차원을 넘어 정신적·인간적 측면의 반발까지 유발했다. 역사적 동일문화권으로 여겨왔던 '유럽' 공동체에서 탈락하고 있다는 위기감과 함께 마르크스 레닌주의의 철저한 전체주의 독재체제 아래서 상실했던 '인간'을 찾으려는 욕구가 폭발하게 된 것이다.

### 물질적·정신적 자각 바탕 공산주의 결렬선언 확산

이른바, 동구의 '경제우등생'이라던 동독 사람들이 대거 서독으로 탈출한 것이나 한때 동구 최고의 경제를 자랑하던 체코에서 개혁욕구가 폭발한 것 역시 이 같은 사실을 대변하고 있다. 결국 동구 각국들은 물질적·정신적 자각을 바탕으로 공산주의와의 결렬을 선언하거나 '위로부터의 개혁' 내지 '아래로부터 변혁'을 성공적으로 수렴하고 있는 것이다.

(…)부다페스트에서 만난 한 언론인(45)은 헝가리의 명문 칼 마르크스대학의 차키 차마 총장(경제학)의 발언을 인용, "지금 동구가 맞고 있는 것은 '경제와 정권의 정통성 위기'이며,

헝가리는 이제 막, 이 문제와 씨름하려는 첫 순간에 서 있고, 이웃한 체코, 폴란드 등도 정도의 차이는 있겠지만 마찬가지"라면서, 40년간 소련의 '정복' 아래서 강요받은 스탈린체제를 가장 큰 문제로 지적했다.

최근 동구권 개혁열풍을 두고 그 의미 내지 사회주의 체제의 전도를 내다보는 시각은 다양하다. 그러나 개혁 자체가 경제적 낙후를 극복하려는 고육책이자 국제다원화시대에 적응하기 위한 자구책이라는 데는 이론이 없다. 지금까지 동구 개혁의 유형은 대략 3가지. 우선 폴란드와 헝가리는 앞서 현지의 얘기같이 지금까지 사회주의권을 지배해온 소련식 개념의 사회주의체제를 이탈하고 있다. 또 체코, 불가리아는 이미 일부 동구 국가들이 지난 20여 년간 체험해온 비(非)스탈린화의 유형을 택하고 있다.

**공산권력과의 '사회계약' 한계… "이젠 개혁뿐…"**

우선 폴란드와 헝가리의 개혁열풍이 갖는 가장 큰 의미는 국민들의 '아래로부터의 개혁'과 권력의 '위로부터의 개혁'의 결합이라는 데 있다. 두 나라 국민들은 지난 56년 지식인 주동의 개혁운동이 실패한 뒤 사회 각 분야에서 민주화·자유화를 위한 끊임없는 투쟁을 벌여왔으며, 그 결과 권력으로부터 어느 정도 '자율적 사회'를 받아낼 수 있었다.

최근 개혁의 뿌리는 공산권력과 사회구성원 사이의 일종의 '사회계약(공산당은 최소한의 자유와 물질적 안정을 보장하되 정치의 독점권을 고수한다는 것)'이 깨어진 때문. 이 계약의 실패는 경제적·정치적 이중의 위기를 초래한 것이다. 또 이는 공산권력에 저항하는 다양한 사회세력들의 급성장과 이들 사이의 결속을 가져왔으며, 그것이 1980년 자유노조 솔리다르노시치의 탄생으로 나타났다. 권력과 사회 전체의 대결구도는 끝내 '정권 불인정'이라는 상황을 낳았으며, 국민투표 결과 비공산권 연정을 출범시키기에 이르렀다.

폴란드의 향후 과제는 경제난 해결문제. 당 기관지 폴리티카지(紙) 부주필 다니엘 바센트씨는 "이제 신문 편집과정의 정치적 자유는 있으되 인쇄과정의 경제적 자유(종이)가 없다"는 말로 현실적 고민을 대변했다. 헝가리에서는 경제개혁의 실패가 오히려 당내 개혁주의자들로 하여금 보다 과감한 개혁을 추진케 한 결과를 낳았다. 권력차원에서는 지난 87년 개혁주의자 일레 포즈가이와 레즈 니에르스가 정치국에 등용되었으며, 사회적으로도 표현의 자유가 폭넓게 허용되기에 이르렀다.

**동구개혁 도미노, 한국관계에도 획기적 변화**

헝가리는 이미 국호를 '헝가리 공화국'으로 바꾸고 공산당 일당체제 해체, 야당의 합법화, 자유선거 보장 등 자유화 조치를 취하고 있다. "개혁 이외의 다른 길은 없다." 헝가리사회당 역사연구소장 발로그 산도르 씨는 공산주의가 '노동자를 지킨다'는 약속을 지키지 못한 만큼 이제 더 이상 공산이념을 믿을 수 없다고 강조한다.

동독, 체코, 불가리아의 개혁은 현 단계로서는 공산당과 공산주의의 개조를 통해 사회전반의 민주화를 추구하는 '위로부터의 개혁' 내지 '체제내적 변혁'이라고 규정할 수 있다. 그러나 동독과 체코 인민들의 민주화 요구가 계속 폭발하고 있는 만큼 급진적 개혁의 가능성도 배제할 수 없다.(…)

동구권의 개혁도미노 현상은 당연히 그 지역 국가들과 한국과의 관계에 획기적 변화를 가져오고 있다. 헝가리에 이어 폴란드가 한국과 수교했고, 유고 역시 대한(對韓) 수교를 결정했다. 소련은 이미 한국과의 실질적 외교관 외교관계인 영사관계를 수립했으며, 체코는 올해 한국과 무역대표부를 교환하기로 합의했다. 동구개혁은 우리에게 '북방으로의 길'을 열어 준 것이다.

**동구개혁, 세계사 흐름 바꾸며 동서공존시대 열어**

한국은 분명 모든 동구국가들의 매력 있는 협력 대상국이다. 그동안 동구국가들은 북한의 저지에 밀려 한국과의 수교를 미뤄왔다고 볼 때 헝가리 등의 수교는 정치적 측면에서 각별한 의미를 갖고 있다. 비동맹노선의 유고, 소련의 개혁정책에 동조하는 불가리아, 대외 의존적 경제체제를 가진 체코, 서독과의 타협 경험이 풍부한 동독 및 서방 측 기술도입에 적극적인 루마니아까지도 이제 장기적 관점에서 한국과의 수교 내지 경제협력 확대에 북한을 설득할 수 있는 이론적 근거를 마련한 것이다. 소련도 동구개혁 및 한국과의 수교사례를 바탕으로 '신사고외교'를 한반도에까지 적용, 외교관계를 수립했다.

동구 개혁열풍은 이제 세계 역사의 흐름 자체를 바꾸고 있다. 동구 사람들은 지금 개혁의 소용돌이 속에서 바야흐로 '역사의 전환시대'를 열고 있다고 느끼고 있다. 우리 역시 그들과의 교류를 통해 '동서 공존시대'를 살고 있음을 실감하고 있다. 이제 세계는 거스를 수 없는 대세, '동서화해시대'를 맞고 있는 것이다.

| 시리즈 ② | 개혁의 본질 |

## 파멸 직전의 경제 재건이 '발등의 불'

시장원리 도입 소유방식 다원화가 난제
살인적 물가고 속 궁핍·비참 탈피 갈구

| 시리즈 ③ | 개혁의 전망 |

## 과거 청산 절감 속 미래엔 불안 가득

실업급증·경제파탄 등 '산 넘어 산'
경쟁사회 적응 '신사고' 체득 시급

| 시리즈 ④ | 동독 |

## '거리혁명' 열풍 속 통독 싸고 내홍

'지지' '반대' 연일시위… 개혁차질 우려
비대 공산당 처리·생필품 부족에 골치

| 시리즈 ⑦ | 유고 |

## "왜 우리는 가난한가"… 경제파탄에 아우성

30년 '독자노선'도 빵 앞에 '두 손'
자고나면 물가폭등… 월급날 돈써버리기 경쟁
역 광장엔 '취업열차' 기다리는 실업자 장사진

| 시리즈 ⑧ | 대한관계 |

## 자본·기술·교육 파트너 1순위 낙점

'발전모델' 배우자 서울행 러시
헝··폴란드·유고 이어 체코·동독 등도 수교 서둘러
대우(大宇)와 1억 불 합작투자 현지언론 대서특필

**시리즈 ⑩ 개혁의 전도**

## 총선열풍 속 '사회주의적 시장경제' 실험

'민중혁명' 법적 뒷받침 가속화
"공산주의는 실패작" 여행 자유화로 변화 만끽
다당제 도입 경쟁… 연정 구성 정국 혼란 우려

**기사 ②** [취재일지] 동구에서 절감한 '정치후진'(1990년 1월 4일자)

　한국은 요즘 외화내빈시대를 살고 있다. 대망의 1990년을 맞아 지난 1년을 되돌아보노라면 우리의 겉은 실상 이상으로 화려했으되 우리의 안은 자괴와 탄식을 거듭해야 할 만큼 실속 없었음을 자인할 수밖에 없다. 밖에서의 우리나라는 88 올림픽을 개최하고 고도경제성장을 이룩한 '선진국'의 일원으로 찬탄받고 있는 반면, 안에서는 계속 정치적 혼미와 경제적 침체, 사회적 혼란을 가득 안은 '후진국'의 틀을 벗어나지 못하고 있다. 이 같은 느낌은 최근 개혁열풍을 겪고 있는 동구 제국을 순회하며 그 나라의 지식인 또는 일반시민을 만나 한국 이야기를 들을 때마다 새삼스레 진한 자각으로 다가오곤 했다.

　사실 우리의 국위는 스스로 놀랄 만큼 빼어난 신장세를 거듭하고 있다. 굳이 우리와의 접촉이 잦은 기존 수교국들의 평가를 들지 않더라도, 이제 내부개혁·대외개방의 숨 가쁜 역사를 열고 있는 동구 제국 역시 그저 경탄과 흠모의 눈길로 우리를 바라보고 있다.

　유고 관영 탄유그통신 편집국장 라도미르 디클리치 씨는 "한국은 동구 각국의 성장모델"이라고 단언하고, "유고 스스로 투자환경을 서둘러 조성하고, 한국은 도움(Aid) 아닌 지원(Assistance)을 아끼지 말아야 할 것"이라며 우리의 국제적 책임을 강조했다. 그는 루마니아 사태가 급반전을 거듭하는 와중에서 취재 보고를 받고 지시를 내리며, 한국기자의 취재를 적극 지원해준 자칭 '지한파(知韓派)'이다.

　주(駐)헝가리 폴란드 대사관의 바루토프 프루친스키 영사 역시 기자의 비자신청 서류와 취재계획서를 검토하고는 "한국에서 와주어 고맙다"며 민원인 대기홀까지 달려 나와 기자를 반겼다. 그는 새치기식으로 비자를 발급해주며 폴란드의 실상을 담은 안내서류 3가지를 전해주는 성의도 잊지 않았다. 동구 각국의 택시기사들도 '올림픽 꼬레아'라며 그저 엄지손가락을 척 치켜들 정도. 기자는 한국기자라는 신분만으로 미지의 동구사회에서 기대치 않았던 환대를 받았다고 할까.

그러나 되돌아보면 우리는 밖으로부터 과대포장식 평판을 듣고 있다는 자괴를 쉬이 떨치기 어려운 오늘을 살고 있다. 정치는 과거 '5공의 망령'에 사로잡혀 비틀거리고 있고, 경제 역시 침체의 수렁에서 몸부림치고 있다. 사회에서는 불법, 무법, 무질서가 난무, 국민들을 불안 속으로 몰아넣고 있다. 지난 89년 한 해가 국제적으로는 황홀할 정도의 경탄을 안겨준 한 해였다는 점을 감안한다면, 우리의 혼미, 침체는 더욱 뼈저린 상황이다.

이제 대망의 1990년. 한 세기를 마무리 짓고 새 세기를 준비하는 10년을 맞는 감상은 그저 숙연하고 두렵기조차 하다. 최근 인류는 새로운 세계를 열기 위한 몸부림이라도 치듯 세계 곳곳에서 엄청난 실험들을 계속하고 있다. 이 연대에 우리도 오늘의 혼미와 침체를 극복하고 세계적 진운에 부응, 밖의 평가처럼 당당히 전진대열에 돌입할 수 있어야만 한다. 이 10년이 넓게는 인류, 좁게는 민족과 개인의 액운을 영원히 떨쳐버릴 수 있도록 새 시대, 새 정치, 새 사회를 열어나갔으면 하는 바람 간절하다.

## 기사 ③   [취재후기] '격변의 현장' 목격 행운 얻어(1990년 5월 8일자)

**긴장감 속 불안스러운 여행 계속**
**"한나라 번영 체제가 좌우" 확인**

'미래를 예측하지 말라.' 이 영국 격언이 얼마나 지혜로운 것인가는 지난 1989년 1년 중 발생한 동구 개혁열풍이 그대로 증언한다. 불과 몇 달 전만 해도 어느 누가 동구 공산정권의 붕괴, 베를린장벽의 개방에 이어 독일 통일 움직임까지 나올 줄 예측이나 했는가.

기자가 동구 개혁현장을 둘러본 것은 1989년 12월 중·하순. 말 그대로 '개혁열풍'이 온 동구를 뒤덮어 사회주의 최후의 보루를 자처하던 루마니아에서까지 유혈 민중혁명이 일어나고, 동서분단의 상징이라던 브란덴부르크문이 다시 열린 바로 그때였다. 당시 우리나라와 수교관계를 갖고 있던 동구권 국가는 헝가리뿐. 동독과 체코, 루마니아, 불가리아, 유고슬라비아까지도 모두 '적성국가'였다. 따라서 동구 국가를 취재차 방문하기 전 우선 국내법 절차부터가 크게 엄격했다. 각 나라의 초청장을 받고 문공부의 취재추천과 안기부의 특별보안교육을 거친 뒤 다시 외무부의 '미수교 공산권국가' 여행허가를 얻어야 했으니까.

그때만 해도 동구의 분위기는 아직 으스스했다. 개혁 과정을 밟고 있긴 해도, 아직 공산당

이 집권하고 있고, 소련군이 주둔해 있었으며, 시민들도 입조심에 눈치들을 보던 때였다. 기자는 우선 동구권의 분위기를 익힐 겸 우리 대사관이 막 들어선 헝가리를 거쳐 유고, 폴란드, 동독을 순회하긴 했지만 유고슬로비아부터는 그저 혈혈단신, 내내 긴장감 속에서 불안스런 여행을 계속해야 했다.

그러나 부산권 기자로서는 첫 동구 취재길에 올랐다거나 특히 세기적 격변의 현장을 직접 지켜본다는 것은 기자로서는 더없는 행운이었다. 폴란드 바르샤바에서 마주친 서강대 이상우(李相禹) 교수(정치학)도 자신의 기자 시절을 회고하며 "차 기자는 더할 수 없는 행운아다, 이때, 이곳에 있다는 자체가 기자 경력의 최고 행운 아니겠나"고 격려해주었다.

그 후 반년여. 동구는 정말 급속하게, 많이도 변했다. 이제 곳곳에서 자유총선거를 거쳐 민주정부가 들어섰다. 동독, 체코, 불가리아, 루마니아까지도 우리 정부의 '공산권국가' 리스트에서 빠졌다. 기자는 문자 그대로 달리는 말 타고 산 보는 격이고, 문풍지 구멍으로 방 안을 들여다보는 지경이지만, 동구권을 둘러보며 선명한 상념, 나름의 사고를 정리할 수 있었다.

우선 왜 같은 인류, 같은 지역인데도 동구·서구가 이렇게 대조적·상극적일 수 있는가 하는 탄식이다. 곧 서독은 활기가 넘치고 번영발전의 모습이 뚜렷한데도, 동독은 황량하고 생기 없는 땅으로 전락해 있었다는 것이다. 따라서 한 나라의 번영과 침체는 궁극적으로 그 나라의 체제와 정책에 달린 것이지 결코 특정 민족이나 인종의 우월성·특수성과는 관련이 없다는 사실을 새삼 확인했다.

이제 다가오는 21세기의 시대정신은 '민주'요 '평화'일 것, 이 변혁의 정신은 역사적 바람으로 바뀌어 동구에서부터 전 세계로 번져가고 있다. 한반도라고 해서 예외의 고도로 남아 있을 순 없을 것이다. 과거에 집착하기보다는 앞을 내다보는 이성과 합리적 판단이 그 어느 때보다 필요한 때다. 한민족의 화합·융성을 위해서라도.

## 3) 회고 및 평가

동구권 대개혁의 역정을 보면, 그때 그 자리에서 역사적 대변혁을 맞이했던 당사자들은 실상 한 치 앞이 안 보이는 안개 속을 걷고 있었다. 스탈린 정치체제와 국가통제 경제체제 속에, 인권개선과 민생해결에 대한 당장의 과제를 해결하려 '미래'를 생각할 상상력도, 여지도 없었던 것이다. 그 결과,

'동구개혁'의 뒤끝은 그저 긍정적일 수는 없었다. 유고슬라비아는 연방해체 과정에서 피로 얼룩진 치열한 내전을 겪으며 7개 국가로 분열했다. 독일은 통일 이후 28년을 넘기고도 아직 정치·사회 체계의 원활한 통합을 이루지 못한 채, '통일 실패'를 거론할 만큼 참담한 현실을 겪고 있다.

오늘, 우리는 한반도 평화 및 남북통일을 말한다. 시나브로 '봄' 기운을 느끼고 있기도 하다. 그럼 우리는 독일통일 및 '통일 실패' 과정에서 어떤 교훈이라도 얻고 있는가. 우리는 남과 북의 그 '다름'을 통합할 사회적 합의·국민적 동의를 이뤄가고 있는가? 우리의 경제적 역량으로 북의 경제체제를 수월하게 보듬을 순 있는가? 그런 준비가 철저하지 못할 때, 어떤 후유증이 뒤따를 것인가? 정말이지, 한반도에도 어떤 운명의 그림자가 덮쳐오고 있는지, 과연 누가 자신 있게 말할 수 있을 것인가.

신년특집 <신동구, 꿈과 현실> 프롤로그(1990. 1. 1).

<신동구, 꿈과 현실> ⑩회 지면(1990. 5. 8).

베를린장벽 브란덴부르크문 앞.

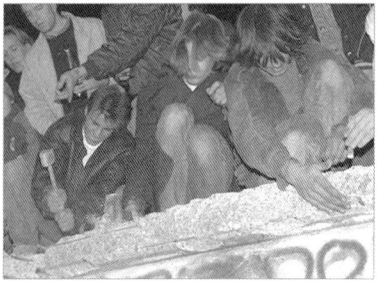

베를린장벽 부수기.

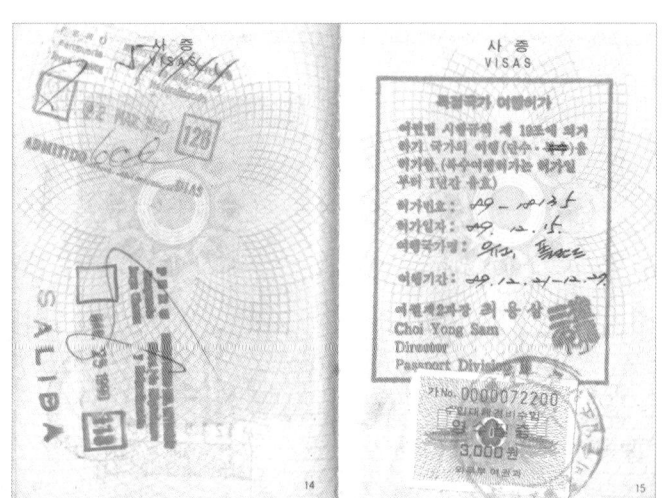

특정국가 여행허가.

체크포인트 찰리.

동독 출국허가 행렬.

베를린장벽 아래
추모촛불.

베를린장벽의 현재 모습.

유고 관영 탄유그통신 라도미르 디클리치 편집국장과 함께. 그는 동구권 국가에서 연일 유혈시위가 벌어지는 와중에서, 한국 기자의 취재를 적극 지원해준 자칭 '지한파(知韓派)'이다.

탄유그통신 입구에서.

# 4장. 칼럼·사설

## 1) 칼럼
'언론의 책무 언론인의 숙명' 칼럼 쓰기 20년

### [1] 왜 칼럼인가?

**'언론의 책무·언론인의 숙명'으로**

내가 시사칼럼을 쓴 것은 1994부터 2014년까지, 대략 20년여 동안이다. 「부산매일」 사회부장 때부터 이 신문의 '데스크 칼럼'을 쓰기 시작, 논설위원과 편집국 부국장, 편집국장을 지내면서 메인칼럼 집필에 꾸준히 참여했다. 나는 부산광역시 미디어센터장(개방직) 재직 때도 계속 시사칼럼을 집필했다. 월간 잡지 「부산이야기」의 권말칼럼이다.

이 짧지 않은 세월, 나는 그때의 중요 관심사에 대한 논평 형식으로, 나의 의견이나 감정을 제시한 것이다. 나는 주로 최근 이슈에 대해 논평하는 관점칼럼(The Point-of-View Column), 또는 개인의견 칼럼(My Say Column)

을 썼다. 사실(Fact)에 바탕 하지 않은 에세이형 칼럼은 쓸 여유도, 역량도 없었다.

**칼럼 주제 찾기, '생각은 세계적·행동은 지방적'으로**

나는 칼럼의 흐름에, 당연히 나의 가치관을 적용했다. 그 가치는 '생각은 세계적으로 하며 세계질서의 전환추세에 적극 대응하고, 행동은 지방적으로 하며 부산사람의 자긍심을 키워나가야 한다'는 지방의식이다. 그것이 곧 일상적 삶 내지 현실과 맞닿은 지역사회 비평일 것이라고 믿었기 때문이다. 지역문제와 관련한 사회·학술활동을 하면서도 관심의 주제는 언제나 지역문제, 곧 부산, 부산사람, 부산시대였다.

그런 만큼 나의 칼럼 많은 부분이 지방문제에서 주제를 찾고 있는 것은 당연한 일이다. 이 특징은 '지방시대 속의 지방신문(Local Paper)'을 지향하는 당시 소속 신문의 제작지표와, 평소 지방뉴스의 중요성을 인식해온 나의 뉴스 가치 측정기준을 대변하는 것이기도 하다.

나의 「부산매일」 시절 칼럼을 한데 묶은 첫 번째 칼럼집의 구성 차례 중 '부산시대와 지방자치' 편과 '부산을 살 만한 도시로' 편, '국민은 똑똑하게 정부는 올바르게' 편 등은 주로 이와 같은 지방정신에 바탕하고 있다. '환경의 위기 인간의 위기' 장 역시 관심의 대상은 부산 지역사회이다.

당시 칼럼들은 인권문제, 준법정신, 우리 사회의 총체적 혼선에 따른 정치·사회적 이슈 등 일상적 삶에 대한 비평거리들도 상당량 다루고 있다. 검찰·경찰의 법정신 상실행태와 공직자의 공복정신을 감시·비판하며, 한국인의 부끄러운 전통 및 관습도 분석한 것이다. 이와 함께 부분적이나마 정치문제도 주목하고 있다. YS정부의 개혁과정상 혼란, DJ정부의 책임이나 성공요건, 전두환·노태우 씨 비자금 사건 및 공판과정 등을 다룬 것이 그러하다. 그

것들은 곧 당시 부산사회의 톱뉴스였다고 볼 수 있을 터이다.

　나의 「부산이야기」 칼럼 역시, 이와 같은 결에 따라 비슷한 주제에 천착하고 있음은 당연하다. 대략 칼럼 제목들을 보면, '부산시대와 지방자치' 부문에서 〈지방은 없다〉, 〈부산과 경남 사이〉, 〈지방분권 쟁취론〉, 〈통합과 화해 사이〉 등, '부산을 살 만한 도시로' 부문에서 〈나는 부산이 좋다〉, 〈부산, 광장, 광장문화〉, 〈사람중심 행복도시〉, 〈부산혁명론〉, 〈부산의 야성적 충동〉, 〈부산, 길을 찾다〉, 〈부산, 시대의 물음에 답하라〉 등을, '국민은 똑똑하게 정부는 올바르게' 부문에서 〈국민행복시대 열기〉, 〈성공한 정부를 위하여〉, 〈블랙아웃 위기국가〉 등을 다루었다.

### 한국사회 구조적 병폐·부산문화 현상 논평도

　특히, 우리 사회의 부정부패와 현상적 혼란, 한국인의 부끄러운 전통과 관습도 힘껏 분석, 일상적 삶을 비평하며 의식의 전환을 강조하는 데 많은 관심과 열정을 쏟은 듯하다. 〈표현의 자유〉, 〈완장 찬 권력〉, 〈감정 전성시대, 부산〉, 〈후진국형 위험사회〉, 〈떼법사회〉, 〈통하지 않는 사회〉, 〈분노의 시대〉, 〈토론 없는 사회〉 등이 그러하다. 급격한 사고전환의 시대 속에서, '공정하지 못한 사회', '성숙한 중류사회'를 거쳐, '부산, 자본주의 4.0시대'를 다룬 예들이 그러하다.

　부산문화 현상을 논평하며, 〈부산 컬처노믹스〉, 〈부산문화 바로 보기〉, 〈이병주와 황용주〉, 〈퇴계처럼 사랑하기〉 등을, 국민들의 호국정신을 호소하며, 〈영웅을 기억하라(천안함 사건)〉, 〈영웅 잊지 않기(연평해전)〉을 쓴 것도, 평소 갖고 있는 문제의식의 결실이다.

　이 칼럼 중 시대가 지났거나 정치·사회 환경이 변한 부분도 적지 않다. 그러나 그 칼럼들을 다시 읽어보면 기본적인 논리를 적용할 환경은 거의 달라지지 않았으며, 전달했던 메시지의 생명력 역시 여전한 것으로 감히 판단한다.

**칼럼니스트, 공정 속 열정·신념 갖고 자기 목소리 내기**

원래 칼럼은 특정한 목적과 의도를 갖고 쓰는 것이다. 논쟁과 사고를 촉발하는 기능을 해야 하기 때문이다. 나 역시, 독자가 관심을 갖고 있고 또 중요한 사안을 다뤄야겠다는 생각을 늘 가져왔다. 뉴스를 추적하고 주요 신문을 훑어가며, 뉴스원을 만나고 잡지를 읽어가며 칼럼의 소재를 찾는 것이다. 한 편의 칼럼을 집필하기 위해선 많이 읽어야 하고, 궁금한 사항이 있으면 직접 취재도 주저하지 않아야 한다.

칼럼니스트는 공정하면서 자기주장을 고집할 수 있어야 한다. 열정과 신념을 갖되, 자기 목소리를 내는 것이 중요한 것이다. 뚜렷한 시각을 갖고 있으면서, 이를 살아있는 문체로 표현할 줄 알아야 한다. 칼럼은 논리적 일관성을 유지해야 한다. 그 속에 논쟁과 논조를 담아야 한다. 결국, 좋은 칼럼은 논리적인 정보와 설득력 있는 주장을 담고 있어야 한다.

칼럼니스트는 여론형성 기능을 수행하는 만큼 언론의 자유와 책임을 뚜렷하게 인식하여야 한다. 정치적 입장을 자유롭게 표현할 수 있는 드넓은 언론의 자유를 누리되, 책임 측면의 직업윤리에도 충실하여야 하는 것이다. 한국 신문윤리강령이나 신문윤리실천요강의 해당 조항도 그 점을 명백히 하고 있다. '진실을 바탕으로 공정하고 바르게 평론할 것을 다짐하며…', '평론은 진실을 근거로 의견을 공정하고 바르게 표명하되 균형과 절제를 잃지 말아야 하며…' 같은 표현이다. 칼럼을 쓰는 부담감이 사설 쓰기보다 결코 가볍지 않은 것은, 그저 이름을 밝히고 얼굴 사진을 곁들여서가 아닌 것이다.

**"칼럼은 재미있어야… 평범한 노력은 노력일 수 없어"**

칼럼은 재미있어야 한다고들 한다. 그러나 마감시간의 압박을 받으며 온통 알몸을 드러내는 듯한 그 칼럼 쓰기의 고통은 결코 적지 않다. 나는 글쓰기에 관한 한 평범한 노력은 노력일 수 없다고 믿고 있다. 나는 칼럼을 쓰며 많은 부분 얕은 생각과 매끄럽지 못한 문장들을 드러낸 것을 자인한다. 그러면서, 나는 뼈를 깎는 노력과 혼을 쏟아 붓는 열정으로 이 글들을 썼다는 것이다. 그 고통들을 이기며 끊임없이 글을 쓰도록 끌어준 것은 우선 독자들의 격려요, 스스로의 의무의식이었다.

칼럼집『부산 부산사람 부산시대』발간축하 모임 때, 나의「부산일보」입사 때 편집국장을, 후일 사장을 역임하신 정한상(鄭漢祥) 큰선배께서 주신 격려말씀이 생생하다. "차용범이 이 책을 내며 '뼈를 깎고 살을 에는 노력과 정성', '평범한 노력은 노력일 수 없다', 이런 표현을 썼다. 이만큼 칼럼을 써 내려면 정말 얼마나 뜨거운 열정과 혼신의 노력을 쏟았겠나." 그는 나의 '병아리' 시절부터 편집국장 시기까지를 지켜보며 늘 격려와 성원을 다해주신, 나의 숨은 후원자요 롤모델이었다.

**좋은 칼럼? 독자에게 '사고(思考)의 즐거움' 줄 수 있어야**

'좋은 칼럼?' 한마디로 '잘 쓴 칼럼' 아니겠나. 독자는 매우 바쁘다. 칼럼을 읽는 것은 의무가 아니라 선택이다. 독자가 칼럼을 읽기로 선택했을 때 칼럼니스트는 그 기대를 충족시켜 주어야 한다. 독자들이 칼럼을 읽으면서 사고의 즐거움을 느낄 수 있다면 그것은 좋은 칼럼이라고 말할 수 있다.

그러면, 나는 '좋은 칼럼'들을 썼나? 우선, 허술한 논리·매끄럽지 못한 문장의 칼럼을 썼다가 독자로부터 애정 어린 질책을 받았으며, 그 부끄러움 때문에 한동안 집필의지까지 상실한, '좋지 않은 칼럼'을 쓴 기억은 있다. 사회부장 시절 노조파업 속의 격무로 깜빡 집필 일정을 놓쳤고, 뒤늦게 날치기식 칼럼을 썼다가 독자의 전화를 받은 것이다. 그분(여성)은 차분하게 물었다, "오늘 칼럼, 직접 쓰신 것 맞나요? 무슨 일이라도 있는가요?"

아, 그때의 황망함이란. 나는 책상바닥에 나의 이마를 쿵쿵 찧으며 부끄러움의 눈물을 흘려야 했다. 칼럼모음 책자를 묶으며 그 칼럼도 잊지 않고 골라 엮었다. 스스로를 경계하기 위함이다. 다행히, 그 뒤로, 나는 집필 일정을 잊은 적이 없었으며, 논리나 주장을 숙성시키지 않은 채 집필한 적은 한 번도 없다. 나의 칼럼은 당시, 나의 최선의 산물인 것이다.

## [2] 내가 쓴 칼럼

### 칼럼 ① 포용과 통합의 시대

우리는 지금 '분열·갈등의 시대'를 살고 있다. 보수-진보 사이의 이념대결, 세대·계층 간의 소통단절…. 나와 '다름'을 용인하지 못하는 만인의 투쟁이 범람한다. 한국사회의 통합수준은 선진국보다 크게 낮다. OECD 29개 회원국 중 21위 수준이다. 이 상태로 사회통합을 꾀한다? 모래 위에 성 쌓기다. 사회갈등에 따른 경제적 비용이 연간 82조~246조 원에 이른다는 연구도 있다. 그 사회갈등을 개선할 경우, 국내총생산(GDP)이 7~21% 증가하는 효과가 있다는 얘기다.

'상대를 인정하지 않는 전쟁 같은 갈등', 서강대 전상진 교수의 표현이다. 상대방을 '오퍼넌트(Opponent, 상대)'가 아닌, '사악한 적'으로 규정하는 상황이라는 것이다. 대선을 끝낸 게 언제인가. 국가·국민의 생존을 다투는 세계적 위기상황 속에서, 아직도 '대선불복' 논쟁을 벌이며 저주·증오의 막말을 쏟아내는 정치인의 막장행태를 보라. 한국사회의 갈등의 골은 날로 깊어지고 있다. 최근 국민대통합위원회의 여론조사 결과다. 역시 계층갈등·이념갈등이 위험수위다.

우리의 갈등·대립은 구조화·일상화 단계다. 한국사회가 1987년 이후 권위주의에서 민주주의로 이행하며, 이념-계층 간의 분열·대립은 나날이 심해지고 있다. 광우병 파동과 촛불시위, 천안함 폭침 이후의 사회갈등, 근래의 쉴 새 없는 정치권 정쟁, 밀양 송전탑 건설, 철도·지하철 파업까지… 생산적 토론·건설적 비판은 없고 극한적 이념대립만 치열하다. 한국사회는 민주화의 진행에 따라 이념적 대립을 격화시키는 역설적 상황을 맞고 있다.

**'다름' 용인 없는 투쟁의 범람… 한국 분열·갈등 위험수위**

새삼 거론컨대, 한국사회의 이념갈등에 터 잡은 '진영논리'는 '논리'를 압도하는 '블랙홀'이다. 어떤 의제이든 진영논리에 걸렸다 하면 합리적 토론·소통적 귀결은 없다. 국민의 뜻을 존재이유로 삼는 정치권도, 진실추구를 존재목적으로 삼는 언론도 같다. 이 진영논리는 대학가로 옮겨 붙고 있다. 진보(좌파적 시각)에서 사회현상을 바라본 '안녕들 하십니까'와, 정반대 시각에서 현 시국을 진단하는 '어찌 안녕할 수가 있겠습니까'의 대자보 대결이다. 젊은 층도 이념논쟁으로 분열하고 있다.

한국사회, 정말 어디까지 갈 것인가? 극단적 목소리가 양보·협의 목소리를 누르는 현상, 이대로 세계 문명사의 대전환기를 잘 극복할 수 있을 것인가? 20세기 패러다임으로 더 이상 생존이 불가능한 시대, 개인도, 국가도 불안하기만 하다. 이대로는, 국가의 미래가 암울할 것이기 때문이다. 『왜 오스트리아 모델인가』 원로 행정학자 안병영의 근작이다. 합의-상생, 융합-재창조의 그 국가모델은 한국사회에 많은 교훈을 줄 수 있을 터이다.

'나는 당신의 말에 찬성하지 않는다. 하지만 당신의 의견을 말할 권리를 위해 싸우겠다.' 프랑스 철학자 볼테르의 톨레랑스(관용)론이다. 나와 남이 다름을 인정하는 톨레랑스, 이 민주사회의 기본원칙을 우리는 도저히 익힐 수 없는가? 우리는 정녕, 서로 불편한 진실들을 진지하게 얘기할 역량이 없는가? 상대에의 인정 없는 화해-포용은 없다. 그 화해-포용을 위해선 시대를 바로 읽는 눈과 동시대인과 동행할 가슴이 필요하다. 나라(사회)를 배려하는가, 남과 나누고 있는가, 나를 제대로 통제하고 있는가…

**화해·통합에의 눈·가슴 필요… '더불어 사는 삶' 힘 키울 때**

'사랑 없는 정의, 평화 없는 진실'-한국사회의 분열-갈등을 보는 한 언론의 현실진단이다. 대안은 대체로 간명하다. 정치 리더십의 변화다. 네 편 내 편 갈라 싸우기만 하는 우리 정치에 포용적 리더십을 기대한다. 전적으로 옳다. 많은 이는 기다린다, 세계사의 변화를 읽어내며 국가-국민을 위해 미래모델을 제시할 정치 지도자를. 국민감정과 역사인식을 넘어, 신념을 갖고 여-야, 보수-진보, 노-사를 함께 아우를 리더십을. 이런 화해-포용 없이 우리는 미래를 기약할 수 없다.

그러나 한 사회를 추동하는 힘을 굳이 정치영역에만 기댈 수 있으랴. 한국사회, 이제 힘 있고 목소리 큰 그 갈등조장형 진영주의자보다, '남에의 배려'를 아는 마음과 생각 깊은 문제해결형 민주주의자의 힘이 더 커졌으면 좋겠다. 기성세대는 필요 없는 분노를 잘 걸러 가며 자기를 통제할 힘을 찾아가고, 젊은이 역시 그런 '이성적 인간'을 향해 노력하는 참된 용기를 키웠으면 좋겠다. 새해엔 정말 '천천히 서둘러', 포용-통합의 역량을 함께 일깨워갔으면 참 좋겠다.[2014. 1]

## 칼럼 ② 후진국형 위험사회

『위험사회』, 독일 사회학자 울리히 벡의 선구적 역저다. 그가 규정하는 '위험사회(Risk Society)'는 성찰·반성 없는 현대사회다. 과학기술의 발전이 현대인에게 물질적 풍요를 가져다줬지만, 동시에 '일상적 위험'을 야기하고 있다는 것이다. 그는 현대사회 속 대형사건·사고의 위험성을 지적하며, 과학·산업의 부정적 위험성을 예방하기 위한 '성찰적 근대화'를 제안한다. 사회적 안전장치의 마련을 국가정책의 최우선 과제로 삼아야 한다는 것이다.

'고위험 사회'-미국 사회학자 찰스 페로가 규정한 21세기 세상의 또 다른 이름이다. 고위험 시스템은 사회 전반에서 급증하고 있다. 원전, 화학공장, 항공기, 선박, 댐, 핵무기, 우주탐사… 우리가 만든 복잡한 기술체계는 운용자, 승객, 무고한 시민, 나아가 미래세대에 대한 위험을 증가시키고 있다. 그는 대형사고와 공존하는 현대인에게 준엄하게 묻는다, "무엇이 재앙을 만드는가?"

**위험사회, 사소한 발단·거대한 사건, 위험 막을 제도·기술 작동미흡 관행**

한 세대를 건너뛴 두 학자의 주장은 함의(含意)를 공유한다. 그 '위험한 시스템'의 속성을 잘 이해하면 위험을 줄이거나 제거할 수 있다는 것이다. 그러면서 걱정한다. 위험 체계는 사고발생을 불가피하게 하는 특별한 속성을 지닌다는 것, 사소한 발단에서 거대한 사건을 촉발한다는 것, 위험을 방지하거나 초래하는 과정에서 조직·관리의 역할은 제한적이라는 것이다. 벡과 페로의 주장은 오늘의 한국사회를 비판적으로 돌아볼 뚜렷한 관점을 시사한다.

문제는 분명하다. 그 '위험'을 줄이기 위해, 우리는 무엇을 이해하고 개선해야 할 것인가?

한국은 1990년대부터 후진적 사고의 재발을 막으려 국가적 대응에 나섰지만, 여전히 '후진국형 위험사회'에 머물고 있다. 세월호 참사, 생명경시 속에서, 그저 물욕에 눈이 어두워 마땅히 지켜야 할 안전규정을 묵살한 탓이다. 안전불감 속에서, 많은 위험의 전조를 외면하고 불의를 묵인한 비리·무능 탓이다. 최근 지하철 추돌 같은 잇따른 안전사고 역시 원인은 같다. 제도·기술이 모자란 것이 아니라, 제도·기술이 제대로 작동하지 않고 있다.

'위험사회 한국', 기술적 대응이 아닌 사회적 대응, 부문적 대응이 아닌 총체적 대응이 절실하다. 세월호 참사 이후, 그 사회적·총체적 대응의 목소리는 높다. 정부는 '국가개조'를 말한다. '국가개조 프로젝트-기본으로 돌아가자'는 의식개혁 캠페인이 있다. 국가의 틀을 바꾸고 국민의 의식을 개혁하는 일이 그리 쉽기만 할 것인가. 우리에겐 당장 위험체계를 실제적으로 극복할 구체적·이성적 논의가 시급하다.

정녕 '위험사회 한국'이 서둘러야 할 과제는 무엇인가? 그 답은 두루 알고 있다. 숱한 안전규정을 경시하는 그 안전불감 풍조와 위험 제거체계의 작동을 막는 비리·무능 구조, 이 부분을 극복해야 한다. 국내의 산업재해·교통사고 처리비용은 매년 31조 원, 올 국방예산과 맞먹는 규모다. 생명과 직결되는 안전사고는 당연히 정치·경제·사회적 손실로 이어진다. 세월호 참사 이후 국내적인 경기침체와 세계적인 국격(國格) 추락 현상을 보라. 한국, 이 취약한 안전관리 체계를 어떻게 극복할 것인가.

**위험 제거 막는 비리·무능구조 극복, 국민 안전의식 각성·체화 다짐할 때**

당장, '국가개조'건, 뭐건, 위험 제거체계를 약화시킬 비리·무능 구조를 극복해야 한다. '국민개조'건, 뭐건, 국민 안전의식을 강화해야 한다. 특히 안전의식의 강화는 너와 나의 각성·체화 없인 성취하기 어렵다. 실상, 우리는 재난훈련에 제대로 참여하고, 재해예방에 제대로 신경 쓰는가? 세월호 참사를 보라. 국제공용 여객선 대피 매뉴얼은 '선원은 마지막까지 승객을 도우라'고 적고 있다. 이 '뱃사람정신'을 잃고 선장·선원이 선박·승객을 버리고 도주할 때, 누가 현장에서 이들을 감시·감독할 것인가?

'안전사회 한국', 국민의 몫은 적지 않다. 이건 이념·정치의 문제가 아니라 상식·비상식, 죽음·삶의 문제이다. 모든 생활현장에서 안전규정 준수하기, 유치원부터 노년층까지 재난훈련 생활화하기…. 이건 온전한 '우리'의 몫이다. 유엔은 1994년부터, 개인안전 문제를 '인간 안보(Human Security)'로 주목했다. 선진 각국은 이때부터 국민안전 문제를 인간안보 차원에서 다뤄왔다. 대한민국, 이제 국민안전을 사회발전의 중심에 놓을 것인가, 아니면 계속 '위험사회'의 그 길을 갈 것인가? 그 역사적 기로에서, 우리는 과연 국가에 무엇을 요구하며, 우리 스스로 무엇을 다짐할 것인가?[2014. 6]

## 칼럼 ③  불통(不通) 사회

『한국사회와 그 적들』 심리학 권위자 이나미 박사의 '한국인 행복론'이다. 부제 '콤플렉스 덩어리 한국사회에서 상처받지 않고 사는 법'에서 짐작하듯, 한국인의 집단심리와 사회현상을 정신분석학적 관점에서 풀어낸다. "나는 한국이 좋다. 세상 어딜 가도 이만한 자연이 없고, 이만큼 친절한 관공서와 경찰도, 이만큼 정 많고 똑똑한 국민도 없다…." 그러면서 걱정한다, 한국사회는 개인들이 무기력감을 느낄 만큼 많은 '적(敵)'을 갖고 있는 모순투성이라는 것을.

한국인은 왜 힘들고 불행하다고 느낄까? 한국의 행복지수는 세계 41위(UN의 2013 세계 행복 보고서), 156개 나라 중에선 상위다. 그럼에도 한국인을 괴롭히는 '적'(콤플렉스)은 많기도 하다. '물(物)에 빠진 사람들', '화(火)난 사람들', '독(獨)한 사람들'…, 한국인은 나날이 괴롭고 아프다? 그 뿌리는 남과 비교하며 만들어가는 병적 질투심, 서로에 대한 비난과 경쟁이다.

**한국인, '힘센 자'의 진영논리·음모론에 나날이 상처받고…**

'통(通)하지 못하는 사람들'-실상 한국인의 결정적 콤플렉스는 이 부분이다. '따로 또 같이'의 어두운 그림자, 한국적 거짓말의 불편한 진실…. 이런 걱정들이 말하듯, 오늘 한국사람은 서로 통하지 못하고 있다. '소통'은 당대의 시대정신일 뿐, 많은 '힘센 자'들은 가당찮은 의심·긴장으로 자기방어의 불통(不通)경쟁을 일삼고 있다. 오늘 한국사회가 국민적 이슈마다 '진영논리'에 시달리고 온갖 징지직 음모론에 불편한 것도 결국 '불통' 탓이다.

채동욱 검찰총장 혼외아들 논란? 검찰총장을 몰아내려는 음모로 본다. 이석기 내란음모 사건? '왜, 하필이면 지금인가?'를 물으며 국정원 개혁문제를 덮으려는 음모로 본다. 남북정상 대화록 실종사건 수사? 역시 '왜, 지금인가?'를 되물으며 '국정운영 난맥 돌파용' 정치공작으로 본다. 천안함 폭침사건 후, 그 참담했던 사회 분위기를 기억하는가? 꽃다운 마흔여섯 병사를 잃고도, 명백한 증거를 부정하는 그 광란의 음모론은 현재진행형이다.

'세상에 일어나는 모든 일엔 절대 우연이 없다'-음모론자의 사고경향이다. '진주만 공격의 미국 유도설', '6·25 남침유도설', '9·11테러 미국 정부 자작설'을 보라. 한 특이사건 앞에서 자기 가설에 부합하는 사실만 채택한다, 음모론자들의 심리형태다. 객관적 사실을 두고 주관적 가설을 고집하는 음모론, 그 부작용은 그리 간단할 것인가? 무엇보다, 국민의 판단을 오도하며 국론분열을 재촉한다. 특히, 오늘의 진영논리 앞에서, 그 음모론의 음습한 기세는 한국사람들을 또 얼마나 괴롭힐 것인가?

### 한국사회 '정직함 DNA' 믿고, 국민 위해 화끈하게 통할 때

새겨보면 오늘 한국사회의 '진영논리'는 '논리'를 압도하는 '블랙홀'이다. 어떤 의제이든 진영논리에 걸렸다 하면 합리적 토론·소통적 귀결은 없다. 국민의 뜻을 존재 이유로 삼는 정치권도, 진실추구를 존재 목적으로 삼는 언론도 같다. 진영논리 앞에선 문제접근의 시각차를 넘어, 오직 '나팔'과 '모르쇠'로 지탄받는 그 진영의 투사일 따름이다. 사회통합을 명분 삼는 사회단체도 진영논리 앞에선 오직 '외눈박이', 그 진영의 도구일 따름이다.

진영논리, 여러 음모론에 얽힌 공방이나 최근의 이슈를 들 필요도 없이, 이건 오늘 한국사회의 불편한 진실이다. 진영논리 앞엔 '청년=진보', '기성세대=보수'의 공식도 없다. 격한 용어가 오가는 논쟁에는 과거에의 진정한 평가와 미래에의 성찰도 없다. 말 한 마디 잘못했다간 '너도 그런 X'이란 동일화의 언어폭력 앞에 한 인격의 존엄함을 상실하기 일쑤다.

이제, 우리, 좀 '통(通)'해야 한다. '통합'이 그저 이 시대만의 과제이랴? 역대 대통령 모두 '통합'을 내걸고도 실패했다. 이 부분은 집권자의 책임이다. 그가 추구하는 정책·가치에의 동의·협조만 원한 탓이다. 통합은 지도자만의 몫일 수도 없다. 우리 사회 갈등·분열의 폭과 깊이는 그만큼 다양하고 깊다. 그 많은 부분은 역시 '힘센 자'들의 책임이다. 대개 진실은 그다지 복잡하지 않다. 정파적 이해와 음모적 시각으로 진실을 감추려는 과정이 복잡할 뿐이다. 우리 사회 핏줄 속 '정직함 DNA'를 믿고, 좀 화끈하게 '통'하자. 그들은 언제까지 우리네 삶의 곤고(困苦)·불행을 부추길 것인가?[2013. 11]

### 칼럼 ④   부산사람 황용주·이병주

남천(南天) 황용주(黃龍珠, 1918~2001)와 나림(那林) 이병주(李炳注, 1921~1992). 부산 언론계가 키운 한국 현대사의 두 거인(巨人)이다. 남천은 「부산일보」 주필 겸 편집국장을 거쳐 사장을, 나림은 「국제신보」 주필 겸 편집국장을 지내며 부산언론의 황금기를 함께 주도했다. 4·19, 5·16 같은 현대사의 격동기마다, 진실을 밝히는 기개와 민주주의를 주창하는 용기로 사관(史官)·언관(言官)의 역할에 당당했다. 젊은 세대에겐 다소 생소할지라도, 자랑할만한 부산사람으로 기억해야 할 두 이름이다.

부산 언론계의 두 거목을 올 들어 새삼 조우했다. 나림은 「월간중앙」의 '남재희가 만난 현대사의 걸물' 코너 중 <나폴레옹 앞엔 알프스, 내 앞엔 발자크가 있다>는 인물평(2013년 2월호)으로. 남천은 안경환 교수의 평전 『황용주-그와 박정희의 시대』(2013년 4월 발간)로. 두 거목은 부산시절 너무 닮은 삶을 살며 시대를 논하고 문화를 평한 절친한 친구였음을, 두 평전은 증언한다.

### 부산언론 황금기 주도한 '주필시대' 주인공

두 거목의 삶은 일찍부터 너무 닮아있다. 일제시대 일본유학을 경험한 지식청년이었으며, 대학재학 중 학병으로 강제징집 당해 중국생활을 거쳤다. 해방 이후 귀국, 경남(나림)·부산(남천)에서 불어와 철학을 강의했다. 남천은 1954년 「국제신보」 논설위원, 주필을 거쳐 58년 10월 「부산일보」 주필 겸 편집국장으로 취임한다. 나림은 1955년 「국제신보」 논설위원으로 입사, 남천의 뒤를 이어 편집국장 겸 주필로 승진한다. 두 거목은 당시 부산·경남의 '주필시대'를 열며, 전란으로 피폐한 삶 속에서도 새 시대의 도래를 갈망하는 지식인 독자에게 일상의 흥분과 희열을 선사했다. 두 신문의 비중을 전국적으로 극대화한 결실, 두 거물의 공로다.

특히 두 거목은 마침 부산 군수기지사령관으로 부임한 박정희와 운명적으로 결합했다. 이 '트리오'는 자주 만나 술을 마시며 세상을 논했다. 남천은 나라를 구할 '민족주의 혁명'을 부추긴 역사적 공범이기도 했다. 그러나, 나림은 5·16이 일어난 지 엿새 만에 "조국은 없고 산하만 있다"는 내용의 논설을 썼다가 2년 7개월을 복역했다. 남천은 5·16 뒤 「부산일보」 사장을 거쳐 1964년 문화방송 사장 시절 월간 「세대」지에 <강력한 통일국가에의 의지>라는 글을 썼다가 반공법 위반으로 구속, 징역 1년을 복역했다.

### 일본유학-학병-언론-옥고, 너무 닮은 삶

두 거목은 옥고 후 너무 다른 시간을 살았다. 남천은 필화사건에 얽히며 사실상 '주인공적 삶'의 종지부를 찍었다. 나이 마흔여섯에 사회적 인생을 마감한 것이다. 타계할 때까지 장장 37년, 나머지 삶은 덤에 불과했다(안경환). 과거밖에 없는 사람에게 현재는 외롭고 미래는 불안하다. 그는 '님'(박정희)을 보내고, 신변불안·노년궁핍에 시달리다 2001년 여름 타계했다.

나림은 알려진 대로, 마흔네 살 늦깎이로 작가의 길에 들어섰다. 1992년 지병으로 타계할 때까지 한 달 평균 200자 원고지 1,000여 매 분량을 써내는 초인적 집필로 80여 권의 작품을 남겼다. "태양에 바래지면 역사가 되고, 월광에 물들면 신화가 된다.", 그의 소설 『산하(山河)』에 나오는, '이병주 아포리즘(Aphorism; 경구, 잠언)의 백미'다. 월간 『세대』가 남천을 '죽이는'(구속) 도구로 작용했다면, 나림을 '살리는'(문단 데뷔) 도구로 기능했음 역시, 역사의 지독한 아이러니다.

화려한 문체, 탄탄한 구성, 한 번 빠져든 독자를 끝까지 놓지 않는 강한 흡인력… 역사와 사상이 충돌하며 개인에게 미치는 가혹한 영향에 대한 분석과 비판, 밤하늘의 별처럼 치솟는 상상력과 해박한 지식은, 그의 소설을 읽는 이들에게 신선한 충격을 선사했다. "나폴레옹 앞엔 알프스, 내 앞엔 발자크가 있다.", 그가 책상 앞에 붙인 다짐이다. 현대사 인물을 조명해 온 남재희의 단평은 '참 독특한 천재' 나림의 화려한 만년을 압축한다. "술·여자·언론·사업·정치·소설의 만능수재… 지성과 능변의 한국 현대사 대표 딜레탕트(예술 애호가)…"

### 옥고 치른 뒤 사회적 인생 마감-'한국의 발자크'로

나림은 나의 동향선배다. '문·사·철 아우르는 박학다식·박람강기로 독자 사로잡는' 그의 웅혼한 문장에 탐닉, 그의 소설을 빠짐없이 읽고 수집했다. 내가 관계하는 문화포럼 가족들을 안내, '지리산에서 지리산 문학을 논하다'라는 주제 아래 이병주 문학관을 탐방하기도 했다. 그는 진정 역사의 문학화 또는 문학의 역사화에 독특하고 크게 기여했다. 남천은 나의 『부산일보』사 선배다. 단, 그는 1958년~64년 사이 근무했고, 나는 1980년 초 입사했으니 함께 근무한 적은 없다. 『부산일보』 재직 시절, 남천과 박정희의 운명적 만남과, 『부산일보』의 전성기를 연 거인적 면모를 들으며 흠모의 정도 가졌다. 더하고 뺄 것도 없이, 두 분은 부산을 넘어, 한국 언론사에 꼭 기록해야 할 거목임이 분명하다.

### 문화는 역사의 온축… 두 거인 '다시보기' 절실

그들의 삶을 대면하며 아쉬운 것은, 그들에 대한 부산의 관심이 너무 소홀하다는 것이다. 남천은 『부산일보』에, 나림은 『국제신보』에, 그저 스쳐 지나간 사우에 불과한가? 『문학과 역사의 경계에 서다-낭만적 휴머니스트 이병주의 삶과 문학』(2010), 최근 이병주의 작가적 삶을 불러낸 책이다. 그를 기억하는 저명인사 30명의 저작이다. 『황용주-그와 박정희의 시대』

그의 동향후배 안경환의 인물평전이다. 안경환은 언젠가는 소설가 이병주의 평전을 쓸 욕망을 품고 있다니, 부산은 그의 역작은 기다려야 할 것인가.

부산의 우수한 DNA 중 개방성이 있다. 나 역시 월간 「부산이야기」에 '차용범이 만난 부산사람'이란 인물탐구 코너를 꾸리며 부산사람의 폭을 최대한 확장한다. 지금은 출향한 안철수, 승효상, 허구연, 금난새, 백건우…. 이들의 삶까지 더듬어왔으나, 역시 위인적 부산사람을 탐구하며 현대 인물사를 구성하는 흐름으로 미약하다.

한국 현대사의 중심에 있다가 역사의 저편으로 사라진 부산의 인물이 어디 한둘이랴. '지금'을 살고 있는 우리가 되짚어봐야 할 '어제'의 역사와, 그 역사 속의 부산사람은 또 얼마나 많을 것인가? 문화는 한 켜 한 켜 쌓이는 역사의 온축이다. 부산, 지금이라도 황용주·이병주 '다시보기'에 나서야 한다. 그건 그저 복고적 취미를 넘어, 부산과 부산문화의 맥(미래)을 담고 있기 때문이다. 그들을 위해, 부산은 오늘 무엇을 해야 할 것인가?[2013. 6]

### 칼럼 ⑤ '똥별'들을 위한 조사(弔辭)-'쪽' 팔지 말고 '가오' 좀 지켜라

미국 최초의 흑인 대통령 버락 오바마는 명연설로 유명하다. 그의 대통령 당선요인 중 하나로 그의 뛰어난 연설을 들기도 한다. 그의 명연설에는 당연히, 통합과 비전의 리더십이 담겨 있다. 늘 시대정신을 읽고 미래방향을 제시하며, 연설을 통해 세계를 움직여온 것이다. 그 중, 해군사관학교 졸업식 축사가 있다. 그의 진실과 이상을 담은 명연설이다.

"오늘 이 자리에 함께 하게 되어 대단히 영광입니다. 왜냐하면, 대통령이 갖는 여러 특권 중 군통수권자로서의 임무를 수행하는 특권만큼 영광스러운 것은 없기 때문입니다.(…) 미국이 세계 최강의 군사력을 갖게 된 건 무기와 기술력이 뛰어나서가 아닙니다. 그것은 바로 여러분, 군인들의 군인정신 때문입니다."

오바마는 취임하자마자 해군사관학교로 달려갔다. 국가를 위한 헌신의 길을 택한 청춘, 그 초급장교들의 애국심·자긍심을 한껏 북돋우기 위해서다. 곳곳에서 "We need you!"를 반복적으로 언급하며 국가에의 사명감을 강조했다. 그 진정성 있는 목소리를 듣는 초급장교들의 자긍심·사명감은 과연 어떠했겠나.

**미국인, '군대' 가장 신뢰… 미군 군인정신 탄복할만**

미국을 '군사를 중시하는 나라'라고 한다. 경제에 적지 않은 부담을 안고도 군비를 쏟아

부으며 군사력을 키우고 방산업을 살찌우는 나라, 대량 살상무기를 갖고 있으며 때론 다른 나라를 쳐들어가는 나라, 그래도 국민들은 군인을 존경하는 나라라는 것이다. 최고 지도자는 끊임없이 나라가 전쟁상황에 처해 있음을 주지시키며 정치지도자이기에 앞서 군 최고사령관임을 내세우는 나라, 끊임없이 전쟁을 하며 '군인'과 '총'에 매료되어 있는 나라, 오직 미국뿐이라는 것이다.

그래서일까? 미국인들은 오랫동안 군대를 가장 신뢰하는 제도로 꼽고 있다. 나 역시 군대생활을 하며 미군 특유의 합리적 실용주의와, 프로정신에 바탕한 엄정한 군기를 탄복하듯 체험했다. 미군은 모병제이다. 사병들도 자원해서 입대하여 봉급을 받는 월급쟁이다. 그 군대의 엄정한 군기는 오직 자본주의 속의 자본통제(월급 깎기)에서만 우러나는 것은 결코 아니었다. 나의 병장 시절 그 요란했던 판문점 도끼살인 사건이 났을 때, 또는 평소 직무훈련을 하며 그네들이 보여준 애국심, 의무감, 질서의식은 참 탄복할만했다.

어떤 이는 미국사람들의 '군대 사랑'을 비웃을지도 모른다. 그러나 우리는 그 군대를 비웃을 자격이 없다고, 나는 생각한다. 무엇보다 우리는 미국사람이 미군을 신뢰하듯 우리 군을 그토록 신뢰하는 것은 아니지 않는가. 우리에겐 국방의 의무가 있다. 내 친구 중엔 사병 출신도, ROTC 장교 출신도, 육사 출신도, 예비역 장성도 있다. 친구끼리 만나면 군대 얘기는 나오기 십상이다.

### 국군, '주적 개념' 포기·육참총장 망동… 왜들 이러나?

우리의 걱정거리는 '요즘 군대' 얘기다. "요즘 군대 불안하다"는 것이다. 우리에겐 군대의 존재이유를 의심하게 하는, 군인이 그들의 존재이유를 헷갈려 하고 국가가 군대의 존재가치를 가벼이 여기는, 도대체 이해 못할 일들은 또 하나, 둘인가? 지금은 남북 화해시대라지만 남북 간의 양보할 수 없는 군사대치는 불변이다. 한편 군사적 긴장 완화·해소를 자찬해도, 그 구체적 장치는 여전히 없다. 그래도 우리 군인들은 군인답지 않다는 것이다.

'북한=주적' 유지하라는 용역보고서를 국방부가 앞장서 뭉갰다? 국방부, '북한 주적(主敵) 개념을 유지해야 한다'는 한국정치학회의 의견을 받고도 장병들의 정신교육 교재에서 주적 관련 표현·내용을 대거 뺐다는 것이다. 국방부는 교재를 만들며, "남북회담, 북미회담으로 남북은 새 안보환경을 조성했다"고 썼다. 일선 부대들은 주적개념을 잃은 혼란 끝에, 정신교육 시간을 장기자랑으로 때운단다. 도대체 '막강 국군'의 주적은 누구인가?

최근 논란 중인 공군 '창군 영웅' 논쟁도 그렇다. 공군은 올 창군 70주년을 맞아 2대 참모총장 고 최용덕 장군을 '창군의 아버지'로 기념하는 방안을 추진 중이다. 당연히 반발은 있다. '초대'를 건너뛰고 '2대'를 부각하는 게 적절한가? 이 부분, 공군이 항일과 임시정부를 강조하는 정부기조 때문이라는 관측이다. 도대체 공군 창군은 오직 한 '영웅'의 공적인가? 공군이 추앙해온 '창군영웅 7인'은 이제 외면해도 괜찮은가?

하기야, 우리는 국방장관의 수난부터 걱정해야 할 지경이다. 국방장관은 국회에서, '서해수호의 날'을 "서해에서 발생한 불미스런 충돌"이라고 표현한 사람이다. 전직 장성 400여 명이 9·19 군사합의를 반대하는 데는, "잘못된 지식, 이념 때문"이라고 대꾸하는 사람이다. 국방장관, 그 '포 스타' 출신에겐 나도 묻고 싶다, 우리 장병들이 순국한 그 서해해전들은 정말, 북한의 일방적 도발·공격이 아닌 남북 쌍방과실의 충돌인가?

얼마 전엔 청와대 34세 행정관이 육군 참모총장을, 멀리 서울 용산 영외카페까지 불러내는 코미디 영화 같은 일도 있었다. 육군 참모총장이 행정관에게 불려나와 군 장성 인사문제를 논의했고, 그 행정관은 인적사항 자료를 분실했다는데, 참 그 사건은 어떻게 됐나? 정말이지 이게 나라인가?

### '똥별'도 '별', 제발 군인정신 잃지 말고 밥값·자릿값 할 때

우리 군대가 정말 이래도 괜찮은가? 누가 우리 군을 이렇게까지 만들었나? 새겨보면, 그게 온전히 군인들 탓이겠나? 많은 부분 통수체계의 이상, 정부 탓일 터이다. 군(軍) 안팎에선 최근 "국방정책은 청와대에 물어보라"는 자조가 공공연히 나온다고 한다. 군 내부에서도 몰랐던 정책이 발표-진행되는가 하면, 일부 부서는 청와대의 직접 관리·감독을 받는 상황이라는 것이다.

최근 정부의 'DMZ 평화둘레길' 사업 발표 및 수정, 지난해 남북합의에 따른 비무장지대 GP(감시초소) 철거 역시 청와대 뜻에 따랐을 뿐, 군은 뒷일을 처리했을 뿐이란다. 한 안보전문가의 걱정이 있다. "정부의 국방정책은 북한에 초점이 맞춰져 있어 군이 청와대의 눈치를 볼 수밖에 없는 구조"라는 것이다. 오죽하면 우리 국군의 전략개념을 바꿨다는 그 스텔스기 전투기 F-35A의 인도식까지 일선 비행단장 주관으로 치렀다니, 참, 할 말 다했다.

"우리 군대, 정녕 군대다웠으면 좋겠다"는 게 내가 하고 싶은 말이다. 군대는 나라의 기간조직이지, 일개 정치조직이나 장관, '똥별'들의 사유물이 아니다. 대통령도, 정치지도자를 넘어 군 최고사령관으로서, 제발이지 군대를 군대답게 운영하며, 우리 군인들도 늘 애국심 충만한, 자부심 굳건한 그런 군인들로 이끌어주었으면 좋겠다.

그리고, 국군의 '똥별'들도 제발 정신 좀 차렸으면 좋겠다. 아무리, 한치 앞 꿈을 좇는 정치인들이 밀어붙여도 그렇지, '포 스타' 출신 국방장관이며, 육참총장, 공참총장이며, 휴전선 철책선 잘라 국회의원 방문 기념패 만든 사단장이며, 당신들은 그래도 '별'들 아닌가? 영화 <베테랑>의 유명한 대사가 있다. "우리가 돈이 없지, 가오가 없냐!" 영화 <친구>의 명대사도 있다. "쪽 팔린다 아이가?" 정말 당신들은 형사 황정민 정도의 '가오'도 없고, 건달 유오성 정도의 '쪽' 지킬 줄도 모르나? 후일을, 아들딸을 생각하면, 그렇게 '가오' 없이 살았다간 참 '쪽' 팔리지 않겠는가? 당신들도 알 것이다, "부모형제 나를 믿고 단잠을 이룬다"는 국민가요의 가사. 제발, 국민들이 팔다리 쭉 뻗고 단잠을 이룰 수 있도록, '별은 별답게' 군인정신을 잃지 말고, 밥값, 자릿값이라도 좀 해 주시라.[2019. 4]

### 칼럼 ⑥ 언론의 자유, 사상의 자유-소크라테스의 죽음, 그 현대적 의미

"진리는 토론 끝에 당당하게 표출한다.", 역사상 언론자유를 위한 최고의 항변서 『아레오파지티카(Areopagitica)』의 중심개념이다. 존 밀턴(John Milton)은 이 책에서, 거짓과 진리가 '사상의 자유시장(Open marketplace of ideas)'에서 대결과 경쟁을 벌인다면 필연적으로 진리가 승리한다는 주장을 펴고 있다. 표현의 자유는 어떤 자유나 인권보다 중요한 천부적 인권임을 강조한다. 거짓 의견이라도 시장에서 공개될 기회를 사전 억제하는 것은 진리 확인의 기회를 막기에 악이라는 주장이다.

밀턴은 17세기 영국왕정이 '출판의 자유'를 철저하게 제한하던 17세기 사람이다. 대지주의 딸과 결혼했으나 몇 주 만에 결별했다. 당시는 이혼도 허용하지 않는 사회였다. 밀턴은 깊은 사유 끝에 '이혼의 자유'를 주장하는 책을 출판했다가 고발당했다. "어떠한 책이나 팸플릿, 신문도 당국의 사전 승인 없이 발행될 수 없다"는 법규를 어긴 것이다.

그는 출판허가제를 극력 반대하며 통박한다, "무엇보다, 어떤 기준으로 검열관을 뽑는단 말인가?" 그는 주장한다, "온갖 교리 속 진리 역시 자유롭게 존재한다. 진리와 거짓이 서로 맞붙게 하자"면서, "나에게 어떤 자유보다 양심에 따라 자유롭게 알고 말하고 주장할 자유를 달라"고. 밀턴의 주장은 언론의 자유를 주장한 사상 최초의 저작이다.

### 소크라테스의 죽음… 마음껏 생각·표현하는 사회

'Hemlock를 마신 뒤 우리는 무엇을 말해야 하나', 문학평론가 이어령의 이화여대 고별강연 제목이다. 그는 필생의 전공을 넘어, 양자택일의 시대와 싸우며 상상력의 자유를 지켜온 시대의 석학이다. 그는 고별자리에서까지 '시대의 석학'다운 주제에 천착했다. Hemlock, 독 미나리에서 추출한 독, 소크라테스가 죽을 때 마신 그 독이다. 그는 소크라테스의 죽음을 들어, 시대를 초월한 천부적 인권, 그 언론의 자유를 되새기려 했던 것이다.

소크라테스, 고대 아테네에서 특유의 '문답법'으로 활발한 사상활동을 펼치다 사형당한 비운의 철학자. 그를 옭아맨 죄명은 요즘 말로 '신성 모독죄'와 '청소년 선동죄' 정도, 그만큼 범죄사실도 뚜렷하지 않다. 그는 죽음을 피할 기회도 많았다. 정치권력의 회유, 배심원의 '무죄의견' 유도, 동료·제자의 도피권유…. 그러나, 이 재판은 결국 소크라테스의 자유론에 대한 시험이었다. 그는 끝까지 자신의 권리(언론의 자유)를 믿으며 기꺼이 독배를 선택한다. BC 399년의 일이다.

소크라테스의 죽음이 주는 교훈은 위대하다. 민주국가가 한 개인의 의견표현만을 이유로, 그를 사형시킬 수 있다는 사실을 보여준 민주주의의 기막힌 역설이다. 현대 민주국가를 사는 이어령은 되묻는다, "Hemlock는 웃음인가, 눈물인가?"를. 그는 되새긴다, 현대사회는 Hemlock효과의 일률적 흑백논리 대신, 소크라테스 같은 상상의 자유, 표현의 자유를 추구해야 하리라고. 그 석학이 강조하는 바는 뚜렷하다. 우리 사회, '흑백'이 아닌 '그레이 존'을 살려가며 마음껏 생각하고 표현하는 사회여야 한다는 것이다.

### 언론자유, 당대 결의에 좌우… 우리, 긴장해야 할 흐름

언론의 자유-기원전부터 소크라테스가 철학으로 믿어왔고, 밀턴이 17세기부터 이론적 기반을 주창했던 천부적 인권이다. 오늘날 현대 민주국가가 존립기반의 하나로 삼고 있는 기본적 인권이다. 현대문명의 보루 언론자유의 흐름을 추적하며, 그 시대조류와 맞선 역사를 되새기는 작업은 그리 가볍지 않다. 실상 언론자유를 위한 투쟁은 끝나지 않을 것임이 분명하기 때문이다. 그리고, 오늘, 우리 사회 역시 언론자유의 경계에서 간단찮은 도전에 직면하고 있다. 우리는 역사에서 확인한다, 언론자유의 원칙과 많은 유산은 그대로 남아있지만, 그것의 사회적 적용과 타당성 여부, 수용의 정도는 언제나 언론자유를 요구하는 사람들의 결의 수준에 달려 있다는 것을.

### 언론자유 침해의 불편한 진실… 관용으로 합의 찾아가야

언론자유에의 새로운 위협, 언론자유 침해의 불편한 진실들은 지금도 선명하다. '대한민국 대통령=김정은 수석 대변인' 논란을 보라. 현장에서 연설을 가로막고, 국가원수 모독죄를 거론하고, 취재기자를 인격적으로 공격한다? 이후 세계 언론계의 논의와 사태 전개는 어떠했나? 언론자유의 몰이해에 바탕한 비문명적 도발의 결과이다.

5·18 광주민주화운동·제주 4·3 사건과 관련한 특별법 논란도 그렇다. 이 사건을 부인·비방·왜곡하면 엄히 처벌한다? 이 법안에 대한 학계·시민단체의 우려는 당연하다. 국론분열 방지를 이유로 국가가 국론·진실을 결정하고, 이에 반하는 표현·사상을 처벌한다? 그야말로 이념적 반대자를 탄압하는 수단으로 남용할 위험이 큰, '악마적 시도'일 터이다.

최근 '독재자의 후예'·'남로당의 후예' 논쟁은 또 어떤가? 한 사건을 보는 눈이 다르면, 그저 '○○○의 후예'인가? 정치권은 더러, 자기 잣대로 자기 신념을 강조하곤 하지만, 역사에의 평가 역시 특정시기의 특정집단이 독점할 수 있는 것도 아니다. 다른 의견에의 관용을 통해 문명사적 합의를 찾아가는 노력, 그것이 곧 민주주의의 원리이기도 하다.

### 맹목적 교리보다 "나, 틀릴 수 있다" 수용적 논쟁 중요

'관용은 쓰다, 그 열매는 달다', 사상의 자유시장에선 잠시 왜곡·허위가 판칠 수 있어도 결국 진실이 생명력을 가질 것이라는 믿음이다. 우리는 새삼 깨달아야 한다. 인간 진보의 역사는 자유 진보의 역사이고, 자유 진보의 역사는 바로 언론자유 진보의 역사이다. 고대 철학자 소크라테스에서 중세 계몽사상가 볼테르까지, 언론자유의 가치를 진정으로 믿는 사람들은 오직 자신만이 계시를 받은 영광스런 진리의 소유자로 자처하지 않았다.

오히려 그들은 확실한 것보다는 회의를, 맹목적 교리보다 열린 토론을 선호했다. 내가 틀리고 당신이 맞을 수 있다는 수용적 논쟁을 좋아했다. 그리고, 그들은 작가 마르셀 프루스트의 정신 속에 살았다. "진리를 추구하는 사람들을 존중하라. 그러나 그것을 발견했다고 말하는 사람들을 경계하라"는 것이다. 그 정신, 한국사회 내부에서 언론자유 위협의 도전이 횡행하는 시대, 오늘을 사는 우리가 깨우쳐야 할 절실한 경구이다.[2019. 5. 27]

## [3] 남기고 싶은 이야기

「부산매일」시절 내가 쓴 칼럼을 평가받은 부분이 있다. 그 칼럼들을 골라 묶은 『부산 부산사람 부산시대』책자에 대한 서평이다. 칼럼집 출간 당시, 나는 부산언론인클럽 선배들의 주선으로 출판기념 모임을 가졌고, 이 자리에서 스승 김민남(金敏男) 교수는 나의 글을 정말이지 꼼꼼하게 읽고 분에 넘친 평가를 남겼다. 그는 「동아일보」기자와 동아대 신문방송학과교수를 지냈으니, 나의 대학신문 선배요, 언론계 선배이며, 박사학위 논문 심사위원장을 맡아주신 '영원한 선배'이시다.

"차용범 편집국장, 그는 부산이라는 한국 제2의 도시와 격동의 80년대·90년대가 교차하는 역사적 시공에 살면서 그의 젊음과 열정을 이 부산과 부산사람에게 쏟아 부은, 그래서 자랑스러운 우리 부산 언론인의 한 사람이었구나 하는 것이 이 책을 읽고 난 후의 결론이다.

칼럼집 제목 '부산 부산사람 부산시대'가 말해주듯 '생각은 세계적으로 하되 행동은 지방적으로 하며, 그리고 부산사람의 자긍심·애향심을 키워서 부산·부산사람이 부산시대를 열어가는 주인·주체가 되어야 한다'는 것이 이 책의 큰 흐름이다. 부산이 안고 있는 문제와 현안들을 시기를 놓치지 않고 대단히 분석적으로 제시하면서, 때로는 합리적인 대안까지도 모색하는 그의 뜨거운 '부산사랑'을 보여주고 있다. 부산과 부산사람을 온몸으로 사랑하는 '철학'과 함께 역사의식, 문제의식, 비판의식이 처음부터 끝까지 이 책의 바닥을 흐르고 있다. 낙동강을 지키자, 물을 살리자는 그의 처절한 호소가 담긴 글에는 그의 날카로운 눈과 함께 따뜻한 가슴이 공존하고 있다. 쉽지 않은 일이다.

이 책이 우리들의 시선을 끌어당기는 또 하나의 요인은 이 책 곳곳에서 번뜩이는 예리하고 뛰어난 '언론감각'이다. 언론의 문장은 소설이나 수필과 다른, 그야말로 촌철살인의 힘이 있어야 한다. 그래야만 독자의 눈을 붙잡을 수 있고 그 마음을 움직이게 할 수 있다. 여기서 언론의 여론 형성과 사회적 지도력을 기대할 수 있게 된다.

또 하나 주목할 대목은 마지막 8장과 9장이다. 우리 언론은 항상 선을 정하고 스스로 잘못을 저지르지 않는 지고지선한 존재로 착각할 만큼 자기반성과 과오를 시인하는 데 대단히 인색한 편이다. 제2차 세계대전 패망 후 일본의 「아사히신문」이 전쟁에 대한 언론의 책임을 통감하고 일본 국민에게 사과한 것과는 대조적이다. 저자는 마지막 장에서 우리의 아픈 역사를 돌아보면서 언론과 언론인에 대한 가혹한 자기비판을 서슴지 않는 용기를 보여주고 있다.(…)"

이 모임에서, 행사진행에 참여한 여러 인사*들은, 더러 나에 대한 인간적 평가며, 덕담, 격려의 얘기들도 남겼다. 나로선, 참 민망스러우면서도 잊을 수 없는 정의(情誼)의 흔적들이다.

『부산 부산사람 부산시대』 출판축하 모임**에서 나온 이야기

## 1. 정추회 부산언론인클럽 회장(초청인 대표 인사)

차 국장과는 참으로 인연이 깊다. 「부산일보」 시절 만난 인연이 지금의 부산언론인클럽 인연으로까지 이어지고 있다. 좋은 인연임에 틀림없다.

차 국장에 대해서는 참 할 말이 많다. 우선 시시비비를 대쪽같이 가리는 사람으로, 내 마음속에 남아 있다. '독일병정'이라는 별호는 부산 언론계에 몸담은 사람 치고 모르는 이가 없을 정도다. 그만큼 기자정신이 투철한 사람이다. 불의와 영합하지 않는 사람이다. 아랫사람의 잘못을 엄하게 꾸짖는 귀감적 정신도 가졌다.

---

\* 축하모임은 정추회 부산언론인클럽 회장의 초청인 대표 인사, 안상영 부산시장의 축하의 말, 정한상 전 「부산일보」 사장·장원호 미주리주립대 석좌교수의 격려의 말, 김민남 동아대 교수의 서평 등에, 정순택 부산시 교육감, 강병중 부산상공회의소 회장, 송정제 전 「부산일보」 사장, 김성조 PSB 사장, 강남주 부경대 총장, 임정덕 부산발전연구원장, 권철현 국회의원 등이 건배 제의에 나섰다.

\*\* 시사평론(칼럼) 묶음 『부산 부산사람 부산시대』는 나의 언론활동 관련 3번째 저작이다. 내가 사회부장을 맡았을 때부터 논설위원, 편집국 부국장, 편집국장 때까지, 5년 여 「부산매일」에 게재한 시사칼럼 중 110편을 묶은 것이다. 이 부분은 책자 출판축하 모임에서 축하, 격려에 나선 몇 분의 얘기를 추린 것이다. 그분들의 말씀에는 더러, 나에 대한 평가며 덕담, 인간적 관계 등이 섞여 있다. 축하모임은 2000년 5월 17일 부산 그랜드호텔에서 열렸고, 초대받은 부산지역 인사 140분이 참석했다.

학구적인 사람이다. 나이 들면서 대부분 사람들이 책과 멀어지기 일쑤고, 언론계에 몸담고 있으면서 시간에 쫓겨 책 볼 기회가 흔한 것도 아니다. 그러나 차 국장은 손에서 책을 떼지 않았다. 현직에 있으면서 미국 미주리대 대학원에서 강의를 들었고, 지금은 대학 강의를 하면서 박사과정을 이수하고 있다. 쉬운 일이 아니다. (…)

날카롭지만 섬세하고 겸손한 사람이다. 얄미울 정도로 나무랄 데 없는, 완벽에 가까운 사람이다. 신문사 사회부장이라는 자리가 어떤 자리인가. 매일매일 마감시간과의 전쟁이고 사건·사고와 전투를 벌이는 자리다. 차 국장은 그렇게 중하고 바쁜 사회부장을 맡고 있으면서, 꼬박꼬박 일주일에 1건씩 칼럼을 집필했다. 그것도 부산에 초점을 맞춰 칼럼을 쓰며, 사회전반에 걸쳐 문제점을 지적하고 그 대안까지 제시했다. 존경할만한 일이다. 대성하는 인물이 되길 기원한다.

## 2. 안상영 부산광역시장(축하의 말)

오늘 출판기념모임에 와서, 무엇보다, 차 국장이 인생을 참으로 잘 살고 있다는 것을, 가장 먼저 느꼈다. 차 국장과는 관선시장 시절 시장 대 출입기자로 만났다. 강한 인상을 가진 사람이었다. 언제 봐도 자세가 흐트러지지 않았다. 분야를 막론하고 먼저 화제를 끄집어내고 이야기를 풀어나갔다. 그런 과정에서 수시로 감동을 안겨줬다.

(부산시정에)아픈 기사도 많이 썼다. 그건 투철한 기자정신의 결과였다. 날카롭지만 언제 만나도 편안한 사람이다. 차 국장에 대한 인상을 한마디로 정리하면 '훌륭한 젊은 기자'다. 그래서 무척 좋아했다. 지금도 그런 생각에는 변함이 없다.

완벽한 사람이다. 직업의식이 투철한 사람이다. 폭넓은 소양이 있기 때문에 기자로서 완벽하고 사람을 끌리게 한다. 오늘 모임을 주선한 언론사 선배들이 고맙다. 미국 미주리대 장원호 박사도 참석하시고, 부산각계 각 분야에서 내로라하는 면면들이 다 참석했다. 차 국장은 아직 전반기 인생도 다 살지 않았지만, 정말 인생 잘 살았다는 생각이 거듭 든다.

「부산매일」에 함께 일할 때, 차 국장은 피 말리는 마감시간에 편집국을 찾아가도 언제나 밝게 맞아주는 인간적 여유도 가진 사람이다. 분위기를 잘 관리하는 사람이다. 후반기 인생은 더 멋지게 살아주기를 축원한다.

### 3. 정한상 전 「부산일보」 사장(격려의 말)

개인적으로는 차 국장의 고향 선배다. 꼭 20년 전인 1980년 차 기자가 「부산일보」에서 언론계에 첫발을 내디딜 때 나는 편집국장을 맡고 있었다. 소중한 만남이었다. 함께 일한 시간은 많지 않았다. 약 9년을 함께 일했다.

편집국장이 햇병아리 기자의 일거수일투족을 살피기란 쉽지 않다. 그러나 차 기자에게는 애착이 가 관심을 갖고 지켜봤다. 평판을 종합하더라도, 안목이 있는 친구라는 생각이 들었다. 괜찮은 '물건' 하나 되겠다 싶어 아끼고 가꿨다.

말 그대로 '독일병정'이다. 지금도 '차 기자'라 부른다. 편하게 생대방의 마음을 받아들일 줄 아는 사람이기 때문에 가감 없이 부르는 호칭이다. 늘 봐도 호감이 가는 친구다. 참으로 노력하는 기자다. 나 역시 '글을 쓰는 한 평범한 노력은 노력일 수 없다'는 말을 곧잘 한다. 차 기자는 평범한 노력을 하는 사람이 아니다. 그야말로 혼신의 힘을 다하고 열정을 다해 살면서 글을 쓰는 사람이다.

'부산 부산사람 부산시대'는 평범한 책 한 권이 아니다. 그 속에 담긴 열정은 대단한 것이다. 이 책은 차 기자의 열정이 어린 땀의 결정체인 것이다. 비판정신이 없는 기자는 없다. 그러나 차 기자는 비판정신이 누구보다 투철했다. 단순히 비판하는 데 머무르지 않고 역사의식까지 갖춘 기자였다. 대안까지 제시하려 노력한 기자였다.

딱딱하고 칼날 같으면서도 부드러운 사람이다. 「부산일보」에 있다가 「부산매일」로 간다고 할 때 간곡히 말렸다. 개인적으로 매우 섭섭했다. 진작부터 점찍어 뒀던 사람인데, 그 점찍어 둔 사람이 다른 곳으로 옮겨 가겠다고 말할 때 마음이 너무 아팠다. 의지가 하도 강해서 그 아픔을 감내하고 보내주었다.

역시 예의범절이 있는 사람이었다. 한 직장에 있으면서도 옆 사람 챙겨주고 인사하기가 그리 쉬운 일이 아니다. 직장을 옮기면 대부분 사람들은 앞 직장을 욕하거나 상사였던 사람에 비판적이기 마련이다. 차 기자는 예외였다. 「부산일보」를 떠난 뒤에도 늘 찾아주고 챙겨줬다. 포용력이 뛰어난 사람이다. 된 사람이다. 참으로 고마운 사람이다. 앞날에 좋은 일만 있기를 기원한다.

## 4. 장원호 미주리주립대 석좌교수(격려의 말)

차 국장은 현직에 있으면서 미주리대에서 공부했다. 현직 기자 중에서 많은 사람들이 미주리대에서 공부를 하고 갔지만, 올바른 기자상을 각인시켜 준 첫 번째 기자가 차 국장이다.

그는 다른 사람들과 많이 달랐다. 공부를 비롯해서, 매사에 많은 노력을 기울이는 사람, 집착이 대단하다는 인상을 주었다. 미주리대에 함께 있으면서 그런 자질을 나날이 실감했다. 그런 자질을 살려 '한국의 퓰리처'가 되길 기원한다.

### 5. 송정제 전 「부산일보」 사장(격려 편지)

차용범 국장에게.

'부산 부산사람 부산시대' 칼럼집 출판을 진심으로 축하합니다. 다른 사람은 긴 언론인 생활을 하면서 책 한 권 내지 못하는 예가 대부분인데, 차 국장은 이번까지 함께 3권의 책을 엮어내는 의욕과 열정에 부러움과 함께 찬사를 보냅니다.

나는 얼마 전 서명을 해서 보낸 칼럼집을 받고서 '진정 시대상황을 정확하게 내다보는 후배 언론인이 있구나' 하는 생각을 했습니다. 내 말에 이의를 제기할 사람은 없을 것입니다. 부산이란 도시는 솔직하게 말해 특징이 없고 컬러도 뚜렷하지 않습니다. 그 속에서 한 언론인이 보도와 논평 기능을 통해 지방자치시대의 개막과 더불어 '부산시대'를 열어가기 위한 장기적 안목을 갖고, 부산의 문제점을 다듬고 고민하면서 나아가야 할 방향을 제시한 것은 오늘 부산발전을 견인하는 데 큰 보탬을 주었다고 평가하고 싶습니다.(…)

부산은 한국의 특수한 정치상황과 함께, 부산시대를 열어가기 위한 철학과 역사의식의 빈곤, 그리고 애향심을 조화롭게 결합시키지 못해 제2도시의 여건을 살리지 못하고 있는 것이 사실이라고 봅니다. 차 국장이 이 점을 일깨우려 애쓴 것은 참으로 다행스런 일입니다.(…)

차 국장이 「부산매일」로 옮겨가려 할 때, (나에게도)유능한 여러 후배들이 많았지만 차 국장만은 내가 끝까지 붙잡고 싶었던 사람이었다는 것을 지금에야 털어놓는 바이오. 항상 조직 관리에 애써야 할 경영책임자로서, 언제나 면밀하게 관찰을 하고 있었기 때문이오.(…)

나는 차 국장 같이 정확한 상황진단과 시대의 흐름을 예리하게 꿰뚫어보는 안목을 지닌 사람은 급속하게 변해가는 다양한 언론매체 환경에서 반드시 필요로 하는 재기의 기회가 있을 것임을 의심치 않습니다. 그때에 대비하여 현역 사회부장, 편집국장 때 보여줬던 사명의식과 도전의 열정이 식지 않도록 끊임없이 노력할 것을 당부하면서, 부산시대의 전개에 큰 역할을 해줄 것을 새삼 기대합니다.

차 국장, 내가 출판기념모임에 나온 하객에게 말 한마디를 하기보다는, 차 국장을 격려하기 위해 비교적 긴 편지를 후배에게 보냅니다. 특히 건강에 유의하면서, 건투하시길 빕니다.

『부산 부산사람 부산시대』 출판 축하 모임에서 축하와 격려의 말씀을 해주시는 (위로부터) 정추회 부산 언론인클럽 회장, 장원호 미주리대 석좌교수, 서평을 해주신 김민남 동아대 교수.

송정제 전 「부산일보」 사장의 축하말씀과 손수 쓰신 격려 편지.

## 2) 사설
적극적·주관적 의견 제시… 윤리적 원칙 중요한 글

### [1] 왜 사설인가?

사설(논설)은 신문사의 의견이다. 당대의 중요현안에 대해 사시(社是)와 편집강령에 따라 자기 견해나 주장을 제시하는 것이다. 따라서 보도기사와는 뚜렷이 구별된다. 보도기사가 객관성을 지향한다면 사설은 다분히 주관성을 지향한다. 사설은 그 시대상을 이해하는 상황에서만 생명이 있는 시론적(時論的) 산물이기도 하다. 공공사회의 중요문제를 제기, 비판하고 대안을 제시하며, 그러면서 여론·정책을 이끌고, 때로는 역사의 흐름을 바꾸어 놓을 수 있는 글이다.

**사설, 의견·주장 뚜렷한 제시로 여론형성 큰 영향**

왜 신문은 사설을 게재하는가. 사설은 사회적 사건이나 쟁점을 정확하게 전달하고 토론공간을 제공하는 역할과는 차별성 있는 저널리즘 행위이다. 신문사 스스로의 적극적·주관적 주장을 담고 있기 때문이다. 해설기사는 많은 주관적인 생각이나 주장을 담고 있지만, 그것은 기자 자신의 생각이 아닌, 여러 가지 다양한 관점을 제시하기 위한 것이다. 어느 한 쪽으로 치우치지 않기 위해, 기자들은 쟁점과 의견 간의 균형을 찾기 위해 노력한다.

신문의 논평기능은 방송 저널리즘에서 찾기 힘든 신문의 고유영역이다. 깊이 있는 해설과 논평은 독자들로 하여금 문제의 본질을 이해하고 현실을 정확히 인식하는 데 도움을 준다. 또한 객관적 사실만을 전달하는 스트레이트 보도와는 달리, 사설은 특정 신문의 의견과 주장을 뚜렷하게 제시함으로써, 일반 독자뿐 아니라 여론주도층의 여론형성에도 큰 영향을 미친다.

## 적극적·주관적 의견 제시… 글쓰기 윤리적 원칙 중요

신문의 의견과 사실을 분리하려는 전통적 노력과 달리, 신문 사설은 오히려 신문사의 의견을 적극적으로 담고 있다. '의견면(Editorial)'이라는 지면도 이렇게 생겨난 것이다. 사실과 의견을 분리하려는 신문편집의 원칙에서 보면 사설은 적극적·주관적 의견을 개진하는 자리인 만큼 글쓰기의 윤리적 원칙이 무엇보다 중요할 수 있다.

미국 전국논설위원협회가 채택한 윤리강령은 "사설을 쓰는 사람은 과학자와 마찬가지로 자신의 능력과 사회에 대한 신뢰에 비추어 진실을 추구하여야 한다"는 전문과 함께, 일곱 가지 원칙을 기본윤리로 규정하고 있다.

첫째, 사설을 쓰는 사람(사설자)은 사실을 제시할 때 정직하고, 알고 있는 모든 것을 밝혀야 한다. 둘째, 사설자는 제시된 사실에 근거하여 공정한 결론을 도출하여야 한다.(…) 여섯째, 사설자는 자신의 확신을 언제나 용기 있게 말해야 하며 자신의 양심에 반하는 어떤 글을 쓰거나 주장을 해서는 안 된다. 일곱 째, 사설자는 동료들이 내리는 고도의 전문적 판단과 판단기준을 존중하여야 한다.

동료들의 전문적 판단을 존중한다? 그렇다. 사설은 사설자의 의견을 넘어, 말 그대로 신문사의 의견·주장이다. 당연히 그날의 사설 주제를 고르고 논조를 결정하는 것, 사설자를 정하는 것은 논설회의에서 결정해야 할 사항이다. 논설위원은 그 결정사항, 곧 동료들의 전문적 판단에 따라야 하는 것이다.

논설위원의 일상은 규칙적이다. 출근하는 대로 그날의 뉴스를 점검하며 사설거리를 챙기고, 논설 토론을 통해 사설 주제와 논조, 집필자를 결정한다. 그날 사설을 맡은 논설위원은 출고 때까지 그야말로 온 신경을 집중시킨 초압축적 집필 노동을 해야 한다. 집필이 없는 논설위원은? 따로 모여 '오늘 점심은 뭘 먹지?'를 의논한다는 우스갯소리가 있다. 자기 일정에 따라 외부

강의나 토론에 나가고, 사회현장을 둘러보며, 그만큼 자유스런 분위기를 맘껏 누린다는 것이다.

**'우리는…' 표현으로 독자·정책결정자 설득하기**

그런 면에서 사설은 특별한 글쓰기의 형태이다. 사설은 논변(Argumentation)의 형태를 띠게 마련이다. 그것도, 독자들을, 정책결정자들을 설득하기 위한 글이다. 사설을 쓰는 사람이 한 주제를 선택하고 관련 있는 사고나 문제를 발견, 자신의 주장을 세우고 증거와 근거를 갖고 독자를 설득하려는 논변이라 할 수 있다. 강력하고 명확한 의견을 제시하는 사설, 영향력 있는 사설란은 '권위지(Quality Paper)'의 필수요소이기도 하다.

사설은 자신의 의견을 종종 '우리는…'이라고 표현한다. '우리(Editorial We)는'이란, 직접적으로는 신문사를 의미하면서도 여론을 대변한다는 건지에서 '국민은…'이라는 뉘앙스가 강한 것이다. 사설이 사회를 이끌 책임이 크다는 것은 여론의 대변을 자처하는 이런 오만한(?) 자세에서 그대로 드러난다.

결국, 설득술로서의 사설 쓰기 과정에는 일정한 글쓰기 전략이 필요하다. 우선 주제와 관련 있는 생각을 배열하고, 그 생각을 지지·보강하기 위한 증거자료를 제시하며, 이들을 연결, 요약할 상징이나 비유를 배치하는 것이다. 이런 과정을 거쳐 사설자가 주제·문제를 어떻게 바라보고 있는지, 독자들이 이 주장을 어떻게 읽어주길 원하는지를 드러내는 것이다. 사설 쓰기의 개념화 또는 조직화 과정이라고 할까?

**[2] 사설, 나는 어떻게 썼나**

우선, 사설의 구조에는 일정한 유형이 따로 없다. 다만 사설면(지면)이 좁고 한정적인 만큼 집중적인 논증의 전개가 필요하다. 보통 사설을 서론 →

본론 → 결론의 3단계로 쓰는 것도 그 때문이다. 사설에는 무엇보다 서두가 중요하다. 사설의 성패는 첫 석 줄에서 판가름 난다고 해도 지나치지 않다. 주제와 핵심을 찌르는 서두로 독자의 눈을 붙잡는 데 성공했더라도 끝까지 논리적·수사적 긴박감을 늦출 수 없다. 논리를 잃지 않아야 강한 설득력을 발휘할 것이기 때문이다.

한정적 지면·짧은 시간에, 집중적 논증을 전개하며, 끝까지 긴박감을 유지해야 한다? 그래서 사설쓰기에도 치밀한 설계도가 있어야 한다. 우리 눈에 익은 사설의 전형적 구조가 그것이다. ① 공동관심사를 요약, 논평의 출발점으로 삼을 기초정보 제시, ② 사태의 본질에 대한 통찰이나 의문점을 밝힐 문제점의 제시, ③ 공익 견지에서 바람직한 해결방안이나 유의사항을 시사하는 의견 제시의 3단계 구조다.

내가 사설을 집필하던 때 사설 한 편의 분량은 200자 6.5매. 나는 일상적인 설계도를 활용했다. '전문(前文) 제시-기초정보 언급-문제의 제기-논증의 보완-주장·의견의 강조'에 이르는 5단계 조직 틀이다. 우선 전문, 기초정보와 문제 제기, 주장 제시까지 대략 한 줄씩으로 요약, 단락을 구성한다. 이 전문에서 논설자의 시각과 주장을 그대로 읽을 수 있다. 다음 단락에서 기초정보를 제시하고, 또 다음 단락에서 문제점을 제기한다. 그리고, 다음 단락에서 주장할 바를 논증하고, 마지막 단락, 결론부분에서 주의·주장을 제시하는 방식이다.

그 사례로 〈승용차 부제(部制) 시민합의부터(1997. 5. 21)〉를 본다.


[① 전문] 부산시가 지난 동아시안게임 기간 중 자가용 승용차 2부제 시행의 성공에 힘입어 5부제 또는 10부제의 일상적 실시방안을 적극 검토하며 이에 대한 여론수렴에 나섰다는 보도이다. 부산의 교통정체상황이 이미 한

계를 넘었고 이에 따른 사회적 손실 역시 엄청난 만큼 그것을 해소하는 방법을 강구하는 것은 당연한 일이다. 그러나 부제운행의 일상적 실시로 생기는 개인적 불편이나 손실도 감안, 그것을 보완할 정책적 대안을 마련하기 위해 민주적 공론화과정이 선행되어야 마땅하다.

[② 기초정보 제시] 부산시는 동아시안게임 중 2부제 참여율이 무려 99.5%로 예상보다 크게 높았다고 평가한다. 주요 간선도로의 찻길이 훤히 뚫려 차량의 주행속도도 시간당 5.7~14㎞까지 크게 높아져 당초 예상치 5㎞ 수준을 크게 초과했다는 것이다. 이에 따라 예전과 같은 극심한 교통체증이 없어졌으며 부제운행의 일상화를 제도화하자는 여론까지 일고 있는 게 사실이다.

부산의 도로율과 주행속도는 전국 6대도시 중 최하위이다. 또한 서울과 함께 전국최악인 부산 대기공해의 80%를 차량 배기가스가 차지한다. 따라서 부산시가 체증완화 및 공해 저감 차원에서 일부 부제운행의 일상화를 검토하는 것은 이해할만한 일이다.

[③ 문제점 제기] 그러나 부산시의 부제 일상화 검토는 그 검토순서부터 틀렸다는 것이 우리의 판단이다. 우선 부산시는 지난번 2부제를 시민의 충분한 동의 아래 시행했다기보다는 행정강제 일변도로 밀어붙였다는 점을 잊어서는 안 된다. 그리고 시민들이 그 강제적 규제를 받아들인 것은 모처럼의 국제행사를 위해 일시적 불편을 감수한다는 시민의식 때문이었지 그 제도의 일상화를 수용한 것이 아님이 분명하다.

[④ 논증 보완] 따라서 부산시는 부제운행의 일상화를 위한 제도적·행정적 차원의 유인대책부터 마련하여야 한다는 게 우리의 주장이다. 우리나라도 교통의 수요와 공급을 유지하기 위해 벌써 가격기능을 적극 활용하고 있다. 혼잡통행료를 징수한다든지 휘발유세를 인상하는 것이 그것이다. 따라서 연간 30~60일 이상 자동차 운행을 막기 위해서는 우선 자동차세나 보험료

등을 대폭 할인해주는 방법으로 시민들의 참여를 유도해야 한다는 것이다.

[⑤ **주장·의견 강조**] 적어도 5부제를 시행하기 위해서는 현행법상 '30일 범위 내의 차량운행 제재 가능' 규정도 먼저 해결해야 할 과제이다. 부산시는 관련 법규의 개정, 세금 및 보험료 할인대책 등을 마련한 뒤 부제운행의 일상화를 검토하는 것이 옳다. 물론 그 과정에서 충분한 공론화과정을 거쳐야만 한다. 정책의 세련성과 합리성을 확보시켜 정책 시행의 성공을 담보하기 위해 이런 선행조건부터 먼저 해결할 것을 강조한다.

## [3] 내가 쓴 사설

### 사설 ① 불법도청 방치 말라

남의 사생활 비밀을 캐는 불법도청이 우리의 일상분야 깊숙이 번져가고 많은 심부름센터의 공공연한 사업영역으로 등장함으로써 심각한 사생활 침해양상을 빚고 있다. 최근 서울에서 붙들린 도청용역업체들의 도청수법이나 얼마 전 부산에서 붙들린 도청기기 판매조직들의 영업행태는 우리 사회의 불법도청이 얼마나 심각한가를 짐작케 한다.

서울지검에 따르면, 이번 서울의 불법도청업체들은 의뢰인의 부탁을 받고 불륜사실을 캐거나 채무자의 소재를 파악하기 위해 전화를 도청해왔다. 또 도청기기 판매업자들은 불법도청에 쓰일 도청기기 6천 세트를 제조 판매해왔다고 한다. 이 같은 불법도청은 "서울지역 2백여 심부름센터 대부분 불법도청이나 미행을 하고 있다"는 안기부장의 올 국감보고처럼 우리 사회에서 이미 보편화, 누구나 자신도 모르는 새 피해자가 될 우려가 크다.

불법도청이 하나의 사회문제로 등장한 것은 어제오늘의 일이 아니다. 그동안 스파이활동이나 산업정보전에서나 쓰이는 줄 알았던 도청은 이미 우리 사회에 널리 퍼져 지난 대통령 선거 때의 부산 초원복국집 도청사건이나 잦은 산업정보 도청 파문, 민간의 사생활 도청사건 등으로 나타나고 있다. 불법도청의 이 같은 만연현상에는 관계 당국의 책임이 크다. 정부는 근래 도처의 폐해를 뒤늦게 인식해 관련 단속법규까지 만들었으나 실제로 시중의 도청기기 범람현상은 방치하고 있는 것이나 마찬가지다. 부산지역 정보통신기구 판매업자들이 도청기기를 대당 10만~50만 원에 판매해온 사실은 지난 검찰수사 결과 드러났다.

정부가 불법도청을 이처럼 방치하고 있는 것은 우리의 헌법부터 형법까지 명문화하고 있는 개인의 사생활 보호를 등한시하기 때문이다. 이 사생활의 비밀과 자유는 역시 헌법이 규정하고 있는 '국민의 알 권리'도 침범하기 어려운 고유영역이다. 최근 세계 각국은 정보화사회 속에서 이 사생활보호를 위해 각별한 노력을 다하고 있다. 우리나라도 지난 93년 통신비밀보호법을 제정, 형식적인 사생활보호 보호체계는 갖추고 있다.

그러나 우리 사회는 아직 불법도청 앞에 거의 무방비상태이다. 이래서는 우리의 사생활을 전혀 보호받지 못한 채 누구나 불안한 나날을 보낼 수밖에 없다. 정부가 이 불법도청 남용상태를 막기 위해서는 도청기기의 판매와 심부름센터의 불법도청사업을 철저히 뿌리 뽑는 길뿐이다. 법에 따르지 않고는 어떤 좋은 의미의 도청도 있을 수 없다는 점을 새삼 강조한다.

## 사설 ② 컨 부두공단도 서울 이전이라니

부산에 본사를 둔 한국컨테이너부두공단이 본사의 서울 이전을 검토한다는 것은 현실적 여건으로나 대외적 명분으로나 타당성이 없는 위험천만한 발상이다. 공단은 이전의 명분으로 '정책협의 효율성 제고'를 내세우고 있으나, 항만을 직접 경영하는 공단이 정작 중시해야 할 기능은 세계적 항만경쟁시대에 걸맞은 현장경영체제이다. 부두공단은 탁상행정의 편의보다는 현장경영의 중요성을 다시 인식, 이전계획을 깨끗하게 포기해야 한다.

컨 공단은 우선 서울지사기능을 대대적으로 확충한 뒤 장기적으로 본사를 서울로 이전하려 한다는 보도도. 이 보도가 사실이라면 우리는 공단임원들의 사고구조에 결정적 결함이 있음을 지적하지 않을 수 없다. 공단의 설립목적이 국내 컨 부두의 운영·건설에 있고 부산이 컨 부두 운영·건설의 중심지역인 이상, 그들이 그저 업무협의상 편의를 내세워 본사이전을 검토하는 것을 도저히 납득할 수 없기 때문이다.

그렇잖아도 컨 공단은 사업추진 및 예산 편성상 허점을 내보이며 부채를 늘려가고 있다거나, 연간 3천억 원의 예산을 집행하며 예치금의 77%를 서울지역 은행에 맡겨 지역경제 활성화에 역행하고 있다는 지적들을 받아왔다. 이 공단이 눈앞에 닥친 부산항의 경쟁력 강화나 가덕신항의 효율적 건설을 꾀하기보다 공단직원들의 일신상 편의를 중시하려 한다는 것은 참으로 유감스런 일이다.

물론 부산은 기업경영 여건이 나쁘다. 제조업체 수의 전국비중은 9.3%에 이르는 반면 본사는 4.7%에 불과할 만큼 '탈부산 현상'도 심각하다. 그러나 컨 공단이 고유 업무의 본산을 떠난다는 것은 다른 차원의 문제다. 서울에 본사를 둔 민간기업들은 경영정보 시장판매 금융조달 등 사정이 있다지만, 컨 공단의 입지는 부산이 적격이다. 당장 컨 공단은 가덕신항 컨소시엄에 참여하고 있다. 신항 완공 때 5천억 원대의 수익을 기대할 수 있으며, 부산-광양권의 컨 물량 처리도 전국의 75%를 넘을 전망이다. 이 모든 입지적 타당성을 외면한 채 부산을 떠나는 것은 지역중추관리 기능의 공동화를 가져올 뿐이다.

부산은 현재도 한국 최고의 컨 항만이며 앞으로도 '동북아 관문도시'를 지향하고 있다. 부산이 항만물동량 수송에 따른 전국 최악의 교통난과 항만조성에 따른 친수공간의 상실을 견뎌내고 있는 것도 다 부산항의 중요한 기능을 이해하고 있기 때문이다. 이 시기에 항만 운영·건설을 책임지고 있는 컨 공단이 본사를 서울로 옮길 수는 없다. 해양항만도시인 부산에 해양수산부가 오히려 옮겨와야 한다.

# 5장. 인물평전: 차용범이 만난 부산사람

## 멋있거나 걸출한 품격 있는 부산사람을 그리며

나는 월간 「부산이야기」에 부산인물 평전 코너를 운영하며, 나름 멋있거나 걸출한 이 시대의 부산사람들을 만나왔다. 2011년 1월부터 5년 동안, 두 달에 한 분씩이다. 한 사람을 정확하게 이해하려면 그가 살아온 궤적을 살펴보며 그의 생각을 들어봐야 한다. 인터뷰는 한 사람의 말을 기록하는 기능과 함께, 그 사람을 이해할 값있는 자료를 제공한다. 정말 훌륭한 멋쟁이를 만나 그의 깊은 속살을 들춰본다는 것, 그것은 얼마나 즐거운 일인가?

내가 만난 '멋쟁이'들은 무엇보다, 이 시대를 바로 읽는 날카로운 눈과 함께, 동시대인(同時代人)과 동행할 따뜻한 가슴을 가진 '올바른 사람(Right Person)'들이다. 이분들은 인간에 대한 관심과 배려, 자기 삶에 대한 성찰에 성실했으며, 공유와 나눔, 창의와 도전 같은, 이 시대가 정녕 필요로 하는 가치에 열정을 쏟고 있다. '화향(花香) 백 리, 주향(酒香) 천 리, 인향(人香) 만 리', 꽃의 향기는 백 리를 가고, 술의 향기는 천 리를 가고, 사람의 향기는 만 리를 간다는 말이다. 이분들을 만나며 '인향'의 뜻을 실감했다. 사람이 향기를 갖는다는 것, 그것은 얼마나 아름다운 일인가?

## 걸출한 삶 살며 '인적이 드문 길' 걷기

품격 있는 부산사람, 이분들은 대체로 그 세계에서 걸출한 삶을 유지하며, '인적이 드문 길'을 묵묵히 걷고 있다. 이분들이 걷는 길은, 그저 걸출하거나 많은 것을 가졌다고 해서 누구나 쉽게 갈 수 있는 그런 길은 결코 아니다. 그들이 살아온 궤적을 더듬으면 거기엔 도도히 흐르는 부산사람의 역사가 있다. 남다른 도전, 남다른 노력을 거쳐 자기만의 걸출한 탑을 우뚝 쌓은 것이다. 그리고, 불굴의 신념과 의지로 사회에의 배려에 결코 가볍지 않은 공력을 쏟고 있다. 이분들은 정말 오늘의 시대정신에 당당한 '노블리스 오블리주(Noblesse Oblige)'의 전형으로 많은 이에게 감동을 주고 있다.

한국을 대표하는 세계적 피아니스트가 연주여건을 갖추지 못한 중소도시·섬마을 연주회를 아끼고(백건우), 한국관객에게 가장 인기 있는 '국민 마에스트로'가 관객의 눈높이에 맞춰가며 클래식 대중화를 선도하는 것(금난새), 그건 숭고한 배려와 헌신 없인 어려운 일이다. 부산 건설업계의 산증인이 기업경영에서 얻은 '작은 성공'을 육영사업으로 사회에 환원하고(장복만), 부산 최초의 '아너 소사이어티' 회원이 일상처럼 나눔·봉사에 앞장서고 있는 것(박순호), 그것은 담대한 나눔·공생 추구의 위대한 사회공헌이다.

## 나눔·공생, 창의·도전의 빛나는 결실

'타고난 책장수'가 단순한 서점 경영가와 독서 운동가를 넘어, 영광도서를 '부산문화의 자존심'으로, 영광독서토론회를 '부산시민의 문화유산'으로 키우고(김윤환), 37년 화상(畵商)이 독특한 안목과 발품, 그만의 정신을 담아 모은 '좋은 작품' 860여 점을 공공 미술관에 척척 기증하며(신옥진), 늦은 나이에 사제 서품을 받고 전후 부산에 부임, 복지·교육·의료사업에 55년여를 헌신하며 죽을 때까지 부산을 떠나지 않겠다고 다짐하는 성직자(하 안토니오 몬시뇰). 아무나 갈 수 없는, 그 공유와 나눔의 결실이다.

사람과 자연의 조화를 중시하는 '휴머니즘 건축'으로 이 세상에 적잖은 울림을 주는 '생각하는' 건축가(승효상), 암과 싸우면서, 자연·인생을 성찰하고 사랑·행복을 기도하는 소박한 시로서 이 시대 치유·희망의 메시지를 전하는 수녀(이해인), '60세 은퇴-80세 사망' 체제에서 '100세 시대'의 가능성을 굴착하는 '아름다운 노년'(강남주), 이런 걸출한 '멋쟁이'는 또 그리 흔할 터인가?

'세계에서 가장 편안한 신발'을 만들겠다는 각오로 신발을 시대에 맞게 진화·발전시켜 첨단 성장산업을 일구고(권동칠), 국내 정상급 광고회사의 고위 임원에 오르는 등 대한민국 광고계의 우먼파워를 보여주며(김혜경), 조선해양공학계 양대 '노벨상' 수상하고 '한국, 조선해양 세계 최강'의 위상을 확고히 다질 것을 다짐한다?(백점기) 그야말로 끝없는 창의와 도전의 결실이다.

유년시절 야구선수로 출발, 프로야구 출범과 함께 '전문 해설가'의 영역을 처음 밟은 국민 야구 해설가(허구연), 부산에서 성장하며 작가적 감성을 한껏 키운 뒤, 영화에 정감 있는 부산적 풍광과 함께, 걸쭉한 부산 사투리까지 그대로 담아내는, '메이드 인 부산' 영화의 대가(곽경택), 7080 음악은 감성·열정의 결실이며 "나는 늘 진화 중"이라고 당당하게 말하는 낭만가객(최백호), 이런 걸출한 '멋쟁이'는 정말 그리 흔할 터인가?

## 노블리스 오블리주 넘어 '시대의 멘토'로

난, 이분들을 우리에게 꼭 필요한 '시대의 멘토'로 본다. 이분들은 노블리스 오블리주의 전형을 넘어, 곧 한국의 존 록펠러(John Davison Rockefeller)며, 앤드류 카네기(Andrew Carnegie)며, 폴 게티(Jean Paul Getty)며, 빌 게

이츠(Bill Gates)로 추앙받으리라, 굳게 믿는다.

이 중에는 한 사람, 정치인이 포함되어 있다. 그 '정치인 안철수' 역시 내가 만날 당시에는 '한국의 2030세대가 가장 닮고 싶어 하는 창의적 인간'이라는 극찬을 받으며 청년에게 꿈과 희망을 전파하는 '이 시대 최고의 청춘 멘토'였다. 따라서 이 인물탐구 코너는 나의 개인적 기쁨과 영광을 넘어, 실상 그분들에 대한 부산의 작은 보답이기도 하다.

나는 적잖은 공력을 들여 멋쟁이들을 만나고, 각고의 땀을 쏟아 정리한 원고를 대략 200자 100매 안팎으로 다듬었다. 적잖은 공력? 이건 공유와 나눔, 창의와 도전 같은 특정한 초점 잡기 아래, 그 '길(Road)'을 훑어가는 구성방식 때문이다. 이 부분에 대해선 백건우·윤정희 부부가 인터뷰에 보여준 반응을 따로 정리한 적도 있다. 이 부부, 처음엔 그저 부산공연을 맞은 계기성 인터뷰인 줄 알았다가, '피아니스트 백건우에게 음악의 길을 묻다' 같은 주제로, 그 '길'을 훑어가는 인물탐구 형식에 신경이 많이 쓰이더라는 것이다.

"음악으로 청중과 함께, 나누고 소통할 때, 난, 가장 행복하다
부산은 '마음의 고향'… 가난했으나 아름답던 시절 늘 기억…"

이런 제목에 전문 제시하며 인터뷰를 진행했으니, 더러 부담 있었을 터이다. 개인적으로도, "이미 '걸어온 길' 정리하려면 정확하게, 탄탄하게 하자"는 생각도 들었으리라. 그래서, 서로의 '열정'을 나눠가며 의견을 주고받고, 또 주고받고, 200자 100매 분량의 원고 가다듬기 작업을 함께해온 것이다. 나의 인물비평 코너를 진행한 열정은 그랬다. 인터뷰이 한 사람 한 사람을 만날 때마다 그분들의 그 귀한 '삶의 스토리'를 들을 기대에 늘 가슴이 설레고 벅찼다.

### 특정한 주제 따라 한 사람 Road Story 엮는 방식

이 '공력' 부분에 대해선, 노년작가 강남주(전 부경대 총장, 전 부산문화재단 대표) 선배가 내린 평가가 있다. "…읽어보면 알 것이다. 저자는 인터뷰를 하기 전에 상대방에 대해서 얼마나 철저한 준비를 했는가를. 그리고 질문 하나하나에서 '정곡을 찌르는 것이란 이런 것이구나' 하고 느낄 수 있도록 힘을 쏟았음을. 또 스스로 쓴 글의 아귀맞춤이 간결하면서 뛰어난 문장의 전형으로 드러나고 있음을. 그의 글을 읽으면 그의 냉정한 시각이 놀랍고, 서늘하다. (…)"

그러나, 「부산이야기」는 내 코너에 귀한 지면 6페이지를 할애하면서 늘 200자 24매를 허용했다. 이건 인터뷰어(Interviewer)에게도, 인터뷰이(Interviewee)에게도 정말 아쉽고 민망한 일이었다. 결국 '이 글의 전문은 인터넷 ○○○에서 읽을 수 있습니다' 같은 안내를 붙여 인터넷신문, 또는 공식 블로그에 원고 전문을 올릴 수밖에.

### '부산사람'에 '삶의 길' 물어 부산 성장사 살핀 인문학서
### 시대 읽는 눈·동시대인 동행할 가슴 갖춘 '멘토' 스토리

내가 먼저 만난 열여덟 분의 얘기를 책으로 출간(『부산사람에게 삶의 길을 묻다』, 2014)한 것은 이런 아쉬움을 덜기 위해서다. 이후의 '멋쟁이'에 대한 풀 스토리는 2018~2019년 중, 인터넷매체 「Civic News」의 '부산 현대인물을 찾아서' 코너를 통해 전달한 바 있다. 내가 책을 묶어 낼 때, 노년작가 강남주 선배는 이런 서평을 붙였다.

"그는 한때 부산의 한 신문사 사회부 기자로서 민완을 떨쳤다. 민완을 떨쳤다기보다는 완벽한 취재를 위해 온몸을 던졌다. 그래서 허점이 없는 기사를 쓰는 기자로 알려졌다. 그런 그가 신생 다른 신문사로 옮겼다. 거기서 사회부 기자와 사회부장, 논설위원, 편집국장으로 일했다. 시쳇말로 뼛속까지 언론인이었다. 그의 이미지는 정론직필로 치환이 되었다.

햇빛은 하나의 초점에 모일 때 불이 된다. 언론인으로서 그는 취재와 기사작성에서 늘 초점을 가지고 있었다고 기억된다. 언론사를 떠난 뒤 그는 법학박사 학위를 받았다. 언론현장에서 맞닥뜨린 언론의 자유, 그 이론과 실제에 관심을 갖고 언론법에 관한 연구에 초점을 모은 결과였다. 그래서 언론법의 전문가가 되었던 것이다.(…)

올해가 부산직할시 승격 50주년이다. 이 책에는 부산의 지난 반세기가 압축되어 있다. 저자는 전쟁의 상처가 아물고 과학과 문화, 정치와 예술이 응축되어 있는 이 도시를 종관하고 싶었던 것이다. 그 발자취를 도시의 겉모습에서 더듬고 싶어 하지 않았다. 지나간 사람들의 발자국, 그리고 지금을 살고 있는 사람들의 열정과 노력에서 찾고자 했다.(…)

책 속에 등장하는 인물의 면면을 살펴봤다. 예술인, 음악가, 건축가, 기업인, 종교인에 이르기까지 나름대로의 발자국이 명료한 사람들이다. 그들은 당장에 부산에서 살고 있거나 이미 부산을 떠났거나 간에, 부산 반세기를 단단하게 받쳐주고 있는 현대사의 받침돌들이다. 그들에게서 허허실실을 배워야 한다. 그들의 열정과 진지함에서 사람 사는 모습을 발견하고 닮아야 한다. 독자에 따라서 가령 닮기 싫은 사람이 있다면 이 또한 소중한 느낌의 그루터기가 될 것이다. 필자는 그런 치밀함과 냉정함을 이 책에 함께 담고 있다.

이 책은 부산 반세기의 성장사를 사람을 통해 살펴본 인문학서다. 예술과 기업경영, 사회기여와 정치활동까지 사람의 일로써 함께 담고 있다. 뒷날 누군가가 부산사람들의 발자국을 보고 싶을 때 이 책을 찾을 것이다. 그리고 그 발자국은 미래를 설계하고 싶은 사람에게 시사하는 바가 크기에 새로 놀랄 것이다. 문화의 온축이란 바로 이런 것이 아닌가 생각한다."

부산 언론들은 두루, 이 책의 발간소식을 전해줬다. 〈멋있거나 걸출한 부산사람, 그를 통한 부산의 역사 찾기〉 같은 제목을 붙여서. 책의 판매를 맡은 영광도서 역시 마케팅에 각별한 노력을 쏟아줬다. 책 광고를 내고, 포스터를 만들어 붙이며, 또 베스트셀러 순위까지 공표해가며. 덕분에 나는 제작비 걱정을 하지 않고, '좋은 책' 한 권을 발간했다.

| 인물평전 | 동양고전 전문가 한형조 교수에게 인문학의 길을 묻다
(「부산 이야기」 2015년 1월호) |

## "행복을 꿈꾸는가, 인문학 통해 '삶의 기술' 연마하라
## 인문학, '삶의 기술' 배우고 익히며 행복 얻는 학문"

한국학중앙연구원 고전한학·철학 전공 한형조(韓亨祚) 교수(56). 동양고전의 현대적 해설을 통해 삶에의 통찰과 행복의 길을 전파하는 한국 인문학계의 쟁쟁한 고수다. 고리타분할 것 같은 동양철학을 오늘 '삶의 문제'로 널리 귀환시킨 입심 좋은 얘기꾼·인기 높은 글쟁이다.

'유교, 희로애락의 기술', '붓다의 치명적 농담', '허접한 꽃들의 축제'…, 그의 저술과 문장은 모던하고 경쾌하되 엽기와 과감을 넘나든다. 이 양의 동·서와 시대의 고·금, 진지함과 레토릭을 넘나드는 종횡무진은, 그가 모든 원전과 원전에의 다양한 해석을 형형한 눈빛으로 꿰뚫고 있기에 가능했다는 찬사다.

동양고전의 현대화를 통해 삶의 문제를 천착해온 집념은 어디에서 출발했나? 위대한 불교경전에도 인문학적으로 접근, 종교의 정수를 쉽고 깊이 있게 설명하는 그 저력의 뿌리는 무엇인가? 한국의 인문정신을 찾는 열정으로, 우직하고 성실한 대중강연·글쓰기를 통해 인문학의 심화·확산에 헌신해온 그의 남은 숙원은 또 무엇인가?

[약력] 1958년 경북 영덕 출생. 경남고, 서울대 철학과, 한국정신문화연구원 한국학대학원 졸업(철학박사). 동양철학과 고전에 천착하며, 동아시아 전통 속에서 미래 인문학의 가능성을 탐색하고 있다. 옛 고전을 우리 시대 언어로 불러내는 작업에 열중, '인문학의 대중화'에 헌신한 공로로 제4회 민세(民世)상 수상(2013). 저서 『한형조 교수의 금강경강 별기; 붓다의 치명적 농담』, 『한형조 교수의 금강경 소; 허접한 꽃들의 축제』(2011), 『왜 동양철학인가』(2009), 『왜 조선 유학인가』(2008), 『조선 유학의 거장들』(2008), 『무문관, 혹은 너는 누구냐』(1999), 『주희에서 정약용으로』(1996) 등 다수. 에드워드 콘즈의 『불교』와 가마타 시게오(鎌田茂雄)의 『화엄의 사상』을 번역했다. 계간 「문화와 나」에서 '아시아의 고전들'을, 「중앙선데이」에서 '교과서 밖 조선 유학' 이야기를 연재했다.

우리는 과연 행복한가? 누구나 잡으려는 행복, 하지만 많은 이에게 행복은 그림의 떡이다. '성공한 국가 불행한 국민', 한 애널리스트(투자분석가)의 신간 제목처럼, 국민들은 (국가의)경제적 풍요가 (국민의)행복을 담보하지 않는다고 본다. 그 인식의 뿌리는 무엇인가?

『한국사회와 그 적들』, 대한민국 대표 융 심리학자 이나미 박사 역시 한국인의 행복을 걱정한다. 대한민국, 세상 어딜 가도 이만한 자연도 없고 이만큼 친절한 관공서도, 이만큼 정 많고 똑똑하고 잘생긴 국민도 없다. 그 속에서 한국인은 욕망의 덫에 빠지고, 통하지 못하며, 분노에 지쳐 외로운 사람들로 살아가고 있다. 그 집단정신의 바탕은 무엇인가?

정녕 우리 사회는 '냄비사회'다. 성공의 사회학으로부터 재테크가 태어나고, '웰빙'과 '힐링'이 그 자리를 대신하더니, 이제 '행복'이 등장했다. 그 행복 증후군은 '스스로 행복 찾아가기', 곧 '빨리 달리기' 대신 '깊이 살기'의 추구다. 대학가에선 문(文)·사(史)·철(哲)이 찬밥 신세지만 살아본 사람은 안다, '빨리 달리기'만으로 세상을 뚫는 통찰의 눈을 가질 수 없다는 것을. 대중들은 이제 먼저 나를 뚫고, 사람을 뚫고, 세상을 뚫기 위해 인문의 힘을 기대한다. 융합·통섭을 얘기하는 인문학의 바탕 위에서 '행복'을 추구하는 그 사회적 흐름이다.

**인문학, 인간적 삶 구현하기 위한 처절한 노력**

Q. 가히 인문학 열풍이다. 사전적으로 '인간의 사상·문화를 탐구하는 학문', 그 인문의 열기가 뜨겁다. 인문학, 도대체 뭔가? 동양철학에 정통한 인문학자로서, 현대적 어법으로 설명해 달라.

"인문학은 삶의 기술(The Art of Living)을 배우고 연마하는 학문이다. 인문학에서의 종교, 철학 모두 자아의 한계를 극복하고 사랑과 성장, 삶을 존중하고 겸손을 배우는 것을 목표로 하고 있다. 결국 인문학은 인간적 삶을 구현하기 위한 처절한 노력이라고 할까."

철학에 바탕한 인문학자 한형조는 인문학의 효용 몇 가지를 든다. 첫째, 지금까지와 다른 방식으로 세상을 볼 수 있게 하고, 둘째, 삶을 견뎌내는 기술을 습득시키며, 셋째, 의미와 유대를 강화하는 훈련을 시켜준다는 것이다. 결국 인문학의 기술은 인생을 견디게 하는 것이며, 고전·역사의 수많은 사람의 인생을 통해 위로를 받고 조언을 받을 수 있는 길이라는 강조다.

Q. 인문학, 어떤 값어치가 있어 오늘, 그토록 열풍인가?
"최근 우리 사회가 인문학을 배우려는 것은 물질적으로 잘사는 것을 넘어, 정신적·육체적 조화를 이루는 '웰빙(Wellbeing)'에의 요구가 커졌다는 의미다. 누구나 그 '삶의 기술'을 원하지만 누구도 가르쳐주지 않으니 곳곳에서 인문의 열기는 뜨겁고 강좌는 넘쳐날 수밖에 없다."

그는 고은 시인의 시 〈그 꽃〉 구절을 들어 인문학의 가치를 설명한다. "내려올 때 보았네/올라갈 때 못본/그 꽃" 우리 인생도 나이 40, 50에 들어서면 꺾어진다, 내려갈 때 보면 그동안 올라갈 때 봤던 것과는 또 다른 가치, 또 다른 풍경들이 눈에 들어온다, 그동안 소홀히 한 것들이 눈에 들어오면서 막 뛰기만 하던 삶에 또 다른 가치를 만나는 것이다, 우리가 놓친 삶의 진실들을 바라보게 하는 것, 그게 인문학의 가치다, 이런 얘기다.

그는 일반대중의 인문학에 대한 관심을 얘기하며 우리의 물질적 풍요에 미치지 못하는 행복 수준을 지적한다. 실상, '성공한 국가', 대한민국의 세계 속 경제위상은 경이롭다. 한국은 2012년 '20·50클럽'에 가입했다. 세계 7번째다. 1인당 국민소득 2만 달러-인구 5000만 명을 동시에 충족하는 국가, 제2차

세계대전 이후 기존 선진국 말곤 한국이 유일하다. '불행한 국민', 한국의 행복지수는 OECD 34개국 중 26위. 교육, 일자리, 치안 항목의 높은 평가에, 환경(29위), 일과 삶의 균형(30위), 공동체 생활(33위) 항목에서 최하위권이다. 갤럽 조사 결과, 세계 148개국 중 97위다.

### 우리, 자기 마음·상대방 마음부터 배워가야

Q. 오늘을 사는 우리, 인문학에서 무엇을 배워야 하나?

"우리가 배워야 할 것은 '인간' 자신이다. 놀랍게도 우리는 자신을 잘 모르고, 특히 사람들은 누구나 스스로에 대해 먼저 생각하기 때문에 상대방의 마음에 대해 이해가 부족하다. 일반적으로 사람들은 자기중심적으로 자신만을 생각하며, 사람을 하나의 수단으로 대하기 마련이다. 사람은 '사물'이 아닌 목적으로 대해야 한다."

그는 특히 '나' 자신부터 제대로 다뤄야 함을 강조한다. 인문학의 중심은 물질이 아닌 자기 마음속에 있다는 것을 명심하고 자기중심적 시각에서 벗어나야 한다는 것이다. 눈치가 없으면 곤란하다 싶어 우리는 늘 다른 사람의 마음을 읽으려고 노력하지만, 정작 중요한 것은 따로 있다는 것. 그는 로마 황제 마르쿠스 아우렐리우스의 경고를 인용했다. "자기 마음의 움직임을 보지 못하는 자는 결국 불행해질 수밖에 없다."

Q. 사실 행복은 온 인류의 변함없는 소망이다. 동양철학에서 말하는 행복은 뭔가?

"삶에는 희로애락이 있다. 주자학자의 눈으로 요즘 한국인을 보면, '노(怒·분노)'와 '애(哀·슬픔)'가 주축이다. 반면 '희(喜·기쁨)'와 '락(樂·즐거움)'이 약하다. 그것이 우리가 놓치고 있는 지평이다. 그런 점에서 인문학 코드는 '분노'와 '슬픔'에서 '기쁨'과 '즐거움'으로 넘어가는 징검다리가 될 수 있다. '기쁨'은 지속적이고 은근한 기쁨, '즐거움'은 손발을 고양시키는 존재의 흥분을 말한다. 그게 곧 행복 아니겠나."

### 인문학 공부, '기쁨' 얻는 과정… 독립적 삶 안겨

Q. 그런 행복을 어떻게 일굴 수 있을까?

"공부하는 삶이 바로 그 통로이다. 공자가 말한, '배우고 때로 익히면 즐겁지 아니한가(學而時習之 不亦悅乎)'를 기억할 것이다. '배우고 익힘'은 스스로를 엔터테인먼트 한다는 말과도 같다. 곧 인문학 공부는 '기쁨'을 얻는 과정이며, 이로써 '분노'와 '슬픔'을 불식할 수 있는 처방이기도 하다. 배움으로써 얻어진 기쁨은 독립적이고 세련된 삶을 안겨준다. 철학자 쇼펜하우어도 이 눈물의 골짜기, 고해로부터 우리를 구원할 비책은 오직 '공부하는 삶(Intellectual Life)'에 있다고 역설했다.

존재의 충일감을 느끼며 살고 싶은가? 그렇다면 배워라. 상처로부터 배우고 고전으로부터도 배워라. 그를 통해 우리는 고통 속에서 '나'를 바로 세우는 이치를 터득할 수 있다. 그렇게 터득한 이치가 우리의 삶을 자유롭게, 지혜롭게, 행복하게 한다. 결국 행복이란 가만히 있어도 저절로 찾아오는 건 아닌 것이다."

최근 출간작 『인문학에 묻다, 행복은 어디에』(2014)에도 한 교수의 행복론이 들어 있다. 이 책, 행복을 화두로 놓고 17명의 인문학자·과학자·예술가를 만난 기록이다. '행복'이란 미지의 대륙에 대한 탐사 보고서다. 행복의 형태와 질감, 색깔과 맛을 찾으려는 시도다. 철학자에게 상처와 힐링을 캐묻고

뇌과학자에게 행복의 근원을 따진다. 천문학자와 삶의 의미를 이야기하고 시인과 선악을 논한다. 그의 행복론 제목 역시 '배우고 때로 익히면 즐겁지 아니한가'이다.

**동양고전, 현대 물질문명 폐단 해결할 효과적 대안**

Q. 현대사회에서 동양고전의 가치는 어디에 있나?

"현대사회는 왜 인문학의 가치를 강조하나? 산업화를 통한 물질적 풍요 속에서 그동안 소외되어온 '인간의 정신'을 돌아보고, '인간 존재의 가치'를 되찾는 데 인문학이 주요한 역할을 수행할 수 있으리라는 기대 때문이다. 동양고전은 현대 물질문명의 폐단을 해결할 수 있는 효과적 대안이다."

그는 확신에 찬 표정과 특유의 레토릭으로 강조한다. 동양의 고전 중엔 동양의 대표적 철학자, 문학가의 정신을 오롯이 담은 주옥같은 작품, 시공을 초월하여 인간과 세계, 인간자아에 대한 진지한 탐구와 객관적 관조를 가능케 하는 명작들이 즐비하다고. 그런 면에서, 동양고전은 파고들어 씹고 또 씹을 때 그 진미를 맛볼 수 있는 인생의 고전(苦戰) 중 하나이기도 할 것이라고.『대한민국 대표 인문학자들이 들려주는 인문학명강; 동양고전』(2013)을 보라.

쟁쟁하고 쟁쟁한 학자 13명이 동양고전을 빌려 들려주는 삶과 앎 얘기가 뛰어나고 맑다. 한 교수는 이 책에서 율곡 이이의『격몽요결(擊蒙要訣)』을 풀어 얘기한다. 1577년 율곡이 학문을 시작하는 이들을 위해 쓴 책이다.

Q.『격몽요결』, 어떤 책인가?

"이 책, 어린이들이 읽는 책으로 오해하는 사람들이 있다.『동몽선습(童蒙先習)』이나『동몽수지(童蒙須知)』가 어린이 책이어서 그런 것 같다. 그러나 이때의 '몽(夢)'자는 어린이를 의미하기보다, '무지몽매(無知蒙昧)하다'는 뜻이다. 인간은 누구나 무지 속에 있기 때문에 그것을 깨우쳐야 한다. 『격몽요결』의 대상은 오히려 어른을 향해 있다.

현자들의 우화는 대체로 '인간의 무지'를 두고 한 일침, 혹은 풍자인 경우가 많다. '장자'의 '조삼모사(朝三暮四)'나 불교의 '육도윤회(六道輪回)'가 그러하다. 『격몽요결』의 취지도 어린이를 가르치는 것이기보다 인간이 갖고 있는 무지를 깨는 비결을 보여주는 데 있다."

Q. 『격몽요결』, 고전으로서의 가치는 어디에 있나?

"동서양의 고전은 무궁하고 다양하다. 그 중 유교가 내세운 대표적 고전은 '사서삼경(四書三經)'임은 익히 알고 있을 거다. 여기『격몽요결』은 삶의 기술에 대한 유교적 입문, 혹은 기초를 담고 있다. 율곡은 오랜 전통을 따라 '학문'을 지금의 분과(分科) 지식과는 달리, '삶의 기술'로 정의했다."

'사람이 세상에 태어나 사람노릇을 하자면 '공부(학문)'를 해야 한다. 공부라고 하는 것은 무슨 남다른, 특별한 어떤 것이 아니다. 일상적 삶에서, 관계와 거래에서, 일을 적절히 처리하는 법을 배우는 것일 뿐이다. (…) 공부를 안 하면 마음은 잡초로 뒤덮이고, 세상은 캄캄해진다. 그래서 책을 읽고 지식을 찾는다. (…)'

한 교수는『격몽요결』의 서문을 들어, 유교식 학문의 정의를 내린다. 곧 학문은 사람이 살면서 익혀야 할 최초·최후의 기술이라는 것이다. 이것을 현대 용어로 '인문학'이라고 부른다면서.

이 책에서, 다산 정약용을 소개한 박석무 다산연구소장은 그의 이름만 알고 사상 공부는 뒷전인 세상을 한탄하며 "다산을 읽어보면 정말 안 미칠 수가 없다"고 일갈한다. 퇴계 이황의 '성학십도'를 설명한 이광호 연세대 교수는 성학을 '인간의 향기를 꽃피우는 학문'이라 푼다. 심경호 고려대 교수는 매월당 김시습을 일러 "이런 사람이 우리 역사에 있었다는 것은 참으로 다행"이라고 안도한다.

### 유학, '낡은 학문' 이미지 극복… 새 전통 뼈대로

문화평론가 조우석은 얼마 전 유학을 '전 시대 정신유산의 큰 몫'이라고 평가하며, 한 교수에 대한 인물비평을 시도한 바 있다. "그 유학을 보다 탄력 있고, '맛있게' 저술해서 동시대에 유통시킬 만한 젊은 학자가 무척 드물다. 거기에 근접한 사람이 한형조 교수다. 그가 갖는 매력은 '구질거리거나 곰팡내가 풍기지 않는다'는 점이다. 그만큼 신선하다", 이런 표현이다.

그는 몇 해 전부터 주간 「중앙선데이」에 유학 관련 에세이 〈교과서 밖 조선유학〉을 연재했다. 그리고, 그가 보는 유학에의 생각을 더듬은 책, 『왜 조선유학인가』를 출간했다. 조우석의 평에 따르면, '젊은 유학 관련서로 손색없는 책', '젊은이들의 마음을 움직일 만한 유학책'이다. 그러니 그의 유학 공부 얘기도 물어야 한다.

Q. 유학, 한국의 대중에게 여전히 '고리타분한' 학문이다. 특정집단의 지배도구로 전락했다는 이미지 때문이다. 그럼에도 현대인은 동양고전에 주목하고 열광한다. 유학, 지금 우리에게 어떤 위치인가?

"유학, 원래 낡은 학문, 한국 근대화에 실패한 사상이다. 그 유학, 지금 새롭게 우리에게 다가서는 국면이다. 이게 참 역설이다. 근대화 돌입과 함께 전 시대의 도그마인 유학의 유산이 거의 전부 와해됐기 때문에, 그 잿더미 위에서 21세기에 유학을 달리 논의할 수 있는 계기가 마련된 거다. 19세기

말 조선의 망국 앞에서 단재 신재호가 '일찌감치 육경(六經)을 불 싸질렀어야 했다'고 유학을 저주하며 그 책임을 물었다면, 이제 시대가 다시 바뀌긴 바뀌었다. '포스트모던'한 지금 은근히 옛것에 관심이 쏠린다. 이제 조선 망국의 책임이 유학에 있다는 준엄한 시선은 조금 무뎌졌다."

요컨대 시대정신이 학문을 규정하는 상황이다. 그는 한국 또한 근대화(를 못 이뤘다는) 콤플렉스를 벗어던지면서 이제 또 다른 실용적 목표 아래 전통과 유학 읽기를 실험하는 중이라고 평가한다. 산업화에 성공한 글로벌 강국, 이제 자기 문화·전통에 바탕한 고유 브랜드, 곧 전통을 구축하는 과정이라고 본다. "나는 그것이 고맙다"는 고백이다.

Q. 유학은 지난 수천 년 동안 조선과 중국·일본을 지배해온 윤리학·정치학 측면의 주류사상이다. 그 유학을 종교적 관점에서 체계화한 유교(儒敎)가 있다. 그 유교의 핵심 주제는 무엇인가?

"유학은 심학(心學)이다. 곧 '마음의 훈련과 연습'이다. 그런 뜻에서 나는 유교를 '삶의 길(Ars Vitae)'을 찾아 나선 구도의 모험'이라고 얘기한다. 너무 늦기 전에 이 오래된 학문(古學)에 뛰어들라 하면 시대착오라 하겠지만."

한 교수는 유교에 대한 세 가지 오해를 얘기한다. 첫째, 유교는 중국의 장물이라는 인식, 둘째, 유교의 현장은 문중이나 유림이라는 생각, 셋째, 유교를 도덕적 설교로 읽는 통념이다. 그는 강조한다, 현대사회 속 전통의 가치 유학을 말하려면, 이런 상황을 이해하며 보다 날렵하게 접근해야 한다고. 낡은 이념인 삼강오륜을 다시 들먹이고, 도덕과 군자의 도리를 말하는 유학 이야기는 좀 수상쩍거나(시대착오적 강요 때문에), 아니면 좀 우스울 수도

(세상 변화를 모른다는 뜻에서) 있다는 것이다.

유학을 위한 변호인가? 한 교수의 발 빠른 전환은 나름 근거가 뚜렷하다. 유학의 그런 한계에도, 조선왕조는 500년을 다스려왔다. 세계 역사에서 보기 드문 장구한 세월이다. 결함 없는 이념이 어디 있고, 단점이 없는 지배 이데올로기가 어디 있나?

**"난, 인문학 강좌에서 '지속적 자기훈련' 강조한다"**

Q. 그동안 생활 속의 한국학과 인문정신을 찾는 인문학 강좌에 참 많이 참여했다. 올해만 해도 한국학중앙연구원 '2014 한국학 콘서트', 예술의 전당 '한국철학 강좌', 한국국학진흥원 '문화유전자 탐방열차', 경북대의 '치유인문학: 마음을 살리는 길' 강좌…. 얼마나 많은 강연을 했나? 그리고 강연에서 주는 메시지는 무엇인가?

"음…. 작은 오해가 있다. 사실 난 강연·강좌 많이 안 한다. 가끔 나간다. 인문학강좌는 최근 폭발적으로 늘었다. 레퍼런스(Reference)나 소스(Source)는 달라도 강연자들이 주고자 하는 인문학적 메시지는 일치한다. 거기 나까지 낄 필요가 있나 싶기도 하다. 스스로 게으르기도 하고, 마냥 나서지는 않겠다는 경계도 있다. 학자들의 최우선의 가치는 여가이다. 공개되었다간 바빠질까 싶어 강연을 VTR로 녹화도 못하게 한다. 아, 농담이다."

강조에서 주고 싶은 메시지? 그의 생각은 뚜렷하다. 인문학이 뭔가? 우리가 살아온 일상의 코드, 곧 물질주의 같은 세속적 지향에서 벗어나 정신적 충족 같은 다른 가치를 추구하는 게 아닌가. 인문학 강좌, 현재 우리의 삶 곳곳에 스며들어 있는 한국의 인문정신을 우리의 역사와 문화를 통해 새롭게 조명한다. 그 속에 담긴 지혜와 가치, 창의성을 함께 배울 수 있는 자리다.

그는 한편 일침을 잊지 않는다. 인문학은 멀고 험한 등정이다. 앉아서 듣는 한두 번의 강좌로 '치유'나 '성장'을 기대할 수 없다는 것. 자동차 운전을 생각해보라. 매뉴얼만 읽고 운전한다? 턱없는 낙관이다. 지속적 자기훈련이 필요하다. 이런 메시지를 주고 있다는 것이다.

**'서양철학' 교육에 실망… 독학으로 '동양철학' 입문**

인문학 이야기, 과학의 공식처럼 정확한 결론이 있진 않다. '삶의 기술'이란 표현 속에서 '삶의 지혜'를 얘기하는 부분이니 그 흐름 역시 물 흐르듯 매끄러울 순 없다. 추상적이고 모호한 단어들로 현실과 마주한 구체성을 찾아내는 과정이 그리 쉽기만 할 것인가. 다행스럽게도, 그는 첫인상부터 맑고 온화했고, 더러 '우문현답'을 나누면서도 내내 여유 있고 겸손했다. 인터뷰 전 인물정보에서 본 얼굴표정 그대로, 그는 온몸에서 융숭 깊은 멋을 뿜어내는 동양철학자였다.

'대학을 졸업할 무렵부터 사회적 관계와 책임을 묻는 유학 공부를 시작했다. 한국정신문화연구원(현 한국학중앙연구원)의 한국학대학원에서 학비 걱정 없이 공부하였다.' 그의 자기소개 구절이다. 그는 어떤 계기로, 대학생활을 하며 동양철학에 빠졌을까?

"대학 초년 때 잠깐 산에서 지낸 적이 있다. 불교가 가르치는 '무의미의 기술'에에 지금도 혹하는 이유다. 대학 졸업 무렵 유학 공부를 시작해 주자학에 납치 혹은 중독됐다. 주자학이 과연 지금도 여전히 삶의 기술로 유효한가를 화두 삼아 이야기를 펼치기를 즐긴다."

그는 인문학을 하려 서울대 철학과를 갔다. '삶'에 대해 알고 싶었고, 거기 이르는 길이 궁금했다. 인간만이 자신의 '존재'를 묻기 때문이다. 그러나, 당시 대학 철학교육의 주류는 서양철학 중에서도, 분석철학-현상학-헤겔철학이었다. 거기다 철학적 사조나 문학적 흐름 같은, 단편적 지식정보를 전하는 교습방식에 실망했다.

그는 삶의 조언자로서의 철학을 목말라 했다. 원래 철학이란 이름이 '지혜를 추구하는 것' 아닌가. 동양철학에 입문했다. 불교철학을 통해서다. 한 한기를 견디다 휴학계를 던지고, 동해안 어느 암자로 들어갔다. 한 학승(學僧)으로부터 저녁마다 심리학강의를 들었다. 그는 도대체 알아듣지 못했고, 학승은 일본어판 전문서 읽기를 권했다. 역시 쉽지 않았다. 원전과 직접 대면하는 수밖에 없었다. 그는 한학을 독학했다. 보통 한학을 공부하는 과정에는 유명한 한학자의 '훈도'(가르침)가 있곤 하지만 그는 그저 혼자 공부했다.

"그건 천재의 영역 아닌가?" 그는 잘라 대답한다, "아니다, 동양학의 다른 분과는 사정이 다르지만, '철학'은 독학이 가능하다. 특히 영어 번역이 현대적이고, 일본어 주석이 상세하다." 이들을 길잡이로 띠풀을 헤쳐 나갔다니 고단했을 여정을 짐작할 수 있다. 그는 "이 독학이 내 스타일의 원천이자 동시에 한계(?)"라고 덧붙였다.

Q. 동양철학, 감히 쉽게 넘기 힘든 거대한 산맥의 영역일 터. '동양고전 전문가', 그동안 공부한 기본 텍스트는 어떤 것들인가? 또 그 텍스트들, 왜 읽고 궁리해야 했나?

"불교의 『반야(般若)』, 『대승기신론(大乘起信論)』, 원효의 저작, 지눌의 저작, 유교의 공자, 맹자, 제자백가, 송대(宋代) 주자학, 조선유학의 화담 서경덕, 퇴계 이황, 율곡 이이, 다산 정약용, 혜강 최한기… 동양철학의 기본서를 두루 섭렵했다. 중요한 책은 좀 봤다.

사실 철학에선 많은 텍스트가 필요하진 않다. 불교 역시 경전은 팔만의 방대함을 자랑하지만, 기본적 취지는 심플하다. 반야, 열반, 공(空), 지혜…

이런 가장 익숙한 키워드가 명료하게 드러날 때까지, 깊이를 얻고 사무칠 때까지 되씹는 것이다. '절대 많이 읽지 말라… 대신 절실하게 체험적으로 사유하라', 이건 역사적으로 오래 가르쳐온 고전의 독서법이기도 하다."

그는 주자학의 '골륜탄조(渾淪吞棗)'를 들어 "씹기"의 중요성을 되새긴다. '골륜'은 '새가 대추를 통째로 삼키어 먹는다'는 뜻, '탄조'는 '대추를 삼키다'는 뜻이다. 곧 공부를 하면서 조리를 분석하지 않고 두루뭉수리 넘겨 외우려만 들어서야 되겠나, 그런 뜻이다.

**'금강경 강의', '종교' 아닌 '인문'으로 불교에 접근**
Q. '한형조 교수의 금강경 강의', 그 2권을 출간한 서평에 "특히 한형조 교수의 저술은 엽기와 과감을 각오하고 종횡무진, 이 위대한 경전을 자유롭게 풀어냈다는 데 의의가 있다"는 평가 있다. 그 밖에도 '중고생을 위한 고사성의 강의'도 있고, '한글세대를 위한 불교', '화엄의 사상'을 우리말로 옮기기도 했고. 그 많은 저작, 어떤 집념과 열정으로 수행하고 있나?

"사실 불교는 나의 첫 도전이었다. 유교가 엄격한 격식을 요구한다면, 불교는 자유롭고 편하게 얘기한다. 이 '금강경 강의'는 '종교'가 아니라 '인문'으로 불교에 접근한다. 종교적 도그마에 발목 잡히지 않고, 제도 의례의 관습, 집단의 논리를 떠나, '불교' 그것이 알려주는 '인간학'에 오로지 집중한다. 그리하여 독자들의 종교적·문화적 배경에 상관없이 심금에 닿도록 배려했다."

금강경 강의, 이 책의 특장은 역시 풍부한 일화와 변주에 있다. 아무런 연관이 없어 보이는 일상의 에피소드들이 기실 불교의 진실을 보여주고 있다는 믿음의 산물이다. 예컨대 만공스님의 음담패설 법문을 통해, 그는 곁에 두고도 못 깨닫는 중생의 어두운 눈을 일깨우는가 하면, 영화 〈라쇼몽〉을 통해 욕망이 빚어낸 상(相)의 문제를 이야기한다. 보시를 베풀고 덕을 실현하는 방법을 논하며 아내의 젖은 손을 묘사할 때, 그의 문장은 편편의 에세이처럼 쉽고 편하다.

『금강경』은 지금도 절간에서 늘 독송되는, 대승 반야의 핵심적 경전이다. 압축적·논리적인 『반야심경』에 비해, 『금강경』은 흩은 곡조로 반복되고 변주된다. 촌철살인, 경구 경구마다, 깊은 의미와 통찰력을 갖춘 경전이다.

### 번거로움 싫어하는 인문학자 '천막'에 끌어넣기

이쯤에서 인터뷰를 갖기 전 한 교수와의 '관계 맺기' 과정을 되새긴다. 그가 제시하는 '인문학 속 행복의 길'을 「부산이야기」 2015년 신년호에 실을 요량으로, 지난여름 어느 날 인터뷰 요청 편지를 보냈다. 그는 늦은 답장을 주며, '국제 세미나를 하고 왔고, 공부하는 재미가 만사(?)를 잊게 해주었다'고 얘기를 시작했다.

"편지와 기획을 읽고, 「부산이야기」와 '차용범'이란 인물을 검색해봤다, 『부산사람에게 삶의 길을 묻다』(차용범 저) 서평을 보고, 기획의 의도와 방향을 대강 짐작했다, 인터넷에 건축가 승효상 편이 있어 읽어봤다, 정리 잘 했더라, 깔끔한 고수의 칼 솜씨(?)를 보는 듯 했다…."

이 부분까지 읽고 인터뷰의 성사를 낙관한 것은 성급한 것이었다. 그는 인터뷰를 피하는 이유를 열거했다. "아주 흥미 있겠다는 생각을 했으나 나는 거기 끼지 않아도 될 듯하다, 인문학은 실용이나 건축, 예술에 비하면, 한가한 소리 아닌가, 하고 싶은 얘기는 책에서 하고, 가끔 신문에 적기도 했고, 인터뷰를 하자면 오가는 번거로움도 번거롭고… 그렇게 이해해주면, 마, 고맙겠다"는 얘기였다.

그리고, 그 이메일의 각주에 붙은 한자성어가 예사롭지 않았다. 원전은 〈중산간괘(重山艮卦)〉, '간기배(艮其背) 불획기신(不獲其身) 행기정(行其庭) 불견기인(不見其人) 무구(无咎)', '그 등에 그치면 그 몸을 얻지 못하며, 그 뜰에 행하여도 그 사람을 보지 못하여 허물이 없으리라', 대략 이런 풀이였다. 현대어로 번역하면 '생각이 적절한 데서 멈추어 본래의 지위를 벗어나지 않는다'는 정도였다.

그의 내심을 짐작했다. 그는 '공부하는 재미'를 얘기했으니 공자의 말대로 행복을 얻는 길을 즐거이 걷고 있다. 그는 '번거로움도 번거롭고'를 말하며 '허물이 없으리라'를 넌지시 들이미니, 그 역시 행복을 즐기는 길의 한 갈래겠다. 이런 사연을 딛고, 한 두어 달 묵혀가며 대시한 끝에 성사에 이른 인터뷰이다. 그는 '낙타가 천막에 들어가는 수에 걸렸다'고 한탄했지만, 그런 만큼, 그에게 이 부분을 물어야 한다.

Q. 동양고전을 바탕으로 인문학의 가치를 설파하는 당신, 지금 얼마나 행복한가?

"난감한 질문이다. 나도 잘 모른다. 에둘러서 말해보면, 사실 '행복'이란 말은 수입어, 신조어다. 유교·불교에는 없던 개념이다. 행복은 '요행(幸)'으로 얻은 '행운(福)'이라는 뜻을 담고 있다. '중용'에는 '요행수를 바라고, 무리한 일에 뛰어드는 것(小人行險而徼幸)'을 깊이 경계하고 있다. 대신 '주어진 자리를 지키면서 운명을 수용하기(君子居易而俟命)'를 주문한다. 그 안에, 어디쯤에 '행복'이라는 부수 효과가 들어있을지 모른다. 다른 사람 눈에는 그게 한심해 보일 수도 있지만… 요컨대, 행복은 쫓아오게 해야지, 절대 쫓아가서는 안 된다. 내 생각이다.

이 점에서 웰빙(well-being)이라는 말이 원래의 취지에 가깝다. 유기농 음식을 먹고 스파에서 쉬는 것으로들 알고 있는데 이 말은 글자 그대로, '잘 존재하는 것'을 의미한다. 거기 행복이 수줍게 숨어 있을 것이다. 행복 이전에 존재를 물어야 한다. 성경도 같은 주문을 하고 있다. '아담아, 네가 어디 있느냐?'

하여튼, 요행수에 대박을 꿈꾸거나, 자기 밖의 가치에 매달리지 마라. 남의 눈에 비치거나, 걸치고 있는 것에 집중하기보다, 자신을 구성하는 것, 건강이나 인격에 더 깊이 유의하고 잘 보살펴야 진정 노리는 '행복'에 가까이 갈 수 있다, 그런 얘기다."

**인문학 열풍, 문명적 추세 딛고 상당 기간 지속 전망**

Q. 40여 년 동양철학을 연구하며 모은 고전들도 상당할 것 같다. 지금까지 어떤 자료들을 얼마나 모았나?

"내 서가에는 책이 몇 권 없다. 두 달에 한 번씩 책을 솎아내 대학원생들에게 나눠준다. 퇴계 두 권, 율곡 두 권, 이 정도면 평생을 해도 새롭고 아직도 가야 할 곳이 있기 때문에 책을 많이 가질 필요가 없다. '오늘 한 겹을 벗기고 내일 한 겹을 더 벗길 뿐'이라는 자세로 책을 대하면 충분하다."

한 교수는 "책에 대한 골동적 취미가 없다"고 잘라 말한다. 어차피 읽는(읽어야 하는) 책은 누구나 보는 오픈소스일 것, 버리고 없으면 또 사면 된다는 생각이다.

Q. 동양고전에 바탕한 한 교수의 인문학 저작, 인터넷 검색망에 16권 올라 있다. 최근 인문학 열풍 속에 책도 많이 팔렸을 것 같다. 그런 저작을 통해 기대하는 것은?

"온전한 내 저작은 7권 정도, 나머지는 프로젝트의 산물이다. 난 독자에게 책을 읽히려 출판하는 게 아니다. 일종의 나르시시즘? 내가 뒤적이려고 (?) 출판을 한다. 출판사가 들으면 기겁을 하겠지만…. 자기만족이라고 할까? 나도 결혼할 때 집사람에게 '뻥'을 친 적이 있다. '책 한두 권 쓰고 나면 빌딩 생길 테니 걱정 말라'고. 난, 책 2권 쓰곤 '이게 아님'을 실감했다. 동양고전, 독자가 한정적이다. TV강의를 거절해온 것도 그렇다. 레벨을 '중 3 수준에 맞춰 달라'니 불감당이다. 동양철학은 심화과정 아닌가."

그의 저작은 유교와 불교가 반반이다. 출판사 말로는 고정 마니아층이 있다고 한다. 다만, 그는 자신의 저작을 수십 번씩 읽는다. 공부하는 도정의 중간보고 내용을 확인하는 것이다. "이거 정말 내가 썼나?"면서 감격할 때도 있지만, 정리가 덜 되고, 변죽을 더듬는 자신을 더 자주 발견한다고 한다. "역시 임중도원(任重道遠), 길은 멀고 짐은 무겁다."

지금 퇴계 이황의 평생 온축이 담긴 '성학십도(聖學十圖)'를 준비 중이다. 퇴계가 한사코 물러나며 성학에의 간절한 기대를 담아 갓 등극한 어린 선조에게 올린 주자학의 문법이자 설계도다. 10년 전 200자 1,500매 분량으로 정리하고도 아직 출판을 못했다. 개정판을 염두에 두고 쓴 최초의 책, 내년 초 출판할 계획이다.

Q. 인문학에의 관심과 필요성이 날로 높아지고 있다. 이 '인문학 열풍', 언제까지 이어질 것 같나?

"상당 기간 이어질 것 같다. 우선 문명적 추세가 기본적으로 먹고사는 경계와 생존의 위협을 극복한 단계다. 이제 인간의 궁극적 관심이며 정신적 만족을 찾는 본질적 욕구가 있다. 그리고 고령화 시대다. 수렵·농경시대 수명 40~50세의 생존을 걱정하다, 이제 50세부터 인생의 절반을 더 살아가야 한다. 새로운 지식·기술이 필요한 시대다. 특히 산업적 기술보다 인간과 삶의 관계를 이끌 문화가 중요하다. 기댈 곳은 인문학 아닐까?"

**우등생의 철학과 선택… 유교의 두 얼굴 다루기 집중할 터**

한 교수는 동해안 바닷가 경북 영덕군 강구 출신이다. 부산과의 인연? 그는 '운명적'인 데가 있다고 했다. "홀어머님의 결단으로 부산으로 유학, 그 희생으로 경남고등학교를 졸업했다"는 자기소개대로다.

중학 2학년 시절, 친구들이 '대처(大處)'로 떠나갔다. 어느 날, "나도 보내달라"고 어머니를 졸랐다. "동상이몽, 나는 친구가 그리워서 떼를 쓴 건데, 어머니는 공부가 그리도 하고 싶은 줄 아셨다."

사흘을 잠 못 자고 고민한 어머니는 점쟁이를 찾아갔다. 첫째, 보낼 건가, 말 건가? 답은 '보내야 한다'였다. "시골에 그대로 있으면 '판장(어판장) 지킴이'로 살 것"이라는 예언(?)과 함께. 둘째, 간다면 어디로 갈 것인가? 답은 '서쪽 아닌 남쪽으로'였다.

당시는 대처 유학 붐을 막으려, 온 가족 이사가 아닌 학생만의 전학을 금하던 시대였다. 어머니는 온 가솔을 이끌고 이삿짐을 쌌다. 전학증을 손에 쥐고 나서, 이웃과 누나 집에 맡겨둔 짐을 다시 찾아와 풀었다. 중 3 한형조는 영도 부산남중으로 전학했다.

곧 고등학교 입학이 다가왔다. 당시 서울·부산은 추첨제, 대구 등지는 시험제였다. 그는 대구로 진학하려 했지만, 학교는 체력장 확인서를 떼줄 수 없다고 거절했다. 나중에 많은 부산친구들이 외지로 진학했다는 소식을 듣고 억울(?)해 했지만… 결국 '뺑뺑이 1기'로 경남고에 진학했다. 대학 진학은 그의 '뜻대로'였다. 학교와 어머님은 '공부 잘하는 한형조'가 법대로 갈 것을 종용했지만, 그는 인문대로 갈 것을 고집했다. 자기의지에 따른 선택, 공부하는 삶, 그는 만족한다.

그는 중·고교 시절을 보낸 부산생활을 새삼 회고한다, "운명적인 데가 있다고 한 것은 부산이 내가 원한 곳이 아니었기 때문"이라고. 용한(?) 점쟁이 덕분에, 그리고 대구행을 가로막은 남중학교 덕분에 그는 경남고에서, 하숙집을 오가며, 훌륭한 선생님들의 지도를 받으며, 원 없이, 아무런 디스트랙션 없이, 공부에 몰두할 수 있었다. 남들이 들으면 잘난 척이라 하겠지만, 그는 심심해서(?) 공부했다.

그때 입시에 지쳤으면 아직 공부를 붙들고 있지는 않을 것이다. 예전 유학자들도 그랬다. 정치와 가정 관리에 바쁠 때는 시간을 내기 어렵다. 정치적 격변을 겪으며, 유배를 가서야, 비로소 학문에 집중할 수 있다. 부산은 그런 점에서 내게는 일종의 유배지였다. 그래서 그는 되새긴다, "돌이켜보니, 나를 키운 것은 절반이 부산이다. 나머지 절반은 당연 어머님이고…."

Q. 동양철학, 앞으로, 언제까지, 어떤 부분을 더 연구할 계획인가?

"동·서양 철학을 같이 공부하고 있다. 지금 서양철학과 인문전통에 조금 더 힘쓰고 있는 단계. 서양철학도 동양의 문제와 기법을 공유하고 있다. 생각보다 공유지반이 넓고 대화는 생산적이고 풍요롭다. 우리는 기술적 진보시대를 살며, 고대인은 소박하고 고리타분하다고 생각한다. 오해다. 고대인은 훨씬 지혜로웠다. '진리는 오래된 것이다. 다만 오류만이 새롭다'는 듀런트(W. Durant)의 경구를 기억해야 한다."

그는 앞으로 집중할 연구 분야로 '유교의 두 얼굴'을 말했다. 복고적·억압적 측면과 자유를 향한 심신의 훈련 측면이다. 권위적 유교와 인문적 유교라 부를 수도 있겠다. 이 대립은 유교만의 것이 아니라 모든 철학과 종교, 사회학과 정치학의 근본 대립이라고 덧붙였다. 성학십도, 성학집요 같은 심화된 매뉴얼 두세 권을 발간하는 것을 단기적 작업 주제로 잡고 있다. 유교심학의 정수를 보여주기 위해서다.

"벌써 환갑 즈음에, 수염·머리칼도 하얗고 게을러 내 공부를 심화시키지 못한 단계지만, 진짜 조금 알았다 싶을 때까지 공부를 다할 생각이다. 그 꿈을 못 이뤄도 중도(中途) 단계에 이르긴 했지 않나?"

### "주변 평가 관심 없다, 기억·기념도 번거롭고…"

Q. 인문학을 통한 동양고전의 대중적 해설과 확산, 얻은 보람은 무엇이며, 남은 숙원은 무엇인가?

"보람이라니, 어색하다. 책은 내가 고전의 띠풀을 헤쳐나간 보고서라 할 만하다. 그 노트를 누가 읽었다고 '뿌듯하다'든가 이런 의식이 약하다. 내가 쓴 것은 이전의 누군가가 했고, 지금도 쓰여지고 있다. 하늘 아래 새로운 것이 없다 하지 않은가. 그럼에도 내가 쓴 책을 읽고 좋았다거나, 삶을 다시 성찰할 수 있었다는 얘기가 들리기도 한다. 썩 괜찮은 기분이다. 그게 보람이라면 보람이다."

Q. 책 쓰고 연구하고 강의하고, 멀티 플레이어의 역할에 체력 소모가 클 것 같다. 평소 건강은 어떻게 관리하나?

"집 뒤 개운산(서울 성북구 안암동) 산책을 즐긴다. 산에서 독서하는 재미도 그저 그만이다. 해동검도 경력도 있지만 지금은 그만뒀다. 먹는 것도 '고급'이다. 가령, 된장찌개 같은… 깊은 맛? 양은 일정하지 않다. 몸은 음식을 안다. 몸에 전권을 주면 알아서 한다. 너무 많은 걱정·의도로 생각이 번잡하기보다, 깨끗하게, 적절히 섭취하면 건강을 충분히 유지할 수 있다."

Q. 앞으로, 어떤 사람으로 평가 받고 싶은가?

"그런 생각해 본 적 없다. 얼마 전 아들에게 딴에는 선심을 썼다. '나 죽고 나서 제사 지낼 필요 없다'고. 아들녀석은 바로 대꾸하더라, '누가 지내 드린다 했나요?' 내가 밥알을 튀길 뻔했다. '네가 진정 내 뜻을 잘 알고 있구나.' 기억하고 기념하는 것도 번거롭지 않나. 죽기 전에 가상 장례식이나 치르면 쿨하겠다 생각 중이다. 정리는 살아서 해야지, 보고 싶은 사람도 보고, 묵은 감정이 있으면 찾아와서 삿대질도 하고…."

한 교수는 마르쿠스 아우렐리우스의 명상록 한 구절을 기억했다. "언젠가 너는 세상을 잊을 것이다. 세상 또한 너를 잊을 것이다."

그가 인터뷰 때 전해준 책 한 권을 살폈다. 『인문학의 즐거움과 희망』(충남대 대전인문학포럼)이다. 그는 이 포럼에서 '유교 심학(心學), 혹은 오래된 삶의 기술'을 주제로 강연했다. 이 발제의 마지막 단원 제목은 '(마무리) 나 자신을 위해 산다-위기지학(爲己之學; Learning for myself)'이다.

결국 그는 유교의 공부법에 따라 스스로 마음의 훈련을 거듭하며, 인문학의 이름으로 그 심학을 심화·확산시켜 온 줏대 있는 '딸깍발이 선비'였다. 이 선비는 특유의 열정과 숙성한 경륜으로, 어디까지 '좀 아는 수준'의 공부를 성취하며, 언제쯤 나름의 행복을 느낄 것인가? 두루 참 궁금한 부분이다.

「부산이야기」 2014년 3월호 가수 최백호 편 편집지면.

「부산이야기」 2013년 7월호 피아니스트 백건우 편 편집지면.

(좌) 피아니스트 백건우·배우 윤정희 부부와 글쓴이 함께. (우) 피아니스트 백건우와의 인터뷰 장면.

제2부 나의 기사, 나의 글   349

『부산사람에게 삶의 길을 묻다』책자 앞뒤 표지.

책자 발간을 알리는 포스터.

책자가 주간베스트셀러 10위에 올랐음을 나타내는 부산 영광도서의 '베스트셀러' 목록.

제3부

# 내가 만난 사람들

1장. '위대한 선배' 이인형
2장. '영원한 스승' 장원호
3장. '의리 있고 정 많은 거인' 안상영
4장. '지우·오언의 신뢰' 허남식
5장. '외로운 Pioneer' 김우중

# 나를 다듬고 키워온
# 선배·스승·지우(知遇)

나는 부장의 은근한 배려, 그 인간다움에 감복했다. 한 수습기자의 좌절을 눈치 채고 굳이 조용한 자리를 마련해 설득하는 그 배려는 과연 쉬운 것인가. 수습기자와 함께 고스톱을 치는 그 여유는 또 흔한 것인가. 나는 꿈의 대상인 기자생활을 계속할 것과, 앞으로 부장에 '충성'할 것을 내심 다짐했다. 선택의 기로에서 '기자'를 고르고 '학교'를 포기했다. 그리고, 수습을 마치고 바로 사회부 기자로 발령받으면서, 그의 은근한 보살핌 아래 많은 것을 배우고 익혔다.

# 1장. '위대한 선배' 이인형

명석한 두뇌에 탁월한 판단, 호방한 풍모에 결 곧은 기질
지금도 일찍 간 그가 참 그립다…

"사안의 핵심과 정곡을 찌르는 예지·센스의 소유자. '쟁이'의 프로기질도 유별나게 강한 타고난 기자", "성격에서 연유하는 직선적 어투와 패러독시컬한 논리 때문에 엉뚱한 오해를 받는 경우도 없지는 않다. 그러나 특유의 친화력으로 얼굴도 넓고 발도 넓은 폭넓은 교제를 자랑한다."

그가 1988년 3월 「부산일보」 편집국장에 올랐을 때, 내가 한국기자협회의 「기자협회보」에 기고한 〈새얼굴〉 기사의 일부다. 이 기사는 결국 내가 '위대한 선배', 그에게 바치는 헌사였다.

「부산일보」 사회부장과 사회부 수습기자, 그와 나의 인연은 이렇게 출발했다. 원래 나의 학창시절 꿈은 신문기자였다. 대학을 졸업하며 그 꿈을 성취했다. 나는 나의 '기자'를 키워가지 못한 채 밑동부터 잘라낼 뻔 했다. 내가 꿈꾼 언론의 몫과 실제 현장의 차이를 견뎌내지 못한 나약함 때문이었다. 다행히, 나는 그 나약함이 빚을 뻔한 어리석음을 무사히 극복했다. 그 선배의 깊고 따뜻한 배려에 힘입어서였다.

1980년 어느 여름. 당시 「부산일보」 사회부 수습기자로 한창 현장취재의 재미에 빠져들 때였다. 나름대로 튼실한 현장취재를 거쳐 기사를 제출, 게재의 '기쁨'을 기다렸다. 이삼일 사이, 기사는 실리지 않았다. 사실, 수습기자가 쓴 기사래야 변변치 않은 무게일 것이었다. 특히, 현장관행상 기자는 기사를 쓴 것으로 제 몫을 다하는 것, 게재 여부는 '데스크'가 갖는 고유권한이기도 했다.

나는 참 어렸다. "내가 열심히 취재한 기사를 썼는데 왜 안 실어주지?" 어린 나는 그저 견뎌내기 어려웠다. 사회부장에게 나름의 예의를 갖춰 넌지시 항의했다. "부장님, 저 그 기사 왜 안 실어주시죠?" 기자가 기사 게재 여부를 두고 데스크에게 달려드는 것은 용납 못 할 도발이었던 시절이다. 부장은 대수롭지 않게 대답했다. "그 기사? 주어, 동사가 맞지 않아 폐기했어."

## 현장관행 잊고 "내 기사 왜 안 실어주나" 따졌을 때,
## 질책 않고, 은근함 속 우회적으로 '어린 나' 일깨워

나는 기사 구조를 다시 생각했다. '이게 주어이고, 이게 동사인데… 왜 문장구조가 틀렸다는 거지?' 기사를 다시 작성하여 제출했다. 기사는 또 실리지 않았다. 다시 기사의 행방을 물었다. 부장 역시 대수롭지 않게 대답했다. "응, 자네 기사 쓸 줄 모르던데, 내가 가르쳐줄 터이니 '사슴'에 가 있게." '사슴'은 「부산일보」 외근기자들이 퇴근 뒤 자주 들르던 중앙동 뒷길의 통 맥줏집이다.

부장은 '사슴'에서 기사 구조를 설명하지 않았다. 그저 "술집에선 술이나 먹어라"는 것이었다. 뒷날 귀사하여 사회부장에게 신고를 할 때, 나는 이상한 상황을 목격했다. 편집국 출신의 다른 국 국장 선배가 사회부장에게 뭔가 퍼붓는 분위기 끝에 덧붙이는 말이었다. "아, 그 새카만 게 말 잘 안 들으면 사표 받아라…." 나는 그 상황을 눈치 챘다. '새카만 게'는 나였고 '말 잘 안 들으면'은 굳이 기사를 게재하려 떼쓰는 나의 행동이었다. 곰곰 생각한 끝에 이 상황 자체를 끝내기로 결심했다, 기사를 게재하든, 사표를 내든….

다시 항의하는 표정으로 부장석으로 다가섰다. 그 순간 현장기자들의 맏형이던 '시경 캡' 안기호(安淇鎬) 선배가 얼굴이 벌게지며 나를 화장실로 끌고 갔다. 벌써 3번째 부장에게 불손한 도발을 거듭하고 있으니 좀 맞아야겠다는 것이다. 나는 맞기가 싫었다. 어차피, 나의 운명을 스스로 결정하려는 상황에서 맞기는 왜 맞나. 그저, 뭘 잘못했는지 가르쳐주면 다시 그러지 않겠다고 대답했다. 기사 게재문제로 부장께 달려드는 것은 '있을 수 없는 일'임을 알았다.

그날 밤 나는 결심했다. 사표를 내야겠다고. 나의 순수한 꿈을 조직은 받아주지 않는다는 나름의 안타까움에, 학교에 남기로 하고 대학원에 입학한 처지였으니 이제 학교로 돌아갈 때라고 자위했다. 나는 주말을 기다리며 조심스레 주변을 정리했다. 한 주를 마친 뒤 토요일 사표를 낼 생각이었다.

**기자 그만두려다 인간적 배려 감복, 내심 '충성' 다짐**

토요일 오후 내가 안주머니에 든 사표를 만지작거리며 부장에게 다가갔다. 순간 부장이 먼저 말을 걸어왔다. "차 기자, 오후에 약속 있나? 없으면 나와 갈 데가 있는데…." 나는 스스로 놀라 사표를 집어넣으며, 부장을 따라 나섰다. 목적지는 동래 온천장의 한 한식당이었다. 그곳에서 부장의 가까운 친지 한 분과 합류했다.

부장은 저녁상을 기다리며 늘 그렇듯 대수롭지 않은 표정으로 말했다. "상 들어올 때까지 고스톱이나 한판 치자"고. 고스톱을 쳤다. 그리고 좋은 술을 마셨다. 술이 좀 취했을 때 부장이 본론을 꺼냈다. 나의 기사는 부장보다 높은 상사의 로비에 걸려 '킬' 당한 처지였다. 취재할 때 관련 업체의 사장이 그 상사와의 친분을 내세웠으나 나는 단호히 "그런 말 말라"고 책망한 터였다. 그 간부는 상사에게 전화를 걸어 "한 번 봐주라"고 부탁했고, 상사는 부장에게 다시 "큰 기사 아니면 좀 챙겨주라"고 또 부탁했던 것이었다.

부장은 덧붙였다. 그런 일에 기죽을 필요 없다, 부산사회는 좁고, 그런 일 또 있을 수 있다. 그 정도 기사, 그리 중요하지 않다. 넓은 눈으로 사회를 보며, 좋은 기사 많이 써라…. 나는 부장의 은근한 배려, 그 인간다움에 감복했다. 한 수습기자의 좌절을 눈치 채고 굳이 조용한 자리를 마련해 설득하는 그 배려는 과연 쉬운 것인가. 수습기자와 함께 고스톱을 치는 그 여유는 또 흔한 것인가. 나는 꿈의 대상인 기자생활을 계속할 것과, 앞으로 부장에 '충성'할 것을 내심 다짐했다. 선택의 기로에서 '기자'를 고르고 '학교'를 포기했다. 그리고, 수습을 마치고 바로 사회부 기자로 발령받으면서, 그의 은근한 보살핌 아래 많은 것을 배우고 익혔다.

## 부장-수습기자에서 사장-편집국장까지 알찬 인연

그와의 인연은 참 길고도 알찼다. 그는 「부산일보」에서 편집국장을 역임했다. 6·29 선언 이후 언론해빙기 때 신생 「부산매일」창간에 참여, 편집국장, 전무 겸 편집국장, 사장까지 지냈다. 나는 그를 1980년 사회부장-사회부 수습기자로 만나, 1998년 사장-편집국장까지, 18년여를 '참 좋은 선배'로 모신 것이다.

그는 「부산일보」사회부장을 지낸 뒤 미국 미주리주립대 저널리즘 스쿨(언론대학원)로 연수를 다녀왔다. 그는 그때도 영어 공부에 참 열심이었다. 사회부의 데스크작업이 끝나고 나면 늘 「TIME」이며 「뉴스위크」 같은 시사주간지를 즐겨 읽었다. 당연히 그의 책상 위엔 손때 묻은 아날로그판 영한사전이 자리 잡고 있었고.

그는 사회부장에 이어 외신부장 발령을 받고는 한마디 볼멘소리를 했다. "영어 잘하면 다 외신부장 하나?"는 넋두리였다. 하기야 요직 중의 요직 사회부장에서 내근형 한직 외신부장으로 가는 건 서운할 수 있는 인사였다. 그럼에도 그는 차라리, 미국유학 준비엔 그 자리가 더 낫다고 생각하고, 속으론 쾌재를 불렀는지도 모르겠다.

그는 부산에선 첫 언론인 해외연수생이다. 기록으론, 우리, 1965년부터 언론인 해외연수를 시작했다. 성곡언론재단을 시작으로, 몇몇 재단이 해외연수를 지원하며, 우리 언론인의 전문화·한국의 세계화에 크게 기여했다는 것이다. 그 역시, 성곡언론재단의 1982년도 연수생이다. 미주리주립대(MU) 저널리즘 스쿨이 한국 언론인 연수를 시작한 것이 1979년이니, 그는 '미주리 (언론)마피아', 그 MU 유학생 중에서도 개척자 그룹이었던 것이다. '부산'(지방)에서 일하며 '서울'(중앙)의 언론계 동향을 눈여겨보고, 해외연수에도 서슴지 않고 도전했다는 것, 누구에게도 기죽지 않는 자신감, 늘 책과 함께 사는 학구열, 무슨 일에든 창의적으로 달려드는 도전정신, 그의 퍼스널리티이다.

### 해외연수 땐 'Control of Information' 주제 제시

나 역시 10여 년 뒤, 그곳으로, 귀한 연수를 다녀왔다. 내가 서울언론재단에 해외연수 지원을 신청할 때 그는 나의 편집국장이었다. 그는 '연수를 다녀와서 사회부장을 맡을 것'을 조건으로 추천을 해주었다. 그러곤 연구주제를 의논하는 나에게 정말 적확한 키워드를 제시했다. 'Control of Information(정보통제)'이다. 나는 그 키워드의 중요성을 이내 깨달았고, 그 연수결과는 나의 박사학위 논문으로 이어졌다.

내가 연수를 떠날 일정을 정했을 때, 그는 나에게 골프를 배울 것을 권했다. 거기 가면 운동을 할 환경도 좋고, 그 운동을 해야 교수며 친구들을 사귈 수 있으리라는 것이었다. 그러나, 일선 취재기자 14년여 만에 잠시 숨 쉴 여유를 찾은 나는 자주 미국행 환송연을 갖느라 골프 연습장엘 자주 가지 못했다. 그의 배려에 따라 '머리를 올리던' 날, 나는 아이언 7번과 피칭웨지, 퍼터만을 들고 갔다. 어느 일요일, 내가 회사 간부들과 환송 골프약속을 하고도 새벽녘까지 마신 술로 늦잠을 자고 있을 때, 그분들은 티업 시간쯤 전화로 나를 깨우고는 내가 허겁지겁 골프장으로 달려갈 때까지 스타트 하우스에서 차를 마시며 기다리고 계셨다.

### 연수 후 귀국 당일 사회부장 발령… 전폭적 신뢰

나는 미국 연수 중 보름에 한 번 꼴로 편집국장과 통화하며 안부를 전했다. 내가 귀국을 앞두고 컬럼비아를 떠나며 전화를 했을 때, 그가 물었다. "정확하게, 김해공항에 언제 도착하느냐?"고. 내가 8월 15일 아침 집에 도착했을 때, 아침 신문엔 사령(회사인사명령)이 나 있었다. '사회부장 차용범'으로. 나는 사회부장을 맡아 참 열심히도 일했다. '윗분'들의 기대와 신뢰에 보답하고, 연수를 다녀온 '마음의 빚'도 갚고, 그러면서 잠시 헤어져 있던 후배들과 다시 어울리는 즐거움에 신명이 났던 것이다.

그는 편집국장으로, 전무이사로 일하면서도 늘, 전폭적으로 나를 신뢰했다. 그는 그 험난하고 위험했던 〈부산 북부서 강주영 양 유괴살해사건 고문조작수사 추적보도〉 때도, 끝까지 나를 믿어 주었다. 「부산매일」 보도가 옳은 것으로 드러난다면 검찰이 죽을 것이고, 틀린 것으로 드러난다면 「부산매일」도 엄청난 타격을 입을 것'이라는 검찰 주변의 위협성 발언들이 나돌 때, 이 보도에 '기자들의 명운과 회사의 사운'이 걸려 있을 때도 그는 나를 믿을 뿐이었다.

당시 김도언 검찰총장은 그의 고교 동기. 두 사람은 이 보도과정을 두고, 자주 통화를 하며 서로를 걱정(?)하는 사이였다. 하루는 그가 그저 무심한 듯 한마디를 던졌다, "김 총장은 내부보고를 받았다면서 우리를 걱정하던데?" 나는 "우리 보도가 맞다"며, "믿으시라"고 대답했다. 그는 편안한 표정으로 덧붙였다, "그래, 알았어. 소신껏 해!"

**동구개혁 현장특집, 취재는 나, 기획은 오직 그의 몫**

20세기 말 세계사의 대전환을 이룬 동구개혁 시기, 「부산매일」이 지방신문의 한계를 뛰어넘어 현장취재에 바탕한 '빛나는' 신년특집을 만든 것도, 그 판단과 기획은 온전히 그의 몫이었다. 그는 동구개혁의 움직임을 눈여겨보며 그 역사적 의미를 알았고, 그 전개 방향과 파급효과까지 정확하게 전망했던 것이다. 나는 그로부터 "동구권 취재를 다녀오라"라는 지시를 받고, 그가 그저 허투루 취재지시를 내릴 리는 없다는 믿음으로 반응했다. 그래서 그 동구개혁 현장특집, 취재는 내가 했으되, 기획은 온전히 그의 몫이었던 것이다.

그가 뜻밖의 발병으로 조금은 일찍 작고한 지 20년이다. 그 세월에 아직 생각나는 위대한 선배, 나의 사회생활을 든든히 터잡아준 정말 귀한 선배, 그는 이인형(李仁珩) 선배(「부산일보」 편집국장, 「부산매일」 편집국장·사장 역임)이다. 그와의 귀한 인연은 또 있다. 내 아내는 그의 조카이다. 언론인 이인형, 그 명석한 두뇌와 빈틈없는 판단력, 그 호방한 풍모와 결 곧은 기질…. 그는 공적으로, 사적으로, 정말 잊을 수 없는 '위대한 선배'였다. 지금도, 일찍 간 그가 참 그립다.

「부산일보」 사회부장 시절, 특유의 기질대로 살아온 이인형 선배의 표정 (1981. 4).

부산 해운대 청사포 횟집에서 가진 미주리주립대 부산동창회 모임. 왼쪽 첫 번째가 글쓴이, 네 번째가 이인형 선배다(1996. 10).

봉생문화상 수상작 『낙동강 살아나는가』 출판기념회에서 취재팀과 함께한 이인형 「부산매일」 전무이사 겸 편집국장(오른쪽 세 번째)(1992. 5).

## 2장. '영원한 스승' 장원호

세계 언론학계 석학에 한국 연구·연수자 '대부' 역할
나의 MU 연수 끌고 밀며, 한결같은 정 베푼 큰 형님

미국 미주리주립대(MU) 저널리즘 스쿨 명예교수 장원호(張元鎬) 박사.

그는 나의 미주리주립대 연수를 앞에서 끌고 뒤에서 밀어준, 또 그로부터 4반세기에 이르도록 한결같은 정의(情誼)와 배려로 귀한 인연을 잇고 있는 '영원한 스승'이다.

그는 대학을 은퇴한 뒤, 지금 미국 태평양 연안 라구나 우즈 빌리지(Laguna Woods Village)에서 유유자적 속에 활발한 노후활동을 하고 있다. 그 노후활동의 중심에는 세계여행과 여행기 집필활동이 있다. 그 여행기『오십 달러 미국유학(American Education with $50)』(2016) 중 '삶의 뜻을 생각하는 은퇴인' 편에선 〈자랑스러운 나의 조국 대한민국〉, 〈가족과 함께 하는 모국여행〉 등 여행기도 다루고 있다.

그의 많은 저작이 그러하듯, 이 여행기에서도 '항구도시 부산' 얘기가 빠질 수 없다.

"부산은 나에게는 서울과는 달리 정이 넘치는 항구도시이다. 경성대에 우병동, 정태철 교수, 부산대 박재진 교수 등 나의 수제자들이 있고, 그 밖에도 각별한 관계가 있는 부산지역 인사들이 많기 때문이다.

언론사 출신으로 나와 친형제 같은 이우봉과 차용범은 언론계를 떠나서 부산발전을 위하여 크게 기여하는 기수들이다. 특히 부산언론의 중추역할을 하던 차용범 박사는 부산광역시 미디어센터장으로 있으면서 부산시 홍보의 일익을 담당했고, 언론법으로 박사를 받으며 틈틈이 여러 대학에 출강하고 있다.

그 후 부산시를 떠나 부산전시컨벤션센터(BEXCO)의 상임감사로 자리를 옮겼다가, 지금은 부산국제광고제 조직위원회 부집행위원장으로 여전히 부산을 위해 일하고 있다. 그 밖에, 많은 학자들이 내가 현직에 있을 때 미주리대학교에서 공부하고 연수했다. 동명대의 장미옥 교수, 동의대의 강준규 교수, 동서대 이완규 교수, 부산 MBC 김용성 보도국장 등은 부산 가면 꼭 만나는 사람들이다.

(…)부산은 부산식 횟집이 좋다. 해운대 달맞이언덕의 거북선횟집이나 일광수산횟집, 광안리 근처의 방파제횟집은 나의 꿈에도 보이는 곳이다. 나는 화식집의 생선회보다는 부산식 횟집이 좋다. 부산식 회는 실속이 있고, 특히 부산된장과 같이 먹는 것은 천하 일미다.

삼성그룹에서 소유, 관리하는 동래 베네스트 골프장은 한국에서 전통 있는 골프장으로, 겨울에도 골프를 즐길 수 있는 아름다운 명문 클럽이다. 부산광역시가 2002년 아시안게임을 개최하며 건설한 기장의 아시아드CC는 거리도 길고 어려워서 골프 고수들에게 딱 알맞은 곳이다. 이곳에서 나는 이우봉, 차용범, 김용성과 내기 골프를 자주 쳤으며, 홈그라운드의 이점을 가진 그들과의 내기에서 번번이 졌지만, 항상 즐겁게 플레이했던 기억이 새롭다."

이렇듯 장원호 박사의 '부산사랑'은 한결같다. 요즘도 모국을 찾을 때면 여지없이 부산을 찾곤 한다. 부산의 제자들이 그를 그리워하며 만나기를 재촉하기 때문이다. 최근엔 2018년 10월 13일 부산을 찾아 제자들과 함께 길고 여유 있는 식사를 즐긴 뒤, 처갓집이 있는 대구로 갔다.

그날 해운대 한 음식점에서 잘 삭힌 홍어회를 대접했더니, "정말 맛이 푹 들었다"고 좋아하며, 쉼 없이 '사람 사는 이야기'를 쏟아내기도 했다. 우리는 그와 헤어질 땐 꼭 기념사진 한 컷씩을 만들지만, 그를 보내고 돌아서는 마음은 참 이중적이다. 큰형님 같은 노스승을 모신 즐거움에, 그 노스승을 다시 보내는 섭섭함이 그것이다.

## 인간 장원호, 그의 삶, 그의 꿈*

미국 미주리 주립대 저널리즘 스쿨 석좌교수 장원호(張元鎬) 박사(58).

그는 겉으로는 언론학 연구의 한 분야를 주도하는 석학으로서, 또 한국인 언론학자의 양성과 한국 언론인의 재교육에 꾸준한 열정을 쏟아온 '저널리즘 학계의 대부'로서 결코 남이 넘보기 힘든 명성을 쌓고 있다. 이와 함께 안으로는 그 많은 언론인과 언론학자의 현지 연수·연구 과정을 도맡아 뒷바라지하며 넓고도 깊은 인맥을 구축해온 정 많은 어른이다. 줄여 말한다면, 그는 지금까지 쌓아온 학문적 명성과 두터운 인간관계만으로 남은 삶을 여유있고 풍요하게, 또 보람차게 보낼 수 있는 값진 삶을 살아왔다. 그래서일까? 장원호의 표정은 언제나 먼지 한 점 없는 가을 하늘마냥 맑고, 그의 음성 역시 티 한 점 없는 새벽 새 소리마냥 맑다.

저널리즘 석학 장원호.

그는 우선 '세계 최초·최고의 언론대학원'이라 할 '미주리 저널리즘 스쿨'의 최고 선임교수로서 이 대학의 명성을 이끌어가는 학문적 원로다. 그는 1972년 이 대학 교수로 첫발을 디딘 이래 비미국인으로는 파격적으로 부학장(대학원 및 연구 담당)을 역임했으며, 지금도 이 대학의 간판 연구기관이라 할 Stephenson

---

* 이 글은 글쓴이가 지난 1993~94년 미주리주립대 저널리즘 스쿨에서 연수를 할 때 장 박사를 경험하고 지켜보며 쓴 '장 박사 스토리'로, 『청암 장원호 박사 회갑기념 논문집: 언론학의 지평을 넘어』(1997)에 게재한 것이다. 당시 상황을 그대로 전달하기 위해 원문 그대로 싣되, 최근 상황은 뒷부분에 따로 보완했다.

연구소의 소장을 맡아 학문연구에의 열정을 불사르고 있다.

최근엔 지난 1934년 이래 이 대학이 배출한 저널리즘 박사 123명의 학위논문을 한데 추려 묶은 『박사논문 요약집』을 직접 편찬,* 세계 저널리즘 연구의 흐름을 꿰뚫어볼 학문적·역사적 자료를 남겼다는 평가를 받고 있다. 특히, 그는 지금까지 한국인 박사 19명을 포함, 모두 31명의 박사를 배출함으로써 이 대학 사상 '박사 최다 배출상'을 받기도 했다. 현재 한국 언론학계 또는 언론계에서 원로, 중견, 소장 계열을 형성하고 있는 임상원(고려대), 박영상(한양대), 김정탁(성균관대), 김홍규(한국외대), 윤석홍(단국대), 우병동·정태철(이상 경성대), 이민규(중앙대) 제씨 등이 그의 지도 아래 박사학위를 땄다.

그뿐이랴. 그는 지난 1980년부터 한국 언론인의 해외연수 과정을 꾸준하게 지원, 벌써 140명의 연수이수 기록을 세워가고 있다. 한국 언론계의 대들보들이라 할 언론사 사장, 국장, 논설위원과 중견기자들이 '미주리 저널리즘 스쿨'을 찾아 그의 그늘 아래에서 언론인 전문화·국제화의 기틀을 다진 것이다. 미국 워싱턴이나 뉴욕의 주요 신문·방송 특파원 상당수도 그의 연수제자들임은 잘 알려진 사실이다.

심지어 1990년대 들면서부터는 성곡언론문화재단, 서울언론재단 등의 해외연수 지원 대상자가 앞다투어 연수대학을 '미주리 저널리즘 스쿨'로 지원, 다른 명문 대학들로부터 "왜 한국 언론인은 미주리대만 찾느냐?", 한국 언론계로부터도 "왜 장원호가 해외 연수자를 독차지하느냐"는 식의 불만 내지 투정을 듣기도 했다. 그래서 그는 요즘 "이제 연수생을 주선하지 않겠다"는 '지키기 힘든 맹세'들을 쏟아내곤 한다. 왜 그의 '맹세'를 '지키기 힘들 것'으로 보

---

* 지난 1994년 초 편찬한 『Dissertation Abstracts(1934~1993)』이 그것이다.

는가 하면, 그의 드넓은 인간관계나 그의 사람 좋아하는 천성으로는 '미주리'를 찾으려는 연수·연구 희망자들을 끝내 막지 못할 것이 불 보듯 분명하기 때문이다.

인간 장원호.

그의 그늘에서 연구과정 내지 연수생활을 해본 언론인이나 언론학자들은 누구나 그의 뜨거운 정열과 넉넉한 마음에 감탄하곤 한다. 그는 도대체 50대 후반이라고 보기 어려울 정도의 무서운 기력으로 연구활동에 빠져들면서도 객지생활에 시달리는 연수·연구생들에게도 빈틈없는 배려를 다하고 있기 때문이다. 그는 지난 1980년대 초반 동년배 연수·연구생들의 객지생활을 보살펴온 이래 요즘 젊은 사람들의 연수·연구생활에도 때로는 '큰형'처럼, 때로는 '불알친구'처럼 스스럼없이 녹아들고 있다. 그는 연수·연구생들의 취미·여가 생활을 위해서 골프와 볼링을 치고, 스키와 카누를 타고, 또 낚시와 고스톱까지 함께 즐기고 있는 것이다. 그러고는 저녁자리에서 애음하는 '커티 삭'을 마셔가며 모두들의 즐거움을 이끌어나가곤 한다. 그의 집 지하 서재에 설치해둔 노래방은 이제 이곳을 거쳐 간 연수·연구생에게는 도저히 잊지 못할 추억의 장소이기도 하다.

그래서 이곳 미주리주 컬럼비아시를 다녀간 연수·연구생들은 유학생활 기간을 '꿈같은 세월'이었다고 기억하고들 한다. 물론 이곳의 학문적 분위기와 자연적 환경도 빼어났을 터이지만, 장원호와 함께 보낸 여가·취미생활도 너무나 푸근하고 넉넉했기 때문이다. '꿈같다'는 표현은 그에게서도 심심찮게 들을 수 있다. 그는 요즘 젊은 사람들과 골프나 낚시로 주말을 보낼라치면 언제나 "꿈같은 하루를 보냈다"며 스스로의 하루를 크게 만족스러워하곤 한다. 또 연수·연구생들은 그의 되뇜을 듣고는 역시 '꿈같은 하루'를 보냈음을 확인하며 뿌듯해하곤 하는 것이다. 곧 그는 스스로 '꿈같은 세월'을 추구하며, 그 '꿈같은 세월'을 두루 나눠가고 있다고나 할까.

장원호 박사.
그의 인간적 풍모의 뿌리는 우선 그의 소탈함과 낙천적 사고, 특히 사람 좋아하는 천성임이 분명하다. 적어도 그의 사생활에서는 석학으로서의 권위나 나이든 어른으로서의 격식이 전혀 없다. 또 그는 모든 일을 긍정적, 낙관적으로 생각한다. 물론 그의 낙관적 사고는 그 시대 사람 중에서는 비교적 '잘 풀린' 그의 인생역정과 남부러울 것 없는 현재의 위치, 또 곧게 뻗어가고 있는 그의 자제들…. 곧 그의 넉넉한 환경 탓도 클 것이다.

그는 1960년대 초 고려대를 졸업한 뒤 잠시 농림부와 UN식량기구에서 일하다 미국 자문단의 권유를 받고 도미, 단기간에 석·박사 학위를 받고 명문 '미주리 저널리즘 스쿨'의 교수로 부임했다. 그 스스로 "그때의 기개는 하늘을 뚫을 듯 했다"고 기억하고 있을 정도이다. 이제 그는 학계의 원로로서, 또 대학 사회의 어른으로서의 뿌리를 탄탄하게 구축, 그 특유의 느긋함을 드러내고 있는 듯하다. 그의 세 자녀 중 딸은 건축사로서 전문직업인의 길을 걷고 있고, 두 아들은 아버지의 뒤를 이어 모두 '풀브라이트 장학생'으로 한국 연구를 했거나 할 계획이어서 '삼부자 풀브라이트 장학생'으로서의 명예 역시 대단하다.

그가 베풀어둔 따뜻하고도 두터운 '정'의 덕분일 것이다. 그는 한국에서도 인기 높은 학자요, 스승이다. 그는 역시 속일 수 없는 한국인, 그가 1년에 한 번 꼴로 모국을 찾노라면 그와 함께 밥 한 끼를 먹거나 골프 한 라운드를 나누려는 사람들이 무척 많다. 물론, 그의 강연을 들으려면 오랫동안 공을 들여 그의 일정 틈새를 파고들어야만 한다. 그러나 그의 일정은 항상 빠듯하다. 그가 모국을 다녀가고 난 뒤 비교적 젊은 언론인이나 학자들로부터 "장 박사는 정·재·사회 각계의 거물들만 만난다"거나 "항상 언론사 사장이나 국장급만 상대한다"는 투정을 듣곤 하는 것도 그의 바쁜 일정 탓이 클 터이다.

장원호 박사.
그도 물론 희로애락을 모르는 '돌부처'는 아니다. 그는 언제나 느긋한 표정으로 부담 없는 대화를 즐기지만 남자로서의 성깔이 전혀 없지는 않은 것이다. 그는 간혹 이해하기 어려운 상황에 맞닥뜨리면 "이 X(쌍시옷)"을 내뱉으며 얼굴을 벌겋게 달구곤 한다. 어떤 사람들은 '충청도 양반고을' 출신의 '이 X' 소리를 들으며 그의 순간적 다혈질을 '경상도 기질'로 평가하기도 한다. 그는 충북 음성의 토호 집안에서 맏아들로 태어난 만큼 본터는 부드럽고 순박했을 것이라는 것, 그러나 그가 한창 나이의 청년기를 대구에서 보냈고, 또 대구에서 연분을 만나 대구에 처가를 두고 있는 만큼 약간의 '경상도 기질'을 흡수했을 것이라는 추측이다. 다만 그의 '이 X'은 역시 '경상도 기질'처럼 뒤끝이 없어 좋다.
그가 사회과학 분야의 석학인 때문일까.
그의 기억력은 가히 컴퓨터 수준이다. 요즘 그가 사석에서 이곳 컬럼비아를 거쳐 간 인물들의 '과거' 한두 토막씩을 털어놓노라면 한편으론 재미있고 한편으론 두렵기도 하다. 혹 음주운전을 하다 경찰신세를 지거나, 술자리에서 독특한 주정을 부리거나, 일상생활에서 색다른 버릇을 드러냈다간 당분간은 이곳을 찾을 뒷사람들의 화제로 다시 등장, '해프닝의 주인공'이 되곤 할 것이기 때문이다. 따라서 요즘 연수·연구생들은 "장 박(그의 애칭)의 컴퓨터에 입력되면 끝장"이라며 저마다의 버릇들을 되돌아보곤 한다.
그런 그가 요즘 그의 인생 절반을 털어놓는 자전기를 쓰면서 미주리 연수·연구생들의 '야사'까지 정리하고 있다. 이 야사는 편년체 체제여서 초·중반에 등장하는 인물들은 이미 50대에 들어선 고참들이 대부분이다.* 이 야사가 제대로 얼굴을 드러낼 때 스스로 낯을 붉히며 부끄러워하거나 흘러간 옛날을 기억하며 잔잔한 웃음을 지을 유명 인사들을 또 얼마나 많을 것인가.

장원호.

그의 상표는 빛나는 반백 머리칼에 훤한 동안(어린이의 얼굴)이다. 그는 앞으로도 언제나 맑고 밝고 넉넉한 삶을 계속할 것이다. 그는 지금까지의 삶에 조그마한 아쉬움도 없고, 또 스스로 지금의 자리에 만족스러워하고 있기 때문이다. 그가 스스로 권세라든지 재물이라든지 하는 세속적 욕망에 침몰하지 않는 한 그의 명성, 그의 인기는 쉬이 사그라질 수 없을 만큼 오래도록 남을 것이다.

석학으로서의 장원호, 인간으로서의 장원호. 그는 아직 노후를 맞아 스스로 듣고 싶은 희망적 평가는 생각조차 않고 있다. 그는 아직 '한창 일할 나이'임을 믿고 있으며, 자신의 은퇴를 '먼 훗날'의 일로 여기고 있는 듯하다. 그는 아마도 후학·후배들로부터 '나름의 역할을 다한 선배'라는 평가를 받는다면 스스로 크게 만족해할까?

- 1994년 늦봄 장원호의 서울 방문을 보며 -

---

* 장원호 박사가 지난 1995년 4월 출간한 『장 박사와 미주리 언론 마피아』가 그것이다. 장 박사는 이 책의 <배를 타고 간 유학> 편에서 그의 달콤 쌉싸름했던 유학시절을, <미국의 대학과 대학문화> 편에서 교수로 생활하며 미국 대학을 보고 느낀 점, <미국 언론의 현상과 미래> 편에서 세계 언론의 현재와 미래를 담으면서, 제2부 <미주리 신문대학원과 한국 언론인> 편에도 상당 부분의 분량을 할애하고 있다.

미 국무성 IVLP 프로그램 순방 때 미주리 저널리즘 스쿨을 방문, 장원호 박사의 연구실을 찾았을 때 (1991. 12).

글쓴이의 졸저 『부산 부산사람 부산시대』 출판기념 모임에 참석, 축하인사를 하는 장 박사(2000. 5).

장원호 박사의 부산 방문 때 MU 동문들과 아시아드CC에서 즐거운 한때. 오른쪽 첫 번째 글쓴이, 두세 번째가 장 박사 내외분이다.(2013. 10).

MU 동문과의 골프 경기에서 장원호 박사가 촬영해준 글쓴이의 스윙 장면(2013. 10).

장원호 박사의 부산방문 때 MU 동문들과 환영만찬에서(2016. 6).

장원호 박사의 부산방문을 함께한 MU 동문들과. 왼쪽부터 김용성 부산 MBC 상무이사, 정태철 경성대 교수, 글쓴이, 장 박사, 장미옥 동명대 교수, 강준규 동의대 교수, 박재진 부산대 교수(2018. 4).

# 3장. '의리 있고 정 많은 거인' 안상영

부산시장-취재기자로 처음 만난, 참 좋았던 인간관계
민선시장-참모 때도 '넓은 귀'로 한계 없는 진언 수용

### 참 좋았던 영원한 부산 사나이*

부산시장 안상영.

그는 부산발전에 헌신한 '영원한 부산사람'이다. 그는 관선(임명직)시장을 이임하며 '영원한 부산사람'임을 다짐했다. 그 후 민선(선출직)시장을 지내며 자신의 다짐을 되새기다 임기 중 스스로 생을 마감함으로써 그 다짐을 분명 이행했다.

그는 부산시장에 재임하며 "퇴임 후 '부산을 위해 열심히 일한 시장'이라는 평가를 받고 싶다"는 희망을 피력했다. 그 후 부산을 위해 정말 열심히 일하며 부산발전에 굵은 족적을 남기고 사랑했던 '부산'과 영원히 작별했다.

그가 남긴 이미지는 뚜렷하다. 선 굵은 도시행정가, 의리 있고 정 많은 사

---

* 이 글은 고 안상영 부산시장의 1주기 때 발간한 추모문집 『실개천을 굽돌아 큰 바다로』에 수록한 글쓴이의 추모 글이다.

나이, 불꽃같은 삶을 스스로 마감한 비운의 사나이…. 그래서 그를 기억할 때면 목은 울컥거리고 눈시울은 뜨거워진다. 그를 다시 볼 수 없는 아쉬움은 그만큼 크다.

### 부산시장과 취재기자

　…이날 식장의 분위기를 새삼 실감케 한 부분은 안 시장의 이임사 순간. 안 시장은 자신의 표현대로 '온 정열과 능력을 다 바쳐 최선을 다한' 지난 2년 7개월여의 재임기간을 회고하며 만감이 교차하는 듯 준비한 이임사 요지를 치켜들면서부터 눈시울을 붉히기 시작했다. "…정든 동료직원 여러분 곁을 떠나 해운항만청으로 옮겨 갑니다." 그는 첫 마디를 겨우 토해내고는 이내 울먹거리며 이임사를 중단, 숙연한 분위기를 자아냈다.

　안 시장은 우선 지난 재임기간 동안 시정구호에 따라 '시민과 함께 하는 시정'을 수행해 온 보람을 되새기다가도 목이 잠기는 듯 '흠! 흠!'을 연발하며 말꼬리를 끊었다. 평소 그의 말과 행동이 배짱과 활력에 바탕해 온 점을 감안한다면 이날 그의 이임사 목소리는 끊어질 듯 끊어질 듯 그저 나지막하기만 했다. 이 순간을 지켜본 한 주변인사는 "안 시장에게 저런 구석도 있었구나"라며 함께 눈시울을 붉혔고…

　그는 원래 인사자료에 없던 즉석문구를 마지막 인사로 대신했다. "부산은 축복받아야 합니다. 축복 속의 부산에서 영원한 부산사람으로 다시 만납시다." 이임사를 마치고 안경을 벗는 '인간 안상영'의 눈시울은 벌겋게 부풀어 있었다. 식을 마친 안 시장은 총총 서울행에 올랐다. 안상영 씨, 그는 '영원한 부산사람'임을 다짐하며 고향의 정을 듬뿍 안고, '부산발전 방향'을 제시한 큰 족적을 남기며 부산을 떠나갔다.

　지난 1990년 12월 안상영 부산시장의 이임식장을 취재한 나의 기사 일부이다. 그는 그렇게 내일을 기약하며 부산을 떠났다가 3년 6개월여 만에 말 그대로 '영원한 부산사람'으로 돌아왔다. 이어 다시 민선 부산시장으로 5년 7개월여를 봉직하다 부산과 작별했다. 나와는 공식적으로도 취재원-취재기자, 신문사 사장-편집간부, 부산시장-부산시보 편집책임자의 관계 속에서 여러 사연들을 남겼다.

내가 그분을 처음 만난 것은 1988년 여름. 그는 막 부산시장에 부임하여 특유의 정열을 과시하며 부산시정을 이끌 때, 나는 부산일보 보사·교통담당으로 부산시청을 출입할 때였다. 그러나 서로의 속내를 읽어가며 나름의 공감대를 넓히기 시작한 것은 내가 소속사를「부산매일」로 옮겨 부산시정 출입에 나섰을 때부터다.

그분에 대한 나의 평가는 재임 2주년 기념 인터뷰 첫 머리에 그대로 나타나 있다. 소신과 끈기로 '부산중흥'의 청사진을 차근차근 추진하고 설득력과 겸손함으로 '시민과 함께 하는 시정'(시정구호)을 무리 없이 이끌어온 부산 출신 시정책임자라는 것이다. 그는 관리행정 쪽으로는 만나는 사람마다 '부산문제는 우리 모두의 문제'임을 일깨우며 시민의 관심과 참여를 유도하고, 도시개발 쪽으로는 전에 없는 발상의 전환을 시도, 해상신도시 건설사업을 발안, 추진하고 있는 양수겸장의 기술관료였다. (…)

지금에야 털어놓는 얘기지만, 부산시정을 취재하며 은근한 애정으로 그분을 대한 것은 나에 대한 그의 은근한 애정을 전해 들었기 때문. 그는 어느 날 부산을 찾은 서울 유력산문의 임원과 저녁을 나누다 막 창간한「부산매일」얘기를 하더란다. 그는 이 임원에게 "그 신문 창간요원 중에는 올곧고 똑똑한 기자가 더러 있다"면서, 부끄럽게 나도 거명하더라는 것이다.

그뿐이 아니다.「부산매일」이 창간 초기 경영에 어려움을 겪을 때 당시 대우그룹 김우중 회장에게 "그 회사 전망이 밝다. 가능한 한 지원하며 인연을 맺어보라"고 권하기도 했다. 이 얘기를 전해 들은 나는 이내 '숨은 안상영 팬'을 다짐했다. 그 속 깊은 정이 통했을까? 안 시장은 나를 남모를 애정으로 대해주었고, 나도 기자사회 말로 '쓸 때는 쓰되 챙길 것은 챙기는' 정성으로 그를 대접했다. 그래서 취재기자 대 부산시장 관계는 '참 좋았다'고 기억한다.

## 신문사 사장과 편집간부

이 '좋았던 관계'는 이쯤에서 끝나지 않았다. 「부산매일」이 심한 노사분규로 혼란을 겪고 있던 1996년 여름 어느 날이었다. 사회부장을 맡고 있던 나에게 그가 서울에서 전화를 걸어왔다. "아우님, 별 일 없어? 오늘 저녁 좀 볼까?" 그는 당시 해운항만청장을 지낸 뒤 기업경영에 관여하고 있을 때였다. 그가 부산을 찾으면 서로 연락을 하는 것이 새삼스러운 일은 아니었다. 그러나 이날은 분위기가 달랐다.

'지금 왜 부산을 찾을까? 무슨 일이 있다. 아, 아마도 회사경영 관계일지 모르겠다. 김우중 회장과도 각별한 관계 아닌가?' 그래서 나는 노사분규 상황과 전개전망을 나름대로 정리하여 그를 만났다. 얼마 전 출간한 저서부터 건넸다. 속표지에 '영원한 큰형님'이란 호칭을 붙여서.

나의 예감은 적중했다. 노사분규의 진전 상황과 전망을 묻더니 속내를 털어놓은 것이다. "김우중 회장이 나더러 「부산매일」을 맡아 보라는데 괜찮겠어?" 최선을 다해 그를 설득했다. 굳이 대우 김 회장과의 관계나 그 특유의 열정을 들지 않더라도 그가 「부산매일」의 경영을 맡는 것은 당시로선 최선의 카드였다. "맡으시죠. 고향에서 지역언론과 후배들을 키우는 것도 큰 보람 아닙니까?" 다음날 상경한 그는 일주일을 고민했다. 매일 전화통화가 오갔다. 그는 결심했다. "그래, 그러면 내가 김 회장에게서 꼭 보장받아가야 할 게 뭐가 있어?" 그래서 그는 「부산매일」 사장으로 부임했다.

그는 김우중 회장의 '보장' 약속에 힘입어 정열적으로 신문사 경영에 매달렸다. 때로는 노조와의 갈등에 걸려 힘들어하긴 했지만, 그의 경영솜씨는 대단했다. 개인적인 신뢰도 한층 깊어졌다. 좋은 신문 만들기, 경영 조기 정상화같이 드러나는 영역에서, 또 사적인 영역까지 자주 대좌했다.

때로는 함께 골프를 즐기고, 때로는 스스럼없이 고스톱을 치면서…. 그래서 신문사 사장 대 편집간부의 관계 역시 '참 좋았다'고 기억한다. 그는 「부산매일」 사장을 떠나 민선 부산시장에 도전했다. 물론 다른 정치적 선택을 고민한 적도 있다. 그때마다 고맙게도 나를 의논상대로 삼아주었다. 그가 첫 선거를 치를 때 나는 편집국장이었다. 그는 방송사 출구조사에서 패배했다가 개표 결과 승리한 특이한 경험을 갖고 있다. 여러 곤경을 딛고 극적인 당선을 기록한 것이다.

## 부산시장과 그의 참모

그가 민선시장으로 있으면서 나를 불러주었다. 내가 편집국장을 마치고 미뤄왔던 박사학위를 취득한 직후였다. 지금 맡고 있는 시정매체 제작책임자이다. "그릇에는 한없이 작은 자리일 터이지만 부산발전에 기여하는 뜻에서 최선을 다해줘!" 주요간부들을 배석시킨 가운데, 임용장을 주며 당부했다. 역시 공적인 관계보다 사적인 관계가 값있었다. 나의 공적 업무에는 전혀 군림하지 않되, 여러 의견을 교환하며 진언(進言)을 들어주었다. 그 대상에는 한계가 없었다.

그런 만큼 그는 귀도 넓었다. 그가 재선에 도전할 때 일각에서 부인을 비난하는 말들이 있었다. '내조의 범주를 넘은 부산판 힐러리'류의 풍문들이었다. 탈권위 차원의 경계가 필요했다. A4 한 장의 메모와 함께 몇 가지 대안을 제시했다.

"자네는 이 비난들을 다 믿나? 지나치지 않나?" "그래도 대처해야 할 부분임은 맞습니다. 경계해야 합니다." "그래? 그러면 집사람에게 이 메모를 보여주며 자네가 걱정하더라고 전할게." "그러면 저의 입장은 어떻게 됩니까? 차라리 그 메모를 돌려주시죠." "알았어. 내가 잘 처리하지…."

다행히도 그 비난의 소지들은 뒷날부터 자취를 감췄다. 나는 그의 넓은 귀를 믿었고, 그는 나의 진정을 믿어주었던 것이다. 나는 신문사 편집간부 시절 내외분을 수행하여 해외출장을 다녀온 적이 있다. 그때 내외분의 그 아름다운 금슬을 눈여겨보기도 했다. 그런 만큼 그는 부인에게 참 어려운 얘기를 끄집어냈을 터, 이 부분은 내심 두 분에게 참 민망해해야 할 일이다.

　그의 민선시장 시절 역시 활기찼고, 또 눈부셨다. 2002년엔 4대 대형 국제행사를 성공적으로 개최, 부산의 도시발전을 10년 이상 앞당겼다는 평가를 받았다. 2003년엔 부산 북한방문단을 인솔하여 평양을 방문함으로써 지방자치단체로서는 처음으로 북한 교류의 물꼬를 텄다. 그는 인생의 마지막 불꽃을 태우고 있었던 것이다. 나는 그의 지명에 따라 수행에 나섰다.

　평양 방문 중에도 그는 활기찼다. 남북교류를 위한 협력·대화에 의욕적으로 매달렸고, 북측 대남담당 실력자와의 비밀접촉에서도 예의 열정과 배포는 대단했다. 부산 요인들이 총출동했다고 할 만큼 인적 구성도 다양했던 교류단을 능률적으로 이끌었다. 역시 특유의 권위와 리더십 덕분이었다.

　평양 방문 마지막 날. 북측과의 송별만찬을 주재한 뒤 그는 비로소 홀가분한 표정이었다. 지방자치단체로서는 처음, 부산시장으로서도 처음인 평양 방문을 성공적으로 마무리한 안도감이었다. 늦은 밤 내가 그의 숙소를 찾아 긴장을 다스리는 농담 한마디를 건넸다. "송별만찬의 만찬사가 참 감동적이었습니다. 남북을 가리지 않고 박수도 많이 나왔고….". 그의 반응은 기분 좋으면서도 나의 조력을 크게 보상하는 한마디였다. "쳇, 지가 써 놓고…. (껄껄껄)"(…)

| 기사 | 부산시장 취임 2주년 인터뷰* |

## "교통난·용지난 해결 위해 해상도시 긴요"

'바다가 곧 육지' 혁신적 발상 동원
"부산을 위해 열심히 일한 시장 평가받고 싶다"

부산시장 안상영 씨(52).

그는 소신과 끈기로 '부산중흥'의 청사진을 차근차근 추진하고 설득력과 겸손함으로 '시민과 함께 하는 시정'(시정구호)을 무리 없이 이끌어온 부산 출신 시정책임자다. 그는 또 관리행정 쪽으로는 만나는 사람마다 '부산문제는 우리 모두의 문제'임을 일깨우며 시민의 관심과 참여를 유도하고, 도시개발 쪽으로는 전례 없는 발상의 전환을 시도, 해상신도시 건설사업을 발안, 추진하고 있는 양수겸장의 기술관료다.

부산에서 태어나 고향의 행정책임을 맡은 안 시장, 그가 20일로 취임 2주년을 맞았다. 하루하루 추슬러 넘기기도 바쁜 요즘 세상에서 2년 세월이 크게 대수일까마는 80년대 들어 부산시장 자리 자체가 1년여 만에 주인을 바꿔온 고달프고 험난한 관직이었는 데다, 최근 2~3년 동안 부산이 비로소 용트림의 기지개를 켜고 있다는 세평을 더한다면 그의 재임 2년은 보다 의미 있는 기간일 수 있을 것이다. 특히 그의 표현대로라면 '부산발전은커녕 부산안정에 얼마나 기여할 수 있을지 내일을 예측하기 힘든 급박한 상황'에서 부임하여 '전반적 안정 속에 성장, 발전을 다지는 오늘날'을 맞았기 때문이기도 하다.

- 먼저, 재임 2주년을 맞는 인간적 소회를….

정말 세월 참 빠르요.(그는 평소 고향 사투리를 잘 구사한다) 2년 전만 해도 각 분야의 욕구를 정당한 절차보다 집단시위로 해결하려는 풍토가 드넓게 깔려 있었어요. 또 부산은 상대적으로 뒤떨어져 있었고 시민들도 부정적 사고 속에서 자부와 긍지를 잃고 있었고…. 복잡하고 어려운 시기를 잘 넘겼어요. 물론 그 난국을 헤쳐오는 데는 저의 힘보다 부산을 걱정하는 많은 분들의 힘이 훨씬 컸지요. 저야 뭐 재주도 행정경험도 없는 사람입니다만….

---

* 이 글은 글쓴이가 부산시정 출입기자 시절, (관선시장) 취임 2주년을 맞은 안상영 부산시장을 인터뷰, 1990년 5월 20일자 3면 전면으로 게재한 것이다.

'재주도 없고⋯.' 하는 그의 표현은 그의 부임 당시 그의 그릇 자체를 경시하던 뭇 시선을 은근히 되꼬집는 발언 같기도 하다. 그는 알려진 대로, 서울공대를 나와 서울시에서만 근무해온 기술관료, 부임 직전 직책은 서울시 건설본부장(1급)이었다. 그래서인지 그는 부임길에서부터 '경량급 기술자', '서울시 출신' 등 부산시장으로는 미덥지 못하다는 식의 평가들을 시나브로 들어야 했고, 자신을 아껴주던 동료, 친지들로부터도 '어려운 때 어려운 일 맡았다'는 안타까움 반·걱정 반의 안부를 들어야만 했다. 이제 그가 그 평가들을 즐거운 듯(?) 기억하는 것을 보면 스스로 부산시장으로서 중량도 갖추고 부산사람으로서 동질성도 확보했다는 자신을 갖고 있는 듯하다.

**- 스스로 지난 재임기간을 평가한다면.**

먼저 시민과 공무원의 현실인식을 부정적·소극적 자세에서 긍정적·적극적 자세로 바꿔가고 있다는데 큰 보람을 느낍니다. (⋯)이제 모두가 부산의 주인이라는 긍지와 서울과 대칭되는 도시로서의 자부심을 갖고 있다고 평가합니다. 가시적 성과로는 행정구역을 확대, 부산발전의 기반을 확보했고 해양금융도시의 바탕을 다졌으며 부산의 자긍심을 되살리기 위한 도시개발 중장기 계획을 차근차근 추진하고 있지요.

그는 그의 전문적 역량을 바탕으로 부산의 지리적 특성을 살펴가며 산과 바다, 강을 활용한 도시설계를 하는 것으로 평가받고 있다. 교통난, 용지난, 주택난, 영세민 문제도 이미 치열한 진단 끝에 처방을 시작한 단계(그에게 해양신도시 건설문제를 먼저 묻는다).(⋯)

**- 자신의 행정 스타일을 자평한다면.**

팀워크를 중시하지요. 조직을 통해서 업무가 이뤄지도록 유도, 각 기능의 힘을 극대화시키고 있어요.

그는 공직사회의 무사안일을 경계하며 공무원의 진취적 기질을 부추기고 있다.(⋯)

부산시장 안상영 씨. 그는 부산 동래에서 태어나 초·중·고교 시절을 부산에서 보낸 뒤 상경, 대학을 거쳐 지금까지 서울시에서 지하철 건설, 한강 종합개발, 서울 도시재개발 등 굵직굵직한 개발사업을 기획, 추진해온 건설행정의 베테랑. 안 시장이 퇴임 후 듣고 싶은 평가는 '부산을 위해 열심히 일한 시장'이다.

안상영 부산시장 전면 인터뷰 지면. 글쓴이가 부산시정 출입기자 시절, (관선시장) 취임 2주년을 맞아 3면 전면으로 게재한 것이다(1990. 5. 20).

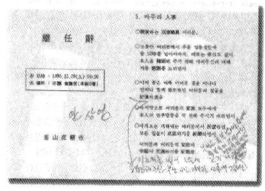

안상영 부산시장 추모문집 중 글쓴이의 글 게재 부분. 오른쪽 아래, 그가 1990년 12월 관선시장에서 이임할 때 활용한 스피치 카드가 보인다. 그 카드, 안 시장의 이임사 이후 글쓴이가 받아 보관해 온 것이다(2015. 2. 4).

글쓴이의 시사칼럼집 『부산 부산사람 부산시대』 출판기념모임에 참석, 축하 말씀을 하고 있는 안상영 부산시장(2000).

중국 출장 중 잠시 황하 일원 '황하와 중국인민모자상' 앞에서. 왼쪽 첫 번째 글쓴이, 두 번째 안 시장의 부인 김채정 여사 (1997).

「부산매일」과의 자매결연식에 참가한 중국 「하남일보」 사장 일행을 안내, 경남 거제 대우조선 옥포조선소를 방문했을 때. 오른쪽 첫 번째 글쓴이, 네 번째 안 시장(1997).

# 4장. '지우·오언의 신뢰' 허남식

마음 터놓고 얼굴 맞대며 진정 나눈 돈독한 신뢰관계
호감 바탕한 이상적 참모에 속마음 공유한 문담 자임

### 부산 깨운 상상력·열정의 결실, 그 기록에의 책무[*]

　천재일우(千載一遇). 어느 국가에나 중세 그리스·로마의 전성기처럼 힘차게 도약하는 천재의 시기가 있다. 전성기 로마는 영토의 확장과 생산력의 증강, 높은 생활수준과 성숙한 문명을 성취했다. 2000년대 초반 부산의 성장과 도약, 곧 언론이 표현하는 '부산혁명'이 그 천재의 결실이다. 세계와 한국이 금융위기며 IMF사태의 상처로 크게 시달렸던 시기, 부산은 천혜의 여건에다, 그동안 발전의 역량을 축적시켜 온 상태였다. 이 저력의 토양에, 모처럼 시행한 정부의 지역균형발전 정책과 지방발전 전략이 조우했다. 그리고 세계적 도시경쟁에 대응하며, 온 부산을 흔들어 깨우는 상상력과 열정이 극적으로 결합했다.

---

[*] 이 글은 『난, 부산혁명을 꿈꿨다-부산광역시장 허남식의 부산시정 10년 기록』(2014. 6)에 글쓴이가 '엮은이의 말' 형식으로 게재한 글을 중심으로, 일부 내용을 추가한 것이다.

그 결과, 부산은 한반도의 변방 보잘 것 없던 항구도시에서, 세계적 수퍼항만도시, 아시아 최고의 영화·영상도시, 아시아 4대 국제회의도시로 우뚝 컸다. '세계도시' 반열에 오르며, 앞으로 100년을 먹고살 기반을 탄탄하게 다지고 있다. 동북아 최고의 허브항을 넘어, 아시아의 관광·물류 중심도시를 꿈꾼다. 서부산권, 강서 그린벨트 1000만 평 자리에 국제물류도시, 에코델타도시가 들어서며 부산신항과 함께 '서부산 시대'를 열고 있다. 원도심 광복·중앙동의 르네상스에, 부산역 일원 종합개발·북항 재개발로 부산의 역사를 다시 쓴다. 동부산, 센텀시티·마린시티 일원을 바탕으로, 아시아 영화영상-세계적 MICE도시의 중심으로 도약했다.

세계적 도시경쟁시대. 좋은 기업을 유치하며 일자리를 만들기 위한 '도시경쟁'은 치열하다. 최근 국가의 국방·외교 부문과 따로 하는 경제행위에서 도시의 역량은 날로 중요해지고 있다. 결국 도시는 사람이 살며 경제활동을 하는 공간이기 때문이다. 행정의 주요 목적, 환경의 질을 개선하고, 문화시설을 확충하며 국제학교를 유치하는 것은 곧 도시의 경쟁력을 높여 기업과 인재를 유치하는 길이다.

도시 간의 경쟁은 앞으로 더욱 치열해질 것이다. 컨설팅 업체 '매킨지(Mckinsey and Company)'에 따르면, 현재 세계 600대 도시가 전 세계 경제생산(GDP)의 60%를 담당하고 있다. 그만큼 도시 집중화는 거스를 수 없는 대세인 것이다. 앞으로 10년 후, 600개 도시 중 136개는 경쟁에서 낙오해 이 리스트에서 탈락할 것이라는 분석이다. 부산은 이 생존경쟁에서 일단 승리했다. 부산 발전의 큰 기틀을 마련하고 미래 먹거리를 알차게 확보, 도시 경쟁력을 강화했다. 21세기 들어, 지난 10년여 '부산혁명'의 결실이다. 이건 부산 현대사의 중요한 현상이다.

### '부산혁명' 원동력? 어려운 결정·많은 노력 결실

이 '부산혁명'의 원동력은 무엇인가? 우선 부산의 잠재력을 꾸준히 키워오며, 천재의 시기에 그 저력을 폭발시킨 부산시민의 피와 땀, 단합과 분발의 결실이다. '하늘은 스스로 돕는 자를 돕는다'고 했으니, 그것은 실상 어려운 결정과 많은 노력의 결실일 뿐 결코 우연이나 기적은 아닌 것이다.

그저 부산의 저력과 정부 정책의 단순한 조우만으로 '부산혁명'을 성취할 수 있었던 게 아니라면, 그 부산의 상상력과 열정에 불을 지핀 요인은 또 무엇인가? 거기에는 부산시정의 CEO, 곧 부산광역시장의 역할을 떠올리지 않을 수 없다. 그 '부산혁명' 시기에 당대 부산시장의 역할이 그저 작기만 했을 것인가?

곡종인산(曲終人散). 노래가 끝나자 사람들이 흩어졌다. 중국 당나라 시인 전기(錢起)의 표현이다. 이것이 사람 사는 세상의 정리(定理)라고 했다. 우리 선출직 공직자의 퇴임 후 풍경도 크게 다르지 않다. 한 시대의 지도자를 높게 평가하지 않는 정치·문화적 특질이 그것이다. 전임 대통령의 큰 공이 있더라도 작은 과를 들어 폄하한다. 서울시정에서 전임 시장의 대형 정책을 후임 시장이 전적으로 매도하는 행태를 보라. 우리에겐 주요 선거 때마다 '심판론'도 무성하다.

### '곡종인산' 정리 속 21세기 초반 10년 당연히 기록해야

그래서, 그럴수록, 부산시정의 21세기 초반, 민선 3선 부산시장의 부산시정 10년은 기록으로 남겨야만 한다. 허남식(許南植) 부산시장은 2004년 6월 7일 첫 임기를 시작, 2014년 6월 말 10년 임기를 끝낸다. 부산의 현대사시정사(市政史) 중 21세기 초반 10년의 무게는 어찌 간단하고 가벼울 것인가. 특히 부산직할시 승격 50년 중 최근 10년의 변혁은 과거 40년의 그것을 뛰어넘을 바에야.

그리고, 그 10년 동안 고독한 결단을 거듭하며 창의적 상상력을 한껏 발휘한 그 역사를 그저 평범한 일상으로만 평가할 수 있을 것인가? 우리의 그 질기디질긴 중앙집권 시대, 그 거미줄 같은 규제사슬 속에서, 강서 그린벨트 1000만 평을 풀어 서부산 시대를 열겠다는 담대한 구상, 그 구상이 예사 뚝심에서 나올 수 있었겠나. 정부와 미군의 엄청난 반대를 무릅쓰고 하야리아 부지를 기어이 시민공원으로 만들겠다는 결단, 한 도시경영 최고책임자의 끈기가 특출할지라도, 그 꿈을 이루기가 그리 쉽기만 했겠나?

## 마음 터놓고 얘기 나누고 얼굴을 마주보고 진정 토로

지우(知遇)와 오언(晤言). 그 당연한 기록에의 필요성을 생각하며 떠올린 고사성어다. 지우(知遇), 선배나 어른이 자신을 알아주는 것을 말한다. 지우는 서로 마음을 터놓고 이야기를 나누는 일에서 출발한다. 오언(晤言), 남을 만나 얼굴을 마주하고 진정을 토로하는 것을 말한다. 남을 이해하기 위해서는 눈을 마주보고 하는 대화, 오언이 필요하다. 난 허남식 부산시장, 그의 지우를 입었으며, 오언을 나눈 사이이다. 나는 그렇게 믿고 있다.

그와 나는 1980년대 중반, 부산시 중견간부와 언론 취재기자로 처음 만났지만, 그 만남의 결과는 '돈독한 신뢰관계'였다. 그와 나는 2004년, 마침내 부산시장-부산 시정매체 제작책임자로 조우했다. 겉으론 분명한 상하관계였지만, 그는 나를 계속 '선비' 대접하듯 예의를 갖춰 대해주었다. 내가 겉으론 부산시 개방직 관료로 살면서 속으론 자유분방한 사고방식을 드러낼 때도, 그는 '전적으로' 나를 믿어주었다. 그래서, 나는 그와, 정말 마음을 터놓고 눈을 마주보며 무슨 얘기든 할 수 있었다. 그는 나를 늘 실체 이상으로 평가하며 기대해주었고, 그 믿음과 기대를 바탕으로, 나는 더욱더, 맡은 일과 그 개인에게 최선을 다할 수 있었다. 상하관계가 분명한 관료조직에서 그런 인간관계가 그리 흔할 것인가.

### '문담 역할하며 직언한 사람', 그 책무로써

돌이켜보면, 나는 그에게, 호감과 신뢰에 바탕한 이상적 참모요, 그의 말과 글 영역에 있어선 속마음을 공유한 '문담(文膽)'이지 않았을까.

먼저, 문담. 담(膽)은 쓸개다. 간과 함께 소화를 돕는 핵심 장기다. 중국 지도자는 자신의 연설문을 만드는 참모를 쓸개처럼 중요하게 여겨 '문담'이라 부른다. 황보문(皇甫文)의 고사에서 유래했다. 중국에는 기라성 같은 문담이 넘친다. 현 공산당 정치국 상무위원 왕후닝(王滬寧)은 장쩌민(江澤民)·후진타오(胡錦濤)·시진핑(習近平) 3대 국가주석의 문담이다.

나는 중국 지도자가 우대하는 그런 문담은 아닐지라도, 허남식 부산시장, 그의 글과 연설을 다듬는 문담임은 분명했다. 나는 그의 10년 재임기간 내내, 취임사, 퇴임사에, 중요한 연설문이며 문건을 다듬고 만들었다. 나는 그의 마음과 머리를 읽어내고 있다고, 스스로 믿었다. 그 과정에서 그의 품격을 지키려 내가 쏟은 열정·집념도 대단했다. 그는 정말, 나와는 마음과 머리를 공유한 듯, 내 손을 거친 중요 문건이며 연설문은 전적으로 믿고 활용했다.

다음, 이상적 참모. 나는 그에게, '수어지교(水魚之交)' 관계를 꿈꾼 적이 없다. 그건 감히, 나의 역량과 기질에 맞지 않는 일이기도 했다. 단, 나는 그에게, 자주는 아니더라도, 그의 눈·귀 역할을 하며 직언하는 사람이고자 했다. 직언을 한다는 것은 때로, 용기의 문제를 넘어 위험한 일이기도 하다. 가끔은 '사람' 얘기를 하고, '가족'을 언급할 때도 있을 것이기 때문이다. 이 부분에서, 그는 나를 확실히 신뢰해주었다. 내가 그의 '사람' 얘기를 했을 때 그는 나의 판단이며 진언을 잘 수용해주었고, '가족' 문제를 얘기했을 때 그는 그 '팩트'에 대한 아무런 의심 없이, 즉각 필요한 조치들을 취해주었던 것이다.

**겸손한 천성 앞에 '묻고 답하기'로 기록 남겨**

그런 만큼, 허남식 부산시장의 부산시정 기록하기는 당연히 나의 책무였다. 그를 설득했다. 부산시정 10년의 공과를 꼭 기록해야 한다고. 부산역사 측면에서 그 10년 동안 어떤 역할을 했고, 무엇을 남겼는지, 역사적 평가는 불가피한 것이라고. 그가 복잡한 환경 속에서 어떤 결정을 내릴 때 활용한 도시경영 철학 역시 후세의 유용한 판단자료일 수 있다고.

두루 알다시피, 그는 천성적으로 자기 자랑을 못 하는 사람이다. 그의 별명 '소리 없는 불도저'를 생각해보라. 그는 여느 요인(要人)과 달리 좀처럼 자신이 한 일을 자랑하지 않고, 자신의 입장을 내세울 수 있는 정치적 현안에도 다른 사람의 입장을 배려하여 웬만해선 침묵을 지키는 편이다. 기록책자의 전개방식이 '묻고 답하기'인 것은 그 때문이다. 그의 겸손한 천성으로는 좀처럼 자신의 공과를 털어놓지 않을 터, 내가 물으면서 그의 답변을 캐내기로 한 것이다.

그는 동의했다. 역사적 사실을 기록해야 한다는 당위성에 공감했고, '묻고 답하기' 방식도 수용했다. 그 역시 '부산시장 10년'을 정리하는 행위의 중요성과, 시정경영에 활용한 나름의 시각을 기록으로 남기는 행위의 의미를 절감하고 있었다.

'묻고 답하기' 글쓴이가 직접 이슈를 제기하지 않아도, 엮은이가 알고 있는 키워드를 적극 물으며 관련 자료를 활용하기 쉬운 방식이다. 그래도, 그가 10년 동안 성취한 폭넓고 깊은 변혁, 그 '혁명'과도 같은 역사들을 제대로 기록하기가 어디 그리 쉬운 일인가. 다만, 이 방식 때문에, 설정한 주제에 충실하게 접근할 수 있었고, 내용도 풍부할 수 있었다. 남은 아쉬움도 적지 않다. 그의 휴먼 스토리 부분도 전혀 다루지 못했다. 그저 "쑥스럽다"며 한사코 버틴 탓이다. (…)

## 시골 산촌 소년에서 고시 합격에 부산시장까지

그는 경남 의령의 가난한 산골 소년 출신이다. 의령은 서부경남의 오지이지만 큰 인물이 많이 났다. 삼성그룹 이병철 창업주가 의령 출신이다. 의령-진양 사이로는 남강이 흐른다. 이병철 씨의 고향 의령군 정곡면과 LG그룹 구인회 창업주의 출생지 진양군 지수면은 남강을 사이에 두고 20㎞쯤 떨어져 있다. 그러니까 한국 4대 그룹 가운데 2군데가 남강을 사이에 두고 나온 셈이다. 남강은 우리나라에서 드물게 서쪽에서 발원해 동쪽으로 흐르는 강이다. 풍수지리상 그러한 강을 남쪽에 둔 고장에서 인물이 많이 난다는 말도 있다.

허 시장은 의령산촌에서 초·중등, 마산에서 고교를 졸업한 뒤 서울에서 대학 공부를 했다. 행정고시 19회에 합격한 뒤 오직 부산시에서 28년 동안 봉직했다. 부산에서 터를 닦아 결국 민선 부산시장에 이르렀으니 결과적으로는 한 우물을 판 노력에, 고스톱 화투의 운칠기삼(運七技三)이라는 말처럼, 공직운도 대단히 좋은 사람이다. 그러나, 그 알찬 공직생활이 그저 운만으로 성취할 수 있는 것인가. 그는 부산시 공무원 때도, 민선 부산시장 때도 그만큼 열정적으로 일했고, 특히 사람과의 신뢰관계를 중시했다.

그의 좌우명은 호시우행(虎視牛行). 예리하게 관찰하고 무겁게 행동하자는 뜻이다. 언론에서 붙여준 별명은 '고무 허리', 끈기가 있고 유연성으로 어려움을 극복한다고 해서 생긴 별명이다. '소리 없는 불도저'는 말도 없이 일을 잘한다고 해서 붙은 별명이다.

### '부산 위해 큰일 많이 한 시장'으로 남고파

그는 원래 꿈이 많은 사람이며, 아직 많은 꿈을 좇고 있다. 그 꿈의 키워드는 '크고 강한 부산'이다. 그 초점은 두 가지, '부산을 어떤 도시로 발전시켜갈 것인가', 그리고 '부산은 과연 무엇을 먹고살 것인가'이다. 그는 그 꿈을 성취하기 위해 남다른 의지와 열정으로 무장했다. 그 풍경은 강렬했다. 그는 특유의 경륜과 뚜렷한 원칙으로 관료사회를 독려했다. 그 경험은 명쾌했다. 그가 시도한 많은 발상의 전환은 신화를 낳았으며, 그의 시정철학은 앞으로도 유효할 터이다.

더러 그에게 묻는다, "퇴임 후 어떤 평가를 듣고 싶으냐?"고. 그의 대답은 단순하다. "오직 부산만을 생각하고 부산시민과의 약속을 중시하며 시정에 헌신한 만큼, '부산을 위해 큰일을 많이 한 시장', '부산의 먹거리를 알차게 마련한 부지런한 시장'으로 평가받고 싶다"고. 다행히 부산사람들은 그의 10년 시정을 긍정적으로 평가한다. 연초 한 언론의 설문조사 결과, '잘했다'는 대답이 3분의 2 수준이다.

그는 퇴임 후, 어떤 계획을 갖고 있을까? 그는 임기를 마칠 때까지, 지금의 당면과제를 해결하는 데 온 열정을 다할 생각임을 강조한다. 퇴임 후 계획, 그건 퇴임 후, 그때 생각할 일이라는 것이다. '소리 없는 불도저', 그는 퇴임 후 특유의 열정과 숙성한 경륜을 또 어디에 쏟아 부을 것인가? 그건 많은 부산시민의 관심사이지만, 실상 그 부분은 나도 참 궁금하기만 하다.

허남식 부산시장이 「부산시보」 창간 30주년 기념식에 참석, 글쓴이와 기념촬영(2007. 6).

허남식 부산시장이 시장 퇴임 후 '부산 아트쇼' 참관차 벡스코를 찾았다가 글쓴이와 한 컷(2015. 6).

허남식 부산시장이 부산광역시 미디어센터를 방문, 직원들과 한 컷(2013. 10).

# 5장. '외로운 Pioneer' 김우중

'세계 넓고 할 일 많다' 속 신생 「부산매일」 지원
IMF 때 '대우' 해체… '세계경영' 역사 '침묵 속으로'

김우중 대우그룹 회장.

32살에 대우실업을 설립, '세계경영'의 기치 아래 세계시장을 개척하며 재계 2위의 대우그룹을 일군 도전·창조의 경영인이다. IMF사태 때 전경련 회장을 맡고 있으면서도 DJ정부의 정치적 탄압설 속에서 그룹해체를 겪은 비운의 기업인이다. 그룹해체 후 중형을 선고받고도 다시 Global YBM(Young Business Manager) 프로그램을 창설, 국제 비즈니스를 떠맡을 젊은 기업가를 양성하고 있는 의지의 경세가이다.

개인적으로, 내가 창간에 참여했던 신생 「부산매일」의 후원자요, 나의 미국 연수를 지원한 서울언론재단의 설립자이며, 서울언론재단 임원 및 해외 연수 언론인 모임 '남산클럽'에서 정의(情誼)를 나눈, 가슴 따뜻하고 통 큰 인생선배이다. 특히, 그는 대우조선 정상화를 위해 경남 거제에 머물 때, 나에게 은근한 정을 베풀며 '거제 주재기자 겸 말벗'을 제안했던 적이 있다. '부산에서, 좋은 기사 많이 쓰겠다'는 나의 완곡한 거절 앞에서 그는 서운해 하지 않았고, 그 뒤 남산클럽 모임에서 만날 때도 늘 그렇듯 정거운 격려를 다해주었다. 내가 그를 잊을 수 없는 사연이다.

그는 지금 중환이라는 소식이다. 고령(84)에 지병을 앓고 있는 그, 지난 연말부터 갑작스런 건강 악화로 장기간 입원치료를 받고, 지금은 자택에 머물며 통원치료 중이라는 것이다. 그는 당분간 해외에 갈 수 없고, 가족 곁에 머물러야 하는 상황이며, '아마도 알츠하이머로 보이는 증상'이라는 얘기도 있다. 안타까운 것은, '성실과 꼼꼼함의 대명사' 그가 겪은 현대사가 '침묵 속으로' 빠져들 우려다.

그는 한국경제의 근대화에 매진했던 신화의 주역 중 유일하게 생존한 1세대 오너다. 국가의 흥망을 건 세계 경제전쟁 속에서 한국인의 기상을 뜨겁게 달궜던 20세기의 거인이다. 그런 만큼, '대우그룹 해체'라는 역사적 사건과 함께, 한국 현대경제사에 '건전한 논쟁'을 유인할 역사적 인물이다. 그의 기억력이 급속도로 나빠지고 있다? 그건, 우리 현대사의 중요한 '사실'들을 망실하는 안타까움, 바로 그것일 터이다.

### 대우조선 맡아 거제 상주 때 「부산매일」 인연

내가 김우중 회장을 처음 만난 것은 1989년 봄의 일이다. 신생 「부산매일」이 창간 이후 경영난에 시달릴 즈음, 당시 이인형 편집국장이 김우중 회장을 만난다는 얘기를 들었다. 김 회장이 대우조선 정상화를 위해 아에 거제 옥포조선소에 집무실을 마련하고 비상경영에 나섰을 때였다. 편집국장은 막 창간한 신생신문을 살릴 후원자를 찾다가 '어떤 인연'으로 김 회장을 만난 것이었다.

무엇보다, 그때 김 회장의 처지는 긴박했다. 전 세계 조선업의 구조적 침체로 대우조선은 조선산업 합리화 대상에 오르고, 노조의 극렬한 반발 속에 한 근로자가 분신자살을 시도하고…. 그런 혼란 속에서 그는 직접 대우조선 대표를 맡아 노조와 협상을 계속하며 힘겨운 수주전을 벌일 때였다. 그러면서, 그는 노조와의 협상을 타결하고, 수주전에 일정한 성과를 거두며, 자신의 '몫'을 다하던 보람찬 시기이기도 했다. 그 시기, 편집국장은 가끔 옥포로 가, 김 회장과 '세상사는 이야기'를 나누며, 「부산매일」의 비전과 소속원들의 열정을 얘기하곤 했던 것이다.

**소형차 운전-직원 소통… 나와 개인적 인연 시작**

곧 김 회장과 기자들의 만남이 이어졌다. 우리는 그의 초청에 따라 옥포를 방문, 축구를 하고 소주잔을 기울이며 도타운 정을 쌓기 시작했다. 한번은 혼자 옥포를 찾아 김 회장과 하루 밤낮을 보내기도 했다. 부끄러운 사연이지만, 김 회장은 당시 안상영 부산시장으로부터 "신생 부산매일, 그 회사 전망이 밝다, 인연을 맺어보라. 그 중엔 똑똑한 기자도 더러 있고…"라는 평판과 함께, 내 이름도 들은 터였다.

그 시절, 김 회장은 수행직원 없이, 단신의 강행군 중이었다. 숙소는 직원 사택단지 안, 소위 '벙커'였고, 밥은 직원식당에서 먹었으며, 일반 직원처럼 자전거를 타고 조선소 구내를 오갔다. 조선소 밖에선 직접 르망 해치백 승용차를 운전하며, 아침이면 노조원 사택을 찾아 그 가족들과 아침 대화를 나누고. 나는 그가 운전하는 차량의 운전자 옆자리에 앉아 옥포조선소를 둘러봤고, 부두 옆 횟집에서 저녁을 먹으며, 사택 한편에서 잠을 잤다. 아침에는 다시 그가 운전하는 차를 타고 직원사택으로 아침을 먹으러 갔고.

결론적으로, 그는 내가 마음에 들었던 모양이다. 편집국장이 나를 부르더니, "거제 가서 좀 쉬며, 김 회장 얘기도 들어주고, 그럴 수 없겠느냐"고 물었다. 나름 장고 끝에 그를 찾았다. 그는 예의 환한 표정으로 나를 맞았다. 복잡하게 생각할 것 없고, 그저 '거제 주재기자'라고 생각하고 취재를 하며, 틈틈이 새 책 읽은 소감이나 세계정세 정도를 얘기해주면 좋겠다고. 다행히 그는 내내 넉넉한 표정이어서, 나는 내 생각을 제대로 전할 수 있었다.

「부산매일」, 그 신생지의 경력기자인 만큼 부산에서 보다 큰 기사들을 쓰며 신문의 성장에 기여하고 싶다고. 나는 스스로 신생지 제작의 필수인력으로 여기며 나름의 사명감을 갖고 취재 최일선을 뛸 때였다. 그는 바로 이해했다. 그것도 좋겠다고, 그럼 좀 젊은 기자 한 사람 추천해보라고. 결국 나를 대신해 P대 경제과 출신 S기자가 거제로 가, 김 회장이 서울로 집무실을 옮길 때까지 그를 보필했다.

## 거제 상주작전 성공… 투쟁·쟁취에서 소통·상생으로

당시 김 회장의 거제 상주작전은? 크게 성공했다. 그룹회장, 그가 직접 단위회사 대표를 맡아 매일 자전거를 타고 현장을 돌아다니며 직원들과 얘기하고 격려도 하고, 노조 지도자들과도 많은 대화를 했다. 김 회장의 직원 집 아침식사 릴레이? 그것도 현장에서 만난 한 젊은 직원의 초대부터였다. "회장님, 저희 집에 초대해서 식사라도 한 끼 대접하고 싶습니다"라는 청을 받아들인 것이다. 이 직원은 "회장이 우리 집에서 밥 먹고 갔다"고 소문을 내고, 이어 마구 식사대접 신청이 들어오고, 나중엔 순번을 정해두고 아침 먹으러 다니고. "우리 회장 만났더니 보통 재벌 회장하고 다르더라, 얘기도 잘 통하고…", 이런 평판과 함께, 직원들의 생각도 날로 바뀌었다. '투쟁-쟁취'에서 '소통-상생'으로.

## 젊은이에게 주는 메시지, 『세계는 넓고 할 일은 많다』 집필도

김 회장은 조선불황과 노사분규로 기록적 누적적자를 쌓아가다, 노조설득에 성공하며 만성적 조업중단 사태를 해결했다. 회사는 김 회장과 대우 계열사의 추가출자 등에 힘입어 자금부족 상태를 벗어났고, "함께 위기를 극복하자"며 '희망 90S 운동' 캠페인을 편 끝에, 1991년 790억 원의 순이익(대우조선 창사 이래 첫 흑자)을 내며 정상화의 길에 들어섰다. 부실에 처한 국내 최대 규모 조선소를 떠맡아, 세계적 조선경기 침체기를 넘기며, 세계 최대 조선소로 키워낸 것이다.

김 회장은 공전의 베스트셀러『세계는 넓고 할 일은 많다 내 사랑하는 젊은이들에게』(김영사, 1989) 역시 대부분 이곳에서 집필했다. 젊은 노조원을 상대하며 했던 얘기들, 해주고 싶었던 얘기들을 정리했고, 그것이 한국의 전체 젊은이에게 던져주는 메시지였던 것이다. 그는 이 책에서 그의 경영철학이나 사업 노하우를 얘기한 것이 아니다. 젊은이들을 상대로 직접 대화하듯 훈계하듯 쓴 책이다. 그만큼 김 회장의 젊은이들에 대한 생각은 각별했다. 이 책은 당시 150만 부가 팔린 것으로 알려졌다. 기업인이 쓴 책 중 이렇게 많이 팔린 책은 지금까지도 없다. 그의 얘기에 대한 젊은 세대나 일반 독자들의 반응은 그만큼 뜨거웠던 것이다. 김 회장 스스로 "거제에서 젊은 시절을 보낸 만큼 거제에 대한 그리움이 많고, 기회가 된다면 거제에서 살고 싶다"고 얘기하는, 그때 그 시절 얘기다.

**신생신문 찾아 기자 격려… 연수 지원에 클럽 정기만남**

그때부터, 김 회장은 그 바쁜 일정 속에서 부산 나들이가 있을 때면 신생신문사를 찾아 젊은 기자들을 격려했다. 그리고, 나는 서울언론재단의 후원으로 해외연수를 다녀왔고, 그 인연으로 남산클럽의 정기모임에서 자주 그와 대면했다. 나는 그 시절, 남산클럽 신동호 이사장(「스포츠조선」 사장)으로부터 "차용범 참석하면 전국행사, 불참하면 서울행사"라는 압박을 받으며 개근생 역할을 다했고, 김 회장 내외분은 그런 우리 부부를 맞으며 "부산에서 멀리 왔네?"라며 환한 표정으로 반가워하곤 했다.

김우중 회장이 주최하는 만찬모임, 대우그룹에선 보통 김우중·정희자 내외분에, 그룹 주요계열사 경영진이 참석한다. 서울언론재단을 후원하는 후원그룹과, 후원을 받아 해외연수를 다녀온 언론인이 한자리에서, '남산클럽'의 이름 아래 그 '좋은 인연'들을 기억하며 교유를 즐기는 것이다. 때로는 연수를 떠날, 혹은 다녀온 회원들의 인사를 듣고, 때로는 연수생 또는 그룹 경영진(가족)의 공연을 즐기고, 그러곤 경품추첨도 하고….

1995년쯤의 모임에서던가. 그날 경품엔 대우자동차의 소형 승용차와 대우전자의 대형 컬러TV '탱크'가 걸렸다. 배순훈 대우전자 사장은 가정용 컬러TV '탱크' 한 대씩을 기념품 삼아 증정하겠다며, "대우가 세계 석권의 꿈 아래 만든 야심작이니 써보시고 품평들을 해 달라"고 자랑했다.

'남산클럽의 영원한 리더' 신동호 이사장이 이 순간을 그저 넘길 순 없다. 이번엔 대우전자서 TV, 다음엔 대우자동차서 신형 승용차, 그 다음엔 대우조선에서 고급 요트를 줄 것 같다. 모두 승승장구하시라. 나는 그때 받은 기념품을 에어컨으로 교환, 집에 설치했다가 2018년 2월 이사를 하며, 어쩔 수 없이 폐기처분했던 기억이 있다. 이 에어컨, 23년을 잘 사용한 것이다.

대우와의 인연은 이것만이 아니다. 어느 휴가 때 경주힐튼호텔에 투숙, 그곳 명소 레이크사이드 뷔페를 찾았을 땐 이런 일도 있었다. "여사님이 계산하셨습니다." 정희자 여사가 경주를 찾았다가 '남산클럽' 회원의 아침밥을 산 것이다.

**대우 해체 전 남산클럽, 그 쓸쓸했던 모임**

이제, 대우그룹 해체 전의 남산클럽 모임, 그 가슴 아픈 스토리. 1999년 6월 18일이었던가. 서울 힐튼호텔 그랜드볼룸 입구에서 김우중 회장과 김태구,

배순훈, 윤영석 같은 경영진이 함께 참석자들을 맞았으나, '고정멤버' 정희자 여사의 그 훤하고 넉넉한 얼굴은 볼 수 없었다. 이날 오후, 정희자 여사가 자식처럼 아꼈다는 회사, 그 힐튼호텔을 IMF사태 속에서 해외에 매각했던 것이다. 정 여사는 이날 이 모임에 참석하기 위해 미장원을 다녀오다가 뒤늦게 김우중 회장으로부터 '힐튼 매각' 사실을 전해 받고 호텔 객실에서 대성통곡했다는 후문이다.* 그런 만큼, 이날 모임은 착 가라앉은 분위기 속에 끝났다. 나는 그날 이후, 김 회장을 만나지 못했다. 그는 대우그룹 해체-해외 도피-사법처리-사면을 거치며, 통한의 나날을 보냈고, 말년에도 Global YBM을 운영하며 해외체류가 많았기 때문이다. 그는 2014년 9월 거제에서 출판기념회(『김우중과의 대화-아직도 세계는 넓고 할 일은 많다』)를 갖거나, 연말이면 대우가족 모임에 참석하곤 했으나, 나는 뒷얘기를 들을 뿐이었다.

### 대우사태, 아직 '논란'··· 사익 추구 않은 거인

김우중 회장, 그는 신흥국 출신의 세계 최대 다국적 기업군을 이끌다, 아시아 금융위기의 소용돌이 속에서 '대우 사태'에 휩쓸려 몰락했다. 당시 정부가

---

\* 대우의 힐튼호텔 매각 발표를 전한 신문 기사 <대우 사랑방 힐튼호텔 2억 달러에 해외매각/정 여사 직접 경영…애지중지 알짜기업 매각 결정에 통곡> 대우그룹의 서울힐튼호텔이 룩셈부르크 GMH에 2억1500만 달러(약 2500억 원)에 팔린다. 서울힐튼호텔은 1983년 건립 이래 적자를 내내 적이 없는 알짜호텔. 김우중 대우 회장 부인 정희자 대우개발 회장이 직접 경영을 맡아 애지중지 가꿔온 호텔이어서 이번 매각까지 남모를 아픔이 컸다. 이 호텔이 매각 대상에 들어간 것은 전적으로 김 회장의 결정, 김 회장은 대우그룹이 재무구조 개선계획을 발표하던 4월 19일 "가장 아끼는 것부터 팔겠다"며 서울힐튼호텔과 대우중공업 조선 부문을 매각대상에 넣도록 지시했다. 이 소식을 들은 정 회장은 "매각대상에서 빼달라"고 맞섰으나 김 회장의 입장은 단호했다.
정 회장은 이 호텔에 진열할 미술품을 직접 보고 골랐으며 인테리어도 일일이 직접 손보는 등 호텔 구석구석에 애정의 손길이 미치 않은 곳이 없을 정도로 애착을 가졌다. 정 회장이 호텔사업에 전념하게 된 것은 장남 김선재씨의 갑작스러운 사망 때문. 90년 장남이 미국에서 교통사고로 세상을 떠나자 정 회장은 경북 경주에 선재미술관을 건립하고 호텔수익금으로 미술관 사업에 몰두했다.
그러나 '여장부' 정 회장도 그룹의 운명 앞에서는 어쩔 수 없었다. 하루하루 자금사정을 점검해야 할 만큼 긴급한 상황에 처하자 정 회장은 결국 분신처럼 여기던 힐튼호텔을 내놓음으로써 대우 정상화를 위한 김 회장의 노력에 동참했다.

대우의 신흥시장 투자를 '부실'로 단정, 유동성을 지원해 살리기보다 대우그룹을 해체하는 길을 택했던 것이다. '대우 사태'에 대해선 아직도 적잖은 논란이 있다.

그 많은 논란에도 부인하지 못할 부분이 있다. 김 회장은 '세계경영'의 기치 아래 세계시장에서 일어나는 비즈니스 기회를 발 빠르게 장악해나간 위대한 한국인 '킴기스칸'(서방 언론이 붙인 별명)이었으며, 대단위 기업군을 경영하고 그룹해체의 책임을 지는 과정에서 늘 '국익'을 우선하며 작은 '사익'도 추구하지 않았다는 사실이다. 이 부분, 대우조선 노사분규 때부터 그의 '인간 됨됨이'를 잘 알았던 노무현 대통령이 가볍지 않은 벌을 선고받은 그를 사면하고, 지금도 그는 별다른 사재를 갖고 있지 않은 사실을 보라.

### '침묵' 속 그를 위한 위로, "세계경영 재평가 있을 것"

그를 아는 사람들은 지금도 얘기한다, 김우중 회장은 사실상 오너였지만, 그런 냄새가 전혀 나지 않았다고. "김우중 회장은 개밥을 줘도 맛있게 드실 분"이라는 말이 나올 만큼 의전에도 신경을 쓰지 않았다. 대우맨들은 기억한다, 권위주의가 없었고, 회의 때는 계급장 떼고 얘기하는 분위기… 그것이 진정한 대우의 힘이었다고. 대우는 참 특이한 기업이다. 기업에서 '가족' 개념을 처음 만든 곳이다.

그는 어느 자리에서 털어놓은 바 있다. "나는 한 번도 돈을 벌기 위해 사업한 적이 없다. 나는 한 번도 돈이 얼마나 있는지 생각하지 않았고, 그걸 내 돈이라고 생각한 적이 없다. 어떻게든 회사 경영을 잘하려 했고, 사람을 잘 키우려 했을 뿐이다"라고.

그는 최근까지 베트남 하노이에서 거주하며 전직 대우맨 모임 '대우세계경영연구회'를 통해 Global YBM과정을 만들어 운영해왔다. 세계시장을 휘젓고 다닌 대우맨들을 길러낸 것처럼, 국제 비즈니스를 제대로 할 젊은이를 양성하려 했다. 공식 직함은 없지만, 그는 지금까지 GYBM의 이사장 겸 교장이다. 지금 '침묵 속으로' 빠져들고 있는 김우중 회장, 그에게 드리고 싶은 회한의 위로가 있다. "김우중의 세계경영에 대한 재평가는 언젠가 꼭 이뤄질 것"이라는 것이다.

김우중 대우 회장이 「부산매일」 편집국을 방문, 글쓴이와 반가운 악수를 하고 있다(1990. 5. 28).

김우중 회장이 남산클럽 모임에서 글쓴이 부부를 환영하고 있다. 김 회장 왼쪽은 신동호 서울언론재단 이사장(1999. 6. 18).

김우중 회장이 남산클럽 상반기 모임에서 환영인사를 하고 있다. 인사를 하는 김 회장 앞 테이블, 왼쪽 신동호 이사장, 오른쪽 정희자 여사. 앞 테이블 전면 윤영석 대우 총괄회장이다(1996. 6).

에필로그

## 오래 키워온 단 하나 버킷 리스트 '나의 역사' 쓰기
## 마침내 성취… 이제 버킷 리스트 없는 삶 즐길 터

마침내, 나의 버킷 리스트(Bucket list)를 성취했다. 버킷 리스트, 미국영화 〈버킷 리스트; 죽기 전에 꼭 하고 싶은 것들(2007, 잭 니콜슨·모건 프리먼 주연)〉과 방화 〈버킷 리스트(2013, 안재민·이진성 주연)〉 이후 우리 주변에서 널리 유행하는 말이다. 이 말은 이제 단순한 유행어 수준을 넘어, 삶을 재정비하고 미래를 준비하는 하나의 수단으로 자리매김하고 있다. 삶에 대한 강렬한 동기를 부여하고, 책임감과 소명의식을 갖게 하기 때문이다.

내가 이 책을 버킷 리스트로 삼은 이유는 '프롤로그'에서 언급한 대로다. 나는, '기자'를 삶의 로망으로 삼고 살아온 언론 출신에, 여러 매체의 제작·운영을 책임지는 공직자로, 또는 폭넓은 사회생활을 하면서 책 만드는 일에도 나름 부지런했다. 언론취재에 바탕한 언론비평, 현대인물 탐구에 초점 잡은 인물비평, 언론학 전공도서 등에 저자로 이름을 올리고, 여러 인물·기관·단체의 책자를 묶는 데도 편집책임을 맡았다.

그러고도, 난, 아직 나를 주제 삼은 책 한권을 만들지 못했다. 나의 버킷 리스트는, 리스트라고 할 것도 없이 딱 하나였다. 오래도록 키워온 작은 꿈이다. 나의 정체는 아무래도 기자이니, 그 기자로서의 나에게 초점을 맞추어, 언론활동에 대한 나의 생각과 역정을 정리하고 싶다는 것이다. 이 꿈은 나름 치열한 나날을 살아온 나에게, 삶을 추스르며 내일을 준비하는 힘찬 에너지로 작용했다.

나는 실상, 이 작업을 부산시미디어센터장 시절부터 꿈꿔왔다. 당시 워낙 격무에 시달리느라 생각을 숙성시키면서도 집필을 시작하지 못했을 따름이다. 드디어, 미디어센터장을 그만두고 공기업 임원으로 갈 때 집필을 시작할 기회가 온 듯했다. 부산시장께서 주신 덕담 때문이다. "이제 그 곳으로 가면 아무래도 숨 쉴 여유를 가질 수 있을 거요. 그동안의 격무를 딛고, 좀 쉬며 건강도 챙기고 그러세요."

나는 다짐했다, "오케이, 6개월 안에 집필을 마치고 출간, 동료·친지들께 한 권씩 돌리고, 아예 버킷 리스트 없는 삶을 살아야지." 그건 나의 희망일 뿐이었다. 막상 일을 맡고 보니, 그 맡은 바 직무 속에서 집필을 한다는 것은 무리한 꿈이었다. 나는 그 일 3년을 마칠 때까지, 나아가 다른 기관의 상임임원

나의 기사를 보존해온 대학노트 스크랩북과, 6월 항쟁 취재 당시 경찰로부터 지급받아 착용했던 취재완장.

을 그만둘 때까지, 꿈속에서 목차를 정리하곤 하면서도 현실에선 단 한 줄의 글도 쓰지 못했다.

그 버킷 리스트를, 이제 성취한 것이다. 다행히, 나는 그동안 나의 버킷 리스트를 몇 차례 주변에 발설(?)한 그 책임감에, 더 발뺌을 할 수도 없었다. 내가 맡아야 할 과업이 선명하게 눈에 보이니, 그 강력한 동기 앞에 행동을 미룰 수도 없었다. 내가 실제로 '할 수 있는 일'이니, 아무리 사소하고 소박한 일일지라도 그 실행을 미룰 수도 없는 일이었다. 마침내, 나는 나의 유일한 버킷 리스트, 그 내가 걸어온 기자의 '길'과 내가 써온 언론적 '글'에 관한 '자기 역사' 쓰기를 마친 것이다.

되새기면, 그 '자기 역사' 쓰기 역시 결코 만만하진 않았다. 무엇보다, 내가 한창 기사를 쓸 때는 신문제작의 '아날로그 시대'였다. 내가 신문제작 과정에서 CTS(Computerized Typesetting System) 방식을 처음 본 건 1991년 미국 무성 초청 미국방문 때였다. 실제 CTS 방식에 따라 신문을 제작한 것은 그 이후였다. 신문제작의 '디지털 시대'를 열기 전에는, 신문 지면을 오려 스크랩북에 붙여가며 기사를 보존했다는 얘기다.

나는 '디지털 시대' 이전의 기사를 대학노트에 스크랩하며 보존했다. 그 분량은 대학노트 40권이다. 나는 이 대학노트 박스를 최근까지, 무슨 가보인 양 보관해 왔다. 1980년부터 20여년의 스크랩북이니, 대략 20~40년 묵은 기사뭉치이다. 나는 먼 훗날의 버킷 리스트를 위해, 이 세월 동안 이 묵은 대학노트 뭉치를 단 한 권도 버릴 수 없었다.

지난겨울, 이 스크랩북을 정리했다. 더는 늦출 수 없다는 경계도 작용했다. 어느 날, 박스 3개를 풀어 대충대충 넘겨보곤, "이제 버려야겠다"고 선언했다. 아내는 깜짝 놀라는 눈치였다. "아니, 그, 제대로 훑어보고 정리하는 거냐?"고 물었다. 아내는 그 스크랩북에 대한 나의 집착을 익히 알고 있었던 것이다.

딸아이에게서 카톡이 왔다. "아빠, 이제껏 열정 쏟은 결과물, 우리 여기까지 키워주신 바탕, 왜 버리느냐?"는, 비감 섞인 하소연이었다. 그러나, 가족의 만류와 걱정에도 대답 한 마디 없이, 이 스크랩북을 버렸다. 나는 이 스크랩북을 찬찬히 넘겨보며 결과를 정리하는 '보텀업' 방식 대신, 구상에 따라 해당 부분 스크랩 몇 개씩만 추려내곤 전체를 버리는 '톱다운' 방식을 택한 것이다.

나는 책 구성에 대한 견고한 구상을 해둔 터이기도 했다. 나의 저널리즘 역정은 어떻게 구성하고, 나를 상징 지을 기사들은 어떤 주제들을 골라 넣으며, 내가 만난 사람은 누구로 한정할 것인가를, 구상한 대로였다. 낡은 기사철과, 많은, 정말 많은 자료봉투들을 해체, 분석하며, 딱 내 구상에 부합하는 기사와 자료만을 선택하곤 모두 버렸다.

그러나, 그 결과는 '실패'였다. 나는 구상의 힘을 지나치게 믿었고, 기억력의 한계를 별달리 감안하지 못했다. 정리하고 기록해야 할 여러 부분을 제대로 구상 속에 담아내지 못한 채, 더 분석하고 정리해야 할 많은 자료를 폐기하고 만 것이다. 이 책의 내용이 곳곳에서 부실을 드러낸 것은 많은 부분 그 같은 작업방식의 한계 때문이다.

나는 집필과정에서, 혹 새삼 논쟁을 부를 사실은 의도적으로 외면했음도 미리 밝혀둔다. 1980년 초·중반의 그 엄혹했던 언론탄압기에, 「부산일보」가 겪어야 했던 시대적 수모들, 「부산매일」 가족들이 스스로 휴간을 결정하기까지의 노사분규 과정이 그런 사례이다. 나는 치열한 논쟁과 역사적 증언 대신, 안온한 여유를 좇은 것이다. 「부산일보」 부분, 엄혹한 시대적 상황 속의 친정에 대한 예의요, 「부산매일」 부분, 작은 성가심을 피하려는 나의 '귀차니즘' 때문이다.

나는 이런 집필과정을 거치며 절감했다. 역시 사람의 기억력은 한계가 뚜렷하다는 것이다. 우선, 그 시절 함께 일한 후배들이 정말, 얼마나 '훌륭한 기자'였는지를 가끔이나마 잊고 있었던 것이다. 나의「부산매일」후배, 그 '에이스'들은 회사가 영속했더라면 정말 '훌륭한 언론인'으로 성장했을 동량들이었다. 그 시절, 기사와, 메모, 자료들을 정리하며 그들의 면면을 확인하고는, 나는 나와 함께한 그들의 불운을 가슴 치며 한탄했다.

사회부장 시절, 예의 탐사보도를 수행하는 긴박함 속에서 검찰·경찰의 고소·고발을 당한 우리 취재팀을 위해 법률대리인을 맡아준 어느 '인권 변호사'와의 인연도 그러하다. 그는 우리를 위해 부산변협 인권위원회 활동을 벌이며, 우리 책자에 원고를 기고해준 예사롭지 않은 인연을 갖고 있다. 그러나, 나는 그가 우리의 법률대리인을 맡아 수고해준 사실은 잊고 지냈다. 이번 집필 과정에서, 그를 법률대리인으로 선임하고 수임료를 지급하는 문서, 내가 결재한 그 문서의 사본을 보고는 그 기억력의 한계를 실감한 것이다.

'정치'에의 유혹을 겪었던 기억 하나. 내가 편집국장을 그만 둔, 2000년대 초반의 일이다. 지역정치인 K의원은 한 정치일정을 앞두곤 "같이 갈 것"을 권해왔다. 나의 언론활동이며 개인사까지 알뜰한 관심을 표시하곤 하다, 나의 스승까지 동원해 끈질긴 '동반'을 청한 것이다. 나는 나름의 논리로 대응하며 끝내 그 유혹에서 벗어났다.

언제 생각해도 참 잘한 결정이었다. 한국 현대정치사를 풍미한 JP의 말, '정치는 허업(虛業)'이라는 경구를 들지 않더라도, 그건 내가 갈 길이 아니었다. 내가 그 유혹에 흔들렸더라면 아마도 난 지금의 정신적 여유를 누리지 못하고 있을 것이다. 내가 걸어온 길, 내가 쓴 글에 대해 정리할 그 꿈도 물론 이뤄내지 못했을 터이고.

이 책이 발간에 이른 것은 미디어줌 박미화 대표의 격려 덕분이다. 나는

1차 원고를 완성, 오랜 기간 신뢰해온 출판인 박 대표에게 "한번 읽어줄 것"을 부탁했다. 내가 쓴 원고이기는 하되, 다시 읽은 느낌은 어쩐지 개인 차원 또는 개인적 감상 위주인 것 같아 영 개운치 않았던 때문이다. 그는 며칠 만에 대답을 줬다. "출판을 하자"고, "기록할 만한 내용이고, 읽는 재미도 있다"고. 그 후의 편집, 디자인 작업과 판형 결정까지도 그의 의견에 따랐다. 이 책을 온전하게 제작하기 위해 열정을 쏟아준 미디어줌 노정하, 안서현, 곽소록 님께도 새삼 감사의 인사를 전한다.

이제, 나는 오랜 꿈을 성취했다. 사회활동기 40년을 오롯이 글쓰기에 매달린 나에게, 이 보잘 것 없는 책자는 스스로를 격려하는 작은 선물일 수 있으리. 나를 보듬고 키워준 '기자'에의 로망도 접어갈 때다. 이제, '버킷 리스트' 없는 자유로운 삶을 추구할 것이다. 작고 소박한 행복을 추구하다 다른 버킷 리스트를 만날지는 모를 일이다.

2019년 8월  일

차용범 기자 글쓰기 40년
# 기자답게 선비처럼

1판 1쇄 발행 2019년 8월 10일

**지은이** 차용범
**펴낸이** 박미화, 박수정
**기획·진행** 안서현
**북디자인** 노정하, 곽소록
**펴낸곳** 미디어줌 | 부산광역시 수영구 수영로 440
출판등록 2009년 4월 2일  신고번호 제 338-2510020090000003호
전화 051-623-1906  이메일 mediazoom@naver.com

ⓒ 차용범, 2019  ISBN 978-89-94489-39-1

이 책은 저작권법에 따라 보호받는 저작물이므로 무단전재와 무단복제를 금하며,
이 책 내용의 전부 또는 일부를 이용하려면 반드시 저작권자와 도서출판 미디어줌의 서면 동의를 받아야 합니다.
책값은 뒤표지에 있습니다. 파본이나 잘못 만들어진 책은 구입하신 곳에서 교환해 드립니다.